NORTHWEST LANGUAGE & AREA STUDIES
210 FOLWELL HALL
MINNEAPOLIS, MINNESOTA 55455
UNITED STATES OF AMERICA

FINNISH FOLKLORE READER AND GLOSSARY

AMERICAN COUNCIL OF LEARNED SOCIETIES

Research and Studies in Uralic and Altaic Languages

Project Number 74

RESEARCH CENTER FOR THE LANGUAGE SCIENCES

INDIANA UNIVERSITY

Thomas A. Sebeok *Chairman*

Andrew Vázsonyi *Associate Chairman, Publications*

FINNISH FOLKLORE READER AND GLOSSARY

by

ELLI KÖNGÄS MARANDA

Published by
INDIANA UNIVERSITY, BLOOMINGTON
Mouton & Co., The Hague, The Netherlands

INDIANA UNIVERSITY PUBLICATIONS

URALIC AND ALTAIC SERIES

Editor: Thomas A. Sebeok

Volume 71

This text was developed pursuant to a contract between the United States Office of Education and the American Council of Learned Societies and is published with the permission of the United States Office of Education. The composition was supported by the Milton Fund of Harvard University and by the Radcliffe Institute, September, 1966.

Copyright © 1968 by Indiana University

All rights reserved

Library of Congress Catalog Card Number: 66-64932

All orders from the United States of America and from Canada should be addressed to Publications, Research Center for the Language Sciences, Patton House, Indiana University, Bloomington, Indiana 47401. Orders from all other countries should be sent to Mouton & Co., Publishers, The Hague, The Netherlands.

Printed in the United States of America

ACKNOWLEDGEMENTS

I wish to thank Professor John Lotz, formerly Director of Research, Uralic and Altaic Program of the American Council of Learned Societies, for his encouragement and patience during the preparation of this work. Mrs. Judith McCulloh, a professional ethnomusicologist (who learned Finnish to specialize in Finnish folk music), transcribed the melodies; her contribution was most valuable. Mrs. Rauni Sipilä typed out some of the texts included and a great number which were omitted; Mrs. Ann Rahnasto Bogojavlensky assisted in the initial typing of the glossary; and Mr. J. Alan Olmstead did most of the typing of the master sheets. Miss Kaisa Lahti and Dr. Pierre Maranda did some checking for inner consistency, and Miss Marikki Penttilä helped in a reading of the final proofs. The manuscript was completed and the master sheets were composited during my stay at the Radcliffe Institute; the Director of the Institute, Dean Constance E. Smith, together with the persons mentioned above, deserves my greatest gratitude. I also thank Professor Martti Haavio, Member of the Finnish Academy, for his kind permission to cite texts 4-15 from his anthology of epic poetry, *Kirjokansi* (Helsinki, 1952) and texts 16-26 from his anthology of lyric poetry, *Laulupuu* (Helsinki, 1952). Finally, I am thankful to my students at Columbia University for favorable reactions to the first try-out in class.

Elli Köngäs Maranda

Cambridge, Massachusetts
August 1966

ABBREVIATIONS USED IN THE GLOSSARY

a *adjective*

Abe *abessive*

Abl *ablative*

Ac *accusative*

Ad *adessive*

adv *adverb*

agent partic *agent participle*

Al *allative*

arch *archaic*

caus *causative*

cf *compare (indicates parent root in derivation)*

coll *colloquial*

Com *comitative*

comp *comparative*

con *conjunction*

cond *conditional*

cons *consonant*

cont *continuative*

decl *declension*

dem *demonstrative*

descr *descriptive*

dial *dialect*

dim *diminutive*

El *elative*

emph *emphatic*

Es *essive*

esp *especially*

etym *etymological*

fact *factitive*

female name *refers to names not used currently*

folkl *folkloric, in folklore*

freq *frequentative*

G *genitive*

here *temporary usage*

hist *historically*

Il *illative*

imper *imperative*

In *inessive*

indecl *indeclinable*

incohat *incohative*

indef *indefinite*

inf *infinitive*

inst *instrumentative*

Instr *instructive*

inter *interrogative*

interj *interjection*

lit *literally*

male name *refers to names not used currently*

man's first name *refers to current usage*

mod *modern*

mom *momentaneous*

N *nominative; N singular not marked except when a suffix follows*

neg *negative*

nonce *nonce word*

num *numeral*

onom *onomatopoeic*

ord *ordinal*

P *partitive*

partic *participle*

pass *passive*

past *past tense, "imperfect"*

pejor *pejorative*

pers *personal*

pl *plural*

pl only *plurale tantum*

place name *usually refers to the name of a community; the local case used is given separately*

poet *poetic*

posit *positive*

poss	*possessive*	s	*substantive, "noun"*	T	*translative*
postp	*postposition*	sg	*singular*	temp	*temporal, expressing time*
pot	*potential*	sic	*form entered in its exceptional orthography*	v	*verb*
prep	*preposition*			woman's first name	*refers to current usage*
pron	*pronoun*	stand	*standard*		
refl	*reflexive*	superl	*superlative*		
rel	*relative*				

SYMBOLS

-     indicates that inflectional morpheme, possessive suffix, or adverbial suffix (*-kin, -kaan, -han, -pa, -ko*) follows.

=   indicates that derivational morpheme follows.

+   is used between the parts of compound words; at the end of a stem (*esi+*) it indicates that the word is used only in compounds and as a stem in derivation.

´   is a consonant not written in Finnish but pronounced as the gemination of the following consonant.

'...'   indicates translation.

"..."   indicates a meaning which is a metaphoric one that has superseded a literal meaning.

0   indicates zero morpheme.

/   indicates that alternative form, morpheme, analysis, or meaning follows.

,   indicates either exceptional syllabic division, or omission of final vowel.

-----   indicates that no form exists.

INTRODUCTION

KEY TO THE TEXTS

There are reasons for and reasons against the use of folklore texts in language learning. One of the positive reasons is that folklore, by definition *oral* tradition, has a simple syntax and in many cases a more colloquial choice of words than do literary texts. In Finnish folklore this is especially true of such genres as anecdotes, local and historical legends, beliefs, and--interestingly enough--rhymed lyrics (as opposed to lyrics in the traditional meter). These genres are told freely, without much conventionalization of style; and they are the genres most widely alive today. For practical reasons such texts are somewhat favored in this volume.

The reasons against using folklore as language texts emerge from the fact that in Finnish *tradition*, as in so many other traditions, there is a core of archaic texts. Old epic poetry, relating to origins and other "central" themes, was sung in Finland in a strict, demanding meter which affected the vocabulary and, to some extent, even the morphology of the poems. To save the student from excessive struggling with the intricacies of the traditional style, "ancient" poetry has been included only with moderation.

Thus, the texts were selected so that the main emphasis was on the usability of the materials; and such goals as giving a full coverage of the scope of Finnish folklore were left subject to the main aim. The number of epic songs, magic formulae, märchen, proverbs, and riddles was reduced to a minimum. This compilation is not an anthology of Finnish folklore arranged to show what was its most ancient or most autochthonous area; rather, the volume was designed to give the student texts from which he could learn Finnish.

Since, on the other hand, an image of Finnish culture might be gained as a by-product, it was thought advisable to arrange the texts in a conventional order: thus, poetry in the traditional meter precedes the so-called "newer" folksongs (songs with rhyme), and light anecdotes come after serious prose. This means that the order of use to be recommended is, roughly: begin with the end.

KEY TO THE GLOSSARY

Declension and Conjugation

Every word which occurs in the texts is entered in the glossary in its occurrent form. In the entry the word is broken up into its morphemes, with the symbol - indicating inflectional morphemes, e.g., *talo-sta s-El* (substantive stem - the elative case suffix).

Possessive suffixes, such as *-mme, -poss pl 1* (first person plural possessive suffix) are then indicated. When a possessive suffix affects the stem and/or the case suffix, the form without the possessive suffix is given in parentheses. Adverbial suffixes, such as *-kin*, 'also', may follow; these are quoted and added as entries in the glossary. There is total agreement between the entry form and the analysis which follows.

After this analysis, the dictionary form (the nominative for nouns, the first infinitive for verbs) is stated. The student should then look up this dictionary form to find the meaning of the word, and a set of sample forms to help him master the inflection.

Below is a full noun paradigm. In each box the left-hand entry is in the singular, and the right-hand entry in the plural. Since this table is intended simply to review the basic meanings of the cases, I will give only one translation, that with the definite article. The forms given in the glossary are italicized. The reasons for giving such an extensive sample paradigm in the glossary are the following: The partitive singular shows the consonant stem where it exists, and the essive singular the vowel stem; in stems subject to consonant gradation, the essive singular vowel stem is in the strong grade. The translative singular shows the weak vowel stem. The illative always takes the strong grade. In the plural, enough variety exists in the forms of the partitive and the genitive to warrant giving them; I have tried to indicate which of the possible forms is the most popular one. Certain possible but not probable forms are omitted entirely, especially archaic ones (archaisms are explained but not added).

The analysis of the genitive plural is somewhat simplified. The allomorphs given here are *-i-, -t-,* and *-0-*. Such forms as *maiden* are thus analyzed as *ma-i-den*, which is to say that *-i-* is the plural morpheme. In fact, the case has two plural morphemes, and could be segmented *ma-i-d-en*. This manner of segmenting might, however, confuse the student (and to segment it *ma-id-en* would be impossible for the Finnish *sprachgefühl*); in addition, speakers of modern Finnish whom I have asked to tell what in this form indicates plurality regularly point out only the *-i-*.

The translative plural is given because of its weak stem, and the illative plural for the sake of the variety of endings. The sample paradigm was intended to be a sufficient one rather than the most economical one possible.

The full paradigm of the substantive *talo*, 'house', is as follows:

Nominative (N) talo-0 talo-t-0 'the house (subject, predicative)'	Accusative (Ac) talo-0/ talo-t-0 talo-n 'the house (object)'	Genitive (G) talo-n *talo-j-en* 'of the house'
Essive (Es) *talo-na* talo-i-na 'as the house'	Partitive (P) *talo-a talo-j-a* 'of the house (object)'	Translative (T) *talo-ksi talo-i-ksi* 'to be the house'
Inessive (In) talo-ssa talo-i-ssa 'in the house'	Elative (El) talo-sta talo-i-sta 'from the house'	Illative (Il) *talo-on talo-i-hin* 'into the house'
Adessive (Ad) talo-lla talo-i-lla 'at the house; near the house'	Ablative (Abl) talo-lta talo-i-lta 'from (near) the house'	Allative (Al) talo-lle´ talo-i-lle´ 'to (near) the house'
Abessive (Abe) talo-tta talo-i-tta 'without the house'	Comitative (Com) talo-ine-poss suffix 'with the house'	Instructive (Instr) talo-i-n 'with (the means of) the house'

The verb forms given are the first person singular active, the third person singular active, and the passive form, each in present and past tense. Of the verb *laulaa*,'to sing', they are:

```
laula-n        'I sing'        laulo-i-n      'I sang'
laula-a        'he sings'      laulo-i-0      'he sang'
laule-ta-an    'one sings;     laule-tt-i-in  'one sang;
                they sing'                     they sang'
```

The whole conjugation of this verb is as follows:

ACTIVE

Indicative

		Present	Past	Perfect	Past Perfect
sg	1	laula-n 'I sing'	laulo-i-n 'I sang'	ole-n laula-nut 'I have sung'	ol-i-n laula-nut 'I had sung'
	2	-t	-t	-t	-t
	3	-a	-O	o-n*	-O
pl	1	-mme	-mme	ole-mme laula-nee-t	-mme laula-
	2	-tte	-tte	-tte	-tte nee-t
	3	-vat	-vat	o -vat	-vat

*For analyzing -n as a morpheme indicating third person, cf. im- imperative singular 3.

Potential

		Present	Past
sg	1	laula-ne-n 'I may sing'	lie-ne-n laula-nut 'I may have sung'
	2	-t	-t
	3	-e	-e
pl	1	-mme	-mme laula-nee-t
	2	-tte	-tte
	3	-vat	-vät

Conditional

		Present	Past
sg	1	laula-isi-n 'I would sing'	ol-isi-n laula-nut 'I would have sung'
	2	-t	-t
	3	-O	-O

Conditional

	Present	Past
pl 1	-mme	-mme laula-nee-t
2	-tte	-tte
3	-vat	-vat

Imperative

	Present	Past
sg 1	------	------
2	laula-´ 'sing'	ole-´ laula-nut 'have sung'
3	-koo-n	ol-koo-n
pl 1	-kaa-mme	-kaa-mme laula-nee-t
2	-kaa-O	-kaa-O
3	-koo-t	-koo-t

PASSIVE

Indicative

Present	Past	Perfect	Past Perfect
laule-ta-an 'one sings'	laule-tt-i-in 'one sang'	o-n laule-ttu´ 'one has sung'	ol-i-O laule-tt-u´ 'one had sung'

Potential

Present	Past
laule-tta-ne-en 'one might sing'	lie-ne-e laule-tt-u´ 'one might have sung'

Conditional

Present	Past
laule-tta-isi-in 'one would sing'	ol-isi-0 laule-tt-u´ 'one would have sung'

Imperative

Present	Past
laule-tta-ko-on (v-pass-imper-pass suffix) 'may one sing'	ol-koo-n laule-tt-u´ (v-imper-sg3 v-pass-2 part) 'may one have sung'

NEGATIVE

ACTIVE

Indicative

Present	Past
sg 1 e-n laula-´ 　　　'I do not sing' 　2 e-t 　3 ei-0 pl 1 e-mme 　2 e-tte 　3 ei-vät	e-n laula-nut 'I did not sing' e-t ei-0 e-mme laula-nee-t e-tte ei-vät

Perfect	Past Perfect
sg 1 e-n ole-´ laula-nut 　　　'I have not sung' 　2 e-t 　3 ei-0 pl 1 e-mme ole-´ laula-nee-t 　2 e-tte 　3 ei-vät	e-n ol-lut laula-nut 'I had not sung' e-t ei-0 e-mme ol-lee-t laula-nee-t e-tte ei-vät

Potential

	Present	Past
sg 1	e-n laula-ne-´ 'I might not sing'	e-n lie-ne-´ laula-nut 'I may not have sung'
2	e-t	e-t
3	ei-0	ei-0
pl 1	e-mme	e-mme lie-ne-´ laula-nee-t
2	e-tte	e-tte
3	ei-vät	ei-vät

Conditional

	Present	Past
sg 1	e-n laula-isi-0 'I would not sing'	e-n ol-isi-0 laula-nut 'I would not have sung'
2	e-t	e-t
3	ei-0	ei-0
pl 1	e-mme	e-mme ol-isi-0 laula-nee-t
2	e-tte	e-tte
3	ei-vät	ei-vät

Imperative

	Present	Past
sg 1	------	------
2	älä-´ laula-´ 'don't sing'	älä-´ ole-´ laula-nut 'you may not have sung'
3	äl-köö-n laula-ko-´ 'may he not sing'	äl-köö-n ol-ko-´ laula-nut 'he may not have sung'
pl 1	äl-kää-mme	äl-kää-mme ol-ko-´ laula-nee-t
2	äl-kää-0	äl-kää-0
3	äl-köö-t	äl-köö-t

PASSIVE

Indicative

Present	Past
ei-0 laule-ta-´ 'they do not sing'	ei-0 laule-tt-u´ 'they did not sing'
Perfect	Past Perfect
ei-0 ole-´ laule-tt-u´ 'they have not sung'	ei-0 ol-lut laule-tt-u´ 'they had not sung'

Potential

Present	Past
ei-0 laule-tta-ne-´ 'they may/might not sing'	ei-0 lie-ne-´ laule-tt-u´ 'they may not have sung'

Conditional

Present	Past
ei-0 laule-tta-isi-0 'they would not sing'	ei-0 ol-isi-0 laule-tt-u´ 'they would not have sung'

Imperative

äl-köö-n laule-tta-ko-´ 'may they not sing'	äl-köö-n ol-ko-´ laule-tt-u´ 'may they not have sung'

    The following is a complete list of Finnish infinitives, given with minimal context phrase where needed to indicate the meanings.

INFINITIVES

	Active	Passive
First		
T	laula-a´ 'to sing' laula-a-kse-ni (or other poss suffix) 'in order that I sing'	
Second		
In Instr	laula-e-ssa-ni 'when I am singing' laula-e-n 'singing'	laule-tta-e-ssa (v-pass-2inf-In) 'while singing'
Third		
In El Il Ad Abe Ac	laula-ma-ssa 'singing' laula-ma-sta *lakkaan laulamasta* 'I stop singing' laula-ma-an *menen laulamaan* 'I go to sing' laula-ma-lla *elän laulamalla* 'I live by singing' laula-ma-tta 'without singing' laula-ma-n arch *minun pitää laulaman* 'I have to sing'	laule-tta-ma-n arch *pitää laulettaman* 'one has to sing'
Fourth		
N P	laula-minen *minun on laulaminen* 'I must sing' laula-mis-ta *minun ei ole laulamista* 'I should not sing; I have no reason to sing'	

"Fifth"

Ad	laula-ma-isi-lla-ni *olin laulamaisillani* 'I was about to sing'	

A list of the basic forms of Finnish participles follows:

	Active	Passive
First	laula-va 'singing'	laule-tta-va 'to be sung; what can be sung'
Second	laula-nut 'singing'	laule-tt-u' 'sung; what has been sung'

Each of these participles can be used as an adjective, which then participates in the noun declension as shown in these sample paradigms:

1 partic laula-va-a   laula-v-i-a
     laula-va-na   laula-v-i-en/laula-va-0-in
     laula-va-ksi   laula-v-i-ksi
     laula-va-an   laula-v-i-in

2 partic laula-nut-ta   laula-ne-i-ta
     laula-nee-na   laula-ne-i-den/tten
     laula-nee-ksi   laula-ne-i-ksi
     laula-nee-seen laula-ne-i-siin/hin

Pass
1 partic laule-tta-va-a   laule-tta-v-i-a
     laule-tta-va-na laule-tta-v-i-en/laule-tta-va-
                0-in
     laule-tta-va-ksi laule-tta-v-i-ksi
     laule-tta-va-an laule-tta-v-i-in

2 partic laule-tt-u-a   laule-tt-u-j-a
     laule-tt-u-na   laule-tt-u-j-en
     laule-t-u-ksi   laule-t-u-i-ksi
     laule-tt-u-un   laule-tt-u-i-hin

The reason why forms such as *laulaneet* are not analyzed like adjectives in the glossary, that is, with indications that they appear also in the nominative case, is that all occurrences of these forms in the text are parts of verb tenses and thus the participles are not used as adjectives. The difference is seen in a pair of sentences such as *he ovat heränneet*, 'they have waked up', as opposed to *he ovat heränneitä*, 'they belong to "the Awakened" (a religious movement)'. It deserves mention here also that all composite verb forms have been analyzed in the glossary as to their parts only, and the reader is referred to the charts above for the understanding of the whole form.

Syllabization

The division of words in the glossary is not syllabic, but morphemic. Finnish syllabization follows partly morphemic and partly phonetic rules. In the following, the morphemic rules are given first, because they override the others. These morphemic rules are (1) and (2).

(1) The component parts of a compound word belong to different syllables. Therefore, the sign + in the middle of a word in the glossary also always marks a syllabic division, e.g., *si ni+ suk ka, yht+äk ki ä*.

(2) Within the component parts, syllabic division is the same as in the respective independent words, e.g., *kuu+kau si*.

(3) Long vowels (VV) cannot be divided, even when they originate from two separate vowels, e.g., *koon nut* versus *ko ko aa*.

(4) Diphthongs ending with *i* (Vi) occur anywhere in a word. Other vowel combinations are diphthongs only in the first syllable, e.g., *hie noi si a*.

(5) When a consonant or a consonant cluster occurs in the middle of a word, the consonant or the last consonant of the cluster begins a syllable, e.g., *kul ta, leh den, hirt tää*.

(6) Modern loanwords have consonant clusters at the beginnings of words, e.g., *pre si dent ti*. Following rule (2), this syllabic division is retained in compounds, e.g., *va ra pre si dent ti*, 'vice president'.

Derivation

The symbol used to indicate a derivative is =. Thus, from the adjective *kaunis*, 'beautiful', the factitive derivational morpheme =ta- forms a factitive verb *kaunistaa*, here analyzed *kaunis=ta-aʼ (=v fact-1 inf)*, 'to make beautiful, to beautify, adorn'. The student will notice that the original root is not analyzed in the entry of the derived word; for the root word, he is referred to the entry *kaunis*.

A word is often the result of several morphemic transformations; each of these is entered in the glossary, and in each entry only the last one is analyzed. Thus, for example, the analysis of the verb *lev=it=t=el-i-O* takes into account the last derivation, where the transformer is the continuative/frequentative morpheme =el-/=ele-. This analysis is entered under the first infinitive *lev=it=el-lä'* (=v cont/freq-1 inf); and the student is in the same entry referred to the root *lev=it=tä-ä'*, which in turn derives from *lev=it-ä'* with the transformer =tä- and its allomorphs =ä-/=e-/=O-; this transformer is one producing causative verbs. Finally, the verb *lev=it-ä'* is a result of a transformation on the adjective *leveä* through the transformer =it- and its allomorphs =is-/=iä-; this produces reflexive verbs.

While fully aware that in historical analyses of Finnish grammar *leveä* itself is regularly considered a derivative, I have restrained from analyzing adjectives of this type, since I cannot show any root for them and since I feel that most modern Finnish speakers are not aware of their being derivatives at all. The point of the analysis is to try to convey how Finns perceive and use the derivative system of their language, admittedly an attempt that is subject to personal interpretation.

Summarizing the series of transformations expounded above, we have:

leveä a 'broad, wide'
lev=it-ä' =v refl-1 inf 'to expand'
lev=it=tä-ä' =v caus-1 inf 'to widen, unfold'
lev=it=O=el-lä' =v cont/freq-1 inf 'to (continuously or repeatedly) stretch, widen, unfold'.

Thus in order to understand the structure of words resulting from a series of derivations, the student will have to follow the whole analysis, starting with the last derivation.

Compounds

The symbol used to separate the component parts of a compound word in the glossary is +. This is an analytical symbol that has nothing to do with Finnish orthography, in which the parts are not separated at all, as is seen in the text, except in cases in which the first part ends with the same vowel with which the second part begins. These compounds, e.g., *vapaa-aika* 'leisure', are entered as they stand, but the quoted form is then followed by an analyzed form, *vapaa+aika*.

Normally, only the last part of a compound undergoes declension, e.g., *vapaa+aika-a, vapaa+aika-na,* etc. Since the first part stays in the same form, the student is asked in the glossary to look up the declension under *aika*.

A limited number of compounds exist, however, in which both parts undergo declension: e.g., *vanhapiika*, 'spinster', and a few other nouns; some pronouns (*joku, jompikumpi*); and all compound numerals. Their declension is separately spelled out in the respective entries.

Words like *vanhapiika* as opposed to the corresponding adjective-and-substantive phrase *vanha piika*, 'an old maidservant', have only one main stress, that on the first syllable. As in this pair, the meaning of the compound is more restricted: whereas *pitkä perjantai* means 'a (seemingly) long Friday', *pitkäperjantai* is 'Good Friday'.

Style

Since the texts come from different genres of oral tradition and from different areas of the country, a variety of styles is present. In certain cases, a form regular in a dialect is poetic in standard Finnish; such cases are designated by *poet/dial*. Indications of special style have been given wherever it seemed misleading to let the student consider a form applicable in standard speech. Since no editing of the text was done (except in a case of an obvious mistake in the source), a number of deviant forms were unavoidable: they have been singled out as archaeic, colloquial, dialectal, or poetic; in such cases, an attempt has been made to suggest corresponding forms in standard usage.

The following are examples of stylistic deviations:

The word itself is not used in standard Finnish, e.g., *likka*, 'girl', here singled out as colloquial. Its standard Finnish equivalent *tyttö* is then given.

The word is used in the text with an exceptional meaning, e.g., *karvainen*, which normally means 'hairy', but in archaic texts occurs with the meaning 'of the color (of the genitive, i.e., what is expressed by a preceding genitive)'.

The stem has an exceptional feature in it, e.g., *kaheksin*, a dialect form corresponding with the standard form *kahdeksin*.

A bound morpheme appears in a deviant form, e.g., *minull'* instead of the standard *minulla*.

It should be understood that a thoroughgoing stylistic analysis is not possible within the confines of this compact glossary; the indications are meant to be practical hints to the student rather than an exposition of different styles.

Phrases

For a phrase set in italics in the text, a translation can be found in the entry of the underlined word. Those phrases have been italicized which were considered difficult to understand on the basis of their separate words or which bring forth some special syntactic features. If a phrase is clearly in some special style, its standard equivalent is given.

TABLE OF CONTENTS

ACKNOWLEDGEMENTS.. *v*
ABBREVIATIONS USED IN THE GLOSSARY............................. *vi*
SYMBOLS.. *vii*
INTRODUCTION
    KEY TO THE TEXTS.. *viii*
    KEY TO THE GLOSSARY....................................... *viii*
        Declension and Conjugation........................ *viii*
        Syllabization..................................... *xviii*
        Derivation.. *xviii*
        Compounds... *xix*
        Style... *xx*
        Phrases... *xx*

PART I: TEXTS

    MYTHS
      1. The Creation of the World, Variant 1....   3
      2. The Creation of the World, Variant 2....   3
      3. Moon Spots...............................   4

    EPIC POETRY
      4. The Great Oak............................   5
      5. The Origin of the World..................   6
      6. Väinämöinen's Voyage to Tuonela..........   7
      7. Väinämöinen and Joukahainen..............   10
      8. Kirsti and the Son of Riiko..............   13
      9. Virgin Mary Seeks for her Child..........   15
     10. Stephen's Song...........................   17
     11. Resurrection.............................   19
     12. The Slave of Estonia.....................   19
     13. The Bridge and the Church................   22
     14. The Suitors from the Sea.................   23
     15. The Skiing Death.........................   25

    LYRIC POETRY
     16. Then the Horse Is Free From Care.........   27
     17. If I Had a Pair of Shoes.................   27
     18. The Cuckoo Promised to Call..............   27
     19. I Will Marry a Tiny Woman................   28
     20. My Love Has Passed Through Here..........   28
     21. Should My Sweetheart Come................   28
     22. Thus You Know a Secure One...............   28
     23. Sad is the Mind of the Wild Duck.........   29
     24. Come, Dear Sleep, Into the Cradle........   29
     25. Rockaby, You Leaf of Love................   29
     26. Hushaby, My Swarthy Baby.................   29

MÄRCHEN
27. The Magic Flight........................ 31

CHILDREN'S RHYMES
28. There Was an Old Man.................. 35
29. Kiis kiis, Curly-Tail.................. 35
30. Rowing................................. 35
31. Kaija.................................. 35
32. Oh, Well............................... 36
33. Lillin lillin, Little Girl............. 36
34. Grandpa Went to Sweden................. 36
35. Off, Pig, to Hörölä.................... 37
36. Anni................................... 37
37. The Old Woman of Taipale............... 37
38. Erkki.................................. 37
39. Heikki Went to Make Hay................ 38

PROVERBS (40-66).............................. 39

RIDDLES (67-101).............................. 41

MAGIC
102. The Words for Iron.................... 47
103. The Words for the Sting............... 47
104. The Words for the Birth............... 48
105. Bloodstopping......................... 49
106. Bloodstopper: Jussi Lehmonen.......... 49
107. Bloodstopper: The Smith Karjula....... 49
108. Bloodstopper: Hioppi Parkki........... 50
109. How to Cause Epilepsy................. 50
110. Nightmare............................. 51
111. Toothache............................. 51

BELIEF TALES
112. Omen of War........................... 53
113. Strange Apparition.................... 53
114. "I Have Been Destined to Die in Water". 54
115. Guardian.............................. 54
116. The Same Old Man...................... 55
117. A Forest Animal Approaches a Human.... 56
118. Messenger of Death.................... 56
119. Death Cuts Boards for the Coffin...... 57
120. Omen of Death......................... 57
121. One Who Fetches....................... 58
122. A Child Dies on the Lid of the Well... 58

JOKES AND ANECDOTES
123. There Should Be....................... 61
124. A Saw and a Mill...................... 61
125. Put It This Way....................... 62
126. Clever Elsa........................... 62
127. A Cunning Suitor...................... 63
128. The Obstinent Old Woman............... 64
129. The Taming of the Shrew............... 64
130. One Stick of Wood at a Time........... 66

131.	The Man's Command...................	66
132.	Safety in the Sled..................	66
133.	The Only Rope.......................	67
134.	Almost Certain......................	67
135.	The Butter Came.....................	68
136.	Let's Pretend We're Eating..........	68
137.	Rainy Day...........................	69
138.	The Devil and the Tailor............	69
139.	The Dangers.........................	70
140.	If You Don't Yield the Way..........	71
141.	One to Live, the Other to Die.......	71
142.	Fifty Fifty.........................	71
143.	The Water Went Low..................	72
144.	Trading Horses......................	73
145.	The Place of the Whip...............	73
146.	The Magic Worked....................	74
147.	Robber Perttunen....................	75
148.	Master Thief........................	75
149.	Apple Thieves on the Graveyard......	76

FOLKSONGS

150.	There Are No Widows at All..........	77
151.	The Cupper Walks and Trembles.......	77
152.	It Is a Long Way from Päijänne......	77
153.	The Cuckoo Calls in the Fir Grove...	78
154.	On the Lakeshore, in the Grass......	78
155.	Flowers Grow in the Summer..........	79
156.	I Planted a Rose in the Evening.....	80
157.	Veiju veiju Fellows.................	80
158.	A Red House Is Seen Yonder..........	81
159.	The Barracks Are My Home............	81
160.	Oh, Those Olden Times...............	82
161.	The Boy Had Two Sweethearts.........	82
162.	If the Well in the Yard Runs Dry....	82
163.	The Ships Sail to the Harbor of Vaasa..	83

PART II: GLOSSARY............................... 85

APPENDIX
    Melodies of 150 - 163................ 329

SOURCES OF TEXTS................................ 335

ADDENDA and ERRATA.............................. 337

PART I: TEXTS

LUOMISTARUJA

1. Maan luominen, 1. toisinto

Ennen kun ei ollut maata, niin Jumala kultaisen patsaan päässä oli *meren keskellä*. Se kun siinä kuvansa näki, niin sanoi, että: "nouse ylös, *mikä oletkin!*" No se nousi ja se oli piru. Jumala kysyi sitten, että: "millä lailla se maa tulisi?" Piru sanoi: "Kyllä se tulee, kun *meren pohjasta maata käypi* kolmasti." No se käski käydä, ja piru kävi, vaan *varasti suupieleensä* kolmannella kerralla *vähä* maata. Siitä maasta sitten Jumala hieralti *käsiensä välissä* maan. Ja pirun suussa se maa eneni, ja samalla kanssa tuska eneni suupieliin. Tuli sitten valittamaan Jumalalle, että: "hän varasti, ja niin on tuska!" No Jumala otti sen maan pirun suupielistä ja viskasi kiviksi ja kallioiksi Pohjolaan.

2. Maan luominen, 2. toisinto

Jumala ja piru istuivat keskellä merta pienen pienellä kivellä. Kumpikin *tunsi olonsa tukalaksi*, ja niin päättivät tehdä kuivaa maata. Tuumivat ja tuumivat, mistä aineksia saisivat. Keksivät viimein, että sukeltavat sitä meren pohjasta hakemaan. Piru sukelsi ensin, mutta *ei saanutkaan tuoduksi* maata. Sitten Jumala sukelsi, ja hänellä olikin

toinen koura täynnä maata palatessaan. Siitä Jumala leipoi
maan. Pian heille kuitenkin tuli riita, kun pirukin *tahtoi
ruveta Jumalan luomassa maassa isännöimään*. Jumala aikoi
ruveta pirua kurittamaan, mutta tämä *pääsi karkuun*. No,
Jumala lähti jälkeen juoksemaan ja *saikin juosta* maan ristiin
rastiin, ennenkuin tavoitti ajettavansa. [Heidän] juostuaan
vasta tehty maa tuli kuoppaiseksi ja möykkyräiseksi—siitä
tulivat järvet, kukkulat ja vuoret.

3. Kuun pilkut

Rahkonen akkoineen meinasi mennä kerran varastamaan.
Mutta kuu paistoi kirkkaasti, ja he eivät uskaltaneet mennä.
Silloin Rahkonen päätti tervata kuun. Hän laittoi pitkät
tikapuut ja nousi tervakapan kanssa kuuhun. Mutta Rahkonenpa
tarttuikin kiinni niin, ettei päässyt pois, vaan on vieläkin
kuussa tervakappa toisessa ja nahturi toisessa kädessä.

EPIIKKAA

4. Iso tammi

Oli ennen neljä neittä,
koko kolme morsianta;
nepä heinä'ä tekivät,
kortetta kokoelivat
nenässä utuisen niemen,
päässä saaren terhenisen.

Minkä niitit, sen haravoit,
heti ruoposit ru'olle,
lapoholle laskettivat,
saatoit sankapielisihin.
Ne Tursas tulehen tunki,
paiskasi panun väkehen.

Tuli tuhkia vähäsen,
kypeniä pikkuruisen.
Nuo kypenet kylvettihin
portin Pohjolan etehen.
Tuohon kasvoi kaunis tammi,
yleni vihanta virpi.

Ojenteli oksiansa,
levitteli lehviänsä.
Esti pilvet juoksemasta,
hattarat harittamasta.
Peitti päivän paistamasta,
kuuhuen kumottamasta.

Pikku mies merestä nousi,
uros aalloista yleni
pystyn peukalon pituinen,
härän kynnen korkeuinen
kirves kultainen olalla,
vaskivarsi kirvehessä.

Astui kerran jalkojansa
hienoiselle hietikolle,
astui toisen jalkojansa
maalle maksankarvaiselle,
kerrallapa kolmannella
juurelle rutimoraidan.

Iski kerran kirvehellä,
tarpasi tasaterällä.
Iski kerran, iski toisen,
iski kohta kolmannenkin:
tuli tuiski kirvehestä,
panu tammesta pakeni.

Tuopa taisi tammen kaata,
puun sorean sorrutella
tyvipuolin pohjoisehen,
latvoin suurehen suvehen
poikki Tuonelan joesta
sillaksi ikusijahan.

5. Maailman synty

Tuo oli sotka, suora lintu.
Lentelevi, liitelevi,
selvällä meren selällä,
ulapalla aukealla.
Etsivi pesän sija'a:
ei löydä pesän sija'a.

Tuo oli vanha Väinämöinen
keskellä meren napa'a.
Nosti polvensa merestä,
lapaluunsa lainehesta
vihannaksi mättähäksi,
tuoreheksi turpeheksi.

Tuo oli sotka, suora lintu.
Lentelevi, liitelevi:
näki mättähän meressä.
Valoi vaskisen pesäsen,
muni kultaisen munasen
päähän polven Väinämöisen.

Hautelevi, hierelevi
päässä polven Väinämöisen.
Siitä vanha Väinämöinen
luuli polvensa palavan,
tiesi hiiltyvän hipiän,
jäsenensä lämpiävän.

Liikahutti polveansa,
jäsentänsä järkähytti.
Pesä pyörähti vetehen,
muna karskahti karihin;
pesä vaskinen paloiksi,
muna kultainen muruiksi.

Vaka vanha Väinämöinen
itse noin *sanoiksi virkki*:
"Mi munassa alaista kuorta,
alaisiksi maaemiksi,
mi munassa yläistä kuorta,
yläisiksi taivosiksi!

Mi munassa valkuaista,
se päiväksi paistamahan,
mi munassa ruskuaista,
se kuuksi kumottamahan,
mi munassa kirjavaista,
se tähdiksi taivahalle!"

6. Väinämöisen Tuonelan-matka

Rikkoihen reki runolta,
jalas taittui laulajalta
Ahdin aidan kääntimessä,
Veitikan *veräjän suussa*.
Tuop' oli vanha Väinämöinen,
läksi Tuonelta ora'a.

Jo *huhuta huijautti*,
viheltä'ä viuahutti:
"Tuo venettä, Tuonen tyttö,
lautta'a, Manalan lapsi,
yli salmen saadakseni,
joen poikki päästäkseni!"

Tuonen tyttönen toruvi,
Kalman lapsi kalkuttavi:
"Vene täältä tuotanehen,
kun sana sanottanehen:
Mikä sun Manalle saattoi?"
——"Tuli mun Manalle saattoi."

Tuonen tyttönen toruvi,
Kalman lapsi kalkuttavi:
"Jo tunnen valehtelijan,
ymmärtelen kielastajan:
jos tuli Manalle saattoi,
tulin vaattehet valuisi."

Jo huhuta huijautti,
viheltä'ä viuahutti:
"Tuo venettä, Tuonen tyttö,
lautta'a, Manalan lapsi,
yli salmen saadakseni,
joen poikki päästäkseni!"

Tuo toruvi Tuonen tyttö,
Kalman lapsi kalkuttavi:
"Vene täältä tuotanehen,
kun sana sanottanehen:
Mikä sun Manalle saattoi?"
——"Vesi mun manalle saattoi."

Tuonen tyttönen toruvi,
Kalman lapsi kalkuttavi:
"Jo tunnen valehtelijan,
ymmärtelen kielastajan:
jos vesi Manalle saattoi,
vesin vaattehet valuisi."

Jo huhuta huijautti,
viheltä'ä viuahutti:
"Tuo venettä, Tuonen tyttö,
lautta'a, Manalan lapsi,
yli salmen saadakseni,
joen poikki päästäkseni!"

Tuonen tyttönen toruvi
Kalman lapsi kalkuttavi:
"Vene täältä tuotanehen,
kun sana sanottanehen:
Mikä sun Manalle saattoi?"
——"Rauta mun manalle saattoi."

Tuonen tyttönen toruvi,
Kalman lapsi kalkuttavi:
"Jo tunnen valehtelijan,
ymmärtelen kielastajan:
jos rauta Manalle saattoi,
verin vaattehet valuisi."

Jo huhuta huijautti,
viheltä'ä viuahutti:
"Tuo venettä, Tuonen tyttö,
lautta'a, Manalan lapsi,
yli salmen saadakseni,
joen poikki päästäkseni!

Toki ma sanon todetki,
jos vähän valehtelinki:
Rikkoihen reki runolta,
jalas taittui laulajalta:
läksin Tuonelta ora'a,
Manalalta vääntiötä."

Toi venehen Tuonen tyttö;
yli salmen saattelevi.
Syötti miehen, juotti miehen,
pani maata matkamiehen
tuolla Tuonelan kodissa.
Mies makasi, vaate valvoi.

Tuonen tyttö rautasormi,
rautasormi, rautanäppi,
rautarihman kehräjävi,
vaskilankoja valavi,
jottei päästä Väinämöisen,
selvitä Uvantolaisen.

Tuonen poika rautasormi,
rautasormi, rautanäppi
rautaverkkoja kutovi,
vaskiverkkoja valavi,
jottei päästä Väinämöisen,
selvitä Uvantolaisen.

Siitä on vedetty verkko
poikki Tuonelan joesta,
pitkin vettä, poikin vettä,
vieläkin vitahan vettä,
jottei päästä Väinämöisen,
selvitä Uvantolaisen.

Silloin vanha Väinämöinen
tohti toiseksi ruveta:
matoi rautaisna matona,
kulki kyinä, käärmehinä
poikki Tuonelan joesta,
läpi Tuonen verkkosista.

Siitä vanha Väinämöinen
ajoi kirkkohon kivasti
yli muista ylpe'istä,
yli muista rohke'ista.
Kansa kaikki katselevi,
ihmiset imehtelevi.

* * *

Älkäte etinen kansa, kansa vasta kasvavainen,
lähkö Tuonelta ora'a, Manalalta vääntiötä.
Paljon on sinne mennehiä, ei paljon palannehia.

7. Väinämöinen ja Joukahainen

Yks oli vanha Väinämöinen,
toinen nuori Joukahainen;
ajoit tiellä vastatusten.
Tarttui vemmel vempelehen,
rahe rahkehen nenähän.
Vesi tippui vempelestä,
rasva rahkehen nenästä.

Sanoi vanha Väinämöinen:
"Siirry tieltä, Joukahainen!"
Sanoi nuori Joukahainen:
"Kumpi tiennevi enemmän,
senpä tiellä seisominen,
kumpi tiennevi vähemmän,
sen on tieltä siirtyminen."

Sanoi vanha Väinämöinen:
"Mitäpä enintä tiedät?"
Sanoi nuori Joukahainen:
"*Meren muistan kynnetyksi,*
meren kolkat kuokituiksi,

kalahaudat kaivetuiksi.
luodot luoduiksi kokohon."

Sanoi vanha Väinämöinen:
"Lapsen tieto, naisen muisti,
ei ole partasuun urohon.
Meri mun on kyntämäni,
meren kolkat kuokkimani,
kalahaudat kaivamani,
luodot luomani kokohon."

Lauloi vanha Väinämöinen,
lauloi nuoren Joukahaisen,
lauloi suohon suolivyöstä,
niittyhyn nivuslihoista,
kankahasen kainaloista,
kynsin kylmähän kivehen,
hampahin vesihakohon.

Lauloi vanha Väinämöinen,
lauloi Joukosen hevosen
hylkeheksi hyppimähän,
lauloi Joukosen satulan
sorsaksi sarjahasen,
lauloi länget Joukahaisen
lähtehesen läikkymähän.

Lauloi vanha Väinämöinen,
lauloi ruoskan Joukahaisen
ruokoseksi roiskamahan,
lauloi jousen Joukahaisen
kaareksi vesien päälle,
lauloi nuolet Joukahaisen
havukoiksi kiitämähän.

"*Paha on täällä ollakseni*
kynsin kylmässä kivessä,
hampahin vesihaossa.
Virta jalkoja vetävi,
hiekka silmiä hiovi.
Peroita pyhät sanasi,
luovuttele luottehesi!"

Sanoi vanha Väinämöinen:
"Mitä annat lunnahiksi?
Sanoi nuori Joukahainen:
"On minulla venettä kaksi:

yksi on *soudulta kepeä*,
toinen paljon *kannattaja*.
Ota niistä jompikumpi!"

Sanoi vanha Väinämöinen:
"*En huoli venosistasi.
On vene itsellänikin.*"
"Peroita pyhät sanasi,
luovuttele luottehesi:
virta jalkoja vetävi,
hiekka silmiä hiovi."

Sanoi vanha Väinämöinen:
"Mitä annat lunnahiksi?"
Sanoi nuori Joukahainen:
"On minulla oritta kaksi:
yksi on *juoksulta kepeä*,
toinen vahva rahkehesen.
Ota niistä jompikumpi!"

Sanoi vanha Väinämöinen:
"En huoli orosistasi.
On ori itsellänikin."
"Peroita pyhät sanasi,
luovuttele luottehesi:
virta jalkoja vetävi,
hiekka silmiä hiovi."

Sanoi vanha Väinämöinen:
"Mitä annat lunnahiksi?"
Sanoi nuori Joukahainen:
"Annan ainoan sisaren."
Siitä vanha Väinämöinen
peroitti pyhät sanansa,
luovutteli luottehensa.

Tuop' oli nuori Joukahainen
alla päin pahoilla mielin,
kaiken kallella kypärin
kotihinsa tullessahan.
Emo ennätti kysyä:
"*Mit'olet huulin hyytynyisin*,
nenin suulle langennuisin?"

Sanoi nuori Joukahainen:
"Oi emoni, kantajani,
armas maidon antajani:

annoin ainoan sisaren,
lupasin emoni lapsen
vanhan Väinämön varaksi,
turvaksi tutisijalle."

Emo ennätti sanoa:
"Tuota toivoin *tuon ikäni*,
poikki polveni halasin
suvukseni suurta miestä,
rodukseni rohkeata,
vävykseni Väinämöistä,
laulajata langokseni."

8. Kirsti ja Riion poika

Kirsti piika kiitettävä
meni kirkkohon pyhänä
suun sukien, *pään pukien*,
varren kaiken kaunistellen.

Siellä riski Riion poika
ja kaunis Kalevan pappi
piti saarnan saappahissa
sekä messun *miekka vyöllä*.

Kun hän *pääsi saarnastansa*
vaati värtävaimoksensa.
Kirsti itkien kotihin,
kallotellen kartanohon.

* * *

Emo ennätti sanoa:
"Älä itke, tyttäreni!
Astu aittahan mäelle.
Siell' on arkku arkun päällä,
lipas lippahan lomassa.

Valitse parahin arkku,
kimahuta kirjokansi:
siell' on kuusi kultavyötä,
kassarihma'a kaheksan.

*Pane päällesi parasta:
pue verkainen hamonen,*
vyöhyt kullan-kirjoitettu
päälle verkaisen hamosen."

* * *

Kirsti piika kiitettävä
astui aittahan mäelle.
Siell' oli arkku arkun päällä,
lipas lippahan lomassa.

Avasi parahan arkun,
kimahutti kirjokannen,
löysi kuusi kultavyötä,
kassarihma'a kaheksan.

Kuristihen kultavyöhön,
kuristihen, kaakistihen.
Se oli surma Kirsti piian,
Kirsti piian kiitettävän.

* * *

Tuo oli riski Riion poika
hioi päivän miekka'ansa,
hioi päivän, hioi toisen,
hioi kohta kolmannenkin.

Kysyi mieltä miekaltansa:
"Syötkö tuoretta liha'a,
juotko verta lämpimätä?"
Perin peltohon sysäsi.

Itse syöksyvi kärelle,
kääntyvi nenässä kärjen.
Se oli surma Riion poian,
kaunihin papin Kalevan.

9. Lapsenetsintävirsi

Neitsyt Maaria emonen,
rakas äiti armollinen
piilotteli poiuttansa
kultaista omenuttansa
alla seulan seulottavan,
alla korvon kannettavan.

Neitsyt Maaria emonen,
rakas äiti armollinen
piilotteli poiuttansa,
kultaista omenuttansa
alla kiven jauhettavan,
alla juoksevan jalaksen.

Neitsyt Maaria emonen,
rakas äiti armollinen
alkoi päätänsä sukia,
hapsiansa harjaella:
katoi poika polviltansa,
lapsi lantehuisiltansa.

Neitsyt Maaria emonen,
rakas äiti armollinen
etsitteli poiuttansa,
kultaista omenuttansa,
etsitteli hienon heinän,
katseli kanervan juuren.

Neitsyt Maaria emonen,
rakas äiti armollinen
käypi tietä, astelevi.
Tiehyt vastahan tulevi.
"Näitkö pientä poiuttani,
kultaista omenuttani?"

Kumartavi tien etehen.
Tiehyt vastahan sanovi:
"Jos lien nähnyt, en sanele.
Poikas on minunki luonut
kovin kengin käytäväksi,
ratsahin ajeltavaksi."

Neitsyt Maaria emonen,
rakas äiti armollinen

käypi tietä, astelevi.
Kuuhut vastahan tulevi.
"Näitkö pientä poiuttani,
kultaista omenuttani?"

Kumartavi kuun etehen.
Kuuhut vastahan sanovi:
"Jos lien nähnyt, en sanele.
Poikas on minunki luonut
illasta ylenemähän,
aamusta alenemahan."

Neitsyt Maaria emonen
rakas äiti armollinen
käypi tietä, astelevi.
Päivyt vastahan tulevi.
"Näitkö pientä poiuttani,
kultaista omenuttani?"

Päivälle kumarteleksen.
Päivyt vastahan sanovi:
"Jos lien nähnyt, niin sanelen.
Poikas on minutki luonut
aamusta ylenemähän,
illasta alenemahan.

Näin mä poikasi pyhäisen,
näin mä lapsen autuaisen.
Luoja lapsen korjaeli,
kappelin Jumala laati:
pani lapsen laavitsalle
punakukkaset kätehen."

Neitsyt Maaria emonen,
rakas äiti armollinen
käypi Luojan uksen suulle,
Jumalan oven etehen.
"Tulipa minun emoni,
tuli lasta ottamahan!"

10. Tapanin virsi

Joulu joukossa tulevi,
tanssissa Tapanin päivä.
Tanssipas taitava Tapani
puoliyöstä puoliyöhön,
oven suusta pöydän päähän,
pöydän päästä oven suuhun!

*

Tapani oli tallirenki,
ruokki Ruotuksen hevosta,
kaitsi Tiivan konkaria
jouluyönä korkeana,
joulupuhdenna jalona.
Saatti orkohon orihin,
kaivolle kadikkajalan.

Eipä orhi vettä juonut.
Orhi korskui, lähde läikkyi.
—"Mitäs korskut, korpin ruoka?"
Sivui vettä sormellansa:
vedess' ei vika'a ollut.
Katsoi maasta *maan vika'a*:
maassa ei vika'a ollut.

Iski silmänsä itähän:
näki tähden taivahalla,
pilkun pilvien raossa,
näki kuun kuvan vedessä,
tähden varjon lähtehessä.
Nousi selkähän orihin,
ajoi juoksulla kotihin.

Meni Ruotuksen tupahan,
oven suussa seisahteli,
pysähteli partten päässä.
Ruotus, kunnoton kuningas,
syöpi, juopi pöydän päässä,
päässä pöydän paidallansa,
aivan aivinaisillansa.

Sanoi Ruotus ruoaltansa:
"Pese kättä, *käy ruoalle*!"
"Tämän päivyen perästä
ruoki en Ruotuksen hevosta,
kaitse Tiivan konkaria.
Nyt on syntynyt Jumala,
paisunut parempi valta."

Vastais Ruotus ruoaltansa:
"Jollet ääntäsi vähennä,
ikäsi minä lyhennän."
——"Et sinä Jumala mulle:
Jo mulle Jumala syntyi.
Pois ma luovun Ruotuksesta,
otan uskon Kiesukselta."

Sanoi Ruotus ruoaltansa:
"Sitten tuon todeksi uskon,
jos tuo kukko laulanevi,
joka on paistina vadissa,
höyhenet tulipadassa."
Rupeis kukko laulamahan,
lauloi: "Jo Jumala syntyi."

Sanoi Ruotus ruoaltansa:
"Sitten tuon todeksi uskon,
jos tuo sonni mylvinevi,
liha syöty, luu jätetty,
kesi kenkinä pidetty."
Rupeis sonni mylvimähän,
mylvi: "Jo Jumala syntyi."

Sanoi Ruotus ruoaltansa:
"Sitten tuon todeksi uskon,
jos tuo veitsenpää vesovi,
joll' on vuosi vuoleskeltu,
kaksi kannettu tupessa."
Vesoi viideltä vesalta,
kultalehden kunkin päähän.

*

Isäntä:

Mene, kemppi, kellarihin,
tuopa tuopilla olutta,
kanna kaksikorvaisella!
Anna tuopin totta tehdä!"

Laulajan kiitos:

Isännän mä ensin kiitän,
jok' on suosta suojan tuonut,
hirret hirmulta mäeltä.
Emännän mä sitten kiitän,
jok' on ohrist olven pannut,
makujuoman maltahista.

11. Ylösnousemusvirsi

Aina muuta muistelemme, ammoista ajattelemme,
vaan ei tuota milloinkana, milloinkana, kulloinkana,
kuin on Luoja kuoletettu, kadotettu Kaikkivalta.

Kaivettihin Luojan hauta *yhdeksän sylen syväksi*
Sata rautaista oritta, sata toinen raudatonta
kiusasit kiveä suurta Luojan suuren suun etehen.

Päivyt armas aurinkoinen lensi päätönnä kanana,
siivetönnä siuvotteli Luojan haudan partahalle.
Nouse, Luoja, kuolemasta, Herra, haudasta heräjä!

Niin sanovi suuri Luoja, puhuvi puhdas Jumala:
"*Ei ole täältä nouseminen, niin kuin sieltä toivominen:*
kivet alla, paadet päällä, somerot sydäntä vasten."

Sä päivyt, Jumalan luoma, lennä päätönnä kanana,
siivetönnä siuvottele sijallesi entiselle!
Paista hetki heltehesti, toinen himmesti hiota!

Nukuttele nuiva joukko, paha valta vaivuttele,
nuoret *miekkojen nojahan*, vanhat keihovarsillensa!
Kivet suolaksi sulata, paadet vaahdeksi valuta!

Päivyt armas aurinkoinen sekä lensi jotta joutui.
Paistoi hetken heltehesti, toisen himmesti hiotti,
nukutteli nuivan joukon, pahan vallan vaivutteli.

Kivi kahtia pakahti, somero suli vedeksi.
Kivi silloin kielin lauloi, somero sanan pakisi:
"Nousi Luoja kuolemasta, Herra haudasta heräsi."

12. Viron orjan virsi

Olin orjana Virossa,
palvelin pakanamaalla.
Pahoin palkka maksettihin,
pahoin palkka, väärin vaiva.

Pahoin palkka maksettihin,
pahoin palkka, väärin vaiva:
lyhyellä kyynärällä,
saralla mädännehellä,
kaitaisella kappasella,
ruumenisilla jyvillä.

Lupa orjan annettihin,
lupa orjan, valta vangin
juosta jouluna kotihin,
kirkkomessuhun kipata,
nukkavierulla nutulla,
hamehella hamppuisella.

   * * *

Orja *suistui suin lumehen*,
suin lumehen, päin vitihin,
kourin ilmahan kovahan:
Kuoli tielle orja raukka.

Tuli taivahan ovelle.
Kysyi Kiesus Pietarilta:
"Mik' on sielu porstuassa?"
"Se on sielu orja raukan."
"Viekäte sisälle sielu
muiden sielujen sekahan!"

Tuotihin hopeatuoli
kultaisilla keihä'illä.
"Istu tuossa, *orja rukka!*"
"Miksipä tämä minulle?"
"*Kyllin sait jo seisoakin*
orjuudessa ollessasi."

Tuotihin metoinen tuoppi
kultaisilla keihä'illä.
"Juo'os tuosta, *orja raukka!*"
"Miksipä tämä minulle?"
"Kyllin sait jo vettä juoda
orjuudessa ollessasi."

   * * *

Kuolipa *iso isäntä*
kultaisilla vuotehilla,
pehmoisilla patjasilla,
kotihinsa konnullehen.

Tuli taivahan ovelle.
Kysyi Kiesus Pietarilta:
"Mik' on sielu porstuassa?"
"Sielu on ison isännän."
"Viekäte sisälle sielu
muiden sielujen sekahan!"

Tuotihin tulinen tuoli
tulisilla keihä'illä.
"Istu tuossa, iso isäntä!"
"Miksipä tämä minulle?"
"Kyllin istuit pöydän päässä
isäntänä ollessasi."

Tuotihin tulinen tuoppi
tulisilla keihä'illä.
"Juo tuosta, iso isäntä!"
"Miksipä tämä minulle?"
"Kyllin sait jo mettä juoda
isäntänä ollessasi."

* * *

Kulkevi isännän sielu
Jumalan katua myöten
pitkä kyynärä kädessä,
suuri kappa kainalossa.

Orja katsovi klasista.
"Ota tuosta, orja raukka:
paremman nyt palkan maksan
saralla leveämmällä,
pitemmällä kyynärällä,
suuremmalla kappasella."

"En ota, *isäntä kulta*.
Miks'et maksanut minulle
orjuudessa ollessani,
kun ma riihessä rimusin,
olin olkihuonehessa,
pyyhin hiemalla hikeä."

13. Silta ja kirkko

Ajoi Luoja tietä myöten,
Maariainen maata myöten,
Jumala juka'a myöten
sata santtia jälessä,
tuhat eessä enkeliä.
Hän käy keskellä väkeä,
paistaa kuin pyhäinen päivä.

Silta vastahan tulevi.
Luoja sillalle kumarsi,
antoi kättä kaidepuulle.

Enkelit imehtelevät,
pyhät miehet naurahtavat:
"*Mitä meidän Luojallamme*
ja kuta Jumalallamme,
kuinka sillalle kumarsi,
antoi kättä kaidepuulle?"

"*Sillan alla vietin yötä*,
kunis juutit juoksit loitse,
vaelsi pakanan kansa."

Ajoi Luoja tietä myöten,
Maariainen maata myöten,
Jumala juka'a myöten
sata santtia jälessä,
tuhat eessä enkeliä.
Hän käy keskellä väkeä,
paistaa kuin pyhäinen päivä.

Kirkko vastahan tulevi.
Luoja ei kirkolle kumarra,
anna ei kättä alttarille.

Enkelit imehtelevät,
pyhät miehet naurahtavat:
"Mitä meidän Luojallamme
ja kuta Jumalallamme,
kuinka ei kirkolle kumarra,
anna ei kättä alttarille?"

"Siksi en kirkolle kumarra,
kirkoss' oon otettu kiinni,
ahdistettu alttarilla."

Ajoi Luoja tietä myöten,
Maariainen maata myöten,
Jumala juka'a myöten
sata santtia jälessä,
tuhat eessä enkeliä.
Hän käy keskellä väkeä,
paistaa kuin pyhäinen päivä.

14. Meren kosijat

Kirstinä kivellä istui,
vaimo valkea vahalla,
toivoi miestä mielellistä,
sulhoa sulosanaista.

Rautamies merestä nousi,
rauta päänä, rauta suuna,
rautakintahat käsissä,
rautakihlat kintahissa.

Alkoi neittä haastatella:
"*Tule, Kirstinä, vihille.*"
"Enpä suotu, enpä luotu
rautamiehen morsioksi."

* * *

Kirstinä kivellä istui,
vaimo valkea vahalla,
toivoi miestä mielellistä,
sulhoa sulosanaista.

Vaskimies merestä nousi,
vaski päänä, vaski suuna,
vaskikintahat kädessä,
vaskikihlat kintahissa.

Alkoi neittä haastatella:
"Tule, Kirstinä, vihille."
"Enpä suotu, enpä luotu
vaskimiehen morsioksi."

    * * *

Kirstinä kivellä istui,
vaimo valkea vahalla,
toivoi miestä mielellistä,
sulhoa sulosanaista.

Hopiamies merestä nousi,
hopia päänä, hopia suuna,
hopiakintahat käsissä,
hopiakihlat kintahissa.

Alkoi neittä haastatella:
"Tule, Kirstinä, vihille."
"Enpä suotu, enpä luotu
hopiamiehen morsioksi."

    * * *

Kirstinä kivellä istui,
vaimo valkea vahalla,
toivoi miestä mielellistä,
sulhoa sulosanaista.

Kultamies merestä nousi,
kulta päänä, kulta suuna,
kultakintahat käsissä,
kultakihlat kintahissa.

Alkoi neittä haastatella:
"Tule, Kirstinä, vihille."
"Enpä suotu, enpä luotu
kultamiehen morsioksi."

    * * *

Kirstinä kivellä istui,
vaimo valkea vahalla,

toivoi miestä mielellistä,
sulhoa sulosanaista.

Leipämies merestä nousi,
leipä päänä, leipä suuna,
leipäkintahat kädessä,
leipäkihlat kintahissa.

Alkoi neittä haastatella:
"Tule, Kirstinä, vihille."
"Jo olen suotu, jo olen luotu
leipämiehen morsioksi."

15. Hiihtävä surma

Surma hiihti suota myöten, Tauti talvitietä myöten.
Noin puhuvi suuri Surma, *aika Tauti* arvelevi
illalla talon takana, talon *aittojen välissä*:
"Kenenkä tapan talosta, tapanko isän talosta?
Jos tapan isän talosta, taitapi talo hävitä,
nuotat tulla tuppelolle, *venehet vesille* jäädä."

Surma hiihti suota myöten, Tauti talvitietä myöten.
Noin puhuvi suuri Surma, aika Tauti arvelevi
illalla talon takana, talon *aittojen välissä*:
"Kenenkä tapan talosta, tapanko pojan talosta?
Jos tapan pojan talosta, taitapi talo hävitä,
kaskikirvehet kadota, elopurnut puolentua."

Surma hiihti suota myöten, Tauti talvitietä myöten.
Noin puhuvi suuri Surma, aika Tauti arvelevi
illalla talon takana, talon aittojen välissä:
"Kenenkä tapan talosta, tapanko emon talosta?
Jos tapan emon talosta, taitapi talo hävitä:
lyhenevi lehmän lypsyt, maitokupit kuivettuvi."

Surma hiihti suota myöten, Tauti talvitietä myöten.
Noin puhuvi suuri Surma, aika Tauti arvelevi
illalla talon takana, talon aittojen välissä:
"Kenenkä tapan talosta, tapanko tytön talosta?
Jos tapan tytön talosta, taitapi talo hävitä:
ei kolka kosijan kengät, *ei välkä* vävyn kypärä."

Surma hiihti suota myöten, Tauti talvitietä myöten.
Noin puhuvi suuri Surma, aika Tauti arvelevi
illalla talon takana, talon aittojen välissä:
"Kenenkä tapan talosta, tapanko minjon talosta?
Jos tapan minjon talosta, ei taida talo hävitä:
toinen tuohon tuotanehen, parempi otettanehen."

LYRIIKKAA

16. Silloin on hepo huoletonna

Silloin on hepo huoletonna, emon varsa vallatonna,
kun on ohjat ostamatta, *valjahat varustamatta*.
Silloin hepo huolistuvi, emon varsa vaivastuvi,
kun on ohjat ostettuna, valjahat varustettuna.

17. Kun ma kerran kengät saisin

Kun ma kerran kengät saisin,
saisin sitten nuoren miehen,
saisin sitten pienen poian:
käsi rukkia vetäisi,
jalka lasta liikuttaisi.

Poika mulle minjon toisi,
minjo saunan lämmittäisi:
käy, emäntä, kylpemähän!
Minä pääni kallellehen
mennä keikutellakseni.

18. Kukkua käki käkesi

Kukkua käki käkesi
tälle maalle tultuansa,
huhuella neito nuori
mäen päälle päästyänsä,
laula'a minä lupasin
humalahan tultuani.

19. Nainpa naisen pikkaraisen

Mihin pannen ma rahani,
kuhun suuret saalihini?
Ostanen hyvän hevosen,
tuon on ammatit ajavat:
minun on mieleni pahempi.

Mihin pannen ma rahani,
kuhun suuret saalihini?
Jos nain sorean naisen,
tuota kaikki kaulajavat:
minun on mieleni pahempi.

Mihin pannen ma rahani,
kuhun suuret saalihini?
Nainpa naisen pikkaraisen,
ken ei kelpaa kellenkänä:
minun on mieleni parempi.

20. Täst' on kulta kulkenunna

Täst' on kulta kulkenunna, oma armas astununna,
tuoss' on istunut kivellä, tässä astunut aholla.
Kivi on tullut kirjavaksi, *paasi on toistansa parempi*,
korpi on kuutta kukkaisempi, *lehto viittä leppeämpi*.

21. Jos mun tuttuni tulisi

Jos mun tuttuni tulisi, ennen-nähtyni näkyisi,
sille kättä käppäjäisin, vaikk' ois käärme kämmenpäässä,
sille suuta suikkajaisin, vaikk' ois suu suden veressä,
vielä kaulahan kapuisin, vaikk' ois kalma kaulan päällä.

22. Siitä tunnet turvallisen

Siitä tunnet turvallisen, ajattelet arvollisen:
kulkevi kylän katua, mieli mennä tanssimahan.
Siitä tunnet turvattoman, ajattelet armottoman:
kulkevi kylän katua, vierivi *vesissä silmin*.

23. Alahall' on allin mieli

Alahall' on allin mieli
uidessa vilua vettä, syvähän sukeltaessa,
alempana armottoman käydessä kylän katua.

Vilu on vatsa varpusella
jääoksalla istuessa, varvun päällä vaappuessa,
vilumpi minun poloisen kyläisillä kynnyksillä.

Sydän on kylmä kyyhkysellä
syödessä kylän kekoa kylmällä kykettäessä,
kylmempi minun sitäkin perehessä vierahassa.

24. Tule tuutuhun unonen

    Tule tuutuhun unonen,
    käy unonen kätkyehen,
    lasta pientä peittämähän,
    vakahaista vaalimahan.

25. Liiku, liiku lempilehti

    Tuuti, tuuti tuomenmarja,
    liiku, liiku lempilehti,
    nuku kun minä nukutan,
    väsy kun minä väsytän.

26. Tuuti, tuuti tummaistani

    Tuuti, tuuti tummaistani
    tummaisessa tuutusessa,
    tummaisen tuvan sisässä.

    Tuonen on tuutunen parempi,
    tupa Tuonen korkiampi,
    paremmat Manan miniät.

SATU

27. Pakenijat

Kerran oli Pahanen valtaansa saanut kaksi lasta, joita piti palvelijoinansa ja kiusasi *kaikella tavoin*. Lapsista oli toinen poika, toinen tyttö, niin heidän kun oli molempien siinä kovin vaikea ja paha olla, puhui tyttö kerran pojalle: "Tietäisin mä, millä täältä pääsisimme. Kun nainen minut, niin pelastan sinut Pahasesta, ja lähdemme yhdessä pakenemaan." Poika oli siihen valmis, ja laittausivat kohta kumpikin matkalle. Tyttö leikkasi kolme pisaraa verta nimettömästä sormestansa kynnykselle, käski pojan ottaa *vähäsen* puuta, *kiveä ja vettä* mukaansa, ja *pimeän tultua*, kun Pahanen oli sikeästi nukkunut, läksivät kahden kesken hänen luotansa pakenemaan.

Vasta *päivän valjetessa* aamulla heräsi Pahanen unestansa ja huusi huoneestansa tytölle: "Nouse jo, tyttö, töillesi." ―"Jo nousen, jo nousen," vastasi ensimmäinen veripisara kynnykseltä, ja Pahanen kun luuli tytön valveilla olevan, rupesi uudelleen maata ja nukkui toiseen päivään asti *yhteen jatkoon*. Herättyänsä huutaa taas tytölle: "Joko pata tulella?" "Jo kiehuu, jo kiehuu," vastasi toinen veripisara. ―"No, hyvä se," virkkoi Pahanen, nukkui siitä uudellensa ja makasi toisen vuorokauden ennenkuin heräsi; vaan alkoi jo nälkä verinen olla hänellä mahassa, niin ärjäisi oikein tuskissansa: "Eikö jo ruoka ole valmis?" —"Valmiina on," virkkoi kolmas veripisara, "*tulkaa*, isäntä kulta, *syömään!*" Pahanen silloin nousi vuoteeltansa ja kävi keittoa katsomaan; vaan *huonostipa siellä oli ruoan laita,* ei näy edes keittäjätäkään. Meni siitä poikaa katsomaan, onko tuo edes tallella, vaan poissa oli sekin, huone tyhjänä ihan. Siitä arvaa jo Pahanen seikan, jotta karussa nyt ollaan, ja hänellä kun oli kolme suurta koiraa, ne pani pakenijoita hakemaan. Nämä läksivätkin heti ajamaan; vaan toiset kuulivat jo jytinän peninkulman päässä, niin tyttö sanoi pojalle: "Nyt tullaan jäljessä! *Rupea sinä hongaksi tähän*, minä *rupean kuuseksi.*" Ja niin muuttuivat molemmat puiksi. Koirat ajaessansa tulivat *aina puiden luokse*, vaan siinä *haihtuivat jäljiltä*, etteivät osanneet mihinkään, ja kääntyivät viimeinkin takaisin. —Kotiin tulleilta kysyi kohta Pahanen: "Löysittekö pakenijat?" "Emmekä löytäneet", virkkoivat koirat, "kahden puun juurelle asti oli selvät jäljet, vaan ei siitä mihinkään." —"Siinäpä ne juuri olivat", sanoi Pahanen, "menkää, ottakaa ne puut." Koirat kohta läksivät taasen ajamaan; vaan tyttö kuuli *niin ikään* peninkulman päässä jo jytinän ja neuvoi toveriansa: "Jo tullaan jäljessä, ole sinä veräjänä, minä niittynä tässä." Ja muuttuivat taasen kumpikin, toinen veräjäksi, toinen niityksi. *Ei aikaakaan, niin* koiratkin joutuivat siihen, vaan veräjälle tultuansa eksyivät taasen jäljiltä, ja täytyi kääntyä siitä kotiin. "Jokos löysitte?" kysyi taasen Pahanen. —"Emmekä löytäneet", vastasivat koirat, "metsän keskessä on niitty, niin sen veräjälle oli jäljet, vaan siihen loppuivatkin." —"*Voi teitä*", sanoi Pahanen, "nepä ne olivat, ne samat, juoskaa sievään takaisin." No, *alapas siitä koirien juosta* taas minkä ennättivät jäljestä, vaan pakenijat samoin taas kuulivat jo jytinän kaukaa ja tiesivat olla varuillansa, muuttuen toinen lammiksi, toinen sorsaksi, joka uiskenteli lahden tyvenessä. Koirat kun eivät löytäneet ei niittyä ei veräjätä enää metsässä, juoksivat vainua myöten edellensä; vaan lammin luona eksyivät taasen jäljiltä, kääntyivät siitä kotiinsa. Siellä kysyi Pahanen: "Jokos nyt löysitte haettavanne?" —"*Eikö mitä*," virkkoivat koirat, "vähäisen lammin rannalle tulimme, vaan siinä jäljet katosivat, emme osanneet mistään etsiä." —"No, *tehän nyt eläviä olette!*" sanoi Pahanen, "siinähän ne juuri ovatkin," ja läksi itse hakemaan.

Jyrinästä kuulivat jo pakenijat, *että* nyt on isäntä itse liikkeellä, ja tyttö käski pojan heittää puupalasen jäljellensä. Se kun heitettiin, siitä tuli niin suuri hongikko, ett*ei päässyt Pahanen lävitse*, vaan *täytyi käydä kirves kotoansa*, jolla hakkasi hongikkoa, kunnes *sopi viimeinkin kulkemaan*. Toiset *sillä aikaa* pakenivat pakenemistaan yhä, vaan keksittyänsä Pahasen taasen lähestyvän heitti poika kiven lakkaristansa, ja siitä tuli niin mahdottoman suuri vuori, levesi *joka haaralle*, jotta jäi Pahanen sen keskelle. Siinä kipusi sitten kolme vuorokautta kallioiden lomissa, kunnes *pääsi viimeinkin ylitse*, niin läksi pakenijoita uudestansa ajamaan saavuttaaksensa kuitenkin. Poika silloin heitti vesiastian taas jäljellensä, ja siitä syntyi niin aava järvi Pahasen eteen, ett*ei* hän *päässyt mihinkään*. Tämäpä, kun muuta neuvoa ei nähnyt, rupesi juomaan järveä kuiviin päästäksensä jalkaisin ylitse, ja *saikin järven* jo niin *tyhjäksi*, ettei ollut vettä kuin vähän enää pohjassa; mutta viimeistä juodessa *puhkesi vatsa Pahaselta*, ja hän *kuoli siihen paikkaan*. Poika ja tyttö pääsivät rauhassa elämään viimeinkin. *Sen verta sitä.*

LORUJA

28. Olipa kerran ukko ja akka

Olipa kerran ukko ja akka,
akalla oli poika,
pojalla oli harmaa haaratakki
ja punainen piippolakki.
Joka nyt ensimmäisen sanan sanoo,
saa tehdä pojalle housut.

29. Kiis kiis kippurahäntä

Kiis kiis kippurahäntä,
huomenna mennään Lappeenrantaan.
Mitä sinne tekemään?
Kissanpoikia pesemään.

30. Soutaa soppaa

Soutaa soppaa,
airotkin noppaa.
Kuka tuolta tulee?
Vesilintu veessä
pitkä piippu hampahissa,
koppalakki päässä.

31. Kaija

Yksi Kaija putos kaivoon,
toinen Kaija päältä katsoi,
kolmas Kaija kotiin juoksi,
neljäs Kaija nelikkoon,
viides Kaija vitikkoon,

kuudes Kaija kuusikkoon,
seitsemäs Kaija seipään nokkaan,
kahdeksas Kaija kammiolle,
yhdeksäs Kaija ylisille,
kymmenes Kaija kyykertyi
kynnyslaudan alle.

32. Oi voi sentään

Oi voi sentään,
kuinka monta kertaa
ihmisten lapset
ilmassa lentää
suurissa pilvissä,
nahkalakki korvissa.
Joka ei usko,
niin menköön pois.

33. Lillin lillin likkatyttö

Lillin lillin likkatyttö
avojaloin jäällä,
sukka, kenkä kainalossa,
karvahame päällä.

34. Vaari meni Ruotsiin

Vaari meni Ruotsiin.
Toi sieltä lapsellensa
punaiset sukat,
puukorkokengät,
kullatun kukkaron,
paikatun lakkarin.
Tissun tossun
tallan lallan
lottis.

35. Höys sika Hörölään!

    Höys sika Hörölään!
    Marolassa musta lehmä,
    akka alla lypsämässä,
    ukko sarvista pitelemässä.

36. Annin tannin talleroinen

    Annin tannin talleroinen,
    puolen markan pulleroinen
    lypsi lehmän,
    taittoi sarven,
    kaatoi kirnun kalliolle.
    Puh pah pois!

37. Tai tai Taipaleen akka

    Tai tai Taipaleen akka
    katkaisi vasikalta hännän.
    Teki siitä kirnun männän,
    kirnusi sillä naulan voita.

38. Erkki kerkki keräjalka

    Erkki kerkki keräjalka
    onki ojasta sammakoita.
    Saipa kolme sammakkoa:
    yhden söi,
    toisen möi,
    kolmannen kotiin
    muruksi vei.

39. Heikki meni heinään

Heikki meni heinään,
pani laukun seinään.
Heikki tuli heinästä,
otti laukun seinästä.

SANANPARSIA

40. Ei niin pientä päätä jottei vähän järkeä.
41. Ei kaikki ole kultaa mikä kiiltää.
42. Ei omena puusta kauas putoa.
43. Happamia, sanoi kettu pihlajanmarjoista.
44. Hepo hellä varsallensa, vaimo vatsansa väelle.
45. Humala mielen ottaa, Jumala mielen antaa.
46. Humala on juomarin jumala.
47. Huoleton hevoseton poika.
48. Illoin ilmat kiitetään,
    huomenin hyvät emännät.
49. Jos ei viina, terva ja sauna auta, niin tauti on kuolemaksi.
50. Kiitä muille muita maita,
    itselle omia maita.
51. Kolme on miehellä pahoa:
    yksi on vuotava venonen,
    toinen heikkonen hevonen,
    kolmas on äkäinen akka.
52. Makaa kuin koira heinäkuorman päällä: ei syö itse eikä anna muille.
53. Muurari on rehellinen mies: ei syö savea eikä varasta tiiliä.
54. Nuoruus ja hulluus, vanhuus ja viisaus.
55. Paha lintu pesänsä likaa.
56. *Parempi pyy pivossa* kuin kymmenen oksalla.
57. Pata kattilaa soimaa, musta kylki kummallakin.

58. Rikas maksaa rahallaan, köyhä selkänahallaan.
59. *Sanasta miestä, sarvesta härkää.*
60. Sinä herra, minä herra, kumpi meistä kontin kantaa?
61. Syötä mies, juota mies, sitten miehen tavat tiedät.
62. Söisi kattikin kalaa, muttei kastais kynsiään.
63. Vaimo haaksi, vaimo hauta, vaimo himmerkin ilo, vaimo helvetin tuli.
64. Vatsa lapsen varkahaksi, vitsa lapsen viisahaksi.
65. Vie sika Saksaan, tuo sika Saksasta, sika sika kumminkin.
66. Ylpeys käy lankeemuksen edellä.

ARVOITUKSIA

67. Kaksi laivaa merellä
    iän kaiken purjehtivi,
    ei sinä ilmoisna ikänä
    toinen toistansa tavoita?

                         Aurinko ja kuu.

68. Piimä kaatui lattialle,
    ei lähde nuolten eikä vuolten
    eikä luudalla lakaisten?

                         Päivänpaiste.

69. Kultaa kujaset täynnä,
    hopeata tanhuaiset
    eik' ole omistajata?

                         Päivänpaiste.

70. Elää maailman alusta maailman loppuun
    eikä koskaan viittä viikkoa täytä?

                         Kuu.

71. Lintu lensi siivetönnä,
    lensi puuhun lehdettömään.
    Tuli neitsyt suutonna,
    söi linnun siivettömän?

                         Lumi ja aurinko.

72. Tyvi ylös, latva alas,
    näkee kuun ja tähdet,
    muttei koskaan kesäistä päivää?

                         Jääpuikko räystäässä.

73. Vanha vakka, uusi kansi,
    joka vuosi aukaistahan?

                                    Järvi jäineen.

74. Mikä kantaa suurta puuta,
    muttei kanna pientä luuta?

                                    Vesi.

75. Ori juoksi, ohjat seisoi?

                                    Joki.

76. Helmiä hopeisia
    kultaisella kankahalla,
    kuu katseli, päivä peitti?

                                    Kaste.

77. Vedessä syntyy, vedessä kasvaa,
    kun äitinsä näkee, niin kuolee?

                                    Suola.

78. Herrain herkku, kuningasten ruoka,
    ei syö siat, ei koske koirat?

                                    Suola.

79. Kuningaskin kuuntelevi
    lappalaisen laulaessa?

                                    Pohjatuuli.

80. *Syö syömistään*, kunnes kuolee?

                                    Tuli.

81. Kirppu metsähän menevi,
    ei *tuhansin hevosin* kotihin saada?

                                    Tulikipinä.

82. Morsian mäellä seisoi
    kesän kaiken kaunihina,
    talvella alasti aivan?

    Lehtipuu.

83. Makasi yön, ei maassa, ei puussa;
    pesi silmänsä, ei hiellä, ei vedellä;
    pyyhki silmänsä, ei kudotulla, ei kehrätyllä?

    Kukkanen.

84. Perhe söi ja pöytä lauloi?

    Sika ja porsaat.

85. Liha alla, luu päällä?

    Rapu.

86. Musta kuin pappi, ei ole pappi,
    kiiltää kuin nappi, ei ole nappi,
    mörrää kuin härkä, ei ole härkä,
    lentää kuin lintu, ei ole lintu,
    menee maahan kuin mato eikä olekaan mato?

    Sontiainen.

87. Aamun neljällä, päivän kahdella,
    illan kolmella jalalla?

    Ihminen.

88. *Kaksi ortta kanasia,*
    kaikki lumivalkoisia?

    Ikenet ja hampaat.

89. Lahdet kaidat, niemet pitkät,
    kalliot nenissä nienten?

    Sormet ja kynnet.

90. Talonpoika näkee usein,
    kuningas näkee harvoin,
    Jumala ei koskaan?

    Vertaisensa.

91. Millä ei ole alkua eikä loppua?

    Sormus.

92. Musta suu, punainen kieli?

    Uunin lieska.

93. Kolmasti päivässä päälleen pukee,
    enimmät ajat alasti seisoo?

    Ruokapöytä.

94. Kaksi nälkäistä toinen toistaan härnää?

    Onkiminen.

95. Lihasta ja verestä syntynyt,
    ei ole lihaa eikä ole verta,
    suuret herrat sitä kantavat,
    monelle se kunnian antaa
    ja monelta kunnian ottaa?

    Kirjoitussulka.

96. Valkea pelto, musta siemen,
    kylvää ken taitaa?

    Paperi ja kirjaimet.

97. Kuorma väsyy, mutta kantaja ei väsy?

    Vene ja soutaja.

98. Teettäjä ei tarvitse,
    tekijä ei huoli,
    joka sen saa, ei siitä tiedä?

    Ruumisarkku.

99. Yksi puu,
    kaksitoista oksaa,
    joka oksassa neljä pesää,
    joka pesässä seitsemän munaa,
    joka munassa kaksikymmentä neljä poikaa?

    Vuosi, kuukaudet,
    viikot, päivät ja tunnit.

100. Kulkee maata kuin kuningas,
     vaeltaa kuin valtaherra,
     joka vuosi varrotahan
     köyhimpähänkin kotihin?

     Joulu.

101. Mitä kaikki ihmiset yhtäaikaa tekevät?

     Vanhenevat.

LOITSUJA JA TAIKOJA

102. Raudan sanat

Mehiläinen ilman lintu,
lennä tuonne, jonne käsken,
yli kuun, alitse päivän,
taivon tähtein taitse,
Otavaisten olkapäitse;
lennä Luojan kellarihin,
kamarihin Kaikkivallan;
pistä siipesi simahan,
kasta kaapusi metehen,
höyräytä höyhenesi;
tuo simoa siivessäsi,
kanna mettä kaavussasi
rauan rahnoihin pahoihin,
tulen tuiki polttamihin.

103. Pistoksen sanat

Jos sinä pistät yksin pistoin,
minä pistän kaksin pistoin;
jos sinä pistät kaksin pistoin,
minä pistän kolmin pistoin;
jos sinä pistät kolmin pistoin,
minä pistän neljin pistoin;
jos sinä pistät neljin pistoin,
minä pistän viisin pistoin;
jos sinä pistät viisin pistoin,
minä pistän kuusin pistoin;
jos sinä pistät kuusin pistoin,
minä pistän seitsemin pistoin;
jos sinä pistät seitsemin pistoin,
minä pistän kaheksin pistoin;
jos sinä pistät kaheksin pistoin,
minä pistän yheksin pistoin.

Tämä piti lukea kolmeen kertaan ja koettaa olla sitä lukiessa hengittämättä; aina *välillä sai* kyllä *henkäistä*. Sitten *pääsi pistoksista.*

104. Lapsensaajaisen sanat

Mitä silloin sanotahan,
kuta silloin lauletahan,
kun tulevi immen tuska,
kun kohtu kovaksi käypi,
vatsan täysi vaikeaksi?
Onkohan suvussa tässä
tämän puuton purkajata,
tämän haitan halkojata?

Oi Ukko, Ylijumala,
tule saunahan saloa,
piillen piikahuonehesen,
ilman uksen ulvomatta,
saranan on laulamatta,
sanan saamatta kylähän!
Kivi sorra kiukahasta,
muru muurista murenna,
poika neitosen povesta,
lapsi vaimon lantehesta!
Kun ei siinä kyllä liene,
kohta kuolema tulevi
tuohon kohtuhun kovahan,
vatsan täyteen vaikeahan.

Neitsyt Maaria emonen,
tule tänne kutsuttaissa,
käypä tänne käskettäissä,
sin' oot vanhin vaimoloista,
esin emä ihmisistä!
Juokse polvesi merehen,
sinisukka puolitiestä!
Huudapa nyt hujahuta
ihvenille, ahvenille,
tuo'os kiiskiltä kinoa,
matikalta muijaskoa,
jolla voian luun lomia,
perävieriä vetelen;
päästän maalle matkamiehen,
pienisormisen pihalle,
näitä maita marssimahan,
ilmoja ihailemahan,
kenenkähän kuulematta,
kunkahan salasanoitta!

105. Verenseisotus

Verenvuotoa asettivat ennen aikaan eräät, kun vaan katsoivat haavaa. Niillä oli niin kova luonto, jotta ne *saivat vuodon asettumaan*, kun vaan mielessään päättivät, jotta *sen pitää tukkeutua*. Niiden luonto oli sellainen, jotta jos ne sattuivat katsomaan *vaikka sattumalta* lehmän lypsämistä, niin maito *herkesi vuotamasta*.

106. Verensulkija Jussi Lehmonen

Taikuri ja kuohari Jussi Lehmonen kertoi, ettei verenseisotuksessa tarvita muuta kuin voimakas tahto. *Hän kertoi* kerran *tulleensa* Hankasalmelta, kun *hevosen jalkaan tuli haava. Sillä kertaa* hän ei onnistunut saamaan tahtoaan keskitetyksi. Hän kääntyi takaisin, sai läheisestä torpasta korttelin viinaa ja siemaisi sen *yhtä kyytiä*. Kun hän sitten löi kämmenellään hevosta lautaselle, niin heti lakkasi verenvuoto.

107. Karjulan seppä, verensulkija

Karjulan seppä Sievistä oli kertojan lapsuuden aikana tyrehdyttänyt verenvuodon katseen voimalla. Kerrankin hän oli Nivalan Taanilassa seppänä. Yksi talon miehistä oli metsässä lyönyt kirveellä jalkaansa, mentiin hakemaan kiireesti seppää. "Sanoitte vähän liian äkkiä", moitti seppä, kun asia hätäisesti hänelle kerrottiin, vaan meni kuitenkin tupaan, katsoi haavaan ja heti haava meni valkeaksi ja verenvuoto lakkasi kuin tikkuun.

108. Verensulkija Hioppi Parkki

Vuonna 1899*oli Koiviston Rautasella suuret sotilasmanööverit. Kylässä oli sekä suomalaista että venäläistä sotaväkeä yhteensä useampia tuhansia. Sotajoukkojen mukana oli eräs venäläinen sotilaslääkäri, joka oli paljon kuullut suomalaisten noituudesta, ja kun nyt oli tilaisuus, niin hän tahtoi oikein *paikan päällä* todeta, *onko jutuissa perää*. *Samaan aikaan* eli Rautasella Hioppi Parkki, jolla oli "hampaankolossa" vähän enemmän kuin muilla kuolevaisilla. Lääkärille kerrottiin Parkin taikamahdista, hän tuli uteliaaksi ja pyysi Parkkia tulemaan luokseen. Parkki saapui. Lääkäri leikkasi rannevaltimonsa auki ja Parkkia pyydettiin sulkemaan verenvuoto. Kun tietäjä näki haavan, loppui verenvuoto heti. Parkille annettiin ruhtinaallinen kestitys sotilasleirillä.
tuhat kahdeksansataa yhdeksänkymmentä yhdeksän

109. Kaatumatautiseksi pilaaminen

Tämä kauhea tauti vihamieheen saatiin *seuraavalla tavalla*, mikä osoittaa kuinka suuri viha on. Otetaan hautausmaalta kuolleen ihmisen sääri tai joku muu luu, pannaan se kirkon portaiden alle ja annetaan olla siellä kolmena pyhänä peräkkäin, niin että koko kirkkokansa joutuu noina kolmena pyhänä kulkemaan sen ylitse; sitten se otetaan sieltä ja jauhetaan hienoksi jauhoksi. Kun sitten henkilö, johon tämä tauti on aiottu saattaa, tulee käymään *jonkun toisen henkilön seurassa,* tarjotaan tälle kahvia kupista, johon on sotkettu noita edellä mainittuja jauhoja. Tässä tarjoutuu usein vaara, että *toinen henkilö juokin siitä kupista,* johon jauhoja on sotkettu, ja tauti tarttuukin häneen. *Taika ei vaikuta,* jos asianomainen, joka juo kupista, tietää, että *tauti on aiottu saattaa häneen.*

110. Painajainen

Kun lapsi ei öisin nukkunut, on sitä sanottu ajavan painajaisen, että ei saa rauhaa nukkuessa. Siihen on pitänyt olla lapsen isän housut. Kun ne on laskettu lapsen peitoksi, niin lapsi on nukkunut ja painajainen mennyt kiusaamaan isää. Ja unissa on nähnyt sen ihmisen, joka lasta on kiusannut. Silloin on isä lähtenyt ajamaan pois painajaista yösydännä, on pitänyt aukaista ovi ja olla vihoissaan ja nakata kirveskin portailta pihalle, ja mitä pimeässä on käteen sattunut, niin kaikki on paiskattu painajaisen jälkeen. Silloin se on mennyt kotiinsa eikä ole näkynyt sen perästä enää kiusaamassa ketään.

111. Hammassarky

Hampaankolotus poistuu seuraavalla tavalla. Mene hautausmalle. Puraise hampaallasi vainajan rististä palanen. Kaiva sillä sairaan hampaasi juuri veriin. Pane sitten palanen ristiin paikoilleen. Palaa kotiisi *kenenkään näkemättä,* ja kolotusta et enää hampaassasi tunne.

TARINOITA

112. Sodan enne

Osaa joskus sokeakin maaliin ja vie joskus luulokin paikalleen. *Samoin on vanhojen ennustusten laita.* Muistan vielä, kun Turkin ja Venäjän sota puhkesi. *Noin vuotta ennen* nähtiin täällä Orivedelläkin luonnonilmiö itäisellä taivaalla. Nähtiin sellainen veripunainen, suuri, pitkänomainen valo noin puolen tunnin ajan ehtoolla kello 9 aikaan. Sitä luonnonilmiötä oltiin katselemassa koko kylän väet ja pappikin, ja muistan vielä, kun harmaapäät ukot sanoivat, että *sotia se tiesi*, että olihan Jerusaleminkin hävityksen edellä nähty samanlainen luonnonilmiö. Tämä on totta.

113. Outo näky

Kerran kulki postinkuljettaja Kosken kappelista Somerolle. Oli yö. Krannin metsän kohdalla pysähtyi hänen hevosensa äkkiä eikä mennyt yhtään eteenpäin. *Hevonen oli varsin valkoinen vaahdosta* ja märkänä. Nyt pelästyi mies, hyppäsi alas rattailtaan, meni ja katsoi hevosen eteen, oliko siinä jotakin, muttei hän mitään siinä nähnyt. Nyt hän muisti, otti pois kuolaimet hevosensa suusta ja katsoi niiden läpi hevosen ylitse. Hän näki, kuinka pienen pieni musta koira,

pitkäkarvainen, kaksin käpälin piti kiinni hänen rattaittensa
pyörästä. Mies siunasi ja potkaisi koiraa, koira hellitti,
muuttui kauniiksi naiseksi ja huusi: "Sitii, sitii, sitii",
ja katosi metsään. Nyt mies meni rattailleen ja löi hevostaan.
Hevonen lähti korskuen *täyttä laukkaa* juoksemaan, eikä
mies sen jälkeen nähnyt koiraa eikä naista.

114. Minun on sanottu kuolevan veteen

Olin kaverini kanssa tukkitöissä. Toverini sanoi aina:
"Minun on sanottu kuolevan veteen, mutta kun en mene uimaan
enkä jäälle, niin onhan minun mahdotonta hukkua kuivalla
maalla." Olimme useita vuosia *yksissä töissä*. Eräänä syksynä
menimme työmaalle, minä kuljin edellä ja hän jonkin verran
jäljessä. Meidän oli mentävä sellaisen kivikkopuron yli,
jossa *oli matalalti vettä,* niin että kivet näkyivät. Olin
työmaalla tuntikaupalla, muttei kaveriani alkanut kuulua.
Läksin etsimään häntä ja purolle päästyäni näin, että kaverini
istui juurineen kaatuneen *puun juurta vasten,* mihin vesi häntä
painoi. Hän oli kuollut. Puron yli johtavat pyöreät *puut
olivat hieman jäässä,* niin että jalka oli varmaan lipsahtanut.

115. Vartija

Ilmajoen Huissin kylässä oli kerran pidetty jossain talossa
häät. Sinne oli lähtenyt joku Kaapo-niminen mies ja joku toinen
hänen toverinaan. Olivat lähteneet kahden. Talosta oli

katsottu heidän peräänsä ja havaittu, että menijöitä oli ollut kolme miestä. Matkalla Kaapo sanoi toverilleen: "Mikähän siinä on, kun minua ikäänkuin kiellettäisiin, jotta älä mene". Hän oli jo pysähtynyt ja tuuminut, että kyllä *hänen täytyy palata takaisin*, mutta oli sittenkin mennyt. Kun oli oltu häätalossa, oli Kaapoa lyöty puukolla, niin että oli heti kuollut. Ne, jotka heidän lähtiessään *olivat havainneet menijöitä olleen kolme*, kysyivät: "Kuka se kolmas oli, joka teidän kanssanne meni?" Niin Kaapon kaveri oli sanonut: "Ei meitä ollut muita kuin me kaksi." Mutta toiset olivat vain änkänneet, että kyllä teitä kolme oli.

Se kolmas oli ollut Kaapon vartija, joka kulki heidän joukossaan, vaikkeivät he itse sitä nähneetkään. Vartija aina varoitti ja kielsi Kaapoa menemästä, mutta hän *yhtä kaikki* meni.

116. Sama äijä

Kerrotaan jonkun veturinkuljettajan, joka palveli pohjoisella rataosalla, nähneen radalla aina *samassa kohti* äijän, jonka takia piti juna usein pysäyttää. Aina kun mentiin tarkastamaan, huomattiinkin, ettei siinä ollut ketään. Tämän takia kuljettaja tahtoi jättää koko rataosan ja haki *Viipurin puoleen* ja pääsikin sinne. Kerran sitten kun he olivat matkalla, huomasi lämmittäjä miehen radalla ja huomautti tästä kuljettajalle. Kuljettaja tunsi tämän samaksi äijäksi, joka oli kummitellut pohjoisessakin, eikä tahtonut pysäyttää junaa, vaan ajoi yli. Mutta se olikin ollut oikea mies. Kuljettaja *kuuluu menettäneen* tämän takia virkansa.

117. Metsänelävä tulee lähelle ihmistä

Isävainaja oli tervahaudalla, makaili siinä sammalilla. Tuli kettu ja tarttui isää kaulaan kiinni. Kun isä liikahti, niin sitten lähti karkuun. Niemihaudalla isä oli silloin hautaa polttamassa ja Niemelän Erkki oli hautakumppanina. Erkki sanoi, että *nyt pitää isän heti lähteä kotiin*, nyt jotakin tapahtuu, tämä on niin kummallista, kun metsänelävä tulee, joka on niin arka ja viisas. Isä ei kyllä lähtenyt kotiin, mutta viimeinen tervahauta se oli, minkä isä poltti. Sitten *seuraavana* keväänä isä jo kuoli, eikä ollut kuin 50* vuotta vanha. Ei ollut koskaan kuultu, että kettu tulisi lähellekään tervahautaa. *viisikymmentä*

118. Kuoleman sanansaattaja

Ennen vanhaan kun eräät serkkuni Luopioisissa olivat riihtä puimassa, tuli pieni harmaa lintu riihen kynnykselle, ruikutti siinä kovin omituisesti ja katsoi meitä silmiin. Me aristimme sen siitä pois, mutta se tuli kohta takaisin riihen kynnykselle, katsoi meitä silmiin ja sirkutti vain niin omituisesti. Aavistin, että *tuolla linnulla oli jotain asiaa*, kun se oli niin oudon näköinen ja outoääninen. Noin kaksi tuntia sen jälkeen tulikin sotilaslähetti Lammin reservikasarmilta tuomaan tietoa, että heidän veljensä, joka oli siellä asevelvollisena, oli kuollut tapaturmaisesti. Tuo lintu oli siis kuoleman sanansaattaja.

119. Surma hakkaa arkun lautoja

Isä oli ollut polttamassa hiiliä, sysihautaa *eräänä talvena*. *Hänen valvoessaan* yöllä miilua vahtien alkoi kuulua läheisestä metsästä hakkuuta. Hakkuu tapahtui harvoin, mutta voimakkain iskuin, kunnes yht'äkkiä kuului puun kaatuminen ja oksien katkeileminen. *Aamun tultua* isä *kulki kiertäen kaartaen läheiset metsät*, mutta mitään jälkiä ei näkynyt. Hakkaaja olikin surma. Se hakkasi arkun lautoja eräälle Paavo-nimiselle miehelle, joka kuoli heti sen jälkeen äkkiä.

Isä oli arvellut, että metsässä hakkaaja on surma.

120. Kuoleman enne

Mummuvainajani ollessaan aikoinaan Huhtalán torpan emäntänä meni kerran jouluaattoiltana *vanhan tavan* mukaan ulkopuolelta, *ikkunan takaa* katsomaan joulupöytään istuutunutta monilukuista perhettään. Kaikki muut perheenjäsenet näkyivät lasin takaa tavallisessa asussaan, mutta pieni Kristiina-tyttönen oli selvästi päätön. Se merkitsi sitä, että Kristiina oli kuoleva alkavana uutena vuotena. Havainnostaan ei perheen äiti heti kellekään kertonut, odotti vain *mitä tuleman piti*. Kun Kristiina sitten kesällä *tuli sairaaksi*, sanoi äiti heti, että hänen pikku tyttönsä lähtisi pois, hän oli sen tietänyt *joulusta saakka*. Niin kävikin. Jälkeenpäin oli mummoni kehottanut tyttöään luopumaan jouluiltana ikkunan takaa katsomisesta, sillä hänelle se oli ollut kauhea elämys.

121. Hakija

Muutaman torpan eukko *lähti* kauppaan *asioilleen* keväällä, jolloin oli jo pälviä mailla. Hänen kotonaan oli *kolmannella vuodella oleva tyttö*, joka *äidin lähtiessä* oli ollut ihan terve. Kuljettuaan jonkin matkaa kotoaan eukko näki tiepuolessa kivellä istumassa pienen tytön, jolla oli yllä valkoinen mekko ja joka oli avopäin ja *paljain jaloin*. Ensin hiukan itsekseen ihmetellen, kenenkä lapsi näin lumen aikaan on jo avojaloin kuljeksimassa, hän alkoi mennä tytön luokse katsomaan, mutta se katosi yht'äkkiä näkymättömiin. Kotona hänen tyttärensä oli sairastunut ja *kahden päivän perästä* kuoli. Haamu oli ollut tytön hakija.

122. Lapsi kuolee kaivon kannelle

Matkustavainen *oli ollut talossa yötä* ja maannut kamarissa. *Samana* yönä oli talossa syntynyt lapsi. Matkustavainen oli nähnyt, miten valot olivat tulleet pöydän päähän, ja yht'äkkiä oli ilmestynyt siihen kolme miestä, jotka olivat puhelleet keskenään: "*Mikä* tälle nyt syntyneelle *lapselle nimeksi pannaan*, mitenkä vanhaksi elämään ja millä kuolemalla kuolemaan?" He olivat päättäneet: "Matti nimeksi ja *kahden vuoden vanhaksi elämään*, sitten veden päällä kuolemaan". Sitten olivat miehet hävinneet ja valot sammuneet. Matkustavainen ei ollut tästä kertonut kenellekään.

Kahden vuoden kuluttua oli sama matkustaja käynyt talossa. Hän kuuli, että lapsi oli juuri kuollut kaivon kannelle, ja Matti oli ollut nimi.

KASKUJA

123. Pitäisi olla

Torpan poika kerran kosi talon tytärtä. Tytär kysyi, montako oli lehmää ja hevosta talossa. Miettien sulhanen vastasi: "Pitäisihän niitä olla lehmiä *siinä* *kymmenkunta* ja hevosia olemme aikoneet ostaa pari."

Kun tyttö meni sulhasen kotiin, kysyi hän kohta: "Missä ne lehmät ovat?" Sulhanen vastasi: "Enhän minä niin sanonutkaan, että niitä on, sanoin vain, että niitä pitäisi olla kymmenen ja hevosia myöskin kaksi."

124. Saha ja mylly

Muudan köyhä Raudun poika narrasi *ennen* *vanhaan* itselleen Inkeristä komean ja rikkaan morsiamen.

Poika näet kehui tytölle, että hänellä kotona oli saha ja mylly. Tyttö lähti pojan matkaan. Kun tultiin perille, alkoi morsian tiedustella myllyä ja sahaa. Poika vei silloin morsiamensa porstuan nurkkaan ja näytti käsikiviä. Ulkona halkovajan seinällä riippui saha, josta poika oli puhunut.

125. Sano niin

Oli köyhä talo ja siinä typerä tytär. *Sulhasia tuli.* Emäntä tahtoi näytellä rikkaampaa kuin olikaan, joten, kun hän teki sijaa sulhaselle eikä ollut lakanoita, kysyi tyttäreltä: "Missäs meidän pitsilakanat ovat?" Tytär ihmetteli: "Eihän niitä olekaan!" Kun sulhanen lähti, torui äiti tytärtään: "Olisit sanonut, että ne ovat pyykissä. Sano niin *toisella kertaa*."

Tuli toinen sulhanen, ja kun emäntä laittoi kahvia, hän kysyi tyttäreltä: "Missäs meidän hopeiset kahvivehkeet nyt ovat?" Tytär oli nyt viisaampi ja vastasi: "Ne ovat pyykissä!" Sulhanen lähti taas eikä huolinut tyttärestä. Emäntä torui tytärtä: "Miksi niin tyhmästi sanoit? Olisit sanonut, että *ne ovat* kylässä *lainassa*." Tytär vastasi: "*Itsehän sinä viime kerralla neuvoit siten* toisella kertaa *sanomaan*.

126. Viisas Elsa

Kerran oli talossa isäntä, emäntä ja tytär, jonka nimi oli Elsa. Hän *oli olevinaan* viisaampi kuin muut. Tuli sitten sulhaset tytölle. Hän laittoi sulhaset syömään ja lähti itse laskemaan olutta kellarista. Kellarin katto oli *kivistä tehty*, ja siinä eräs kivi *riippui pitemmällä* kuin toiset.

Elsa katseli ylös ja _rupesi_ sitten _itkemään_. Kun hän äidin mielestä viipyi liian kauan oluenhakumatkalla, tämä meni etsimään tytärtään. Elsa oli hartaasti itkemässä kellarissa. Äiti kysyi: "_Mitä sinä itket_?" Elsa selitti: "Minä itken sitä, että kun meillä nyt on sulhaset, ja jos minä teen pojan tai tytön, niin kun tuo kivi on pitemmällä kuin muut kivet, niin kun se poika tulee olutta laskemaan, tuo kivi putoaa hänen päällensä, ja hän kuolee." Äiti rupesi myöskin itkemään, ja kaikki olut virtasi maahan. Yhdessä itkivät sitten Elsa ja äiti. No, viimein meni isä katsomaan, _mikä nyt oli Elsalla_, kun ei tullut pois. Isä kysyi, kun _pääsi kellariin_: "_Mikä nyt on_, kun ei tuoda olutta ruokapöytään?" Elsa selitti taas: "Kun tuo kivi on tuossa niin pitkällä, ja kun minä saan tytön tai pojan, niin kivi putoaa sen päähän." Isäkin puolestaan ihmetteli, miten Elsa oli viisas ja miten hän eteenpäin aina älysi paremmin kuin muut. _Isältäkin pääsi itku_.

127. Ovela sulhanen

Kerran oli tullut sulhanen taloon ja sanonut isännälle: "_Millä ehdolla_ annat parhaan tyttäresi?" Isäntä sanoi: "Tee hyvä ja suora kirvesvarsi katsomatta, tuleeko siitä suora."

Sulhanen _rupesi tekemään_, mutta kun tyttöjä oli talossa monta, niin hän aina osoitti yhtä tyttöä sormellaan ja kysyi: "Tuonko tytön sinä annat minulle?" Samalla hän katsoi kirvesvarren suoruutta. Taas osoitti toista tyttöä ja tiedusteli: "Tuonko annat minulle?" Ja aina vuoli välillä. Siten hän sai suoran ja hyvän kirvesvarren, ja isännän täytyi antaa paras tyttärensä.

128. Vastahakoinen akka

Miehellä oli vastahakoinen akka. Mies kun kysyi akaltaan: "Et suinkaan sinä juhlaksi viinaa tuota?" tämä vastasi: "Tuotanpa suottakin." Sitten mies kysyi: "Et suinkaan sinä minua vieraitten kanssa syömään pane?" Akka vastasi: "Panenpa suottakin."

Mies viimein suuttui akkaansa, meni ja *hakkasi* edeltäpäin *joenportaan poikki,* niin että se vain pikkuisen pidätti. Kun sitten mies meni itse edeltä, varotti hän akkaansa: "Älä hypi, älä keiku!" Akka vastasi: "Keikunpa suottakin!" Silloin porras katkesi, ja akka plumpsahti jokeen. Mies lähti häntä vastavirrasta hakemaan, ja kun ihmiset kyselivät, mitä hän etsi, mies sanoi, että akka putosi jokeen ja sitä hän etsi. Ihmiset sanoivat miehelle: "Hulluhan sinä olet, kun vastavirrasta haet." Mies sanoi: "No, kun se oli aina elämässäänkin vastaanpäin."

129. Miten äkäpussi kesytetään

Kerran tuli nuori mies taloon ja halusi kosia talon kolmesta tyttärestä nuorinta, joka oli *kaikkein kaunein.* Mutta hänelle vastattiin, ett*ei sillä* vaimona *tehnyt mitään,* se kun oli sellainen laiskimus. Mies sanoi, että juuri semmoinen se hänelle sopikin. Ja niin mies sai vaimokseen tytön, joka talosta annettiin mielihyvällä, kun päästiin moisesta.

Mies vei vaimonsa kotiinsa, jossa vaimo *ei yrittänytkään tehdä mitään*. Mies *tyytyi siihen* eikä kehottanutkaan naistaan mitään tekemään.

Kerran kun mies lähti navettahommiin, hän sanoi kissalle: "Keitä, kissa, ruokaa!" Sanoi ja meni. Vaimo näki ja kuuli sen. Ja kun mies palasi navetasta, hän kysyi kissalta: "*Keititkö mitä?*" Siihen kissa vastasi vain että "nau". Silloin mies tappoi kissan.

Sattuipa sitten, että kukko käveli lattialla. Sille mies sanoi: "Laula, kukko! Kerran käsken, toista en!" Ja kun kukko ei laulanut, mies tappoi kukon heti.

Sitten poiki talossa lehmä, ja mies toi vasikan tupaan kuivamaan ja lämpiämään. Itse hän meni ulos ja sanoi lähtiessään vasikalle: "Keitä, vasikka, puuroa! Kerran käsken, toista en!" Mies palasi kohta tupaan ja kysyi vasikalta: "Joko puuro on valmis?" Ja kun vasikka ei ollut keittänyt, hän tappoi sen heti.

Sittemmin hän lähti kerran appensa taloon vieraaksi vaimonsa kanssa hevosella ajaen. Matkalla mies käski hevostaan juoksemaan sanoen: "Juokse, hevonen! Kerran käsken, toista en!" Ja kun hevonen ei juossut, hän otti kirveen reestä ja tappoi heti hevosen. Nyt hän käski vaimoaan vetämään rekeä. Vaimo ei toista käskyä odottanut, vaan meni heti ja veti reen entisen kotitalonsa pihaan asti. Siellä ihmeteltiin: "*Onpas mies saanut akkansa jo tekemään!*" *Sen jälkeen* vaimo teki kaikkea, mitä mies käski tahi *oli käskemättä*.

130. Halko kerrallaan

Eräs ukko teki halkokuormaa. Hän tahtoi *saada kuormaan mahtumaan* niin paljon kuin mahdollista. Jokaista halkoa kuormaan pannessaan hän sanoi: "Jos hevonen nuo vetää, niin kyllä se tämänkin vetää." Näin latoi ukko kaikki halot kuormaansa, eikä hevonen jaksanut sitä vetää. Ukko otti nyt yhden halon kuormasta pois ja tuumaili sitten: "Koska hevonen ei noita jaksanut vetää, niin ei se näitäkään jaksa." Näin hän *otti halon kerrallaan* pois, kunnes reki oli tyhjä.

131. Isäntävalta

Kerran eräs isäntä laittoi renkinsä kiertämään maata. Hän antoi rengille kolme eriväristä hevosta ja sata kanaa sekä käski antamaan kanan siihen taloon, jossa oli emäntävalta, ja hevosen siihen, jossa oli isäntävalta. Renki lähti matkaan, kanat vähenivät . . . Vihdoin hän joutui taloon, johon *oli vähällä mennä* hevonen. Emäntä sanoi kuitenkin isännälle: "Älä sitä ota, ota tuo hevonen!" Ja niin *renki sai tuoda kotiin kaikki hevoset*, kun ei missään ollut isäntävaltaa.

132. Turva kelkassa

Eräällä vaimolla oli niin sairas mies, ettei tämä *omin voimin* päässyt kävelemään. Kerran vaimo pani miehensä kelkkaan ja *lähti vetämään* naapurikylään. Vedettyään miestä *pitkän matkaa* vaimo seisahtui levätäkseen ja huokasi: "Hohhoi." Mies vastasi siihen: "Mitäs, kurja, huokailet, kun on turva kelkassas!"

133. Ainoa nuora

Huijarit olivat petkuttaneet markkinoilla ukolta kaikki rahat. Eukkonsa kanssa hän sitten ajeli *kotiin päin* äänetönnä ja alakuloisena. Äkkiä hän kuitenkin seisautti hevosen *tien vieressä* kasvavan tukevaoksaisen puun kohdalle, hyppäsi alas rattailta ja rupesi päästelemään ohjaksia. Akan kysymykseen, mitä hän nyt aikoi, *ukko vastasi hirttävänsä itsensä tien vieressä olevaan puuhun*. Silloin pillahti akka itkemään ja sanoi: "Eikö sinulla ole nyt mitään muuta narua mukanasi? Mitenkäs minä tässä voi kotiin ajaa, jos sinä ohjakset otat?"

134. Melkein varma

Vanhapiika odotti kovin kosijoita, mutta ketään ei tullut *siinä tarkoituksessa*. Hän kyseli jo neuvoja muiltakin ihmisiltä, *mitä olisi tehtävä*, että saisi miehen. Joku tiesi, että jos hän saisi viisi jänistä metsästä elävänä kiinni, niin hän saisi vielä miehen itselleen. Heti seuraavana aamuna vanhapiika meni metsään, jossa näki jäniksen jäljet lumessa. Riemuissaan hän puheli yksinänsä: "Kun tämän saan ja pari muuta, niin kaksi enää viidestä puuttuu!"

135. Voita tuli

Ennen vanhaan kun ei ollut metsätuloja, myytiin voi tarkoin rahan hankkimiseksi. Työväelle ei annettu voita, *vaikka työtä pitikin tehdä kovasti*.

Eräässä talossa Pielavedellä ei myöskään annettu voita evääksi, kun rengit lähetettiin kauaksi niitylle heinäntekoon. Tällöin rengit laittoivat mennessään niityn *veräjän pieleen* isännän nähtäväksi voinhakijan, panivat näet särjelle tikuista jalat ja laukun selkään sekä kirjoittivat lipun suuhun: "Voinhakija Säämingistä". Ennen näet voinostajat yleensä olivat sääminkiläisiä. Kun isäntä tuli niitylle ja näki särjen, kysyi hän rengeiltä: "Mikä se on tuolla veräjän päällä?" Rengit sanoivat: "Laitettiinpa voinostaja, kun ei talosta voita anneta." Isäntä ei puhunut mitään, vaan lähti kotiinsa. Kohta tuli niitylle evään tuoja, jolla oli voita myös. Eikä sen jälkeen tarvinnut renkien voitta *ruveta syömään*.

136. Ollaan syövinämme

Kahden talon niityt olivat rinnakkain ja kumpaisenkin talon tapana oli aloittaa heinänteko *samaan aikaan*. Matka oli niin pitkä, että *niitylle täytyi viedä eväät mukana*. Toisen talon isäntä tiesi, että naapurissa *pannaan siankinkku* aina heinäväen *evääksi*, joten hänkin sanoi rengilleen: "Otetaan mekin siankinkku, jota *ollaan syövinämme*, vaikkei syödäkään."

Menivät sitten niitylle ja *rupesivat suurukselle*. Isäntä ei ottanut siankinkusta, eivätkä toisetkaan. Kun sitten piti ruveta niittämään, otti renki terän pois viikatteestaan ja rupesi varrella niittämään. Isäntä sanoi: "Mitäs sinä nyt meinaat?" Renki vastasi: "*Ollaan niittävinämme*, vaikkei niitetäkään."

137. Sadepäivä

Ennen vanhaan eivät ihmiset heinänteon aikana maanneet juuri ollenkaan. Kerran kun isäntä ja renki olivat niityllä, tuli sade, ja heidän täytyi mennä latoon. Isäntä meni perälle latoon, *renki jäi ovipuoleen*. Isäntä nukkui kohta kuin torakka, mutta renki makaili vain. Lopulta isäntä kysyi: "*Vieläkö sataa*?" Renki kurkkasi ulos ja virkkoi: "Kyllä sataa, tuossa juuri on tulossa aika sadepilvi ja Koira*mäen takaa* tulee aina uusia pilviä." Niin *maattiin koko päivä*. Ladossa oli olkikatto, joka ei rapissut, *vaikka olisi kuinka satanut*, ja kun oli *vähän pilvinen päivä*, niin *isäntä luuli satavan*, vaikkei satanutkaan. Ladossa oli jo niin paljon heiniä, että oli hyvä maata.

138. Taaja laajan voittaa

Kerran *itse paholainen* rupesi räätälin kanssa kilpaa ompelemaan. Paholainen otti neulaansa pitkälti lankaa, ettei sitä usein tarvitsisi neulan silmään pujotella, räätäli taas

otti lyhyen langan neulaansa. Kun neulomaan ruvettiin, _täytyi_
paholaisen joka ompeletta varten juosta ovensuuhun saadakseen
ompeleen piukkaan. Ennenkuin paholainen näin sai puoltakaan
saumaa, oli räätälin työ jo valmis.

139. Vaarat

Pappi kysyi merimieheltä: "_Mikä mies isoisänne on ollut?_"
—"Hän oli myös merimies." —"_Vieläkö hän elää?_" —"Ei, hän
on jo kuollut." —"_Mihin hän kuoli?_" —"_Mereen kuoli._"
Pappi kysyi: "Mikä mies isänne on ollut?" —"Hän oli ja meri-
mies." —"Vieläkö hän elää?" —"Ei, hän on jo kuollut."
—"Missä hän kuoli?" —"Merellä kuoli." Pappi sanoi kau-
histuneena: "Kuinka te tohditte mennä merelle, kun _sinne_
kaikki isännekin ovat kuolleet?" Merimies kysyi silloin pa-
pilta: "Mikä mies teidän isoisänne on ollut?" Pappi sanoi:
"Hän on ollut myös pappi." —"Vieläkö hän elää?" —"Ei, hän
on jo kuollut." —"Missä hän kuoli?" —"Hän kuoli kauniisti
vuoteellensa kotona." Merimies kysyi edelleen: "Mikä mies
teidän isänne on ollut?" —"Hän on ollut ja pappi." —"Vie-
läkö hän elää?" —"Ei, jo on kuollut." —"Missä hän kuoli?"
—"Kotona kauniisti vuoteellensa." Merimies sanoi: "Kuinka
te tohditte mennä maata vuoteellenne, kun siinä kaikki isän-
nekin ovat kuolleet?"

140. Jos et väisty, niin . . .

Pyhäjärvellä oli ennen ollut nimismies, joka ajoi aina keskitietä ja vastaan*tulijan oli ajettava* tiepuoleen. Kerran muudan mies *ajoi häntä vastaan* eikä väistynyt tiepuoleen. Kun *vähän aikaa* olivat seisottaneet hevosia, mies sanoi nimismiehelle: "Nyt jos et sinä aja tiepuoleen, niin minä teen kuin *viime viikolla* tein eräälle miehelle." Silloin nimismies ajoi tiepuoleen ja kun *pääsi ohi*, kysyi mieheltä: "Mitäs sinä veijari taas olet viime viikolla tehnyt?" Mies vastasi: "No se mies kun ei ajanut tiepuoleen, niin minä ajoin."

141. Toista elämään, toista kuolemaan

Kerran sanoi eräs mies vallesmannille: "Minä tiedän kaksi miestä, joista toista toivon elämään ja toista kuolemaan." Vallesmanni kysyi mieheltä, keitä ne olivat. Mies vastasi: "Pappia kuolemaan ja vallesmannia elämään." Vallesmanni kysyi: "Minkätähden sinä tahdot pappia kuolemaan ja minua elämään?" Siihen sanoi ukko: "Kun pappi kuolee, tulee toinen parempi, mutta kun vallesmanni kuolee, tulee toinen pirumpi."

142. Velat vastakkain

Tuomari Ruotsista *oli käymässä Suomessa* tarkastusmatkalla. *Hänelle oli sattunut* hyvin järkevä mies kyytimieheksi. Eräässä talossa he olivat parhaillaan syöttäneet hevostaan, kun taloon sattui tulemaan vieras rahtimies. Liedellä kiehui pata, josta nousi lämmintä höyryä. Rahtimies piti jäätynyttä leivänkannikkaansa höyryssä, jotta se sulaisi siinä. Hän ei kastellut sitä padassa, piti vain siinä höyryssä. Isäntä alkoi pyytää rahtimieheltä maksua: "*Ilamaiseksi ei saa mitään*. Sinä olet sulattanut kannikkaasi padan päällä, rasvahöyryhän siitä nousee." Tuomari oli sisähuoneessa ja tuvassa oli tuomarin kyytimies. Hän meni rahtimiehen luo ja kysyi: "*Onko sinulla rahakukkaro*?" —'On." —Kyytimies pyysi: "Annapas minulle rahakukkaro!" Mies antoi. Sitten tuomarin kyytimies ojensi isännän käteen rahakukkaron ja sanoi: "Pitele niin kauan kuin minä käsken antamaan takaisin." Isäntä piteli rahakukkaroa kädessään ja arveli, että *hyvä tästä tulee*. Sitten tuomarin kyytimies käski antaa rahakukkaron takaisin rahtimiehelle. Talon isäntä antoi. Kyytimies sanoi: "*Nyt on velat vastakkain*: rahtimies piti sinun patasi päällä höyryssä leivänkannikkaansa ja nyt sinä, isäntä, *sait pitää* rahti*miehen kukkaroa kädessäsi*." Isännän täytyi tyytyä siihen. Sitten kyytimies ilmoitti tuomarille, että *sellainen tapaus oli sattunut* ja hän *sillä tavalla* oli ratkaissut riidan. Tuomaria miellytti ratkaisu ja hän sanoi kyytimiehelleen: "Sinä *saat olla* ensimmäinen herrastuomari Suomenmaassa."

143. Vähiin meni

Keisari tarkasti muinoin *Suomen* sotaväkeä ja kysyi: "*Onko miehillä mitään valittamista*?" Kukaan ei tohtinut sanoa, että annos, jonka sotamies sai, oli liian pieni. Vihdoin eräs miehistä kysyi keisarilta, saisiko hän näyttää pienen tempun. Keisari antoi luvan. Mies otti kuppiin vettä ja näytti keisarille, kuinka paljon sitä oli. Sitten hän kävi rivin päästä toiseen ja käski jokaista kastamaan sormensa siihen kuppiin. Kun kaikki olivat kastaneet, meni sotamies ja näytti vesikuppia keisarille sekä sanoi: "Kukaan näistä miehistä ei ottanut mitään, vaan kuitenkin *vesi meni näin vähiin*. Samoin käy sotamiehelle, jolle on annettu määräannos. Kun hänen annoksensa käy monen virkamiehen kautta, saa *se, jolle se kuuluu*, siitä ainoastaan tähteet."

144. Hevoskauppa

Hevoskaupoissa ostaja oli saanut sokean hevosen ja meni purkamaan kauppaa. Ostaja sanoi myyjälle: "Sinä petit ja annoit sokean hevosen, et sanonut, että se on sokea." Myyjä vakuutti lausuneensa, kun kauppaa hierottiin: "Semmoinen se on kuin on, katso sinä, hevonen ei näe."

145. Ruoskan paikka

Hevoskaupoissa myyjä sanoi ostajalle: "Tällä hevosella ajaessa ei tarvitse pitää ruoskaa reessä." Myöhemmin ostaja *tuli katumapäälle* ja meni purkamaan kauppaa väittäen, että myyjä oli valehdellut kaupoissa, kun oli sanonut, että reessä ei tarvinnut ruoskaa, ja kuitenkin hevonen oli kovin laiska.

Myyjä sanoi, ettei hän ollut sanonutkaan hevosta vireäksi.

— "Eihän reessä tarvitakaan ruoskaa, vaan kädessä."

146. Taika paransi

Ennen vanhaan kun teinit kulkivat ympäri maata ruokaa kerjäämässä, tuli kaksi teiniä erääseen taloon pyytämään ruokaa. Emäntä antoi ja valitteli sitten, että heidän vasikkansa oli sairas, eivätkö pojat osaisi sitä parantaa, viisaita kun olivat. Pojat lähtivät navettaan ja miettivät, miten he vasikan parantaisivat. Toinen teineistä keksi keinon. Hän käski emännän navetasta ja otti kynän sekä kirjoitti paperille: "Valkoinen vasikka tai punainen, jos ei halua elää, niin kuolkoon!" Paperin hän pani pieneen pussiin ja antoi emännälle sanoen: "Pankaa tämä vasikan kaulaan, niin kyllä paranee!" Teinit lähtivät, ja emäntä *rupesi tekemään taikojaan*. Sattui, että vasikka paranikin.

Muutaman vuoden kuluttua oli sama teini pitäjän nimismiehenä. *Hän sairastui kerran vaikeasti*. Kun mikään ei auttanut, tiesi viimein joku kertoa, että aivan lähellä asui kuuluisa emäntä, joka oli parantanut paljon sairaita pienellä pussilla, jonka oli kerran saanut. Emäntä käskettiin nimismiehen luo. Hän antoi nimismiehelle pienen pussin ja käski pitää sitä korvassa seuraavaan päivään asti, niin kyllä paranisi. Kun emäntä oli mennyt pois, aukaisi nimismies pussin, koska se näytti hänestä tutulta. Pussista löytyi paperipala, johon oli kirjoitettu: "Valkoinen vasikka tai punainen, jos ei halua elää, niin kuolkoon!" Nimismies muisti nyt vanhan vasikanparantamisjutun ja rupesi nauramaan, nauroi niin että parani. Pussin suu ommeltiin jälleen kiinni, ja emäntä paransi sillä vielä monta sairasta.

147. Rosvo Perttunen

Kerran oli rosvo Perttunen mennyt lihakauppaan ja ruvennut tiskillä olevaa lihanpalaa pyörittelemään ja kyselemään sille ostajaa. Kauppias luuli, että lihanpala oli Perttusen, ja huusi tälle: "Mene pois sen lihan kanssa, ei sitä kukaan osta, se on jo niin vanhaa!" Perttunen sai lihanpalan itselleen.

148. Mestarivaras

Varas kulki tiellä kenkäpari kädessään. Toinen kenkä oli kovasti likainen, toinen puhdas. Hän näki jäljessään tulevan miehen, joka *talutti härkää nuorasta*. Varas jätti likaisen kengän tielle, meni *vähän matkaa* eteenpäin ja *piti* sieltä *silmällä*, ottaisiko härän kuljettaja tieltä likaisen kengän. Mies ei ottanut. Nyt heitti varas toisen, puhtaan kengän tielle ja seurasi jälleen, ottaisiko mies puhtaan kengän. Härän taluttaja saapui kengän luo ja ajatteli: "Jos olisin ottanut kauempana tiellä olevan kengän, niin nyt olisin saanut kenkäparin ilmaiseksi, jos tämä puhdas kenkä vain olisi sopinut sen pariksi." Hän päätti lähteä hakemaan likaisen kengän vähän matkan päästä ja sitoi härän kiinni maantien laitaan puuhun puhtaan kengän luo. Kun mies saapui takaisin härkänsä luo, olivat sekä härkä että puhdas kenkä kadonneet.

149. Omenavarkaat hautausmaalla

Kaksi poikaa oli omenavarkaissa. *Illan pimeässä* he saivat suuren korillisen omenia ja lähtivät kiireesti maantietä pitkin hautausmaalle jakamaan saalistaan. Matkalla pojat huomasivat, että pari omenaa putosi, mutta heillä ei ollut aikaa niitä etsiä. Hautausmaalle tultuaan he alkoivat jakaa yksitellen, jolloin heitettiin omena vuoroin toiselle ja toiselle. Heittäessään pojat sanoivat: "Tuo on sulle, tuo on mulle . . . !"

Ohitse sattui kulkemaan kaksi mummoa. Kun nämä kuulivat poikien laskevan ja tasaavan omeniaan, luulivat he viimeisen ajan tulleen ja jonkun hengen laskevan sieluja oikealle ja vasemmalle. Mummot olivat kauhuissaan. Kun pojat olivat jakaneet omenat, sanoi toinen heistä: "Ja nyt lähdetään ottamaan ne kaksi maantieltä." Mummot luulivat, että nyt henget tulevat heitä kahta vaivaista syntistä hakemaan. Mummoille tuli kiire karkuun.

KANSANLAULUJA

150. Leskiä ei ole ollenkaan

Ei ole leskiä ollenkaan, ollenkaan, ollenkaan,
ei o' leskiä ollenkaan, ollenkaan.

Tuskin jos sitä tulleekaan, tulleekaan, tulleekaan,
tuskin jos sitä tulleekaan, tulleekaan.

Ja ryssän Maikki se *lapsen sai*, lapsen sai ja lapsen sai,
ryssän Maikki se lapsen sai, lapsen sai.

Ja *nimeksi pantiin Nikolai*, Nikolai, Nikolai,
nimeksi pantiin Nikolai, Nikolai.

151. Kuppari kulkea vapisee

Ja kuppari kulkea vapisee,
sarvet pussissa kalisee,
kysyy kylän ämmiltä:
"Onko sauna lämminnä?"

Söiskös kuppari silakkaa,
vaikka se vähän janottaa.
Kellariss' on olutta,
joka janon sammuttaa.

152. Pitkä matka on Päijänteestä

Pitkä matka on Päijänteestä
Saarijärven rantaan,
pitkä matka on Päijänteestä
Saarijärven rantaan.
Täytyyhän mun heila ottaa,
kun mamma luvan antaa.

Täytyyhän mun heila ottaa,
kun mamma luvan antaa.

Heilan otan itselleni,
vaikka pappa kielsi.
Heilan otan itselleni,
vaikka pappa kielsi.
Mistä pappa sen rakkauden
vaatimuksen tiesi.
Mistä pappa sen rakkauden
vaatimuksen tiesi.

153. Käki kukkuu kuusikossa

Käki kukkuu kuusikossa,
pienet linnut laulaa,
käki kukkuu kuusikossa,
pienet linnut laulaa.
Minä lentää lieputtelen
oman kullan kaulaan.
Minä lentää lieputtelen
oman kullan kaulaan.

Tuossapa on nätti tyttö,
on ku kesän heinä.
Tuossapa on nätti tyttö,
on ku kesän heinä.
Pois mä otan oman kullan
vaikka läpi seinän.
Pois mä otan oman kullan
vaikka läpi seinän.

154. Järven rannalla ruohikossa

Järven rannalla ruohikossa
se lauleli sorsanpoika.
Ja järven rannalla ruohistossa
se lauleli sorsanpoika.
Nätin tytön mielen jälkiin
minä elää koitan.
Ja nätin tytön mielen jälkeen
minä elää koitan.

Eikä mikään niin kaunis oo
ku kankahalla kuusi.
Eikä mikään niin kaunis oo
kun kankahalla kuusi.
Eikä mikään niin rakas oo
kun oma heila uusi.
Eikä mikään niin rakas oo
kun oma heila uusi.

155. Kesällä niitä kukkia kasvaa

Kesällä niitä kukkia kasvaa,
ei niitä kasva talvella.
Kesällä niitä kukkia kasvaa,
ei niitä kasva talvella.
Onhan meillä vapaa-aika
tällä lailla laulella.
Onhan meillä vapaa-aika
tällä lailla laulella.

Enkä minä itse niin häävi oo,
mutta heila se minull' on komia.
En minä itse niin häävi oo,
mutta heila se on mulla komia.
Vaikk' on kuinka komia heila,
komiamman ottaisin.
Vaikk' on kuinka komia heila,
komiamman ottaisin.

Väriseehän se haavanlehtiki
vienommallaki tuulella.
Värisee se haavanlehtiki
vienommallaki tuulella.
Onhan mulla heila uusi
vaikkei siitä huudella.
Onhan mulla heila uusi
vaikkei siitä huudella.

156. Illalla ruusun istutin

Illalla ruusun istutin,
ja aamulla aukes kukka.
Kahden nuoren rakkautta
ei *saa* tukahduttaa.

Sinä kun olet se isorikas,
minä olen aivan köyhä,
senpätähden *minun pitäs olla*
uskollinen ja *nöyrä*.

Nöyrempikö mun olla pitäs
kun olen sulle ollu,
olenhan sua joka ilta
huvittamaan tullu.

157. Veiju veiju veikkoset

Veiju veiju veikkoset
ja veiju veiju venne,
veiju veiju veikkoset
ja veiju veiju venne.
Missä on se rakkaus,
joka oli meillä ennen?
Missä on se rakkaus—
ja se oli meillä ennen.

Juoruämmät sanoivat
sen koskesta alas menneen,
juoruämmät sanoivat
sen koskesta alas menneen.
Koskenperkaajitten kanssa
virran alle menneen,
koskenperkaajitten kanssa
virran alle menneen.

158. Tuoltapa näkyy punanen talo

Ja tuoltapa näkyy punanen talo
ja valkia ikkunalauta.
Siell' on pojalla oma kulta,
ja mamman kiukku ei auta.

Ja keitäpäs kultani kahvia
ja keitäpäs kattilalla.
Se on viimeinen kerta, kun kävelen
sun kammaris lattialla.

159. Sotilaslaulu

Kasarmi on kotini
ja keisari isäntäni,
kasarmi on minun kotini
ja keisari isäntäni.

Nätti tyttö *viimekin yönä*
lievitti ikäväni.
Nätti tyttö viimekin yönä
lievitti ikävääni.

Oksan oisin taittanut,
jos olisin sen tytön saanut.
Oksan oisin taittanut,
jos olisin sen tytönki saanut,

jota olen aina jo *pitkän aikaa*
sydämestä rakastanut,
jota olen aina ja pitkän ajan
sydämestä rakastanut.

Eikä se kaffi niin kuumaa oo,
jota erojaisissa juodaan,
eikä se kahvi niin kuumaa oo,
jota erojaisissa juodaan.

Mutta kuumemmat on ne kyyneleet,
jotka helluni silmistä vuotaa,
kuumemmat on ne kyyneleet,
jotka heilani silmästä vuotaa.

160. Voi niitä aikoja entisiä

Voi niitä aikoja entisiä,
niitä surun aikoja näitä ja näitä.
Voi niitä aikoja entisiä,
voi surun aikoja näitä.

Ku kuokkavieraana tanssia täytyy
entisen armaansa häitä ja häitä.
Kuokkavieraana tanssia täytyy
entisen armaansa häitä.

Heilani se rakas, vaikka se makas
toisen kainalossa ja -lossa,
heilani se rakas, vaikka se makas
toisen kainalossa.

Oli siellä *tallessa* paremmassa
kun äitinsä kapalossa ja -lossa,
oli siellä tallessa paremmassa
kun äitinsä kapalossa.

161. Kaksi heilaa pojall' oli

Kaksi heilaa pojall' oli:
soria ja korja.
Kaksi heilaa pojall' oli:
soria ja koria.
Soria oli talontyttö,
ai ai ai talontyttö,
soria oli talontyttö
ja koria vieraan oria.

162. Jos kartanokaivosta vesi loppuu

Jos kartanokaivosta vesi loppuu,
niin kallion alla on lähde vaan,
ralialalei ja laulan vaan,
ja kallion alla on lähde vaan.

Ja tyttöin silmistä vedet tippuu
rakkauden tähden vaan,
ralialalei ja laulan vaan
ja rakkauden tähden vaan.

Mitä sieltä järveltä pilkottaa?
Siellä taitaapi olla saaria,
ralialalei ja laulan vaan,
taitaapi olla saaria.

Ku *viidessä kuudessa* kupparinläänissä
pojalla on appivaaria,
ralialalei ja laulan vaan
ja pojalla on appivaaria.

163. Vaasan rantaan ne laivat seilaa

Vaasan rantaan ne laivat seilaa,
sinne minä itseni lastaan.
Vaasan rantaan ne laivat seilaa,
sinne minä itseni lastaan,
kun Suomi ei voi elättää
näin köyhän mamman lasta,
ku Suomi ei voi elättää
näin köyhän mamman lasta.

Metsän polkuja kulkeissani
minä kirjoittelin lumeen.
Metsän polkuja kulkeissani
minä kirjoittelin lumeen.
Ku uuden heilan ääni se kuuluu
sikeimpäänkin uneen.
Ku uuden heilan ääni se kuuluu
sikeimpäänkin uneen.

PART II: GLOSSARY

A

aallo-i-sta s-pl-El aalto

aalto s 'wave'
  aalto-a   aalto-j-a
  aalto-na   aalto-j-en
  aallo-ksi   aallo-i-ksi
  aalto-on   aalto-i-hin

aamu s 'morning'
  aamu-a   aamu-j-a
  aamu-na   aamu-j-en
  aamu-ksi   aamu-i-ksi
  aamu-un   aamu-i-hin

aamu-lla s-Ad 'in the morning' aamu

aamu-n s-G aamu

aamu-n s-Ac 'all morning long' aamu

aamu-na s-Es aamu
  seuraavana aamuna 'next morning'

aamu-sta s-El 'from the morning on' aamu

aatto s 'the day before the holiday, eve'
  aatto-a   aatto-j-a
  aatto-na   aatto-j-en
  aato-ksi   aato-i-ksi
  aatto-on   aatto-i-hin

aava a 'vast, wide'
  aava-a   aavo-j-a
  aava-na   aavo-j-en/
                    aava-0-in
  aava-ksi   aavo-i-ksi
  aava-an   aavo-i-hin

aave´ s 'apparition, ghost'
  aavet-ta   aave-i-ta
  aavee-na   aave-i-den/tten
  aavee-ksi   aave-i-ksi
  aavee-seen   aave-i-siin/hin

aav=ista-a´ =v fact-1 inf 'to foresee, foretell, have a premonition' cf aave
  aav=ista-n   aav=ist-i-n
  aav=ista-a   aav=ist-i-0
  aaviste-ta-   aav=iste-tt-i-
    an   in

aav=ist-i-n =v-past-sg 1 aavistaa

ahdas a 'narrow, tight'
  ahdas-ta   ahta-i-ta
  ahtaa-na   ahta-i-den/tten/
                  ahdas-t-en
  ahtaa-ksi   ahta-i-ksi
  ahtaa-seen   ahta-i-siin/hin

Ahdi-n s-G Ahti

ahd=ista-a´ =v fact-1 inf 'to chase, pursue, bother' cf ahdas
  ahd=ista-n   ahd=ist-i-n
  ahd=ista-a   ahd=ist-i-0
  ahd=iste-ta- ahd=iste-tt-i-
    an   in

ahd=iste-tt-u´ =v-pass-2 partic 'pursued' ahdistaa

aho s 'meadow, clearing'
  aho-a   aho-j-a
  aho-na   aho-j-en
  aho-ksi   aho-i-ksi
  aho-on   aho-i-hin

aho-lla s-Ad 'on the meadow' aho

Ahti s male name [in the *Kalevala*: Lemminkäinen; in authentic variants: male water spirit]
  Ahti-a   Ahte-j-a
  Ahti-na   Ahti-0-en
  Ahdi-ksi   Ahde-i-ksi
  Ahti-in   Ahte-i-hin

ahven s 'perch, *perca fluviatilis*'
  ahven-ta   ahven-i-a
  ahvene-na   ahven-i-en/
                 ahven-t-en
  ahvene-ksi   ahven-i-ksi
  ahvene-en   ahven-i-in

ahven-i-lle´   s-pl-Al   ahven

ai interj 'oh'

aida-n s-G   aita

aika s 'time'
  aika-a   aiko-j-a
  aika-na   aiko-j-en/
                aika-0-in
  aja-ksi   ajo-i-ksi
  aika-an   aiko-i-hin

aika a indecl 'rather big, good; notable' [used only in a positive context]
  aika sadepilvi 'rather large raincloud'
  aika tauti poet 'fatal disease'

aika-a s-P   aika
  pitkän aikaa 'a long time'
  sillä aikaa 'in the meantime'
  vähän aikaa 'a short time'

aika-a-kaan s-P-*kaan*   aika
  ei aikaakaan, niin 'in no time'

aika-an s-Il   aika
  ennen aikaan 'in olden times'
  kello kolmen aikaan '3 o'clock'
  samaan aikaan 'at the same time'

aika-na [s-Es]-postp with G 'during'   aika

aiko-a´ v-1 inf 'to intend, plan'
  aio-n   aio-i-n
  aiko-o   aiko-i-0
  aio-ta-an   aio-tt-i-in

aiko-i-0 v-past-sg3   aikoa

aiko-i-na-an s-pl-Es-poss3 'in her/his time'   aika

aiko-j-a s-pl-P   aika

aiko-nee-t v-2 partic-pl   aikonut

aiko-nut v-2 partic   aikoa

aina adv 'always; still; as far as'
  aina puiden luokse 'up to the trees'
  aina uusia pilviä 'still new clouds'

aine´ s 'stuff'
  ainet-ta   aine-i-ta
  ainee-na   aine-i-den/tten
  ainee-ksi   aine-i-ksi
  ainee-seen   aine-i-siin/hin

aine=ks-i-a =s-pl-P   aines

aine=s =s 'material' cf aine
  aine=s-ta   aine=ks-i-a
  aine=kse-na   aine=s-t-en/
                  aine=ks-i-en
  aine=kse-ksi   aine=ks-i-ksi
  aine=kse-en   aine=ks-i-in

ainoa a 'only'
  ainoa-a/ta   aino-i-ta
  ainoa-na   aino-i-den/tten/
               ainoa-0-in
  ainoa-ksi   aino-i-ksi
  ainoa-an   aino-i-hin

ainoa-n a-Ac   ainoa

ainoa-sta-an [a-El-poss3]-adv 'only'   ainoa

aio-tt-u´ v-pass 2-partic 'intended'   aikoa

airo s 'oar'
  airo-a   airo-j-a
  airo-na   airo-j-en
  airo-ksi   airo-i-ksi
  airo-on   airo-i-hin

```
airo-t-0-kin  s-pl-N-kin  airo

aita  s  'fence'
  aita-a        aito-j-a
  aita-na       aito-j-en/
                aita-0-in
  aida-ksi      aido-i-ksi
  aita-an       aito-i-hin

aitta  s  'storehouse in tradi-
    tional style'
  aitta-a       aitto-j-a
  aitta-na      aitto-j-en/
                aitta-0-in
  aitta-ksi     aitto-i-ksi
  aitta-an      aitto-i-hin

aitta-han  s-arch Il  stand
    aittaan aitta

aitto-j-en  s-pl-G  aitta

aivan  adv  'quite, thoroughly,
    entirely'

aivina  s  'semi-processed flax,
    linen'
  aivina-a      aivino-i-ta/
                aivino-j-a
  aivina-na     aivino-i-den/tten/
                aivino-j-en/
                aivina-0-in
  aivina-ksi    aivino-i-ksi
  aivina-an     aivino-i-hin

aivina=inen  =a  'of linen'  cf
    aivina
  aivina=is-ta  aivina=is-i-a
  aivina=ise-   aivina=is-t-en/
      na        aivina=is-i-en
  aivina=ise-   aivina=is-i-ksi
      ksi
  aivina=ise-   aivina=is-i-in
      en

aivina=is-i-lla-nsa  =a-pl-Ad-
    poss3  'in his linen shirt'
    aivinainen

aja-´  v-neg  ajaa

aja-a´  v-1 inf  'to drive, pur-
    sue'

  aja-n         ajo-i-n
  aja-a         ajo-i-0
  aje-ta-an     aje-tt-i-in

aja-e-ssa  s-2 inf-In  'while/
    when driving'  ajaa

aja-e-ssa-nsa  v-2 inf-In-
    poss3  'while pursuing'
    ajaa

aja-ma-an  v-3 inf-Il  ajaa

aja-n  s-G/Ac  aika

aja-nut  v-2 partic  ajaa

aja-t-0  s-pl-Ac  aika

aja=t=el-la´  =v freq/cont-1
    inf  'to think'  cf ajattaa
  aja=tt=ele-n  aja=tt=el-i-n
  aja=tt=ele-e  aja=tt=el-i-0
  aja=t=el-la-  aja=t=el-t-i-
      an          in

aja=tta-a´  =v caus-1 inf  'to
    chase'  cf ajaa
  aja=ta-n      aja=t-i-n
  aja=tta-a     aja=tt-i-0
  aja=te-ta-    aja=te-tt-i-in
      an

aja=tt=ele-mme  =v-pl 1  aja-
    tella

aja=tt=ele-t  =v-sg2  ajatella

aja=tt=el-i-0  =v-past-sg3
    ajatella

aja-va-n  v-1 partic-Ac  ajaa

aja-vat  v-pl3  ajaa

aj=el-i-0  =v-past-sg3  ajella

aj=el-la´  =v freq/cont-1 inf
    'to drive leisurely'  cf
    ajaa
  aj=ele-n      aj=el-i-n
  aj=ele-e      aj=el-i-0
  aj=el-la-an   aj=el-t-i-in
```

aj=el-ta-va-ksi =v-pass-1 partic-T 'to be driven' ajella

aje-tta-va v-pass-1 partic 'what can/must be driven' ajaa
tulijan oli ajettava 'the one who came had to drive'

aje-tta-va-ksi v-pass-1 partic-T 'to be ridden' ajaa

aje-tta-va-0-nsa v-pass-1 partic-Ac-poss3 'the one he was chasing' [aje-tta-va-n v-pass-1 partic-Ac] ajettava

ajo-i-0 v-past-sg3 ajaa

ajo-i-n v-past-sg1 ajaa

ajo-i-t v-past-arch pl3 stand ajoivat ajaa

aka-lla s-Ad akka

aka-lta-an s-Abl-poss3 akka

aka-n s-G akka

akka s 'old woman; arch married woman, wife'
akka-a	akko-j-a
akka-na	akko-j-en/ akka-0-in
aka-ksi	ako-i-ksi
akka-an	akko-i-hin

akka-a-nsa a-P-poss3 akka

akka-a-nsa s-Il-poss3 [akka-an s-Il] akka

akka-0-nsa s-Ac-poss3 [aka-n s-Ac] akka

akko-ine-en s-Com-poss3 'with his wife' akka

ala+ 'lower'

alahall' [sic]/alaha-l adv arch stem-poet Ad stand alhaalla 'down' cf ala+

ala=inen =a 'arch: lower'; =s stand 'subject, subservient' cf ala+
ala=is-ta	ala=is-i-a
ala=ise-na	ala=is-t-en/ ala=is-i-en
ala=ise-ksi	ala=is-i-ksi
ala=ise-en	ala=is-i-in

ala=is-i-ksi =a-pl-T alainen

ala=is-ta =a-P alainen

ala+kulo=inen =a 'depressed, crestfallen; sad' cf ala+
ala+kulo=is-ta	ala+kulo=is-i-a
ala+kulo=ise-na	ala+kulo=is-t-en/ ala+kulo=is-i-en
ala+kulo=ise-ksi	ala+kulo-is-i-ksi
ala+kulo=ise-en	ala+kulo=is-i-in

ala+kulo=ise-na =a-Es alakuloinen

ala-´-pa-s v-imper sg2-*pa-s* 'go ahead and' alkaa
alapas siitä koirien juosta 'the dogs had no choice but to run'

ala=s =adv 'down' cf ala+

ala=sti´ =adv 'naked' cf ala+

ale-mpa-na [-comp-Es]-adv 'deeper down' alempi

ale-mpi -comp 'lower' cf ala+
ale-mpa-a	ale-mp-i-a
ale-mpa-na	ale-mp-i-en/ ale-mpa-0-in
ale-mma-ksi	ale-mm-i-ksi
ale-mpa-an	ale-mp-i-in

ale=ne-ma-han =v-3 inf-arch Il stand alenemaan aleta

ale=t-a´ =v refl-1 inf 'to lower, sink, set' cf ala+
ale=ne-n	ale=n-i-n
ale=ne-e	ale=n-i-0
ale=t-a-an	ale=t-t-i-in

```
alhaa-lla adv-Ad  'down' ala+

alha=inen  =a  'low' cf ala+
   alha=is-ta     alha=is-i-a
   alha=ise-na    alha=is-t-en/
                  alha=is-i-en
   alha=ise-ksi   alha=is-i-ksi
   alha=ise-en    alha=is-i-in

al=i=tse´  =prep poet with G;
   =postp stand with G ["pro-
   lative"] '[passing] under'
   cf ala+

alka-a´ v-1 inf 'to start'
   ala-n          alo-i-n
   alka-a         alko-i-0
   ale-ta-an      ale-tt-i-in

alka-nut  v-2 partic  alkaa

alka-va  v-1 partic  'new, inci-
   pient, starting, beginning'
   alkaa

alka-va-na  v-1 partic-Es  alkaa

alko-i-0  v-past-sg3  alkaa

alko-i-vat  v-past-pl3  alkaa

alk=u  =s 'beginning, origin'
   cf alkaa
   alk=u-a        alk=u-j-a
   alk=u-na       alk=u-j-en
   al=u-ksi       al=u-i-ksi
   alk=u-un       alk=u-i-hin

alk=u-a  =s-P  alku

alla  postp Ad with G; prep Ad
   poet with G 'under'  cf
   ala+

alla  adv 'below'
   *alla päin* 'with his head hang-
   ing; sorry'

alle´  postp Al with G 'under'
   *virran alle* poet 'down the
   stream' stand *virtaa alas*

alli  s 'old squaw, long-tailed
   duck, *clangula hyemalis*'
```

```
alli-a         alle-j-a
alli-na        alli-0-en
alli-ksi       alle-i-ksi
alli-in        alle-i-hin

alli-n  s-G  alli

alo=itta-a´  =v caus-1 inf
   'to start' cf alkaa
   alo=ita-n      alo=it-i-n
   alo=itta-a     alo=itt-i-0
   alo=ite-ta-    alo=ite-tt-i-
      an             in

alttari  s 'altar'
   alttari-a      alttare-j-a/
                  alttare-i-ta
   alttari-na     alttari-0-en/
                  alttare-i-den/
                     tten
   alttari-ksi    alttare-i-ksi
   alttari-in     alttare-i-hin

alttari-lla  s-Ad  alttari

alttari-lle´  s-Al  alttari

al=u-sta  =s-El 'from the
   beginning' alku

ammati-t-0  s-pl-N poet per-
   haps 'servants' ammatti

ammatti  s 'profession'
   ammatti-a      ammatte-j-a
   ammatti-na     ammatti-0-en
   ammati-ksi     ammate-i-ksi
   ammatti-in     ammatte-i-hin

ammoin adv 'in ancient times'

ammo=inen  =a 'ancient' cf
   ammoin
   ammo=is-ta     ammo=is-i-a
   ammo=ise-na    ammo=is-t-en/
                  ammo=is-i-en
   ammo=ise-ksi   ammo=is-i-ksi
   ammo=ise-en    ammo=is-i-in

ammo=is-ta  =a-P  ammoinen

anna-´  v-neg/imper sg2  antaa
```

```
anna-n    v-sg1    antaa

anna-´-pa-s  v-imper sg2-pa-s
    antaa

anna-t    v-sg2    antaa

anne-ta-´    v-pass-neg    antaa

anne-ta-an    v-pass-pass suffix
    antaa

anne-tt-i-hin   v-pass-past-arch
    pass suffix   stand annet-
    tiin   antaa

anne-tt-i-in    v-pass-past-pass
    suffix   antaa

anne-tt-u´   v-pass-2partic   antaa

Anni   s woman's first name [Ann]
    Anni-a          Anne-ja
    Anni-na         Anni-0-en
    Anni-ksi        Anne-i-ksi
    Anni-in         Anne-i-hin

Anni-n   s-G   Anni

anno-i-n   v-past-sg1   antaa

anno-i-t   v-past-sg2   antaa

ann=okse-nsa   =sN-poss3   annos

ann-os  =s  'portion'   cf antaa
    ann=os-ta       ann=oks-i-a
    ann=okse-na     ann=os-t-en/
                    ann=oks-i-en
    ann=okse-ksi    ann=oks-i-ksi
    ann=okse-en     ann=oks-i-in

anta-a   v-sg3   antaa

anta-a´   v-1 inf   'to give'
    anna-n          anno-i-n
    anta-a          anto-i-0
    anne-ta-an      anne-tt-i-in
    antaa kättä   'greet by hand'

anta=ja  =s  'giver, one who
    gives'  cf antaa
    anta=ja-a       anta=j-i-a
    anta=ja-na      anta=j-i-en/
```

```
                    anta=ja-0-in
    anta=ja-ksi     anta=j-ksi
    anta=ja-an      anta=j-i-in

anta=ja-ni   =sN-poss1   antaja

anta-ma-an   v-3inf-I1   antaa

anto-i-0   v-past-sg3   antaa

appe-0-nsa   s-G-poss3   [ape-n
    s-G]   appi

appi  s  'father-in-law'
    appe-a          app-i-a
    appe-na         app-i-en
    ape-ksi         ap-i-ksi
    appe-en         app-i-in

appi+vaari  +s  'familiarly:
    father-in-law'   appi see
    vaari for decl

appi+vaar-i-a  +s-dial pl-P
    stand appivaareja  appi-
    vaari

apu  s  'help'
    apu-a           apu-j-a
    apu-na          apu-j-en
    avu-ksi         avu-i-ksi
    apu-un          apu-i-hin

ar=ista-a´  =v fact-1 inf  'to
    scare'   cf arka
    ar=ista-n       ar=ist-i-n
    ar=ista-a       ar=ist-i-0
    ar=iste-ta-     ar=iste-tt-i-
      an              in

ar=ist-i-mme  =v-past-pl 1
    aristaa

arka  a  'shy, sensitive,
    tender, sore, delicate'
    arka-a          arko-j-a
    arka-na         arko-j-en/
                    arko-0-in
    ara-ksi         aro-i-ksi
    arka-an         arko-i-hin

arkku  s  'chest, box, trunk,
    coffin'
    arkku-a         arkku-j-a
```

```
    arkku-na       arkku-j-en           arva=a-0   =v-sg3   arvata
    arku-ksi       arku-i-ksi
    arkku-un       arkku-i-hin          arva=t-a´  =v inst-1 inf  'to
                                            guess'  cf arpa
arku-n s-G/Ac    arkku                   arva=a-n        arva=s-i-n
                                         arva=a-0        arva=s-i-0
armaa-0-nsa s-G-poss3 [armaa-n           arva=t-a-an     arva=t-t-i-in
    s-G]  armas
                                        arv=ele-vi =v-arch sg3
armas  a  'dear, beloved';  s               stand arvelee  arvella
    'sweetheart'
    armas-ta       arma-i-ta            arv=el-i-0 =v-past-sg3  ar-
    armaa-na       arma-i-den/tten/         vella
                   armas-t-en
    armaa-ksi      arma-i-ksi           arv=el-la´ =v freq/cont-1 inf
    armaa-seen     arma-i-siin/hin          'to think, believe, sup-
                                            pose'  cf arvata
armo  s  'mercy, grace'                  arv=ele-n       arv=el-i-n
    armo-a         armo-j-a              arv=ele-e       arv=el-i-0
    armo-na        armo-j-en             arv=el-la-an    arv=el-t-i-in
    armo-ksi       armo-i-ksi
    armo-on        armo-i-hin           arv=el-lut =v-2 partic  ar-
                                            vella
armo=llinen =a  'merciful'  cf
    armo                                arvo  s  'value'
    armo=llis-ta  armo=llis-i-a             arvo-a         arvo-j-a
    armo=llise-   armo=llis-t-en/           arvo-na        arvo-i-en
        na        armo=llis-i-en            arvo-ksi       arvo-i-ksi
    armo=llise-   armo-llis-i-ksi           arvo-on        arvo-i-hin
        ksi
    armo=llise-   armo=llis-i-in       arvoit=uks-i-a =s-pl-P ar-
        en                                  voitus

armo=ttoma-n  =a-G/Ac  armoton         arvoit=us =s  'riddle'  cf
                                           arvata
armo=ton  =a  'stand: merciless;        arvoit=us-ta  arvoit=uks-i-a
    poet: one who does not re-          arvoit=ukse-  arvoit=us-t-en/
    ceive mercy'  cf armo                   na        arvoit=uks-i-en
    armo=ton-ta   armo=ttom-i-a         arvoit=ukse-  arvoit=uks-i-
    armo=ttoma-   armo=ttom-i-en/           ksi           ksi
        na        armo=ton-t-en/         arvoit=       arvoit=uks-i-
                  armo=ttoma-0-in            ukse-en        in
    armo=ttoma-   armo=ttom-i-ksi
        ksi                             arvo=llinen =a  'worthy, dig-
    armo=ttoma-   armo=ttom-i-in           nified, distinguished'
        an                                  cf arvo
                                         arvo=llis-ta  arvo=llis-i-a
arpa  s  'lot, as in divination'         arvo=llise-   arvo=llis-t-en/
    arpa-a         arpo-j-a                 na            arvo=llis-i-en
    arpa-na        arpo-j-en/             arvo=llise-   arvo=llis-i-
                   arpa-0-in                 ksi            ksi
    arva-ksi       arvo-i-ksi             arvo=llise-   arvo=llis-i-in
    arpa-an        arpo-i-hin                en
```

arvo=llise-n =a-Ac arvollinen

ase´ s 'weapon'
  aset-ta   ase-i-ta
  asee-na   ase-i-den/tten
  asee-ksi   ase-i-ksi
  asee-seen ase-i-siin/hin

ase=ma =s 'position, station'
  cf asua
  ase=ma-a   ase=m-i-a
  ase=ma-na   ase=m-i-en/
                  ase=ma-0-in
  ase=ma-ksi ase=m-i-ksi
  ase=ma-an   ase=m-i-in

ase=tta-a´ =v caus-1 inf 'to place, set, arrange; quiet, pacify, stop' cf asua, asema
  ase=ta-n   ase=t-i-n
  ase=tta-a   ase=tt-i-0
  ase=te-ta-an ase=te-tt-i-in

ase=tt-i-vat =v-past-pl3 asettaa

ase=tt=u-a´ =v refl-1 inf 'to settle, become pacified, pacify oneself' cf asettaa
  ase=t=u-n   ase=t=u-i-n
  ase=tt=u-u   ase=tt=u-i-0
  ase=t=u-ta- ase=t=u-tt-i-in
  an

ase=tt=u-ma-an =v-3 inf-Il asettua

ase+velvo=llinen =s/=a 'draftee' ase see velvollinen for decl

ase+velvo=llise-na =s-Es asevelvollinen

asia s 'matter, thing; errand'
  asia-a   asio-i-ta/
                asio-j-a
  asia-na   asio-i-den/tten/
                asio-j-en/
                asia-0-in
  asia-ksi   asio-i-ksi
  asia-an   asio-i-hin

asia-a s-P asia
  tuolla linnulla oli jotain asiaa 'that bird had something to tell'

asia-n+oma=inen =s/=a 'person in question' asia see omainen for decl

asio-i-lle-en s-pl-Al-poss3 asia
  lähti asioilleen 'went to take care of his errands'

ast=ele-n =v-sg1 astella

ast=ele-vi =v-arch sg3 stand astelee astella

ast=el-la´ =v freq/cont-1 inf 'to step, walk' cf astua
  ast=ele-n   ast=el-i-n
  ast=ele-e   ast=el-i-0
  ast=el-la-an ast=el-t-i-in

asti´ adv '[time:] till, [place] as far as'
  pihaan asti 'up to the yard'
  puun juurelle asti 'as far as to the tree'
  toiseen päivään asti 'until another day'

astia s 'container'
  astia-a   astio-i-ta
  astia-na   astio-i-den/tten/
               astia-0-in
  astia-ksi   astio-i-ksi
  astia-an   astio-i-hin

astu-´ v-imper sg2 astua

astu-a´ v-1 inf 'to step, walk'
  astu-n   astu-i-n
  astu-u   astu-i-0
  astu-ta-an astu-tt-i-in

astu-i-0 v-past-sg3 astua

astu-nun-na v-2 partic cons stem-Es stand astuneena astua

astu-nut v-2 partic astua

asu s 'appearance, shape; dress, attire; build, structure'
  asu-a   asu-j-a
  asu-na   asu-j-en
  asu-ksi   asu-i-ksi
  asu-un   asu-i-hin

asu-a´ v-1 inf 'to dwell, live [somewhere]'
  asu-n   asu-i-n
  asu-u   asu-i-0
  asu-ta-an asu-tt-i-in

asu-i-0 v-past-sg3 asua

asu-ssa-an s-In-poss3 asu

aue=t-a´ =v refl-1 inf 'to open' cf auki
  auke=a-n   auke=s-i-n
  auke=a-a   auke=s-i-0
  aue=t-a-an aue=t-t-i-in

auk=ais-i-0 =v-past-sg3 aukaista

auk=ais-ta´ =v fact/mom-1 inf 'to open' cf auki
  auk=aise-n   auk=ais-i-n
  auk=aise-e   auk=ais-i-0
  auk=ais-ta-an auk=ais-t-i-in

auk=ais-ta-han =v-pass-arch pass suffix stand aukaistaan aukaista

auk=ea =a 'open, wide, vast' cf auki
  auk=ea-a/ta auk=e-i-ta
  auk=ea-na   auk=e-i-den/tten/
               auk=ea-0-in
  auk=ea-ksi auk=e-i-ksi
  auk=ea-an   auk=e-i-hin

auk=ea-lla =a-Ad aukea

auke=s-0-0 =v-poet/dial past-sg3 stand aukesi aueta

auki´ adv 'open' cf avo+

aurinko s 'sun'
  aurinko-a   aurinko-j-a
  aurinko-na aurinko-j-en
  auringo-ksi auringo-i-ksi
  aurinko-on aurinko-i-hin

aurinko=inen =a stand 'sunny'; =s poet 'sun' cf aurinko
  aurinko=is-ta   aurinko=is-i-a
  aurinko=ise-na   aurinko=is-t-en/
                  aurinko=is-i-en
  aurinko=ise-ksi   aurinko=is-i-ksi
  aurinko=ise-en   aurinko=is-i-in

auta-´ v-neg auttaa

au=tta-a´ =v fact-1 inf 'to help' cf apu
  au=ta-n   au=to-i-n
  au=tta-a   au=tto-i-0
  au=te-ta-an au=te-tt-i-in

au=tta-nut =v-2 partic auttaa

autua=inen =a poet 'blessed' stand autuas cf autuas
  autua=is-ta   autua=is-i-a
  autua=ise-na autua=is-t-en/
                autua=is-i-en
  autua=ise-ksi autua=is-i-ksi
  autua=ise-en autua=is-i-in

autua=ise-n =a-Ac autuainen

autuas a 'blessed'
  autuas-ta   autua-i-ta
  autuaa-na   autua-i-den/
              tten/
              autuas-t-en
  autuaa-ksi autua-i-ksi
  autuaa-seen autua-i-siin/hin

ava=s-i-0 =v-past-sg3 avata

ava=t-a´ =v fact-1 inf 'to open' cf avo+

```
ava=a-n      ava=s-i-n         avo+jalo-i-n  +s-pl-Instr
ava=a-0      ava=s-i-0            'barefooted'  avo+ jalka
ava=t-a-an   ava=t-t-i-n
                               avo+pä-i-n  +s-pl-Instr 'bare-
avo+  'open'                      headed'  avo+  pää
```

E

```
ede-lle-en [-Al-poss3] -adv    ehtoo-lla   s-Ad  'in the even-
   'further'  cf esi+              ing'  ehtoo

ede-lle-nsä [-Al-poss3] -adv   ei-0  neg v-sg3  'no, not'
   arch  stand  edelleen cf
   esi+                        ei-0-hän  neg v-sg3-hän

ede-llä [-Ad] -adv 'ahead';    eik´ [sic]/ei-0-k  neg v-sg3-
   postp with G  'before'  cf     poet con 'and not'  stand
   esi+                           eikä

ede-ltä [-Abl] -adv 'before,   ei-0-kä  neg v-sg3-con  'and not'
   ahead; beforehand'  cf esi+
                               ei-0-kö  neg v-sg3-inter
ede-ltä+pä-i-n [-Abl+s-pl-Instr]
   -adv 'beforehand'  cf esi+  ei-0-pä  neg v-sg3-pä
   pää
                               ei-vät-kä   neg v-pl3-con
ede=s  =adv  'even'  cf esi+
                               ei-vät-kö   neg v-pl3-inter
ede-ssä [-In]-adv  'before,
   ahead'  cf esi+             eksy-i-vät  v-past-pl3  eksyä

ee-ssä [poet stem-In]-adv  stand  eksy-ä´ v-1 inf  'to get lost'
   edessä cf esi+                 eksy-n       eksy-i-n
                                  eksy-y       eksy-i-0
ehdo-lla  s-Ad ehto               eksy-tä-än   eksy-tt-i-in
   millä ehdolla 'on what condi-
   tion'                       el-i-0  v-past-sg3  elää

ehto  s  'condition'           el=o  =s  'poet: life; stand
   ehto-a       ehto-j-a          grain, crops'  cf elää
   ehto-na      ehto-j-en         el=o-a       el=o-j-a
   ehdo-ksi     ehdo-i-ksi        el=o-na      el=o-j-en
   ehto-on      ehto-i-hin        el=o-ksi     el=o-i-ksi
                                  el=o-on      el=o-i-hin
ehtoo  s poet/dial  'evening'
   [stand ilta]                el=o+purnu  +s  'grain bin'
   ehtoo-ta     ehto-i-ta         elo  see purnu for decl
   ehtoo-na     ehto-i-den/tten
   ehtoo-ksi    ehto-i-ksi     el=o+purnu-t-0  +s-pl-N  elo-
   ehtoo-seen   ehto-i-siin/hin   purnu
```

Elsa   s   woman's first name
  Elsa-a   Elso-j-a
  Elsa-na   Elso-j-en/
               Elsa-0-in
  Elsa-ksi   Elso-i-ksi
  Elsa-an   Elso-i-hin

Elsa-lla   s-Ad   Elsa

elä=mys   =s 'experience' cf
   elää
  elä=mys-tä   elä=myks-i-ä
  elä=mykse-nä   elä=mys-t-en/
               elä=myks-i-en
  elä=mykse-   elä=myks-i-ksi
    ksi
  elä=mykse-en   elä=myks-i-in

elä=mä   =s 'life' elää
         [pl rare]
  elä=mä-ä   elä=m-i-ä
  elä=mä-nä   elä=m-i-en/
               elä=mä-0-in
  elä=mä-ksi   elä=m-i-ksi
  elä=mä-än   elä=m-i-in

elä-mä-ssä-än-kin =s-In-poss3-
   kin   elämä

elä-mä-än   v-3 inf-Il   elää
  toista toivon elämään 'the
  one I wish to live'

elä=ttä-ä   =v caus-1 inf 'to
  support' cf elää
  elä=tä-n   elä=t-i-n
  elä=ttä-ä   elä=tt-i-0
  elä=te-tä-än   elä=te-tt-i-n

elä=v-i-ä   =s-pl-P   elävä
  tehän nyt eläviä olette 'you
  stupid beasts'

elä-vä   v-1 partic 'living'
   elää

elä-vä   =a 'living, alive'; =s
  'living being; pejor crea-
  ture, beast' cf elää
  elä=vä-ä   elä=v-i-ä
  elä=vä-nä   elä=v-i-en/
               elä=vä-0-in
  elä=vä-ksi   elä=v-i-ksi
  elä=vä-än   elä=v-i-in

elä-vä-nä   v-1 partic-Es
  'while alive' elää

elä-ä   v-sg3   elää

elä-ä´ v-1 inf 'to live'
  elä-n   el-i-n
  elä-ä   el-i-0
  ele-tä-än   ele-tt-i-in

e-mme   neg v-pl 1

e-mme-kä   neg v-pl 1-con

em=o   =s 'mother; dam' cf
   emä
  em=o-a   em=o-ja
  em=o-na   em=o-jen
  em=o-ksi   em=o-i-ksi
  em=o-on   em=o-i-hin

em=o-n   =s-Ac/G   emo

em=o=nen   =s poet 'mother'
  cf emo [stand äiti]
  em=o=s-ta   em=os-i-a
  em=o=se-na   em=o=s-t-en/
               em=o=s-i-en
  em=o=se-ksi   em=o=s-i-ksi
  em=o=se-en   em=o=s-i-in

em=o-ni   =sN-poss1   emo

em=o-0-ni   =s-G-poss1 [em=o-n
  =s-G]   emo

emä   s 'arch mother; stand
  dam'
  emä-ä   em-i-ä
  emä-nä   em-i-en/
               emä-0-in
  emä-ksi   em-i-ksi
  emä-än   em-i-in

emä=nnä-lle´   =s-Al   emäntä

emä=nnä-n   =s-Ac   emäntä

emä=nnä-t-0   =s-pl-N/Ac
  emäntä

emä=ntä   =s 'farmer's wife;
  mistress' cf emä
  emä=ntä-ä   emä=nt-i-ä

emä=ntä-nä   emä=nt-i-en
              emä=ntä-0-in
emä=nnä-ksi   emä=nn-i-ksi
emä=ntä-än   emä=nt-i-in

emä=ntä-nä =s-Es emäntä

emä=ntä+valta +s 'petticoat
   rule' [more often akkavalta]
   emäntä see valta for decl

e-n neg v-sg1

ene-mmä-n [-comp-Ac] -adv 'more'
   [posit paljon] cf enä+

ene=n-i-0 =v-past-sg3 enetä

ene=t₋ä´ =v-refl-1 inf 'to
   increase; grow' cf enä+
   ene=ne-n   ene=n-i-n
   ene=ne-e   ene=n-i-0
   ene=t-ä-än   ene=t-t-i-in

e-n-hän neg v-sg1-*hän*

en-immä-t-0 -a superl-pl-Ac
   enin
   enimmät ajat 'most of the
      time'

en-in -a superl 'most' cf
   enä+
   en-in-tä   en-imp-i-ä
   en-impä-nä   en-in-t-en/
                 en-imp-i-en/
                 en-impä-0-in
   en-immä-ksi   en-imm-i-ksi
   en-impä-än   en-imp-i-in

en-in-tä -a superl-P enin

enkeli s 'angel'
   enkeli-ä   enkele-i-tä
   enkeli-nä   enkele-i-den/tten/
                 enkeli-0-en
   enkeli-ksi   enkele-i-ksi
   enkeli-in   enkele-i-hin

enkeli-t-0 s-pl-N enkeli

enkeli-ä s-P enkeli

e-n-kä neg v-sg 1-con

enn=e´ =s 'omen' cf ensi+
   enn=et-tä   ent=e-i-tä
   ent=ee-nä   ent=e-i-den/tten
   ent=ee-ksi   ent=e-i-ksi
   ent=ee-seen   ent=e-i-siin/hin

ennen prep with P 'before';
   adv 'formerly, in olden
   times' cf ensi
   ennen aikaan 'in olden
      times'
   ennen vanhaan 'in olden
      times'

ennen+kuin +con 'before'

ennen+nähty´ [näh-t-y´ v-pass-2
   partic] +a 'before-seen';
   +s poet 'friend' ennen
   see nähty

ennen+nähty-ni +sN-poss1 'my
   friend' ennennähty

enn=us =s 'omen' cf ensi+
   enn=us-ta   enn=uks-i-a
   enn=ukse-na   enn=uks-i-en/
                 enn=us-t-en
   enn=ukse-ksi enn=uks-i-ksi
   enn=ukse-en   enn=uks-i-in

enn=us=ta-a´ =v fact-1 inf
   'to predict' cf ennus
   enn=us=ta-n   enn=us=t-i-n
   enn=us=ta-a   enn=us=t-i-0
   enn=us=te-   enn=us=te-tt-
      ta-an   i-in

enn=us=t=us =s 'prophecy,
   foretelling' cf ennustaa
   enn=us=t=us- enn=us=t=uks-
      ta   i-a
   enn=us=t=   enn=us=t=us-
      ukse-na   t-en/
                 enn=us=t=uks-
                    i-en
   enn=us=t=   enn=us=t=uks-
      ukse-ksi   i-ksi
   enn=us=t=   enn=us=t=uks-
      ukse-en   i-in

enn=us=t=us-t-en =s-pl-G
   ennustus

ennä=tt-i-0   =v-past-sg3

ennä=tt-i-vät =v-past-pl3
 ennättää

ennä=ttä-ä´ =v caus-1 inf 'to have time to; here poet hasten, hurry' cf entää
 ennä=tä-n   ennä=t-i-n
 ennä=ttä-ä   ennä=tt-i-0
 ennä=te-tä-   ennä=te-tt-i-in
  än

e-n-pä neg v-sg1-*pä*

ensi+ 'first'

ensi=mmäinen =num ord 'first' cf ensi+
 ensi=mmäis-   ensi=mmäis-i-ä
  tä
 ensi=mmäise- ensi-mmäis-ten/
  nä   ensi=mmäis-i-en
 ensi=mmäise- ensi=mmäis-i-ksi
  ksi
 ensi=mmäise- ensi=mmäis-i-in
  en

ensi=mmäise-n =num ord-Ac
 ensimmäinen

ensin adv 'at first' cf ensi+

enti=nen =a 'former, previous' cf ensi+
 enti=s-tä   enti=s-i-ä
 enti=se-nä   enti=s-ten/
                enti=s-i-en
 enti=se-ksi   enti=s-i-ksi
 enti=se-en   enti=s-i-in

enti=se-lle´ =a-Al entinen

enti=se-n =a-G entinen

enti=s-i-ä =a-pl-P entinen

entä-ä´ v-1 inf 'to hasten; arrive' cf ensi+
 ennä-n   ens-i-n
 entää   ens-i-0
 enne-tä-än   enne-tt-i-in

enä+ arch 'great'

enää adv 'more' cf enä+

epiikka s 'epic poetry'
              [pl not used]
 epiikka-a   ------
 epiikka-na   ------
 epiika-ksi   ------
 epiikka-an   ------

epiikka-a s-P epiikka

eri+ 'different'

eri+väri=nen =a 'of a different color' eri see värinen for decl

eri+väri=s-tä =a-P erivärinen

Erkki s man's first name [Eric]
 Erkki-ä   Erkke-j-ä
 Erkki-nä   Erkki-0-en
 Erki-ksi   Erke-i-ksi
 Erkki-in   Erkke-i-hin

er=o =s 'difference; separation' cf erä
 er=o-a   er=o-j-a
 er=o-na   er=o-j-en
 er=o-ksi   er=o-i-ksi
 er=o-on   er=o-i-hin

er=o=ja=ise-t-0 =s-pl-N 'separation party' cf erota [pl only]
 ------   er=o=ja=is-i-a
 ------   er=o=ja=is-t-en/
                er=o=ja=is-i-en
 ------   er=o=ja=is-i-ksi
 ------   er=o=ja=is-i-in

er=o=ja=is-i-ssa =s-pl-In 'in a separation party' erojaiset

er=o=t-a´ =v-1 inf 'to part' cf ero
 er=o-a-n   er=o-s-i-n
 er=o-a-a   er=o-s-i-0
 er=o-t-a-an   er=o-t-t-i-in

erä   s   'part; portion'
  erä-ä   er-i-ä
  erä-nä   er-i-en/
                erä-0-in
  erä-ksi   er-i-ksi
  erä-än   er-i-in

eräs pron indef 'one; a certain' cf erä
  eräs-tä   erä-i-tä
  erää-nä   erä-i-den/tten/
                 eräs-t-en
  erää-ksi   erä-i-ksi
  erää-seen   erä-i-siin/hin

erää-lle´ pron indef-Al eräs

erää-llä pron indef-Ad eräs

erää-nä pron indef-Es eräs

erää-seen pron indef-Il eräs

erää-ssä pron indef-In eräs

erää-t-0 pron indef-pl-N eräs

esi+ 'previous, proto, ancestral'

es-in -a superl rare 'first' stand ensimmäinen cf esi+
  es-in-tä   es-imp-i-ä
  es-impä-nä   es-imp-i-en/
                 es-impä-0-in
  es-immä-ksi   es-imm-i-ksi
  es-impä-an   es-imp-i-in

est-i-0 v-past-sg3 estää

estä-ä´ v-1 inf 'to prevent'
  estä-n   est-i-n
  estä-ä   est-i-0
  este-tä-än   este-tt-i-in

e-t   neg v-sg2

ete-en [-Il] postp with G 'before, to the front of'; adv 'before, to the front' esi+

ete-en+pä-i-n [-Il+s-pl-Instr] adv 'ahead, foreward, onwards' esi+ pää

ete-hen [-arch Il] postp with G stand eteen

eti=nen =a arch 'forthcoming, growing' cf esi+
  eti=s-tä   eti=s-i-ä
  eti=se-nä   eti=s-ten/
                 eti=s-i-en
  eti=se-ksi   eti=s-i-ksi
  eti=se-en   eti=s-i-in

ets-i-0 v-past-sg3 etsiä

etsi-mä-än v-3 inf-Il etsiä

etsi=ntä =s 'search' cf etsiä
  etsi=ntä-ä   etsi=ntö-j-ä
  etsi=ntä-nä   etsi=ntö-j-en/
                 etsi=ntä-0-in
  etsi=nnä-ksi   etsi=nnö-i-ksi
  etsi=ntä-än   etsi=ntö-i-hin

etsi=t=el-lä´ =v cont poet-l inf 'to seek' stand etsiä cf etsiä
  etsi=tt=ele-n   etsi=tt=el-i-n
  etsi=tt=ele-e   etsi=tt=el-i-0
  etsi=t=el-lä-än etsi=t=el-t-i-in

etsi=tt=el-i-0 =v-past-sg3 etsitellä

etsi-vi v-arch sg3 stand etsii etsiä

etsi-ä´ v-1 inf 'to seek, look for'
  etsi-n   ets-i-n
  etsi-i   ets-i-0
  etsi-tä-än   etsi-tt-i-in

ett+ei con+neg v 'so that not'

ett+ei-vät con+neg v-pl3 'so that they [do/did] not'

että con 'that'

eukko s coll/arch 'wife; old woman'

```
eukko-a      eukko-j-a         eväs   s  'packed lunch'
eukko-na     eukko-j-en          eväs-tä    evä-i-tä
euko-ksi     euko-i-ksi          evää-nä    evä-i-den/tten/
eukko-on     eukko-i-hin                    eväs-t-en
                                 evää-ksi   evä-i-ksi
eukko-0-nsa  s-G-poss3 [euko-n   evää-seen  evä-i-siin/hin
  s-G]  eukko
                                 evää-ksi  s-T   eväs
```

H

```
haaksi  s arch  'boat' [stand       haasta-n    haasto-i-n
  vene]                             haasta-a    haasto-i-0
  haahte-a     haaks-i-a            haaste-ta-an  haaste-tt-i-in
  haahte-na    haaks-i-en/
               haaht-i-en         haasta=t=el-la´  =v cont-1 inf
  haahde-ksi   haaks-i-ksi          'to interview'  cf haas-
  haahte-en    haaks-i-in           tattaa
                                    haasta=tt=    haasta=tt=el-
haamu  s  'ghost, apparition'        ele-n         i-n
  haamu-a      haamu-j-a            haasta=tt=    haasta=tt=el-
  haamu-na     haamu-j-en            ele-e         i-0
  haamu-ksi    haamu-i-ksi          haasta=t=     haasta=t=el-t-
  haamu-un     haamu-i-hin           el-la-an      i-in

haapa  s  'aspen, trembling       haasta=tta-a´  =v caus-1 inf
  poplar, populus tremula'          'to make [someone P]
  haapa-a      haapo-j-a            speak'  cf haastaa
  haapa-na     haapo-j-en/          haasta=ta-n   haasta=t-i-n
               haapa-0-in            n
  haava-ksi    haavo-i-ksi          haasta=tta-   haasta=tt-i-0
  haapa-an     haapo-i-hin           a
                                    haasta=te-    haasta=te-tt-
haara  s  'branch, fork [of          ta-an         i-in
  tree, road]; direction'
  haara-a      haaro-j-a          haava  s  'wound'
  haara-na     haaro-j-en/          haava-a      haavo-j-a
               haara-0-in           haava-na     haavo-j-en/
  haara-ksi    haaro-i-ksi                       haava-0-in
  haara-an     haaro-i-hin          haava-ksi    haavo-i-ksi
                                    haava-an     haavo-i-hin
haara-lle´  s-Al  haara
  joka haaralle  'to every         haava-a  s-P  haava
  direction'
                                   haava-an  s-Il  haava
haara+takki +s  'coat with tails'
  haara see takki for decl         haava-n  s-Ac  haava

haasta-a´  v-1 inf  'to speak'    haava-n+lehti  +s  'aspen leaf
                                    haapa see lehti for decl
```

haava-n+lehti-ki +s-coll *kin*
    haavanlehti

hae-t v-sg2 hakea

hae-tta-va-0-0-nne v-pass-1 partic-pl-N/Ac-poss3 [hae-tta-va-t-0 v-pass-1 partic-pl-N/Ac] hakea

haihtu-a´ v-1 inf 'to evaporate, disappear;[here] to get lost'
  haihdu-n   haihdu-i-n
  haihtu-u   haihtu-i-0
  haihdu-ta-an haihdu-tt-i-in

haihtu-i-vat v-past-pl3 haihtua
  haihtuivat jäljiltä 'lost the trail'

haita-n s-G haitta

haitta s 'difficulty, trouble, inconvenience, handicap, shortcoming'
  haitta-a   haitto-j-a
  haitta-na   haitto-j-en/
                haitta-0-in
  haita-ksi   haito-i-ksi
  haitta-an   haitto-i-hin

hakat-a´ v-1 inf 'to cut, chop'
  hakkaa-n   hakkas-i-n
  hakkaa-0   hakkas-i-0
  hakat-a-an hakat-t-i-in

hake-a´ v-1 inf 'to fetch, seek, look for, search; apply'
  hae-n   ha-i-n
  hake-e   hak-i-0
  hae-ta-an hae-tt-i-in

hake-ma-an v-3 inf-Il hakea

hak-i-0 v-past-sg3 hakea

haki=ja =s 'one who seeks, searcher, one who fetches; applicant' cf hakea
  haki=ja-a   haki=jo-i-ta
  haki=ja-na haki=jo-i-den/
                tten/
                haki=ja-0-in
  haki=ja-ksi haki=jo-i-ksi
  haki=ja-an   haki=jo-i-hin

hakkaa-0 v-sg3 hakata

hakkaa=ja =s '[wood]cutter' cf hakata
  hakkaa=ja-a hakkaa=j-i-a
  hakkaa=ja-na hakkaa=j-i-en/
                hakkaa=ja-0-in
  hakkaa=ja-   hakkaa=j-i-ksi
    ksi
  hakkaa=ja-an hakkaa=j-i-in

hakkas-i-0 v-past-sg3 hakata

hakk=uu =s '[timber]cutting, chopping; lumbering' cf hakata
  hakk=uu-ta   hakk=u-i-ta
  hakk=uu-na   hakk=u-i-den/
                tten
  hakk=uu-ksi hakk=u-i-ksi
  hakk=uu-seen hakk=u-i-siin/
                hin

hakk=uu-ta =s-P hakkuu

hako s 'sprig of evergreen; fallen tree'
  hako-a   hako-j-a
  hako-na   hako-j-en
  hao-ksi   hao-i-ksi
  hako-on   hako-i-hin

halas-i-n v-past-sg1 halata

halat-a´ v-1 inf 'to desire'
  halaa-n   halas-i-n
  halaa-0   halas-i-0
  halat-a-an halat-t-i-in

halje=t-a´ =v refl-1 inf 'to split' cf halki
  halke=a-n   halke=s-i-n
  halke=a-a   halke=s-i-0
  halje=t-a-an halje=t-t-i-in

halki´ adv 'split, asunder'

halk=o =s 'stick of firewood; split' cf haljeta, halki

halk=o-a   halk=o-j-a
halk=o-na   halk=o-j-en
hal=o-ksi   hal=o-i-ksi
halk=o-on   halk=o-i-hin

halk=o-a =s-P halko

halk=o-a´ =v freq-1 inf 'to
   chop [wood], cut' cf
   haljeta, halki
hal=o-n   hal=o-i-n
halk=o-o   halk=o-i-0
hal=o-ta-an   hal=o-tt-i-in

halk=o-ja =s 'one who splits;
   chopper' cf halkoa
halk=o=ja-a   halk=o=j-i-a
halk=o=ja-na   halk=o=j-i-en/
                halk=o=ja-0-in
halk=o=ja-   halk=o=j-i-ksi
   ksi
halk=o=ja-an   halk=o=j-i-in

halk=o=ja-ta =s-P halkoja

halk=o+kuorma +s 'load of fire-
   wood' halko see kuorma for
   decl

halk=o+kuorma-a +s-P halko-
   kuorma

halk=o+vaja +s 'wood shack'
   halko see vaja for decl

halk=o+vaja-n +s-G halkovaja

hal=o-n =s-Ac halko

hal=o-t-0 =s-pl-N halko

halu s 'desire'
   halu-a   halu-j-a
   halu-na   halu-j-en
   halu-ksi   halu-i-ksi
   halu-un   halu-i-hin

halu=a-´ =s-neg haluta

halu=s-i-0 =v-past-sg3 haluta

halu=t-a´ =v fact-1 inf 'to
   want, desire' cf halu

halu=a-n   halu=s-i-n
halu=a-a   halu=s-i-0
halu=t-a-an   halu=t-t-i-in

hame´ s 'skirt'
   hamet-ta   hame-i-ta
   hamee-na   hame-i-den/tten
   hamee-ksi   hame-i-ksi
   hamee-seen   hame-i-siin/hin

hamehe-lla s arch stem-Ad
   stand hameella hame

hammas s 'tooth'
   hammas-ta   hampa-i-ta
   hampaa-na   hampa-i-den/
                     tten/
                  hammas-t-en
   hampaa-ksi   hampa-i-ksi
   hampaa-seen   hampa-i-siin/hin

hammas+särk=y =s 'toothache'
   hammas see särky for
   decl

ham=o=nen =s poet 'skirt'
   [stand hame] cf hame
   ham=o=s-ta   ham=o=s-i-a
   ham=o=se-na   ham=o=s-t-en/
                  ham=o=s-i-en
   ham=o=se-ksi   ham=o=s-i-ksi
   ham=o=se-en   ham=o=s-i-in

ham=o=se-n =s-G hamonen

hampaa-lla-si s-Ad-poss2
   'with your tooth' hammas

hampaa-n+kolo +s 'cavity of
   tooth' hammas see kolo
   for decl

hampaa-n+kolo-ssa +s-In [lit
   "in the cavity of tooth"]
   'in reserve [usually of
   hostile feelings]' ham-
   paankolo

hampaa-n+kolo-t=us =s 'tooth
   ache' hammas see kolotus
   for decl

hampaa-0-si s-G-poss2 [ham-
   paa-n s-G] hammas

```
hampaa-ssa-si  s-In-poss2  ham-
    mas
hampaa-t-0  s-pl-N  hammas
hampah-i-n  s arch stem-pl-Instr
    stand hampain 'with the
    teeth'  hammas
hampah-i-ssa  s arch stem-pl-In
    stand hampaissa  hammas
hamppu  s  'hemp, cannabis
    sativa'
    hamppu-a        hamppu-j-a
    hamppu-na       hamppu-j-en
    hampu-ksi       hampu-i-ksi
    hamppu-un       hamppu-i-hin
hamppu=inen  =a  'hempen'  cf
    hamppu
    hamppu=is-ta    hamppu=is-i-a
    hamppu=ise-     hamppu=is-t-en/
      na            hamppu=is-i-en
    hamppu=ise-     hamppu=is-i-
      ksi             ksi
    hamppu=ise-en   hamppu=is-i-in
hamppu=ise-lla  =a-Ad  hamppui-
    nen
-han/hän  emphatic suffix
    hulluhan sinä olet  'aren't
    you crazy'

Hanka+salme-lla  +s-Ad  'at Han-
    kasalmi'  Hankasalmi
Hanka+salme-lta  +s-Abl  Hanka-
    salmi
Hanka+salmi  +s  place name
    see salmi for decl
hankki-a´  v-1 inf  'to acquire'
    hanki-n         hank-i-n
    hankki-i        hankk-i-0
    hanki-ta-an     hanki-tt-i-in
hankki=minen  =s  '[process of]
    acquisition'  cf hankkia
    hankki-mis-ta   hankki=mis-i-a
    hankki=mise-na  hankki=mis-t-
                      en/
                    hankki=mis-i-en
    hankki=mise-    hankki=mis-i-
      ksi             ksi
    hankki=mise-en  hankki=mis-i-in
hankki=mise-ksi  =s-T  hankki-
    minen
hapan  a  'sour'
    hapan-ta        happam-i-a
    happame-na      happam-i-en/
                    hapan-t-en/
                    happama-0-in
    happame-ksi     happam-i-ksi
    happame-en      happam-i-in
happam-i-a  a-pl-P  hapan
hapsi  s  '[single, human]
    hair'
    hapse-a         haps-i-a
    hapse-na        haps-i-en
    hapse-ksi       haps-i-ksi
    hapse-en        haps-i-in
haps-i-a-nsa  s-pl-P-poss3
    hapsi
hara+  'spread out'
harava  s  'rake'  cf hara+
    harava-a        harav-i-a
    harava-na       harav-i-en/
                    harava-0-in
    harava-ksi      harav-i-ksi
    harava-an       harav-i-in
haravo=i-da´  =v inst-1 inf
    'to rake'  cf harava
    haravo=i-n      haravo=0-i-n
    haravo=i-0      haravo=0-i-0
    haravo=i-da-    haravo=i-t-i-in
      an
haravo=0-i-t  =v-past-arch
    pl3 stand haravoivat
    haravoida
har=itta-a´  =v fact-1 inf
    'to be spread out'  cf
    hara+
    har=ita-n       har=it-i-n
    har=itta-a      har=itt-i-0
    har=ite-ta-     har=ite-tt-i-
      an              in
har=itta-ma-sta  =v-3 inf-El
    harittaa
harja  s  'brush'
    harja-a         harjo-j-a
    harja-na        harjo-i-en/
                    harja-0-in
```

```
harja-ksi     harjo-i-ksi
harja-an      harjo-i-hin

harja=el-la´ =v freq/cont poet-
   l inf 'to brush' [stand
   harjata] cf harjata
   harja=ele-n   harja=el-i-n
   harja=ele-e   harja=el-i-0
   harja=el-la-  harja=el-t-i-in
      an

harja=t-a´ =v inst-l inf 'to
   brush' cf harja
   harja=a-n     harja=s-i-n
   harja=a-0     harja=s-i-0
   harja=t-a-an  harja=tt-i-in

harmaa  a  'gray'
   harmaa-ta     harma-i-ta
   harmaa-na     harma-i-den/tten
   harmaa-ksi    harma-i-ksi
   harmaa-seen   harma-i-siin/hin

harmaa+pää +a 'gray-haired'
   harmaa see pää for decl

harmaa+pää-t-0 +a-pl-N harmaa-
   pää

harras  a  'devout, earnest'
   harras-ta     harta-i-ta
   hartaa-na     harta-i-den/tten/
                 harras-t-en
   haartaa-ksi   harta-i-ksi
   hartaa-seen   harta-i-siin/hin

hartaa=sti´ =adv 'deeply,
   devotedly' cf harras

harva  a  'thin, sparse'
   harva-a       harvo-j-a
   harva-na      harvo-j-en/
                 harva-0-in
   harva-ksi     harvo-i-ksi
   harva-an      harvo-i-hin

harvo-i-n  a-pl-Instr  harva

harvoin adv 'rarely, seldom'
   cf harva

hattara s 'speck, patch, wisp;
   thin cloud'

hattara-a     hattaro-i-ta/
              hattaro-j-a
hattara-na    hattaro-i-den/
              tten/
              hattaro-j-en/
              hattara-0-in
hattara-ksi   hattaro-i-ksi
hattara-an    hattaro-i-hin

hattara-t-0  s-pl-Ac hattara

hauda-n   s-G   hauta

hauda-sta s-El  hauta

hauda=t-a´ =v inst-l inf  'to
   bury' cf hauta
   hauta=a-n     hauta=s-i-n
   hauta=a-0     hauta=s-i-0
   hauda=t-a-an  hauda=t-t-i-in

haud=el-la´ =v freq/cont-l
   inf 'hatch' cf hautoa
   haut=ele-n    haut=el-i-n
   haut=ele-e    haut=el-i-0
   haud=el-la-   haud=el-t-i-in
      an

haukka  s  'hawk, falconidae'
   haukka-a      haukko-j-a
   haukka-na     haukko-j-en/
                 haukka-0-in
   hauka-ksi     hauko-i-ksi
   haukka-an     haukko-i-hin

hauta  s  'grave; pit'
   hauta-a       hauto-j-a
   hauta-na      hauto-j-en/
                 hauta-0-in
   hauda-ksi     haudo-i-ksi
   hauta-an      hauto-i-hin

hauta-a  s-P  hauta

hauta+kumppani +s 'coworker
   at tar pit' hauta see
   kumppani for decl

hauta+kumppani-na  +s-El
   hautakumppani

hauta=us =s 'funeral, bur-
   ial' cf haudata
```

105

```
hauta=us-ta      hauta=uks-i-a
hauta=uksena     hauta=uks-t-en/
                 hauta=uks-i-en
hauta=ukseksi
                 hauta=uks-i-ksi
hauta=ukseen     hauta=uks-i-in
```

hauta=us+maa +s 'graveyard, cemetery' hautaus see maa for decl

hauta=us+maa-lla +s-Ad 'on the graveyard' hautausmaa

hauta=us+maa-lle´ +s-Al hautausmaa

hauta=us+maa-lta +s-Abl hautausmaa

haut=ele-vi =v -arch sg3 stand hautelee haudella

```
hauto-a´  v-1 inf  'hatch'
haudo-n        haudo-i-n
hauto-o        hauto-i-0
haudo-ta-an    haudo-tt-i-in
```

hava=in-nee-t =v-2 partic-pl havaita

hava=inno-sta-an =s-El-poss3 havainto

hava=into =s 'observation' cf havaita
```
hava=into-a    hava=into-j-a
hava=into-na   hava=into-j-en
hava=inno-ksi  hava=inno-i-ksi
hava=into-on   hava=into-i-hin
```

hava=it-a´ =v-1 inf 'to notice, observe'
```
hava=itse-n    hava=its-i-n
hava=itse-e    hava=its-i-0
hava=it-a-an   hava=it-t-i-in
```

hava=it-t-u´ =v-pass-2 partic 'observed' havaita

havukka s arch/dial 'hawk' [stand haukka]
```
havukka-a    havuko-i-ta
havukka-na   havuko-i-den/
             tten/
             havukka-0-in
havuka-ksi   havuko-i-ksi
havukka-an   havukko-i-hin
```

havuko-i-ksi s-pl-T havukka

he pers pron p13 'they' [Ac heidät]
sg see hän
```
he-i-tä
he-i-dän
he-i-ksi
he-i-hin
```

he-i-dän pers pron-pl-G he

heikko a 'weak'
```
heikko-a     heikko-j-a
heikko-na    heikko-j-en
heiko-ksi    heiko-i-ksi
heikko-on    heikko-i-hin
```

heikko=nen =a rare [stand heikko] 'weak' cf heikko
```
heikko=s-ta   heikko=s-i-a
heikko=se-na  heikko=s-t-en/
              heikko=s-i-en
heikko=se-ksi
              heikko=s-i-ksi
heikko=se-en  heikko=s-i-in
```

heila s 'sweetheart'
```
heila-a    heilo-ja
heila-na   heilo-j-en/
           heila-0-in
heila-ksi  heilo-i-ksi
heila-an   heilo-i-hin
```

heila-a s-P heila

heila-n s-G/Ac heila

heila-ni sN-poss1 heila

heila-0-ni s-G-poss1 [heila-n s-G] heila

he-i-lle´ pers pron p13-pl-Al he

he-i-llä   pers pron pl3-pl-Ad
    he

hein-i-ä   s-pl-P   heinä

heinä   s   'hay, grass, leaf of
    grass, stalk'
    heinä-ä   hein-i-ä
    heinä-nä   hein-i-en/
                   heinä-0-in
    heinä-ksi   hein-i-ksi
    heinä-än   hein-i-in

heinä+kuorma +s 'load of hay'
    heinä see kuorma for decl

heinä+kuorma-n +s-G heinäkuorma

heinä-n   s-Ac   heinä

heinä-n+tek=o =s 'haying, hay-
    making' heinä see teko for
    decl

heinä-n+tek=o-on =s-Il heinän-
    teko

heinä-n+te=o-n =s-G heinänteko

heinä-stä   s-El   'from haymak-
    ing   heinä

heinä'ä [sic]/heinä-ä s-P heinä

heinä-än   s-Il   'to make hay'
    heinä

he-i-stä   pers pron pl3-pl-El
    he

heite-tt-i-in v-pass-past-pass
    suffix   heittää

heitt-i-0   v-past-sg3   heittää

heittä-e-ssä-än   v-2 inf-In-poss
    3 'while throwing' heittää

heittä-ä´ v-1 inf 'to throw;
    [dial] leave, quit'
    heitä-n   heit-i-n
    heittä-ä   heitt-i-0
    heite-tä-än   heite-tt-i-in

helle´   s   'heat of sun, hot
    weather'
    hellet-tä   helte-i-tä
    heltee-nä   helte-i-den/
                   tten
    heltee-ksi   helte-i-ksi
    heltee-seen   helte-i-siin/hin

hell=itt-i-0   =v-past-sg3
    hellittää

hell=ittä-ä´   =v fact-1 inf 'to
    loosen, release, yield,
    cease, stop' cf hellä
    hell=itä-n   hell=it-i-n
    hell=ittä-ä   hell=itt-i-0
    hell=ite-tä-   hell=ite-tt-i-
       än   in

hellu   s   dial [stand heila]
    'sweetheart'
    hellu-a   hellu-j-a
    hellu-na   hellu-j-en
    hellu-ksi   hellu-i-ksi
    hellu-un   hellu-i-hin

hellu-0-ni   s-G-possl [hellu-
    n s-G]   hellu

hellä   a   'tender'
    hellä-ä   hell-i-ä
    hellä-nä   hell-i-en/
                   hellä-0-in
    hellä-ksi   hell-i-ksi
    hellä-än   hell-i-in

helmi   s   'pearl'
    helme-ä   helm-i-ä
    helme-nä   helm-i-en
    helme-ksi   helm-i-ksi
    helme-en   helm-i-in

helm-i-ä   s-pl-P   helmi

heltehe=sti´ =adv poet stand
    helteesti 'hotly' cf
    helle

helveti-n   s-G   helvetti

helvetti   s   'hell'
                   [pl not used]
    helvetti-ä   ------

helvetti-nä ------
helveti-ksi ------
helvetti-in ------

-hen refl suffix sg3, used in past tense, arch
kuristihen, kaakistihen 'hanged herself'

henge-n s-G henki

henge-t-0 s-pl-N henki

hengi=ttä-mä-ttä =v-3 inf-Abe 'without breathing' hengittää

hengi=ttä-ä´ =v fact-1 inf 'to breathe' cf henki
hengi=tä-n hengi=t-i-n
hengi=ttä-ä hengi=tt-i-0
hengi=te-tä- hengi=te-tt-i-in
än

henki s 'spirit; life'
henke-ä henk-i-ä
henke-nä henk-i-en
henge-ksi heng-i-ksi
henke-en henk-i-in

henki=lö =s 'person' cf henki
henki=lö henki=lö-i-tä/
henki=lö-j-ä
henki=lö-nä henki=lö-i-den/
tten/
henki=lö-j-en
henki=lö-ksi henki=lö-i-ksi
henki=lö-ön henki=lö-i-hin

henki=lö-n =s-G henkilö

henk=äis-tä´ =v mom-1 inf 'to breathe, take a breath' cf henki
henk=äise-n henk=äis-i-n
henk=äise-e henk=äis-i-0
henk=äis-tä- henk=äis-t-i-in
än

hepo s poet 'horse' [stand hevonen]
hepo-a hepo-j-a
hepo-na hepo-j-en
hevo-ksi hevo-i-ksi
hepo-on hepo-i-hin

herjet-ä´ v-1 inf 'to cease, stop'
herkeä-n herkes-i-n
herkeä-ä herkes-i-0
herjet-ä-än herjet-t-i-in

herkes-i-0 v-past-sg3 herjetä

herkku s 'delicacy, tidbit'
herkku-a herkku-j-a
herkku-na herkku-j-en
herku-ksi herku-i-ksi
herkku-un herkku-i-hin

herra s 'lord, master; mister'
herra-a herro-j-a
herra-na herro-j-en/
herra-0-in
herra-ksi herro-i-ksi
herra-an herro-i-hin

Herra s 'Lord' see herra for decl

herra-0-in s-pl-G herra

herras+tuomari +s [also herastuomari] 'honorary title given to an old and merited member of advisory jury; owner of such title' see tuomari for decl

herra-t-0 s-pl-N/Ac herra

heräjä-´ v poet stem-imper sg2 stand herää herätä

heräs-i-0 v-past-sg3 herätä

herät-t-y-ä-nsä v-pass-2 partic-P-poss3 'after he had woken up' herätä

herät-ä´ v-1 inf 'to wake up'
herää-n heräs-i-n
herää-0 heräs-i-0
herät-ä-än herät-t-i-in

heti´ adv 'immediately, at once'

hetke-n s-Ac 'for a while' hetki

hetki s 'moment'
  hetke-ä   hetk-i-ä
  hetke-nä   hetk-i-en
  hetke-ksi   hetk-i-ksi
  hetke-en   hetk-i-in

hevo=nen =s 'horse, *equus caballus*' cf hepo
  hevo=s-ta   hevo=s-i-a
  hevo=se-na   hevo=s-t-en/
                 hevo=s-i-en
  hevo=se-ksi   hevo=s-i-ksi
  hevo=se-en   hevo=s-i-in

hevo=se-lla =s-Ad hevonen
  hevosella ajaen 'driving a horse'

hevo=se-n =s-G/Ac hevonen

hevo=se-ton =a 'horseless, without a horse' cf hevonen
  hevo=se-ton-   hevo=se=ttom-i-a
    ta
  hevo=se=   hevo=se-ton-t-en/
    ttoma-na   hevo=se=ttom-i-en
  hevo=se=   hevo=se=ttom-i-
    ttoma-ksi   ksi
  hevo=se=   hevo=se=ttom-i-
    ttoma-an   in

hevo=s-i-a =s-pl-P hevonen

hevo=s+kauppa +s 'horse trading' hevonen see kauppa for decl

hevo=s+kaupo-i-ssa +s-pl-In 'in/while trading horses' hevoskauppa

hevo=s-ta =s-P hevonen

hevo=s-ta-an =s-P-poss3 hevonen

hiekka s 'sand'
  hiekka-a   hiekko-j-a
  hiekka-na   hiekko-j-en/
               hiekka-0-in
  hieka-ksi   hieko-i-ksi
  hiekka-an   hiekko-i-hin

hie-llä s-Ad 'with sweat' hiki

hiema s dial 'sleeve' [stand hiha]
  hiema-a   hiemo-j-a
  hiema-na   hiemo-j-en/
               hiema-0-in
  hiema-ksi   hiemo-i-ksi
  hiema-an   hiemo-i-hin

hiema-lla s-Ad hiema

hieman adv 'a little; slightly'

hieno a 'fine, thin'
  hieno-a   hieno-j-a
  hieno-na   hieno-j-en
  hieno-ksi   hieno-i-ksi
  hieno-on   hieno-i-hin

hieno=inen =a 'fine, delicate' cf hieno
  hieno=is-ta   hieno=is-i-a
  hieno=ise-na   hieno=is-t-en/
                 hieno=is-i-en
  hieno=ise-   hieno=is-i-ksi
    ksi
  hieno=ise-en   hieno=is-i-in

hieno=ise-lle´ =a-Al hienoinen

hieno-ksi a-T hieno

hieno-n a-Ac hieno

hier=alta-a´ =v mom-1 inf 'to rub' cf hieroa
  hier=alla-n   hier=als-i-n
  hier=alta-a   hier=alt-i-0/
                 hier=als-i-0
  hier=alle-   hier=alle-tt-
    ta-an   i-in

hier=alt-i-0 =v-past-sg3 hieraltaa

hier=ele-vi =v-arch sg3 stand hierelee hierellä

hier=el-lä´ =v cont-1 inf 'to rub' cf hieroa
  hier=ele-n   hier=el-i-n
  hier=ele-e   hier=el-i-0
  hier=el-lä-   hier=el-t-i-in
    än

hiero-a´ v-1 inf 'to rub; give a massage'
  hiero-n   hiero-i-n
  hiero-o   hiero-i-0
  hiero-ta-an   hiero-tt-i-in
  hieroa kauppaa 'to negotiate a [business] deal'

hiero-tt-i-in v-pass-past-pass suffix hieroa

hier=r=el-lä´ =v cont-1 inf 'to rub' cf hiertää
  hier=t=ele-n hier=t=el-i-n
  hier=t=ele-e hier=t=el-i-0
  hier=r=el-   hier=r=el-t-i-in
    lä-än

hier=tä-ä´ =v caus-1 inf 'to rub' cf hieroa
  hier=rä-n   hier=s-i-n
  hier=tä-ä   hier=s-i-0/
              hier=t-i-0
  hier=re-tä-   hier=re-tt-i-in
    än

hieta s 'sand'
  hieta-a   hieto-j-a
  hieta-na   hieto-j-en/
              hieta-0-in
  hieda-ksi   hiedo-i-ksi
  hieta-an   hieto-i-hin

hiet=ikko =s '[stretch of] sand' cf hieta
  hiet=ikko-a   hiet=ikko-j-a
  hiet=ikko-na hiet=ikko-j-en
  hiet=iko-ksi hiet=iko-i-ksi
  hiet-ikko-on hiet=ikko-i-hin

hiet=iko-lle´ =s-Al hietikko

hiiht-i-0 v-past-sg3 hiihtää

hiihtä-vä v-1 partic 'skiing' hiihtää

hiihtä-ä´ v-1 inf 'to ski'
  hiihdä-n   hiihd-i-n
  hiihtä-ä   hiiht-i-0
  hiihde-tä-än hiihde-tt-i-
              in

hiili s 'charcoal'
  hiil-tä   hiil-i-ä
  hiile-nä   hiil-i-en/
              hiil-t-en
  hiile-ksi   hiil-i-ksi
  hiile-en   hiil-i-in

hiil=t=y-vä =v-1 partic 'becoming charred' hiiltyä

hiil=t=y-vä-n =v-1 partic-Ac hiiltyä

hiil=t=y-ä´ =v refl-1 inf 'to become charred' hiiltää
  hiil=l=y-n   hiil=l=y-i-n
  hiil=t=y-y   hiil=t=y-i-0
  hiil=l=y-tä- hiil=l=y-tt-i-in
    än

hiil=tä-ä´ =v fact-1 inf 'to char' cf hiili
  hiil=lä-n   hiil=s-i-n
  hiil=tä-ä   hiil=s-i-0
  hiil=le-tä-   hiil=le-tt-i-in
    än

hike-ä s-P hiki

hiki s 'sweat, perspiration'
  hike-ä   hik-i-ä
  hike-nä   hik-i-en
  hie-ksi   hi-i-ksi
  hike-en   hik-i-in

himmerki-n s-G himmerkki

himmerkki s arch/poet 'heaven' [stand taivas] [pl not used]
  himmerkki-ä   ------
  himmerkki-nä ------
  himmerki-ksi ------
  himmerkki-in ------

himme=sti´ =adv arch 'dimly'
    stand himmeästi cf himmeä

himmeä a 'dim'
    himmeä-ä/tä   himme-i-tä
    himmeä-nä   himme-i-den/tten/
                   himmeä-0-in
    himmeä-ksi   himme-i-ksi
    himmeä-än   himme-i-hin

hio-a´ v-1 inf 'to grind, whet'
    hio-n   hio-i-n
    hio-o   hio-i-0
    hio-ta-an   hio-tt-i-in

hio-i-0 v-past-sg3 hioa

Hioppi s male name rare
                   [pl not used]
    Hioppi-a   ------
    Hioppi-na   ------
    Hiopi-ksi   ------
    Hioppi-in   ------

hiota-´ v-imp sg2 hiottaa

hio=ta´ =v refl-1 inf 'to per-
    spire' cf hiki
    hiko=a-n   hiko=s-i-n
    hiko=a-a   hiko=s-i-0
    hio=t-a-an   hio=t-t-iin

hio=t=ta-a´ =v caus-1 inf 'to
    heat, cause perspiration'
    cf hiota [sg3 only]
    ------   ------
    hio=t=ta-a   hio=t=t-i-0
    ------   ------

hio=t=t-i-0 =v-past-sg3 hiottaa

hio-vi v-arch sg3 stand hioo
    hioa

hipiä s poet '[human] skin'
    stand iho
    hipiä-ä   hipiö-i-tä
    hipiä-nä   hipiö-i-den/tten/
                   hipiä-0-in
    hipiä-ksi   hipiö-i-ksi
    hipiä-än   hipiö-i-hin

hipiä-n s-G hipiä

hirmu a dial/poet 'terribly
    big' [stand hirmuinen]
    hirmu-a   hirmu-j-a
    hirmu-na   hirmu-j-en
    hirmu-ksi   hirmu-i-ksi
    hirmu-un   hirmu-i-hin

hirmu-lta a-Abl hirmu

hirre-t-0 s-pl-Ac hirsi

hirsi s 'log, timber, beam'
    hirt-tä   hirs-i-ä
    hirte-nä   hirs-i-en/
                   hirt-t-en
    hirre-ksi   hirs-i-ksi
    hirte-en   hirs-i-in

hirt=tä-vä =v-1 partic 'hang-
    ing, one who hangs' hirt-
    tää

hirt=tä-vä-0-nsä =v-1 partic-
    Ac-poss3 [hirt=tä-vä-n
    =v-1 partic-Ac] hirttävä

hirt=tä-ä´ =v-1 inf 'to hang'
    cf hirsi
    hirt=ä-n   hirt=0-i-n
    hirt=tä-ä   hirt=t-i-0
    hirt=e-tä-än   hirt=e-tt-i-in

hiuka-n [s-Ac] adv 'a little'
    cf hiukka

hiukka s 'small [particle]'
                   [pl not used]
    hiukka-a   ------
    hiukka-na   ------
    hiuka-ksi   ------
    hiukka-an   ------

hiukse-t-0 s-pl-N 'hair'
    hius

hius s '[single, human] hair'
    hius-ta   hiuks-i-a
    hiukse-na   hiuks-i-en/
                   hius-t-en
    hiukse-ksi   hiuks-i-ksi
    hiukse-en   hiuks-i-in

hohhoi interj 'oh well
    [exhaustion]'

homma   s coll   'work, hustle; fuss'
   homma-a   homm-i-a
   homma-na   homm-i-en/ homma-0-in
   homma-ksi   homm-i-ksi
   homma-an   homm-i-in

honga-ksi   s-T   honka

hong=ikko   =s   'pine forest'   cf honka
   hong=ikko-a   hong=ikko-j-a/ hong=iko-i-ta
   hong=ikko-na   hong=ikko-i-en/ hong=iko-i-den/tten
   hong=iko-ksi   hong=iko-i-ksi
   hong=ikko-on   hong=ikko-i-hin

hong=ikko-a   =s-P   hongikko

honka   s   'pine tree'
   honka-a   honk-i-a
   honka-na   honk-i-en/ honka-0-in
   honga-ksi   hong-i-ksi
   honka-an   honk-i-in

hopea   s   'silver'
   hopea-a   hope-i-ta/ hopeo-i-ta
   hopea-na   hope-i-den/tten/ hopea-0-in/ hopeo-i-den/tten
   hopea-ksi   hope-i-ksi/ hopeo-i-ksi
   hopea-an   hope-i-hin/ hopeo-i-hin

hopea-ta   s-arch P   stand hopeaa hopea

hopea+tuoli   +s   'silver chair'   hopea see tuoli for decl

hope=inen   =a   'silvery, of silver'   also hopeainen   cf hopea
   hope=is-ta   hope=is-i-a
   hope=ise-na   hope=is-t-en/ hope=is-i-en
   hope=ise-ksi   hope=is-i-ksi
   hope=ise-en   hope=is-i-in

hope=ise-t-0   =a-pl-N/Ac   hopeinen

hope=is-i-a   =a-pl-P   hopeinen

hopia   s arch   'silver'   stand hopea

hopia+kihla-t-0   +s-pl-N   'bethrothal presents of silver'   hopia see kihlat for decl

hopia+kintaha-t-0   +s arch stem-pl-N   stand hopeakintaat   'mittens of silver'   hopia see kintahat for decl

hopia+mies   +s   'silver man; man of/with silver'   hopia see mies for decl

housu-t-0   s-pl-N/Ac   'pair of trousers, pants'   [pl only]
   ------   housu-j-a
   ------   housu-j-en
   ------   housu-i-ksi
   ------   housu-i-hin

huhta   s   'slashed-and-burned patch in forest'
   huhta-a   huht-i-a
   huhta-na   huht-i-en/ huhta-0-in
   huhda-ksi   huhd-i-ksi
   huhta-an   huht-i-in

Huhta=la   =s   place/family name   cf huhta
   Huhta=la-a   Huhta=lo-i-ta
   Huhta=la-na   Huhta=lo-i-den/tten/ Huhta=lo-j-en/ Huhta=la-0-in
   Huhta=la-ksi   Huhta=lo-i-ksi
   Huhta=la-an   Huhta=lo-i-hin

Huhta=la-n   =s-G   Huhtala

huhu   s   'rumor'
   huhu-a   huhu-j-a
   huhu-na   huhu-j-en
   huhu-ksi   huhu-i-ksi
   huhu-un   huhu-i-hin

huhu=el-la´ =v cont poet-1 inf
    'to call, halloo' stand
    huhuilla, huhuta
  huhu=ele-n   huhu=el-i-n
  huhu=ele-e   huhu=el-i-0
  huhu=el-la-   huhu=el-t-i-in
    an

huhu=il-la´ =v cont-1 inf 'to
    call, halloo' cf huhuta
  huhu=ile-n   huhu=il-i-n
  huhu=ile-e   huhu=il-i-0
  huhu=il-la-   huhu=il-t-i-in
    an

huhu=ta´ =v fact-1 inf 'to
    shout, keep shouting; gos-
    sip' cf huhu
  huhu=a-n   huhu=s-i-n
  huhu=a-a   huhu=s-i-0
  huhu=t-a-an   huhu=t-t-i-in

hui   interj [surprise, fright]

huij=ahutt-i-0 =v arch stem-
    past-sg3 stand huijautti
    huijauttaa
    huhuta huijahutti 'shouted
    sharply'

huij=ari =s 'swindler' cf
    huijata
  huij=ari-a   huij=are-i-ta
  huij=ari-na   huij=are-i-den/
                    tten/
                huij=ari-0-en
  huij=ari-ksi huij=are-i-ksi
  huij=ari-in   huij=are-i-hin

huij=ari-t-0 =s-pl-N huijari

huij=at-a´ =v fact-1 inf 'to
    cheat' cf hui
  huij=aa-n   huij=as-i-n
  huij=aa-0   huij=as-i-0
  huij=at-a-an huij=at-t-i-in

huij=autta-a´ =v mom-1 inf 'to
    shout sharply' cf hui

huij=autt-i-0 =v-past-sg3

Huissi s place name

                    [pl rare]
  Huissi-a   ------
  Huissi-na   ------
  Huissi-ksi   ------
  Huissi-in   ------

Huissi-n s-G Huissi

huj=ahuta-´ =v arch stem-
    imper sg2 stand hujauta
    hujauttaa

huj=autta-a´ =v mom-1 inf
    'to shout'
  huj=auta-n   huj=aut-i-n
  huj=autta-a   huj=autt-i-0
  huj=aute-ta- huj=aute-tt-i-
    an   in
  huutaa hujauttaa 'to shout
    out loud'

huka=t-a´ =v fact-1 inf 'to
    lose' cf hukka
  hukka=a-n   hukka=s-i-n
  hukka=a-0   hukka=s-i-0
  huka=t-a-an   huka=t-t-i-in

hukka s 'peril; wolf'
  hukka-a   hukk-i-a
  hukka-na   hukk-i-en/
                    hukka-0-in
  huka-ksi   huk-i-ksi
  hukka-an   hukk-i-in

hukk=u-a´ =v refl-1 inf 'to
    get lost; get drowned'
    cf hukata
  huk=u-n   huk=u-i-n
  hukk=u-u   hukk=u-i-0
  huk=u-ta-an   huk=u-tt-i-in

hullu a 'crazy, foolish';
    s 'fool'
  hullu-a   hullu-j-a
  hullu-na   hullu-j-en
  hullu-ksi   hullu-i-ksi
  hullu-un   hullu-i-hin

hullu-han aN-*han* hullu

hullu=us =s 'craziness' cf
    hullu
  hullu=ut-ta   hullu=uks-i-a

113

```
hullu=ute-na    hullu=uks-i-en
hullu=ude-      hullu=uks-i-ksi
  ksi
hullu=ute-en    hullu=uks-i-in
```

humala s 'drunkenness; hop, *humulus lupulus*'
```
humala-a        humalo-j-a/
                humalo-i-ta/
                humal-i-a
humala-na       humalo-j-en/
                humalo-i-den/
                  tten/
                humal-i-en/
                humala-0-in
humala-ksi      humalo-i-ksi/
                humal-i-ksi
humala-an       humalo-i-hin/
                humal-i-in
```

humala-han s-arch Il stand humalaan humala
  humalahan tultuani 'after I have become drunk'

huoa=t-a´ =v-1 inf 'to sigh'
```
huoka=a-n       huoka=s-i-n
huoka=a-0       huoka=s-i-0
huoa=t-a-an     huoa=t-t-i-in
```

huoka=ile-t =v-sg2 huokailla

huoka=il-la´ =v cont-1 inf 'sigh, keep sighing' cf huoata
```
huoka=ile-n     huoka=il-i-n
huoka=ile-e     huoka=il-i-0
huoka=il-la-    huoka=il-t-i-in
  an
```

huoka=s-i-0 =v-past-sg3 huoata

huole=stu-a´ =v refl incohat-1 inf 'to grow worried' cf huoli
```
huole=stu-n     huole=stu-i-n
huole=stu-u     huole=stu-i-0
huole=stu-      huole=stu-tt-i-in
  ta-an
```

huole=ton =a 'untroubled, carefree' cf huoli
```
huole=ton-ta    huole=ttom-i-a
huole=ttoma-    huole=ton-t-en/
  na              huole=ttom-i-
                    en/
                  huole=ttoma-0-
                    in
huole=ttoma-    huole=ttom-i-
  ksi             ksi
huole=ttoma-    huole=ttom-i-
  an              in
```

huole=ton-na =a arch cons stem-Es stand huolettomana huoleton

huoli s 'worry'
```
huol-ta         huol-i-a
huole-na        huol-t-en/
                huol-i-en
huole-ksi       huol-i-ksi
huole-en        huol-i-in
```

huoli-´ v-neg huolia
  en huoli venosistasi 'I do not care for your petty boats'

huoli-a´ v-1 inf 'to care for; be worried' cf huoli
```
huoli-n         huol-i-n
huoli-i         huol-i-0
huoli-ta-an     huoli-tt-i-in
```

huoli-nut v-2 partic huolia

huoli=stu-a´ =v refl incohat-poet-1 inf 'to become worried' cf huoli stand huolestua
```
huoli=stu-n     huoli=stu-i-n
huoli=stu-u     huoli=stu-i-0
huoli=stu-      huoli=stu-tt-
  ta-an           i-in
```

huoli=stu-vi =v-arch sg3 stand huolistuu huolistua

huomas-i-0 v-past-sg3 huomata

huomas-i-vat v-past-pl3 huomata

huomat-a´ v-1 inf 'to notice, realize'

huomaa-n   huomas-i-n
huomaa-0   huomas-i-0
huomat-a-an   huomat-t-i-in

huomat-t-i-in-kin v-pass-past-
    pass suffix-*kin* huomata

huoma=utta-a´ =v caus-1 inf
    'to point out, remark, call
    attention to' cf huomata
  huoma=uta-n   huoma=ut-i-n
  huoma=utta-a   huoma=utt-i-0
  huoma=ute-   huoma=ute-tt-i-
    ta-an   in

huoma=utt-i-0 =v-past-sg3
    huomauttaa

huomen s dial/poet 'morning'
    [stand aamu]
  huomen-ta   huomen-i-a
  huomene-na   huomen-t-en/
                 huomen-i-en
  huomene-ksi   huomen-i-ksi
  huomene-en   huomen-i-in

huomen-i-n s-pl-Instr poet 'in
    the morning' [stand aamulla]
    huomen

huomenna adv [huomen-na arch
    cons stem-Es] 'tomorrow'
    huomen

huone´ s 'room [of a house]'
  huonet-ta   huone-i-ta
  huonee-na   huone-i-den/tten
  huonee-ksi   huone-i-ksi
  huonee-seen   huone-i-siin/hin

huonee-sta-nsa s-El-poss3 huone

huono a 'bad'
  huono-a   huono-j-a
  huono-na   huono-j-en
  huono-ksi   huono-i-ksi
  huono-on   huono-i-hin

huono=sti´ =adv 'badly' cf
    huono

huono=sti´-pa =adv-*pa* huonosti

huuda-´ v-imper sg2 huutaa

huuda-´-pa v-imper sg2-*pa*
    huutaa

huud=el-la´ =v freq-1 inf
    'to shout [continuously]'
    cf huutaa
  huut=ele-n   huut=el-i
  huut=ele-e   huut=el-i-0
  huud=el-la-   huud=el-t-i-in
    an

huud=el-la-´ =v pass-neg
    huudella

huuli s 'lip'
  huul-ta   huul-i-a
  huule-na   huul-t-en/
                 huul-i-en
  huule-ksi   huul-i-ksi
  huule-en   huul-i-in

huul-i-n s-pl-Instr huuli
    *mit´ olet huulin hyytynyi-
    sin* poet 'why are your
    lips frozen'

huus-i-0 v-past-sg3 huutaa

huuta-a v-sg3 huutaa

huuta-a´ v-1 inf 'to shout'
  huuda-n   huus-i-n
  huuta-a   huus-i-0
  huude-ta-an   huude-tt-i-in

huvi s 'entertainment'
  huvi-a   huve-j-a
  huvi-na   huvi-0-en
  huvi-ksi   huve-i-ksi
  huvi-in   huve-i-hin

huvi=tta-a´ =v fact-1 inf
    'to entertain, amuse' cf
    huvi
  huvi=ta-n   huvi=t-i-n
  huvi=tta-a   huvi=tt-i-0
  huvi=te-ta-   huvi=te-tt-i-
    an   in

huvi=tta-ma-an =v-3 inf-Il
    huvittaa

hylje´ s 'seal'
  hyljet-tä   hylke-i-tä

hylkee-nä   hylke-i-den/tten
hylkee-ksi   hylke-i-ksi
hylkee-seen   hylke-i-siin/hin

hylkehe-ksi s arch stem-T stand
    hylkeeksi   hylje

hyp=i-´ =v-neg hyppiä

hypp=i-mä-hän =v-3 inf-arch Il
    stand hyppimään hyppiä

hypp=i-ä´ =v freq-1 inf 'to
    jump, keep jumping' cf
    hypätä
    hyp=i-n   hyp=0-i-n
    hypp=i-i   hypp=0-i-0
    hyp=i-tä-än   hyp=i-tt-i-in

hyppäs-i-0 v-past-sg3 hypätä

hypät-ä´ v-1 inf 'to jump'
    hyppää-n   hyppäs-i-n
    hyppää-0   hyppäs-i-0
    hypät-ä-än   hypät-t-i-in

hyvin adv [hyv-i-n a-pl-Instr]
    'well; very' cf hyvä

hyvä a 'good'
    hyvä-ä   hyv-i-ä
    hyvä-nä   hyv-i-en/
                   hyvä-0-in
    hyvä-ksi   hyv-i-ksi
    hyvä-än   hyv-i-in

hyvä-n a-Ac/G hyvä

hyvä-t-0 a-pl-N/Ac hyvä

hyy s poet 'frost, cold,
    ice; icy breeze'
    hyy-tä   [incomplete
    hyy-nä   paradigm]
    hyy-ksi

hyy=t=y-ny=inen =a poet [stand
    hyytynyt] 'cold, frozen'
    cf hyytynyt

hyy=t=y-ny=is-i-n =a-pl-Inst
    hyytynyinen

hyy=t=y-nyt =v-2 partic
    hyytyä 'congealed, jelled'

hyy=t=y-ä´ =v refl-1 inf 'to
    grow cold, congeal' cf
    hyytää

hyy=d-y-n   hyy=d=y-i-n
hyy=t=y-y   hyy=t=y-i-0
hyy=d=y-tä-   hyy=d=y-tt-i-
    än   in

hyy=tä-ä´ =v fact-1 inf 'to
    cause freezing, blow some-
    thing cold' cf hyy
    hyy=dä-n   hyy=d-i-n
    hyy=tä-ä   hyy=t-i-0
    hyy=de-tä-än   hyy=de-tt-i-in

hä-i-tä s-pl-P häät

hän pron pers sg3 [Ac hänet]
    hän-tä
    häne-nä
    häne-ksi   pl see he
    häne-en

-hän see -han

häne-en pers pron-Il hän

häne-lle´ pron pers-Al hän

häne-llä pron pers-Ad hän

häne-n pron pers-G hän

häne-stä pron pers-El hän

hän-tä pron pers-P hän

härkä s 'bull'
    härkä-ä   härk-i-ä
    härkä-nä   härk-i-en/
                   härkä-0-in
    härä-ksi   härj-i-ksi
    härkä-än   härk-i-in

härkä-0-nsä s-G-poss3 [härä-n
    s-G] härkä

härkä-ä s-P härkä

härnät-ä´ v-1 inf 'to tease'

härnää-n   härnäs-i-n
härnää-0   härnäs-i-0
härnät-ä-än härnät-t-i-in

härnää-0 v-sg3 härnätä

härä-n s-G/Ac härkä

hätä s 'necessity; trouble,
   agony; hurry, haste'
              [pl rare]
   hätä-ä   hät-i-ä
   hätä-nä   hät-i-en/
                hät-0-in
   hädä-ksi   häd-i-ksi
   hätä-än   hät-i-in
hätä=inen 'hurried, hasty;
   anxious' cf hätä
   hätä=is-tä   hätä=is-i-ä
   hätä=ise-nä hätä=is-t-en/
                hätä=is-i-en
   hätä=ise-ksi hätä=is-i-ksi
   hätä=ise-en hätä=is-i-in

hätä=ise=sti´ =adv 'hastily'
   cf hätäinen

hävin-nee-t v-2 partic-pl
   hävinnyt

hävin-nyt v-2 partic hävitä

hävit=tä-ä´ =v caus-1 inf 'to
   destroy' cf hävitä
   hävit=ä-n   hävit-i-n
   hävit=tä-ä   hävit=t-i-0
   hävit=e-tä- hävite-tt-i-in
      än

hävit=ykse-n =s-G hävitys

hävit=ys =s 'destroyal' cf
   hävittää
   hävit=ys-tä   hävit=yks-i-ä
   hävit=ykse-   hävit=ys-t-en/
      nä   hävi=t=yks-i-en
   hävit=ykse-   hävit=yks-i-ksi
      ksi
   hävit=ykse-   hävit=yks-i-in
      en

hävit-ä´ v refl-1 inf 'to
   disappear: perish; lose
   [contest, game]'

häviä-n   hävis-i-n
häviä-ä   hävis-i-0
hävit-ä-än hävit-t-i-in

hää+ 'bridal'
hää-t-0 s-pl-N 'wedding'
         [pl only]
   ------   hä-i-tä
   ------   hä-i-den/tten
   ------   hä-i-ksi
   ------   hä-i-hin

hää+talo +s 'house where wed-
   ding is being celebrated;
   bridal house' hää+ see
   talo for decl

hää+talo-ssa +s-In häätalo

häävi a coll [used only in
   neg sentences] 'worth
   something'
   häävi-ä   hääve-j-ä
   häävi-nä   häävi-0-en
   häävi-ksi   hääve-i-ksi
   häävi-in   hääve-i-hin
   enkä minä itse niin häävi
   oo 'and I myself am not
   worth very much'

Hörö=lä =s place name
              [pl not used]
   Hörö=lä-ä   ------
   Hörö=lä-nä   ------
   Hörö=lä-ksi ------
   Hörö=lä-än   ------

Hörö=lä-ssä =s-In Hörölä

Hörö=lä-än =s-Il Hörölä

höyhen s 'feather'
   höyhen-tä   höyhen-i-ä
   höyhene-nä   höyhen-i-en/
                höyhen-t-en
   höyhene-ksi höyhen-i-ksi
   höyhene-en   höyhen-i-in

höyhene-0-0-si s-pl-Ac-poss2
   [höyhene-t-0   s-pl-Ac]

höyhene-t-0 s-pl-N/Ac höyhen

höyry s 'steam'

```
    höyry-ä      höyry-j-ä              höyr=äyttä-ä´  =v mom-1 inf
    höyry-nä     höyry-j-en                'to shake'  cf höyry
    höyry-ksi    höyry-i-ksi            höyr=äytä-n    höyr=äyt-i-n
    höyry-yn     höyry-i-hin            höyr=äyttä-ä   höyr=äytt-i-0
                                        höyr=äyte-     höyr=äyte-tt-
  höyry-ssä  s-In  höyry                   tä-än          i-in

  höyry-ä    s-P   höyry                höys  interj  [for driving
                                              off pigs]
```

I

```
ien   s   'gum, gill'                ihme=tt=ele-   ihme=tt=el-i-
  ien-tä       iken-i-ä                  n              n
  ikene-nä     iken-i-en/             ihme=tt=ele-   ihme=tt=el-i-
               ien-t-en                  e              0
  ikene-ksi    iken-i-ksi             ihme=t=el-     ihme=t=el-t-
  ikene-en     iken-i-in                 lä-än          i-in

iha=ile-ma-han  =v-3 inf-arch Il  ihme=t=el-t-i-in  =v-pass-past-
   stand  ihailemaan  ihailla          pass suffix  ihmetellä

iha=il-la´  =v cont-1 inf  'to    ihme=tt=el-i-0  =v-past-sg3
   admire'  cf ihana                 ihmetellä
  iha=ile-n   iha=il-i-n
  iha=ile-e   iha=il-i-0          ihminen  s  'man; human being'
  iha=il-la-an iha=il-t-i-in        ihmis-tä     ihmis-i-ä
                                    ihmise-nä    ihmis-t-en/
ihan  adv  'quite'                               ihmis-i-en
                                    ihmise-ksi   ihmis-i-ksi
ihana  a  'lovely'                  ihmise-en    ihmis-i-in
  ihana-a      ihan-i-a
  ihana-na     ihan-i-en/          ihmise-n   s-Ac/G  ihminen
               ihana-0-in
  ihana-ksi    ihan-i-ksi          ihmise-t-0  s-pl-N  ihminen
  ihana-an     ihan-i-in
                                   ihmis-i-ltä  s-pl-Abl  ihminen
ihme´  s  'marvel'
  ihmet-tä     ihme-i-tä           ihmis-i-stä  s-pl-El  ihminen
  ihmee-nä     ihme-i-den/tten
  ihmee-ksi    ihme-i-ksi          ihmis-t-en s-pl-G ihminen
  ihmee-seen   ihme-i-siin/hin
                                   ihmis-tä   s-P  ihminen
ihme=t=el-le-n  =v-2 inf-Instr
   ihmetellä                       iho  s  '[human] skin'
                                    iho-a       iho-j-a
ihme=t=el-lä´  =v freq-1 inf        iho-na      iho-j-en
   'to wonder, marvel, be sur-      iho-ksi     iho-i-ksi
   prised, astonished'  cf ihme     iho-on      iho-i-hin
```

ihven-i-lle´ s-pl-Al nonce [to rhyme with ahvenille]

ikene-t-0 s-pl-N ien

iki+ 'eternal, perpetual' cf ikä

ikkuna s 'window'
  ikkuna-a   ikkuno-i-ta
  ikkuna-na   ikkuno-i-den/tten/
                 ikkuna-0-in
  ikkuna-ksi ikkuno-i-ksi
  ikkuna-an   ikkuno-i-hin

ikkuna+lauta +s 'window sill'
  ikkuna see lauta for decl

ikkuna-n s-G ikkuna

iku+sija +s poet 'eternal place' iki+ see sija for decl

iku+sija-han +s-arch Il stand ikusijaan 'to its eternal site' ikusija

ikä s 'age; [folkl:] time'
  ikä-ä   ik-i-ä
  ikä-nä   ik-i-en/
            ikä-0-in
  iä-ksi   i-i-ksi
  ikä-än   ik-i-in

ikä-0-ni s-Ac-poss 1 [iä-n s-Ac] 'all my life' ikä

ikä-nä s-Es ikä
  ei sinä ilmoisna ikänä poet 'never ever'

ikä-0-si s-Ac-poss 2 [iä-n s-Ac] 'all your life' ikä

ikä=vä =s 'boredom; longing'; =a 'boring; sad' cf ikä
  ikä=vä-ä   ikä=v-i-ä
  ikä=vä-nä   ikä=v-i-en/
              ikä=vä-0-in
  ikä=vä-ksi ikä=v-i-ksi
  ikä=vä-än   ikä=v-i-in

ikä=vä-0-ni =s-Ac-poss1

[ikä=vä-n =s-Ac] ikävä

ikä=vä-ä-ni s-P-poss1 ikävä

ikä-än s-Il ikä

ikään+kuin +con 'as if'

illa-lla s-Ad 'in the evening' ilta

illa-n s-G ilta
  illan pimeässä 'in the darkness of the night'

illa-n s-Ac 'all evening' ilta

illa-sta s-El '[starting] in the evening' ilta

illo-i-n s-pl-Instr 'by night' ilta

ilma s 'air; weather; [folkl:] sky'
  ilma-a   ilmo-j-a
  ilma-na   ilmo-j-en/
            ilma-0-in
  ilma-ksi ilmo-i-ksi
  ilma-an   ilmo-i-hin

ilma-han s-arch Il stand ilmaan ilma

ilma=inen =a 'free' cf ilma
  ilma=is-ta ilma=is-i-a
  ilma=ise-na ilma=is-t-en/
              ilma=is-i-en
  ilma=ise-ksi ilma=is-i-ksi
  ilma=ise-en ilma=is-i-in

ilma=ise-ksi =a-T 'for nothing' ilmainen

Ilma+joe-lla +s-Ad 'at Ilmajoki' Ilmajoki

Ilma+joe-n +s-G Ilmajoki

Ilma=joki +s place name see joki for decl

ilma-n s-G ilma

ilman prepos with P [dial with Abe] 'without' cf ilma

ilma-ssa s-In 'in the air' ilma

ilma-t-0 s-pl-N/Ac ilma

ilme=sty-nyt =v-2 partic ilmestyä

ilme=sty-ä´ =v refl incohat 'to appear' cf ilma
  ilme=sty-n   ilme=sty-i-n
  ilme=sty-y   ilme=sty-i-0
  ilme=sty-tä-   ilme=sty-tt-i-in
  än

ilmi´ adv 'apparently, clearly' cf ilma

iln=iö =s 'phenomenon' cf ilma, ilmi
  ilm=iö-tä   ilm=iö-i-tä
  ilm=iö-nä   ilm=iö-i-den/
                  tten
  ilm=iö-ksi   ilm=iö-i-ksi
  ilm=iö-ön   ilm=iö-i-hin

ilmo=inen =a poet 'pertaining to the sky' cf ilma
  ilmo=is-ta   ilmo=is-i-a
  ilmo=ise-na   ilmo=is-t-en/
                  ilmo=is-i-en
  ilmo=ise-ksi   ilmo=is-i-ksi
  ilmo=ise-en   ilmo=is-i-in

ilmo=is-na =a arch cons stem-Es stand ilmoisena ilmoinen

ilmo=itta-a´ =v fact-1 inf 'to make known, announce' cf ilma
  ilmo=ita-n   ilmo-it-i-n
  ilmo=itta-a   ilmo=itt-i-0
  ilmo=ite-ta-   ilmo=ite-tt-i-in
  an

ilmo=itt-i-0 =v-past-sg3 ilmoittaa

ilmo-j-a s-pl-P ilma

ilo s 'joy'

ilo-a   ilo-j-a
ilo-na   ilo-j-en
ilo-ksi   ilo-i-ksi
ilo-on   ilo-i-hin

ilta s 'evening'
  ilta-a   ilto-j-a
  ilta-na   ilto-j-en/
                  ilta-0-in
  illa-ksi   illo-i-ksi
  ilta-an   ilto-i-hin

imeh=d=el-lä´ =v cont-1 inf 'to wonder, marvel' stand ihmetellä

imeh=t=ele-vi =v-arch sg3 stand ihmettelee imehdellä

imeh=t=ele-vät =v-pl3 stand ihmettelevät imehdellä

imme-n s-G ["dative-genitive"] 'to the maiden' impi
  kun tulevi immen tuska
  'when the maiden is attacked by pain'

impi s arch 'maiden' [stand neitsyt]
  impe-ä   imp-i-ä
  impe-nä   imp-i-en
  imme-ksi   imm-i-ksi
  impe-en   imp-i-in

Inkeri s place name 'the province of Ingria' [pl not used]
  Inkeri-ä   ------
  Inkeri-nä   ------
  Inkeri-ksi   ------
  Inkeri-in   ------

Inkeri-ssä s-In 'in Ingria' Inkeri

Inkeri-stä s-El Inkeri

iske-ä´ v-1 inf 'to hit, strike'
  iske-n   isk-i-n
  iske-e   isk-i-0
  iske-tä-än   iske-tt-i-in

isk-i-0   v-past-sg3   iskeä
   iski silmänsä itähän 'cast his eyes towards the east'

iso   a   'big, large; tall'
   iso-a   iso-j-a
   iso-na   iso-j-en
   iso-ksi   iso-i-ksi
   iso-on   iso-i-hin
   iso isäntä 'rich farmer/master'

iso+isä   +s 'grandfather'   iso   see isä for decl

iso+isä-nne   +s-poss pl 2   isoisä

iso+rikas   +a   coll 'wealthy'
   iso   see rikas for decl

istu-´   v-imper sg2   istua

istu-a´   v-1 inf   'to sit'
   istu-n   istu-i-n
   istu-u   istu-i-0
   istu-ta-an   istu-tt-i-in

istu-e-ssa   v-2 inf-In   'while sitting'   istua

istu-i-0   v-past-sg3   istua

istu-i-t   v-past-sg2   istua

istu-i-vat   v-past-pl3   istua

istu-ma-ssa   v-3 inf-In   'sitting'   istua

istu-nut   v-2partic   istua

istu-t-i-n   =v-past-sg1   istuttaa

istu=tta-a´   =v caus-1 inf   'to plant'   cf istua
   istu=ta-n   istu=t-i-n
   istu=tta-a   istu=tt-i-0
   istu=te-ta-an   istu=te-tt-i-in

istu=utu-a´   =v refl-1 inf   'to take a seat, sit down'   cf istua

istu=udu-n   istu=udu-i-n
istu=utu-u   istu=utu-i-0
istu=udu-ta-an istu=udu-tt-i-in

istu=utu-nut   =v-2 partic   istuutua

istu=utu-nut-ta   =v-2 partic-P   istuutunut

isä   s   'father'
   isä-ä   is-i-ä
   isä-nä   is-i-en/
                is-0-in
   isä-ksi   is-i-ksi
   isä-än   is-i-in

isä-kin   sN-*kin*   'also the father'   isä

isä-ltä-kin   s-Abl-*kin*   isä

isä-n   s-Ac/G   isä

isä-nne   s-poss pl2   isä

isä-0-0-nne-kin   s-pl-N-poss pl2-*kin* [isä-t-0 s-pl-N] 'even all your forefathers'   isä

isä=nnä-n   =s-Ac/G   isäntä

isä=nnö=i-dä´   =v fact-1 inf 'to handle the power, rule'   cf isäntä
   isä=nnö=i-n   isä=nnö=0-i-n
   isä=nnö=i-0   isä=nnö=0-i-0
   isä=nnö=i-dä-än isä=nnö=i-t-i-in

isä=nnö=i-mä-än   =v-3 inf-Il   isännöidä

isä=ntä   =s   'farmer; master'   cf isä
   isä=ntä-ä   isä=nt-i-ä
   isä=ntä-nä   isä=nt-i-en/
                   isä=ntä-0-in
   isä=nnä-ksi   isä=nn-i-ksi
   isä=ntä-än   isä=nt-i-in
   isäntä kulta 'dear master'

isä=ntä-ni =sN-poss1 'my master' isäntä

isä=ntä-nä =s-Es isäntä

isä=ntä+valta +s 'man's rule in the house' isäntä see valta for decl

isä+vainaja +s '[my] late father' isä see vainaja for decl

isä-ä s-P isä

itke-´ v-neg itkeä

itke=mä-ssä =v-3 inf-In 'crying' itkeä

itke-ä´ v-1 inf 'to weep, cry'
    itke-n   itk-i-n
    itke-e   itk-i-0
    itke-tä-än itke-tt-i-in

itk-i-en v-2 inf-Instr 'crying' itkeä

itk-i-vät v-past-pl3 itkeä

itse´ pron refl 'oneself' [pl not used]
    itse-ä   ------
    itse-nä   ------
    itse-ksi   ------
    itse-en   ------
    itse paholainen 'the devil himself'
    he itse 'they themselves'

itse-kse-en pron refl-T-poss3 'by himself' itse

itse-lle´ pron refl-Al 'to oneself' itse

itse-lle-en pron refl-Al-poss3 'for him-/herself' itse

itse-lle-ni pron refl-Al-poss1 itse

itse-llä-ni-kin pron refl-Ad-poss1-*kin* itse
    on vene itsellänikin 'I have a boat myself'

itse-0-ni pron refl-Ac-poss1 [itse-n pron refl-Ac] itse

itä s 'east' [pl not used]
    itä-ä   ------
    itä-nä   ------
    idä-ksi   -------
    itä-än   ------

itä-hän s-arch I1 stand itään 'to the east' itä

itä=inen =a 'easterly' cf itä
    itä=is-tä   itä=is-i-ä
    itä=ise-nä   itä=is-t-en/
                      itä=is-i-en
    itä=ise-ksi itä=is-i-ksi
    itä=ise-en   itä=is-i-in

itä=ise-llä =a-Ad itäinen

iä-n s-Ac ikä
    iän kaiken 'forever'

J

ja con 'and'

ja adv dial 'also' [stand myös]
    hän oli ja merimies 'he, too, was a sailor'

jaka-a´ v-1 inf 'to divide'
    jaa-n   jao-i-n
    jaka-a   jako-i-0

```
    jae-ta-an      jae-tt-i-in           jalko-j-a-nsa   s-pl-P-poss3
                                             jalka
    jaka-ma-an   v-3 inf-Il   jakaa        astui kerran jalkojansa
                                             poet 'took one step'
    jaka-nee-t   v-2 partic-pl
        jakanut                           jalo   a  'great, noble'
                                             jalo-a       jalo-j-a
    jaka-nut   v-2 partic   jakaa            jalo-na      jalo-j-en
                                             jalo-ksi     jalo-i-ksi
    jaksa-´   v-neg   jaksaa                 jalo-on      jalo-i-hin

    jaksa-a´  v-1 inf  'to be able,       jalo-i-n  s-pl-Instr  jalka
        capable, strong enough'              paljain jaloin 'barefooted'
        jaksa-n        jakso-i-n
        jaksa-a        jakso-i-0         jalo-na   a-Es   jalo
        jakse-ta-an    jakse-tt-i-in
                                         jano   s   'thirst'
    jaksa-nut   v-2 partic   jaksaa          jano-a       jano-j-a
                                             jano-na      jano-j-en
    jala=kse-n   =s-G   jalas                jano-ksi     jano-i-ksi
                                             jano-on      jano-i-hin
    jala-lla   s-Ad   jalka
                                         jano-n   s-Ac   jano
    jala=s  =s  'runner, skid'  cf
        jalka                            jano=t-a´  =v fact-1 inf  'to
        jala=s-ta       jala=ks-i-a          have thirst'  cf jano
        jala=kse-na     jala=ks-i-en/        jano=a-n        jano=s-i-n
                        jala=s-t-en          jano=a-a        jano=s-i-0
        jala=kse-ksi    jala=ks-i-ksi        jano=t-a-an     jano=t-t-i-in
        jala=kse-en     jala=ks-i-in
        reen jalas  'runner of a         jano=t=ta-a  =v-sg3  janottaa
        sleigh'                              silakka janottaa 'Baltic
                                             herring makes one thirsty'
    jala-t-0   s-pl-N/Ac   jalka
                                         jano=t=ta-a´  =v caus-1 inf
    jalka   s   'foot [also: leg and        'to make thirsty'  cf
        foot]'                               janota [sg3 only]
        jalka-a        jalko-j-a             ------          ------
        jalka-na       jalko-j-en/           jano=t=ta-a     jano=t-t-i-0
                       jalka-0-in            ------          ------
        jala-ksi       jalo-i-ksi
        jalka-an       jalko-i-hin       jatka-a´  v-1 inf  'to con-
                                             tinue'
    jalka-an   s-Il   jalka                  jatka-n         jatko-i-n
        hevosen jalkaan tuli haava           jatka-a         jatko-i-0
        'the horse wounded his leg'          jatke-ta-an     jatke-tt-i-in

    jalka-a-nsa   s-Il-poss3  [jalka-   jatk=o  =s  'continuation'
        an  s-Il]   jalka                    cf jatkaa
                                             jatk=o-a        jatk=o-j-a
    jalka=isin   =adv   'by foot'  cf        jatk=o-na       jatk=o-j-en
        jalka                                jatk=o-ksi      jatk=o-i-ksi
                                             jatk=o-on       jatk=o-i-hin
    jalko-j-a   s-pl-P   jalka
                                         jatk=o-on   =s-Il   jatko
```

yhteen jatkoon rare 'without interruption' stand *yhteen menoon*

jauha-a´ v-1 inf 'to grind'
  jauha-n   jauho-i-n
  jauha-a   jauho-i-0
  jauhe-ta-an jauhe-tt-i-in

jauhe-ta-an v-pass-pass suffix jauhaa

jauhe-tta-va v-pass-1 partic 'grindable, to be ground' jauhaa

jauhe-tta-va-n v-pass-1 partic-G jauhettava
  alla kiven jauhettavan poet 'under the grinding stone'

jauh=o =s 'flour' cf jauhaa
  jauh=o-a   jauh=o-j-a
  jauh=o-na jauh=o-j-en
  jauh=o-ksi jauh=o-i-ksi
  jauh=o-on jauh=o-i-hin

jauh=o-j-a =s-pl-P jauho

jauh=o-ksi =s-T jauho

Jeesus s 'Jesus'
            [pl not used]
  Jeesus-ta   ------
  Jeesukse-na ------
  Jeesukse-ksi ------
  Jeesukse-en ------

Jerusalem s place name 'Jerusalem' [pl not used]
  Jerusalemi-a ------
  Jerusalemi-na ------
  Jerusalemi-ksi ------
  Jerusalemi-in ------

Jerusalemi-n-kin s-G-*kin* Jerusalem

Jerusalemi-ssa 'in Jerusalem' Jerusalem

jo adv 'already'

joe-n s-G joki

joe-n+porras +s 'footbridge over a river' joki see porras for decl

joe-n+portaa-n +s-Ac joenporras

joe-sta s-El joki

jo-hon pron rel-Il joka

johta-a´ v-1 inf 'to lead'
  johda-n   johd-i-n
  johta-a   joht-i-0
  johde-ta-an johde-tt-i-in

johta-va v-1 partic 'leading' johtaa

johta-va-t-0 v-1 partic-pl-N johtava

jo-i-sta pron rel-pl-El joka

jo-i-ta pron rel-pl-P joka

jok' [sic] pron rel poet stand joka

jo-ka pron rel-suffix 'who; which; he who'
  jo-ta   jo-i-ta
  jo-na   jo-i-den/tten
  jo-ksi   jo-i-ksi
  jo-hon   jo-i-hin

joka pron indef indecl 'each, every'
  joka haaralle 'into every direction'
  joka oksassa 'in each branch'
  joka ompeletta varten 'for every seam/[here:] stitch'
  joka vuosi 'every year'

joka=inen =pron indef 'every' cf joka
  joka=is-ta joka=is-i-a

```
joka=ise-na    joka=is-t-en/        jo=lloin  =adv rel  'at which
               joka=is-i-en             time'  cf joka
joka=ise-ksi   joka=is-i-ksi
joka=ise-en    joka=is-i-in         jo=mpi+ku=mpi  =pron indef N/Ac
                                        'either one'  [cf joku]
joka=is-ta  =pron indef-P              jo=mpa-a+ku=   jo=mp-i-a+ku=
   jokainen                               mpa-a         mp-i-a
                                        jo=mpa-na+     jo=mp-i-en+ku=
joke-en   s-Il   joki                     ku=mpa-na      mp-i-en/
                                                        jo=mpa-0-in+
joki  s  'river'                                         ku=mpa-0-in
   joke-a         jok-i-a              jo=mma-ksi+    jo=mm-i-ksi+
   joke-na        jok-i-en                ku=mma-ksi     ku=mm-i-ksi
   joe-ksi        jo-i-ksi              jo=mpa-an+     jo=mp-i-in+ku=
   joke-en        jok-i-in                 ku=mpa-an      mp-i-in

jo-kin  pron indef-suffix            jo-n-ka  pron rel-Ac/G-suffix
   'some; something'  [cf joka]         joka
   jo-ta-kin      jo-i-ta-kin
   jo-na-kin      jo-i-den-kin/       jo-n-kin  pron indef-Ac/G-
                  jo-i-tten-kin          suffix  jokin
   jo-ksi-kin     jo-i-ksi-kin           jonkin verran  'somewhat'
   jo-hon-kin     jo-i-hin-kin
                                      jo-n+ku-n  +pron indef-G  joku
jo-ko  adv-inter  jo
   joko pata on tulella  'is the     jo=nne´  = adv rel  'where'
      pot on the fire'                  cf joka
   joko puuro on valmis  'is the
      porrige ready'                  jos  con  'if'

jo-ko-s  adv-inter-s  jo              joskus  adv  'sometimes'
                                         [cf joku]
jo+ku  +pron indef  'some;
   someone'                          jo-ssa  pron rel-In  joka
   jo-ta+ku-ta    jo-i-ta+ku-i-ta
   jo-na+ku-na    jo-i-den+ku-i-     jo-ssa-in/jo-ssa-kin  pron
                  den                    indef-In-suffix  jokin
                  jo-i-tten+ku-i-
                  tten                jo-sta  pron rel-El  joka
   jo-ksi+ku-     jo-i-ksi+ku-i-
      ksi            ksi              jo-ta  pron rel-P  joka
   jo-hon+ku-     jo-i-hin+ku-i-
      hun            hin              jo-ta-in/jo-ta-kin  pron in-
                                         def-P-suffix  jokin
joll' [sic]/jo-l  pron rel-poet
   Ad  stand  jolla  joka            jo-ta-kin  pron indef-P-suf-
                                        fix  'something'  jokin
jo-lla  pron rel-Ad  joka
                                     jo=ten  =con  'so that;
jo-lle´  pron rel-Al  joka              wherefore'  cf joka

joll+et  con+neg v sg2  [jos et]     jo-t-0-ka  pron rel-pl-N-suf-
   'if you don't'                       fix  joka
```

jotta con 'that, in order that'

jott+ei con+neg v sg3 'that not' jotta ei
jottei päästä Väinämöisen 'in order that Väinämöinen would not escape'

Joukaha=inen =s folkl male name
    [pl not used]
  Joukaha=is-ta ------
  Joukaha=ise-na ------
  Joukaha=ise-ksi------
  Joukaha=ise-en ------

Joukaha=ise-n =s-Ac/G Joukahainen

joukko s 'crowd, group'
  joukko-a   joukko-j-a
  joukko-na   joukko-j-en
  jouko-ksi   jouko-i-ksi
  joukko-on   joukko-i-hin

jouko-n s-Ac joukko

Jouko=nen =s folkl male name [pl not used]
  Jouko=s-ta ------
  Jouko=se-na ------
  Jouko=se-ksi ------
  Jouko=se-en ------

Jouko=se-n =s-G Joukonen

jouko-ssa s-In 'in a crowd' joukko

jouko-ssa s-In postp with G 'among, with' cf joukko

jouko-ssa-an s-In postp-In-poss3 joukossa

joulu s 'Christmas'
  joulu-a   joulu-j-a
  joulu-na   joulu-j-en
  joulu-ksi   joulu-i-ksi
  joulu-un   joulu-i-hin

joulu+aatto+ilta +s 'Christmas Eve' joulu aatto see ilta for decl

joulu+aatto+ilta-na +s-Es 'on Christmas Eve' jouluaattoilta

joulu+ilta-na +s-Es 'on Christmas night' joulu see ilta for decl

joulu-na s-Es 'at Christmas' joulu

joulu+puhde´ +s poet 'Christmas evening' joulu see puhde for decl

joulu+puhden-na +s arch cons stem-Es stand joulupuhteena 'on Christmas evening' joulupuhde

joulu+pöytä +s '[literally:] Christmas table; Christmas dinner' joulu see pöytä for decl

joulu+pöytä-än +s-Il joulupöytä
istua joulupöytään 'sit down for Christmas dinner'

joulu-sta s-El joulu

joulu+yö +s 'Christmas night' joulu see yö for decl

joulu+yö-nä +s-Es 'on Christmas night' jouluyö

jouse-n s-Ac jousi

jousi s 'bow'
  jous-ta   jous-i-a
  jouse-na   jous-i-en
  jouse-ksi   jous-i-ksi
  jouse-en   jous-i-in

jouta-a´ v-1 inf 'to have time to [I1 do something]'
  jouda-n   joud-i-n
  jouta-a   jout-i-0
  joude-ta-an joude-tt-i-in

jout=u-a´ =v refl-1 inf 'to get into, fall into; be fast; advance, ripen' cf

```
    joutaa
  joud=u-n      joud=u-i-n
  jout=u-u      jout=u-i-0
  joud=u-ta-an  joud=u-tt-i-in
  koko kansa joutuu kulkemaan
    'all the people have to
    pass'
  sekä lensi jotta joutui  poet
    'flew and flew fast'

jout=u-i-0  =v-past-sg3  joutua

jout=u-i-vat  =v-past-pl3
  joutua

jout=u-u  =v-sg3  joutua

juhla  s  'feast; holiday;
  [sometimes:] Christmas'
  juhla-a       juhl-i-a
  juhla-na      juhl-i-en/
                juhla-0-in
  juhla-ksi     juhl-i-ksi
  juhla-an      juhl-i-in

juhla-ksi  s-T  '[here:] for
  Christmas'  juhla

juka  s arch  'path, trail;
  riverbed'
                [pl not used]
  juka-a        ------
  juka-na       ------
  jua-ksi       ------
  juka-an       ------

juka'a [sic]/juka-a  s-P  juka

jumala  s  'god'
  jumala-a      jumal-i-a
  jumala-na     jumal-i-en/
                jumala-0-in
  jumala-ksi    jumal-i-ksi
  jumala-an     jumal-i-in

Jumala  s  'God'

Jumala-lla-mme  s-Ad-poss pl 1
  Jumala

Jumala-lle´  s-Al  Jumala

Jumala-n  s-G  Jumala
```

```
juna  s  'train'
  juna-a       jun-i-a
  juna-na      jun-i-en/
               juna-0-in
  juna-ksi     jun-i-ksi
  juna-an      jun-i-in

juna-a  s-P  juna

juo-0  v-sg3  juoda

juo-da´  v-1 inf  'to drink'
  juo-n        jo-i-n
  juo-0        jo-i-0
  juo-da-an    juo-t-i-in

juo-da-an  v-pass-pass suf-
  fix  juoda

juo-de-ssa  v-2 inf-In  juoda

juo-0-kin  v-sg3-kin  juoda
  toinen henkilö juokin siitä
    kupista  'another person,
    instead, drinks from that
    cup'

juokse-´  v-imper sg2  juosta

juokse-ma-an  v-3 inf-Il
  juosta

juokse-ma-sta  v-3 inf-El
  juosta
  esti pilvet juoksemasta
    'prevented the clouds
    from running'

juokse-va  v-1 partic  juosta

juokse-va-n  v-1 inf-G  juo-
  sta

juoks-i-0  v-past-sg3  juosta

juoks-i-t  v-past-arch p13
  stand  juoksivat  juosta

juoks-i-vat  v-past-p13  juosta

juoks=u  =s  'running'  cf
  juosta
  juoks=u-a    juoks=u-j-a
```

juoks=u-na   juoks=u-j-en
juoks=u-ksi   juoks=u-i-ksi
juoks=u-un   juoks=u-i-hin

juoks=u-lla   =s-Ad 'at a trot'
  juoksu

juoks=u-lta   =s-Abl juoksu
  juoksulta kepeä 'a quick runner'

juo=ma =s 'drink' cf juoda
  juo=ma-a   juo=m-i-a
  juo=ma-na   juo=m-i-en/
                juo=ma-0-in
  juo=ma-ksi   juo=m-i-ksi
  juo=ma-an   juo=m-i-in

juo-ma-an v-3 inf-Il juoda

juo=ma-ri =s 'drunkard' cf juoda
  juo=ma=ri-a   juo=ma=re-i-ta/
                juo=ma=re-j-a
  juo=ma=ri-na juo=ma=re-i-den/
                tten/
                juo=ma=ri-0-en
  juo=ma=ri-ksi juo=ma=re-i-ksi
  juo=ma=ri-in juo=ma=re-i-hin

juo=ma=ri-n =s-G juomari

juo-nut v-2 partic juoda

juo'os [sic]/juo-os v-poet imper sg2 stand juo juoda

juo-pi v-arch sg3 stand juo juoda

juoru s 'gossip'
  juoru-a   juoru-j-a
  juoru-na   juoru-j-en
  juoru-ksi   juoru-i-ksi
  juoru-un   juoru-i-hin

juoru+ämmä +s 'tattle monger'
  juoru see ämmä for decl

juoru+ämmä-t-0 +s-pl-N juoru-ämmä

juos-kaa-0 v-imper-pl2 juosta

juos-sut v-2 partic juosta

juos-ta´ v-1 inf 'to run'
  juokse-n   juoks-i-n
  juokse-e   juoks-i-0
  juos-ta-an   juos-t-i-in

juos-t-u-a-an v-pass-2 partic-P-poss3 'after running' juosta

juo=ta-´ =v-imper sg2 juottaa

juo-t-ko v-sg2-inter juoda

juo=tta-a´ =v caus-1 inf 'to give to drink, make drink; water' cf juoda
  juo=ta-n   juo=t-i-n
  juo=tta-a   juo=tt-i-0
  juo=te-ta-an juo=te-tt-i-in

juo=tt-i-0 =v-past-sg3 juottaa

Jussi s man's first name 'John'
  Jussi-a   Jusse-j-a
  Jussi-na   Jussi-0-en
  Jussi-ksi   Jusse-i-ksi
  Jussi-in   Jusse-i-hin

juttu s 'tale, story'
  juttu-a   juttu-j-a
  juttu-na   juttu-j-en
  jutu-ksi   juttu-i-ksi
  juttu-un   juttu-i-hin

jutu-i-ssa s-pl-In juttu

juure-lle´ s-Al 'to the root'; postp with G; prep poet with G 'to' juuri

juure-n s-Ac/G juuri

juuri s 'root'
  juur-ta   juur-i-a
  juure-na   juur-i-en/
                juur-t-en
  juure-ksi   juur-i-ksi
  juure-en   juur-i-in

juuri adv 'just'

juur-ine-en s-Com-poss3 'with its roots' juuri

juur-ta s-P juuri

juuti-t-0 s-pl-N juutti

juutti s '[here:] villain'
  cf juutas Judas
  juutti-a   juutte-j-a
  juutti-na   juutti-0-en
  juuti-ksi   juute-i-ksi
  juutti-in   juutte-i-hin

jyr=i=nä =s 'thunder, roaring'
  cf jyristä
  jur=i=nä-ä   jyr=i=nö-i-tä
  jyr=i=nä-nä jyr=i=nö-i-den/tten/
               jyr=i=nä-0-in
  jyr=i=nä-ksi jyr=i=nö-i-ksi
  jyr=i=nä-än jyr=i=nö-i-hin

jyr=i=nä-stä =s-El jyrinä
  jyrinästä kuulivat jo pakenijat, että 'by the roaring sound only, the fugitives heard that'

jyr=is-tä´ =v refl-1 inf 'to roar, thunder'
  jyr=ise-n   jyr=is-i-n
  jyr=ise-e   jyr=is-i-0
  jyr=is-tä-än jyr=is-t-i-in

jyt=i=nä =s 'pounding, thumping' cf jytistä
  jyt=i=nä-ä   jyt=i=nö-i-tä
  jyt=i=nä-nä jyt=i=nö-i-den/tten/
               jyt=i=nä-0-in
  jyt=i=nä-ksi jyt=i=nö-i-ksi
  jyt=i=nä-än jyt=i=nö-i-hin

jyt=i=nä-n =s-Ac jytinä
jyt=is-tä´ =v refl-1 inf 'to pound'
  jyt=ise-n   jyt=is-i-n
  jyt=ise-e   jyt=is-i-0
  jyt=is-tä-än jyt=is-t-i-in

jyv-i-llä s-pl-Ad jyvä

jyvä s 'grain'
  jyvä-ä   jyv-i-ä
  jyvä-nä   jyv-i-en/
             jyvä-0-in
  jyvä-ksi   jyv-i-ksi
  jyvä-än   jyv-i-in

jä-i-0 v-past-sg3 jäädä
  renki jäi ovipuoleen 'the hired man stayed/stopped near the door'

jä-ine-en s-Com-poss3 'with its ice' jää

jäle-ssä -adv poet stem-In stand jäljessä 'after, behind' jälki

jälje-lle-nsä s-Al-poss3 'on his tracks' jälki

jälje-ssä s-In; adv-In; postp-In with G 'behind, after' jälki

jälje-ssä-än postp-In-poss3 'behind himself'

jälje-stä s-El/adv-El 'after' jalki

jälje-t-0 s-pl-N 'tracks' jälki

jälj-i-ltä s-pl-Abl jälki

jälke-en s-Il; postp-Il with G 'after, behind; [rare:] according to' jälki
  sen jälkeen 'thereafter'

jälke-en+pä-i-n [s-Il+s-pl-Instr] adv 'afterwards' cf jälki pää

jälki s 'trace, vestige, track, footprint'
  jälke-ä   jälk-i-ä
  jälke-nä   jälk-i-en

```
jälje-ksi    jälj-i-ksi
jälke-en     jälk-i-in

jälk-i-in  s-pl-Il [here: postp
   with G 'according to']
   jälki

jälk-i-ä  s-pl-P  jälki

jälleen  adv  'again'

jänikse-n  s-G  jänis

jänis  s  'rabbit, hare'
   jänis-tä      jäniks-i-ä
   jänikse-nä    jänis-t-en/
                 jäniks-i-en
   jänikse-ksi   jäniks-i-ksi
   jänikse-en    jäniks-i-in

jänis-tä  s-P  jänis

järke=vä  =a  'sensible'  cf
   järki
   järke=vä-ä    järke=v-i-ä
   järke=vä-nä   järke=v-i-en/
                 järke=vä-0-in
   järke=vä-ksi  järke=v-i-ksi
   järke=vä-än   järke=v-i-in

järke-ä  s-P  järki

järki  s  'sense, reason, intel-
   ligence'
                 [pl rare]
   järke-ä       ------
   järke-nä      ------
   järje-ksi     ------
   järke-en      ------
   pl In järj-i-ssä  Abl järj-i-
      ltä

järkk=y-ä´  =v refl-1 inf  'to
   shake [on the foundations]'
   järk=y-n      järk=y-i-n
   järkk=y-y     järkk=y-i-0
   järk=y-tä-än  järk=y-tt-i-in

järk=y=ttä-ä´  =v caus-1 inf
   'to shake'  cf järkkyä
   järk=y=tä-n   järk=y=t-i-n
   järk=y=ttä-ä  järk=y=tt-i-0
   järk=y=te-    järk=y=te-tt-i-
      tä-än          in

järk=ähytt-i-0  =v poet/arch
   stem-past-sg3  stand  jär-
   käytti  järkäyttää

järk=äyttä-ä´  =v mom-1 inf
   'to give a jerk, shake'
   cf järkkyä
   järk=äytä-n   järk=äyt-i-n
   järk=äyttä-ä  järk=äytt-i-0
   järk=äyte-    järk=äyte-tt-
      tä-än         i-in

järve-ltä  s-Abl  järvi

järve-n  s-Ac/G  järvi

järve-t-0  s-pl-N  järvi

järve-ä  s-P  järvi

järvi  s  'lake'
   järve-ä       järv-i-ä
   järve-nä      järv-i-en
   järve-ksi     järv-i-ksi
   järve-en      järv-i-in

jäsen  s  'member; body part'
   jäsen-tä      jäsen-i-ä
   jäsene-nä     jäsen-i-en/
                 jäsen-t-en
   jäsene-ksi    jäsen-i-ksi
   jäsene-en     jäsen-i-in

jäsene-0-nsä  s-G-poss3
   [jäsene-n  s-G]  jäsen

jäsene-t-0  s-pl-N  jäsen

jäsen-tä-nsä  s-P-poss3
   jäsen

jäte-tt-y´  v-pass-2 partic
   'left'  jättää

jätt-i-0  v-past-sg3  jättää

jä=ttä-ä´  =v caus-1 inf
   'to leave'  cf jäädä
   jä=tä-n       jä=t-i-n
   jä=ttä-ä      jä=tt-i-0
   jä=te-tä-än   jä=te-tt-i-in

jää  s  'ice'
   jää-tä        jä-i-tä
```

```
jää-nä         jä-i-den/tten        jää+oksa-lla  +s-Ad  jääoksa
jää-ksi        jä-i-ksi
jää-hän        jä-i-hin             jää+pu=ikko  =s  'icicle'  jää
                                       see puikko for decl
jää-dä´  v-1 inf  'to stay'
  jää-n        jä-i-n               jää-ssä  s-In  jää
  jää-0        jä-i-0                 puut olivat hieman jäässä
  jää-dä-än    jää-t-i-in             'the logs were a little
                                      iced'
jää-lle´  s-Al  jää
                                    jää=t=y-nyt  =v-2 partic jäätyä
jää-llä  s-Ad  'on ice'  jää
                                    jää=t=y-nyt-tä  =v-2 partic-P
jää=nne´  =s 'remnant, survival'      jäätynyt
  cf jäädä
  jää=nnet-tä    jää=nte-i-tä       jää=t=y-ä´  =v refl-1 inf
  jää=ntee-nä    jää=nte-i-den/       'to freeze' become frozen'
                   tten               cf jäätää
  jää=ntee-ksi   jää=nte-i-ksi        jää=d=y-n     jää=d=y-i-n
  jää=ntee-      jää=nte-i-siin       jää=t=y-y     jää=t=y-i-0
    seen                              jää=d=y-tä-   jää=d=y-tt-i-
                                        än             in
jää=nte-i-tä  =s-pl-P  jäänne
                                    jää=tä-ä´  =v fact-1 inf
jää+oksa  +s  'icy branch'  jää       'to freeze' cf jää [sg3 only]
  see oksa for decl
                                      jää=tä-ä     jää=t-i-0
```

K

```
kaak=ista-a´  =v arch-1 inf         Kaapo-ksi    Kaapo-i-ksi
  'to strangle' [mod kuris-          Kaapo-on     Kaapo-i-hin
  taa]
  kaak=ista-n    kaak=ist-i-n       Kaapo-n  s-G  Kaapo
  kaak=ista-a    kaak=ist-i-0
  kaak=iste-     kaak=iste-tt-      Kaapo+nimi=nen  =a 'Kaapo by name
    ta-an          i-in               see niminen for decl

kaaki=st-i-hen  =v-past-refl        kaapu  s  'frock; cloak, man-
  sg3 'strangled herself'             tle'
                                      kaapu-a      kaapu-ja
-kaan/-kään [in negative senten-      kaapu-na     kaapu-j-en
  ces: ei ──kaan] 'even;              kaavu-ksi    kaavu-i-ksi
  after all; either'                  kaapu-un     kaapu-i-hin

Kaapo-a  s-P  Kaapo                 kaapu-0-si  s-Ac-poss2 [kaavu-
                                      n s-Ac]  kaapu
Kaapo  s man's first name
  Kaapo-a       Kaapo-j-a           kaare-ksi  s-T  'to form an
  Kaapo-na      Kaapo-j-en            arc'  kaari
```

kaari   s 'arch, bow'
   kaar-ta   kaar-i-a
   kaare-na   kaar-t-en/
                    kaar-i-en
   kaare-ksi   kaar-i-ksi
   kaare-en   kaar-i-in

kaat-a´   v arch cons stem-1 inf 'to fell, overturn' stand kaataa

kaata-a´   v-1 inf 'fell, overturn'
   kaada-n   kaado-i-n/
                    kaas-i-n
   kaata-a   kaato-i-0/
                    kaas-i-0
   kaade-ta-an   kaade-tt-i-in

kaato-i-0 v-past-sg3 kaataa

kaat=u-a´ =v refl-1 inf 'fall; turn over; topple over' cf kaataa
   kaad=u-n   kaadu-i-n
   kaat=u-u   kaat=u-i-0
   kaad=u-ta-an   kaad=u-tt-i-in

kaat=u-i-0 =v-past-sg3 kaatua

kaat=u=ma+tauti +s 'epilepsy' kaatua see tauti for decl

kaat=u=ma+taut=inen =a 'epileptic'; =s 'an epileptic person' kaatua see tautinen for decl

kaat=u=ma+taut=ise-ksi =s/=a-T kaatumatautinen

kaar=ta-a´ =v fact-1 inf 'move in the form of a semicircle' cf kaari
   kaar=ra-n   kaar=s-i-n
   kaar=ta-a   kaar=s-i-0
   kaar=re-ta-an   kaar=re-tt-i-in

kaar=ta-e-n =v-2 inf-Instr 'moving in the form of a semicircle' kaartaa

kaat=u=minen =s 'falling' cf kaatua
   kaat=u=mis-ta   kaat=u=mis-i-a
   kaat=u=mise-na kaat=u=mis-t-en/
                    kaat=u=mis-i-en
   kaat=u=mise-ksi kaat=u=mis-i-ksi
   kaat=u=mise-en kaat=u=mis-i-in

kaat=u-nee-n =v-2 partic-G kaatua

kaat=u-nut =v-2 partic kaatua

kaavu-ssa-si s-In-poss2 kaapu

kadikka   s arch 'billet' see kalikka

kadikka+jala-n +s-Ac kadikkajalka

kadikka+jalka +s poet [meaning obscure:] "billet-legged" kadikka see jalka for decl

kado=n-nee-t =v-2 partic-pl kadota

kado=t-a´ =v-refl-1 inf 'to vanish, disappear; get lost, get misplaced' cf kato
   kato=a-n   kato=s-i-n
   kato=a-a   kato=s-i-0
   kado=t-a-an   kado=t-t-i-in

kado=te-tt-u´ =v-pass-2 partic 'lost; [here:] forced to perish' kadottaa

kado=tta-a´ =v caus-1 inf 'to lose; [here:] make perish' cf kadota
   kado=ta-n   kado=t-i-n
   kado=tta-a   kado=tt-i-0
   kado=te-ta-an   kado=te-tt-i-in

kaffi s dial stand kahvi
    'coffee'

kahdeksan num 'eight'
    kahdeksa-a   kahdeks-i-a
    kahdeksa-na   kahdeks-i-en/
                    kahdeksa-0-in
    kahdeksa-ksi   kahdeks-i-ksi
    kahdeksa-an   kahdeks-i-in

kahdeksa=s =num ord 'eighth'
    cf kahdeksan
    kahdeksa=t-   kahdeksa=ns-i-a
      ta
    kahdeksa=   kahdeksa=ns-i-en
      nte-na
    kahdeksa=   kahdeksa=ns-i-
      nne-ksi   ksi
    kahdeksa=   kahdeksa=ns-i-in
      nte-en

kahde-lla num-Ad kaksi

kahde-n -adv [num-Instr] 'the
    two alone' kaksi

kahde-n num-G kaksi

kaheksan num dial stand kah-
    deksan

kaheks-i-n num dial stem-pl-
    Instr stand kahdeksin
    kaheksan

kahti=a´ =adv 'into two pieces'
    cf kaksi

kahvi s 'coffee'
    kahvi-a   kahve-j-a
    kahvi-na   kahvi-0-en
    kahvi-ksi   kahve-i-ksi
    kahvi-in   kahve-i-hin

kahvi-a s-P kahvi

kahvi+vehkee-t-0 s-pl-N [pl
    only] kahvi see vehje for
    decl

kaida-t-0 a-pl-N kaita

kaid=e´ =s 'railing' cf kaita

kaid=et-ta   kait=e-i-ta
kait=ee-na   kait=e-i-den/
                tten
kait=ee-ksi   kait=e-i-ksi
kait=ee-seen   kait=e-i-siin/
                hin
kaid=e´+puu +s 'railing'
    kaide see puu for decl

kaid=e´+puu-lle´ +s-Al kaide-
    puu

Kaija s woman's first name
    [Catherine]
    Kaija-a   Kaijo-j-a
    Kaija-na   Kaijo-j-en/
                    Kaija-0-in
    Kaija-ksi   Kaijo-i-ksi
    Kaija-an   Kaijo-i-hin

kaike-lla pron indef-Ad
    kaikki

kaike-n pron indef-Instr
    kaikki
    kaiken kallella kypärin
    poet 'depressed, sad'

kaike-n pron indef-Ac kaikki

kaikke-a pron indef-P kaikki

kaikke-0-in pron indef-pl-G
    kaikki
    kaikkein kaunein 'the most
    beautiful of all'

kaikki pron indef 'all'
    kaikke-a   kaikk-i-a
    kaikke-ña   kaikk-i-en/
                    kaikke-0-in
    kaike-ksi   kaik-i-ksi
    kaikke-en   kaikk-i-in

kaikk-i-0 pron indef-pl-N
    kaikki

Kaikki+valla-n +s-G Kaik-
    kivalta

Kaikki+valta +s 'Almighty'
    kaikki see valta for decl

kainalo s 'armpit'
  kainalo-a   kainalo-j-a/
                  kainalo-i-ta
  kainalo-na kainalo-j-en/
                  kainalo-i-den/
                  tten
  kainalo-ksi kainalo-i-ksi
  kainalo-on kainalo-i-hin

kainalo-i-sta s-pl-El 'up to the armpits' kainalo

kainalo-ssa s-In 'under the [his] arm; in the arms'

kaita a 'narrow'
  kaita-a   kaito-j-a
  kaita-na   kaito-j-en/
               kaita-0-in
  kaida-ksi   kaido-i-ksi
  kaita-an   kaito-i-hin

kait-a´/kaitse-a´ v-1 inf 'to tend, watch, guard'
  kaitse-n   kaits-i-n
  kaitse-e   kaits-i-0
  kait-a-an/ kait-t-i-in/
  kaitse-ta-an kaitse-tt-i-in

kaita=inen =a 'narrow' cf kaita
  kaita=is-ta   kaita=is-i-a
  kaita=ise-na kaita=is-ten/
                 kaita=is-i-en
  kaita=ise-   kaita=is-i-ksi
    ksi
  kaita=ise-en kaita=is-i-in

kaita=ise-lla =a-Ad kaitainen

kaitse-´ v-neg kaita

kaits-i-0 v-past-sg3 kaita

kaiva-´ v-imper sg2 kaivaa

kaiva-a´ v-1 inf 'dig'
  kaiva-n   kaivo-i-n
  kaiva-a   kaivo-i-0
  kaive-ta-an kaive-tt-i-in

kaiva-ma-0-0-ni v-agent partic-pl-N-possl [kaiva-ma-t-0 v-agent partic-pl-N] 'dug by me' kaivaa

kaive-t-u-i-ksi v-pass-2 partic-pl-T kaivettu

kaive-tt-i-hin v-pass-past-arch pass suffix stand kaivettiin kaivaa

kaive-tt-u´ v-pass-2 partic kaivaa

kaiv=o =s 'well' cf kaivaa
  kaiv=o-a   kaiv=o-j-a
  kaiv=o-na   kaiv=o-j-en
  kaiv=o-ksi kaiv=o-i-ksi
  kaiv=o-on   kaiv=o-i-hin

kaiv=o-lle´ =s-Al 'to the well' kaivo

kaiv=o-n =s-G kaivo

kaiv=o-on =s-Il 'into the well' kaivo

kaksi num 'two'
  kah-ta   kaks-i-a
  kahte-na   kaks-i-en
  kahde-ksi   kaks-i-ksi
  kahte-en   kaks-i-in

kaksi+korva=inen =a 'two-eared; with two handles' kaksi cf korva
  kaksi+korva= kaksi+korva=
    is-ta   is-i-a
  kaksi+korva= kaksi+korva=
    ise-na   is-t-en/
                  kaksi+korva=
                  is-i-en
  kaksi+korva= kaksi+korva=
    ise-ksi   is-i-ksi
  kaksi+korva= kaksi+korva=
    ise-en   is-i-in

kaksi+korva=ise-lla =a-Ad kaksikorvainen

kaksi+kymmen-tä +num 'twenty' kaksi kymmen
  kah-ta+   kaks-i-a+
    kymmen-tä   kymmen-i-ä

```
kahte-na+      kaks-i-en+            Society'  Kalevala  see
  kymmene-nä     kymmen-i-en         seura  for decl
kahde-ksi+     kaks-i-ksi+
  kymmene-       kymmen-i-ksi     Kaleva=la+seura-n  +s-G  Kale-
  ksi                                vala-seura
kahte-en+      kaks-i-in+
  kymmene-en     kymmen-i-in      Kaleva-n  s-G  Kaleva

kaks-i-n  num-pl-Instr  kaksi     kalikka  s  'billet'
                                     kalikka-a      kalikko-j-a
kaksi+tois-ta  +num  'twelve'        kalikka-na     kalikko-j-en/
  kaksi    toinen                                   kalikka-0-in
  kah-ta+tois-  kaks-i-a+tois-ta     kalika-ksi     kaliko-i-ksi
  ta                                 kalikka-an     kalikko-i-hin
  kahte-na+     kaks-i-en+
  tois-ta       tois-ta           kal=ise-e  =v-sg3  kalista
  kahde-ksi+    kaks-i-ksi+
  tois-ta       tois-ta           kal=is-ta´  =v  refl-1 inf 'to·
  kahte-en+     kaks-i-in+           rattle'
  tois-ta       tois-ta              kal=ise-n      kal=is-i-n
                                     kal=ise-e      kal=is-i-0
kala  s  'fish'                      kal=is-ta-     kal=is-t-i-in
  kala-a       kalo-j-a              an
  kala-na      kalo-j-en/
               kala-0-in          kalk=utta-a´  =v  freq-1 inf
  kala-ksi     kalo-i-ksi            'to clatter, pound [with
  kala-an      kalo-i-hin            a hammer]; [here:] talk
                                     [in a "clattering" manner]
kala-a  s-P  kala                    kalk=uta-n     kalk=ut-i-n
                                     kalk=utta-a    kalk=utt-i-0
kala+hauda-t-0  +s-pl-N  kala-       kalk=ute-ta-   kalk=ute-tt-i-
  hauta                              an             in

kala+hauta  +s  'fish shoal'      kalk=utta-vi  =v-arch sg3
  kala  see hauta for decl           stand kalkuttaa  kalkuttaa

Kaleva  s  name of mythical hero, kalle-lla  adv-Ad  'atilt'
  giant; man's first name            stand kallellaan
               [pl not used]
  Kaleva-a     ------              kalle-lle-hen  adv-Al poet
  Kaleva-na    ------                poss3 'atilt' stand
  Kaleva-ksi   ------                kallelleen
  Kaleva-an    ------
                                  kallio  s  'rock; cliff;
Kaleva=la  =s  'Finnish national    mountain'
  epic'  cf kaleva                   kallio-ta      kallio-i-ta
  Kaleva=la-a    Kaleva=lo-i-ta      kallio-na      kallio-i-den/
  Kaleva=la-na   Kaleva=lo-j-en                     tten
  Kaleva=la-ksi  Kaleva=lo-i-        kallio-ksi     kallio-i-ksi
                 ksi                 kallio-on      kallio-i-hin
  Kaleva=la-an   Kaleva=lo-i-
                 hin              kallio-i-den  s-pl-G  kallio
Kaleva=la+seura  +s  'Kalevala
```

```
kallio-i-ksi   s-pl-T  kallio            kammio-on       kammio-i-hin

kallio-n   s-G  kallio                   kammio-lle´  s-Al [here] 'to the
                                            storehouse'  kammio
kallio-t-0  s-pl-N  kallio
                                         kana   s  'hen; chicken'
kallo=t=el-la´  =v cont poet-l             kana-a         kano-j-a
   inf  'to weep, cry, howl'               kana-na        kano-j-en/
  kallo=tt=      kallo=tt=el-i-n                         kana-0-in
   ele-n                                   kana-ksi       kano-i-ksi
  kallo=tt=      kallo=tt=el-i-0           kana-an        kano-i-hin
   ele-e
  kallo=t=el-   kallo=t=el-t-i-          kana-a  s-P  kana
   la-an         in
                                         kana-n  s-Ac/G  kana
kallo=t=el-le-n  =v-2 inf-Instr
  'weeping'  kallotella                  kana-na  s-Es  kana

kalma  s arch  'death; pl 'the           kana=nen  =s  'chick'  cf
  dead'                                    kana
  kalma-a        kalmo-j-a                 kana=s-ta      kana=s-i-a
  kalma-na       kalmo-j-en/               kana=se-na     kana=s-t-en/
                  kalma-0-in                              kana=i-s-i-en
  kalma-ksi      kalmo-i-ksi               kana=se-ksi    kana=s-i-ksi
  kalma-an       kalmo-i-hin               kana=se-en     kana=s-i-in

kalma-n  s-G  kalma                      kana=s-i-a  =s-pl-P  kananen

kamari  s  'chamber'                     kana-t-0  s-pl-N  kana
  kamari-a       kamare-j-a
  kamari-na      kamari-0-en/            kanerva  s  'heather, heath,
                  kamare-i-den/            ling, calluna vulgaris'
                  tten                     kanerva-a      kanerv-i-a
  kamari-ksi     kamare-i-ksi             kanerva-na     kanerv-i-en/
  kamari-in      kamare-i-hin                            kanerva-0-in
                                           kanerva-ksi   kanerv-i-ksi
kamari-hin  s-arch Il  stand               kanerva-an    kanerv-i-in
  kamariin  kamari
                                         kanerva-n  s-G  kanerva
kammari  s  dial  'bedroom'
  [stand makuuhuone]                     kangas  s  'fabric, cloth;
                                           moor'
kammari-0-s  s-G-dial poss2                kangas-ta      kanka-i-ta
  [kamari-n  s-G]  stand ka-               kankaa-na      kanka-i-den/
  marisi  kamari                                          tten/
                                                          kangas-t-en
kammio  s  'chamber; cell'                 kankaa-ksi     kanka-i-ksi
  kammio-ta      kammio-i-ta/              kankaa-seen    kanka-i-siin/
                  kammio-j-a                              hin
  kammio-na      kammio-i-den/           kankaha-lla  s arch stem-Ad
                  tten/                    stand kankaalla  kangas
                  kammio-j-en
  kammio-ksi     kammio-i-ksi
```

kankaha-sen s arch stem-arch
    Il 'into the moor' stand
    kankaaseen   kangas

kanna-´ v-imper sg2 kantaa

kanna=tta-a´ =v caus-1 inf
    'to support' cf kantaa
    kanna=ta-n   kanna=t-i-n
    kanna=tta-a   kanna=tt-i-0
    kanna=te-ta-   kanna=te-tt-i-
      an   in

kanna=tta=ja =s 'supporter'
    cf kannattaa
    kanna=tta=   kanna=tta=j-i-a
      ja-a
    kanna=tta=   kanna=tta=j-i-en/
      ja-na   kanna=tta=ja-0-in
    kanna=tta=   kanna=tta=j-i-ksi
      ja-ksi
    kanna=tta=   kanna=tta=j-i-in
      ja-an

kannel s 'Finnish musical
    instrument [dulcimer-like]'
    kannel-ta
    kantele-na
    kantele-ksi
    kantele-en
    [for pl see kantele; pl G
    kannel-t-en sometimes used]

kanne-lle´ s-Al kansi
    kuollut kaivon kannelle 'died
    on the lid of the well'

kanne-tta-va v-pass-1 partic
    'what you can carry; "carri-
    able"; to be carried' kantaa

kanne-tta-va-n v-pass-1 partic-
    G   kannettava

kanne-tt-u´ v-pass-2 partic kan-
    taa

kanni=kka =s 'hard piece [of
    bread]' cf kanta
    kanni=kka-a   kanni=kko-j-a/
                      kanni=ko-i-ta
    kanni=kka-na   kanni=kko-j-en/
                      kanni=ko-i-den/

                                137

                     tten/
                   kanni=kka-0-in
    kanni=ka-ksi   kanni=ko-i-ksi
    kanni=kka-an   kanni=kko-i-hin

kanni=kka-a-si =s-P-poss2
    kannikka

kansa s 'people, folk; na-
    tion'
    kansa-a   kanso-j-a
    kansa-na   kanso-j-en/
                  kansa-0-in
    kansa-ksi   kanso-i-ksi
    kansa-an   kanso-i-hin

kansa-n s-G kansa

kansa-n+laul=u =s 'folk song'
    kansa see laulu for decl

kansa-n+laul=u-j-a =s-pl-P
    kansanlaulu

kansa-n+oma=inen =a 'of the
    folk; folksy; typical of
    the folk' kansa see
    omainen for decl

kansi s 'lid'
    kant-ta   kans-i-a
    kante-na   kans-i-en/
                  kant-t-en
    kanne-ksi   kans-i-ksi
    kante-en   kans-i-in

kanssa postp with G 'with';
    adv 'also'

kanssa-nne postp-poss pl2
    'with you'

kanta s 'base'
    kanta-a   kanto-j-a
    kanta-na   kanto-j-en/
                  kanta-0-in
    kanna-ksi   kanno-i-ksi
    kanta-an   kanto-i-hin

kanta-a v-sg3 kantaa

kanta-a´ v-1 inf 'to carry'
    kanna-n   kanno-i-n

```
kanta-a       kanto-i-0
kanne-ta-an   kanne-tt-i-in

kanta=ja  =s  'one who bears;
   carrier'  cf kantaa
  kanta=ja-a    kanta=j-i-a
  kanta=ja-na   kanta=j-i-en/
                kanta=ja-0-in
  kanta=ja-ksi  kanta=j-i-ksi
  kanta=ja-an   kanta=j-i-in

kanta=ja-ni  =sN-poss1  'my
   bearer; my mother'  kantaja

kantele´  s  same as kannel
  kantelet-ta    kantele-i-ta
  kantelee-na    kantele-i-den/
                 tten
  kantelee-ksi   kantele-i-ksi
  kantelee-      kantele-i-siin/
    seen         hin

kantele=tar  =s  'female spirit
   of the kantele instrument'
   cf kannel  [pl not used]
  kantele=tar-ta     ------
  kantele=ttare-na   ------
  kantele=ttare-ksi  ------
  kantele=ttare-en   ------

kapalo  'swaddle'
  kapalo-a      kapalo-j-a/
                kapolo-i-ta
  kapalo-na     kapalo-i-den/
                tten
  kapalo-ksi    kapalo-i-ksi
  kapalo-on     kapalo-i-hin

kapalo-ssa  s-In  kapalo

kappa  s  '[old measure:] about
   one gallon'
  kappa-a       kappo-j-a
  kappa-na      kappo-j-en/
                kappa-0-in
  kapa-ksi      kapo-i-ksi
  kappa-an      kappo-i-hin

kappa=nen  =s  '[old measure:]
   gallon container'  cf
   kappa
```

```
kappa=s-ta     kappa=s-i-a
kappa=se-na    kappa=s-t-en/
               kappa=s-i-en
kappa=se-ksi   kappa=s-i-ksi
kappa=se-en    kappa=s-i-in

kappa=se-lla  =s-Ad  kappanen

kappeli  s  'chapel; chapelry'
  kappeli-a     kappele-i-ta
  kappeli-na    kappeli-0-en/
                kappele-i-den/
                tten
  kappeli-ksi   kappele-i-ksi
  kappeli-in    kappele-i-hin

kappeli-n   s-Ac  kappeli

kappeli-sta  s-El  kappeli

kapu-isi-n  v poet stem-cond-
   sg1  stand kapuaisin  kavuta
   vielä kaulahan kapuisin  'I
   would even climb his neck'

kari  s  'reef; rock'
  kari-a        kare-j-a
  kari-na       kari-0-en
  kari-ksi      kare-i-ksi
  kari-in       kare-i-hin

kari-hin  s-arch Il  stand
   kariin  kari

karju  s  'boar'
  karju-a       karju-j-a
  karju-na      karju-j-en
  karju-ksi     karju-i-ksi
  karju-un      karju-i-hin

Karju=la  =s  place name/fam-
   ily name  cf karju
  Karju=la-a    Karju=lo-i-ta
  Karju=la-na   Karju=lo-i-den/
                tten/
                Karju=la-0-in
  Karju=la-ksi  Karju=lo-i-ksi
  Karju=la-an   Karju=lo-i-hin

kark=u  =s  'flight'  cf karata
   'to flee'  [pl not used]
  kark=u-a      ------
  kark=u-un     ------

kark=u-un  =s-Il  karku
   lähteä karkuun  'run away;
   break loose'
   päästä karkuun  'escape'
```

karsk=ahta-a´ =v mom-1 inf
    'hit with a cracking
    noise' cf karski
  karsk=ahda-n karsk=ahd-i-n
  karsk=ahta-a karsk=aht-i-0
  karsk=ahde-   karsk=ahde-tt-i-
   ta-an   in

karsk=aht-i-0 =v-past-sg3
    karskahtaa

karski a 'abrupt, harsh'
  karski-a   karske-j-a
  karski-na   karski-0-en
  karski-ksi karske-i-ksi
  karski-in   karske-i-hin

kartano s 'mansion; farmyard'
  kartano-a   kartano-i-ta/
               kartano-j-a
  kartano-na   kartano-i-den/
               tten/
               kartano-j-en
  kartano-ksi kartano-i-ksi
  kartano-on   kartano-i-hin

kartano-hon s-poet Il stand
    kartanoon 'to the house'
    kartano

kartano+kaivo +s 'well in the
    yard, near the [farm]house'
    kartano see kaivo for decl

kartano+kaivo-sta +s-El kar-
    tanokaivo

kartano-lle´ s-Al 'to the
    farmyard' kartano

kar=u-ssa =s-In 'fleeing'
    kark=u

karva s 'hair'
  karva-a   karvo-j-a
  karva-na   karvo-j-en/
             karva-0-in
  karva-ksi karvo-i-ksi
  karva-an   karvo-i-hin

karva+hame´ +s 'furry skirt'
    karva see hame for decl

karva=inen =a 'hairy; arch:
    of the color [of G]' cf karva
  karva=is-ta   karva=is-i-a
  karva=ise-na karva=is-t-en/
                karva=is-i-en
  karva=ise-   karva=is-i-ksi
   ksi
  karva=ise-en karva=is-i-in

kasarmi s 'barracks'
  kasarmi-a   kasarme-j-a
  kasarmi-na   kasarmi-0-en
  kasarmi-ksi kasarme-i-ksi
  kasarmi-in   kasarme-i-hin

kaski s 'young birch; young
    birch forest, slashed and
    burned land'
  kaske-a   kask-i-a
  kaske-na   kaski-0-en
  kaske-ksi kask-i-ksi
  kaske-en   kask-i-in

kaski+kirvehe-t-0 +s arch
    stem-pl-N stand kaski-
    kirveet kaskikirves

kaski+kirves +s 'axe used
    in slashing trees' kaski
    see kirves for decl

kasku s 'joke; anecdote'
  kasku-a   kasku-j-a
  kasku-na   kasku-j-en
  kasku-ksi kasku-i-ksi
  kasku-un   kasku-i-hin

kasku-j-a s-pl-P kasku

kassa s poet 'hair' [stand
    hiukset; tukka]
  kassa-a   kasso-j-a
  kassa-na   kasso-j-en/
             kassa-0-in
  kassa-ksi kasso-i-ksi
  kassa-an   kasso-i-hin

kassa+rihma +s poet 'hair
    band' kassa see rihma
    for decl

kassarihma'a[sic]/kassa+rihma-a
    +s-P kassarihma

kasta-´   v-imper sg2   kastaa

kasta-a´ v-1 inf   'to wet;
   water; dip; soak; baptize'
   kasta-n   kasto-i-n
   kasta-a   kasto-i-0
   kaste-ta-an   kaste-tt-i-in

kasta-is-0   v-coll cond-sg3
   stand kastaisi kastaa

kasta-ma-an   v-3 inf-Il   kastaa

kasta-nee-t   v-2 partic-pl
   kastaa

kast=e´ =s 'dew' cf kastaa
   kast=et-ta   kast=e-i-ta
   kast=ee-na   kast=e-i-den/tten
   kast=ee-ksi   kast=e-i-ksi
   kast=ee-seen kast=e-i-siin/hin

kast=el-la´ =v cont-1 inf 'to
   dip; water' cf kastaa
   kast=ele-n   kast=el-i-n
   kast=ele-e   kast=el-i-0
   kast=el-la-   kast=el-t-i-in
      an

kast=el-lut =v-2 partic kas-
   tella

kasva-´ v-neg kasvaa

kasva-a v-sg3 kasvaa

kasva-a´ v-1 inf 'to grow;
   increase'
   kasva-n   kasvo-i-n
   kasva-a   kasvo-i-0
   kasve-ta-an   kasve-tt-i-in

kasva-va v-1 partic 'growing'
   kasvaa

kasva-va=inen =a poet 'grow-
   ing' cf kasvava
   kasva-va=is- kasva-va=is-i-a
      ta
   kasva-va=   kasva-va=is-i-en/
      ise-na   kasva-va=is-t-en
   kasva-va=   kasva-va=is-i-ksi
      ise-ksi

kasva-va=   kasva-va=is-i-
   ise-en   in

kasva-va-n v-1 partic-G
   kasvava

kasvo-i-0 v-past-sg3 kasvaa

katke=ile=minen =s 'break-
   ing' cf katkeilla
   katke=ile=   katke=ile=mis-
      mis-ta   i-a
   katke=ile=   katke=ile=mis-
      mise-na   t-en/
                    katke=ile=mis-
                       i-en
   katke=ile=   katke=ile=mis-
      mise-ksi   i-ksi
   katke=ile=   katke=ile=mis-
      mise-en   i-in

katke=il-la´ =v freq-1 inf
   'keep breaking' cf katketa
   katke=ile-n   katke=il-i-n
   katke=ile-e   katke=il-i-0
   katke=il-la- katke=il-t-i-in
      an

katke=s-i-0 =v-past-sg3
   katketa

katke=t-a´ =v refl-1 inf
   'to break asunder' cf
   katki
   katke=a-n   katke=s-i-n
   katke=a-a   katke=s-i-0
   katke=t-a-an katke=t-t-i-in

katki´ adv 'asunder'

kato s 'loss; crop failure'
   kato-a   kato-j-a
   kato-na   kato-j-en
   kado-ksi   kado-i-ksi
   kato-on   kato-i-hin

kato-i-0 v poet stem-past-
   sg3 stand katosi kadota

kato=s-i-0 =v past-sg3
   kadota

kato=s-i-vat =v-past-pl3
   kadota

141

kats=e´ =s 'look, glance' cf
   katsoa
  kats=et-ta   kats=e-i-ta
  kats=ee-na   kats=e-i-den/tten
  kats=ee-ksi   kats=e-i-ksi
  kats=ee-seen kats=e-i-siin/hin

kats=ee-n =s-G katse

kats=ele-ma-ssa =v-3 inf-In
   katsella

kats=ele-vi =v-arch sg3 stand
   katselee katsella

kats=el-i-0 =v-past-sg3 kat-
   sella

kats=el-la´ =v cont-1 inf 'to
   watch' cf katsoa
  kats=ele-n   kats=el-i-n
  kats=ele-e   kats=el-i-0
  kats=el-la-   kats=el-t-i-in
    an

katso-´ v-imper sg2 katsoa

katso-a´ v-1 inf 'to look'
  katso-n   katso-i-n
  katso-o   katso-i-0
  katso-ta-an katso-tt-i-in
  katsoa päältä 'to look on'

katso-i-0 v-past-sg3 katsoa

katso-i-vat v-past-pl3 katsoa

katso-ma-an v-3 inf-Il katsoa

katso-ma-tta v-3 inf-Abe
   'without looking' katsoa

katso=minen =s 'looking' cf
   katsoa
  katso=mis-ta katso=mis-i-a
  katso=mise-   katso=mis-t-en/
    na   katso=mis-i-en
  katso=mise-   katso=mis-i-ksi
    ksi
  katso=mise-   katso=mis-i-in
    en

katso=mise-sta =s-El katsomi-
   nen

katso-ttu´ v-pass-2 partic
   katsoa

katso-vi v-arch sg3 stand
   katsoo katsoa

katta-a´ v-1 inf 'to cover'
  kata-n   kato-i-n
  katta-a   katto-i-0
  kate-ta-an kate-tt-i-in

katti s coll 'cat' [stand
   kissa]
  katti-a   katte-j-a
  katti-na   katti-0-en
  kati-ksi   kate-i-ksi
  katti-in   katte-i-hin

katti-kin s-*kin* katti

kattila s 'saucepan, kettle;
   boiler'
  kattila-a   kattilo-i-ta/
              kattilo-j-a
  kattila-na   kattilo-i-den/
              tten/
              kattilo-j-en/
              kattila-0-in
  kattila-ksi   kattilo-i-ksi
  kattila-an   kattilo-i-hin

kattila-lla s-Ad 'with a
   saucepan' kattila

kattila-n s-G kattila

katt=o =s 'roof, ceiling'
   cf kattaa
  katt=o-a   katt=o-j-a
  katt=o-na   katt=o-j-en
  kat=o-ksi   kat=o-i-ksi
  katt=o-on   katt=o-i-hin

katu s 'street'
  katu-a   katu-j-a
  katu-na   katu-j-en
  kadu-ksi   kadu-i-ksi
  katu-un   katu-i-hin

katu-a s-P katu
  kulkevi kylän katua 'walks
   along the village street'

katu-a´ v-1 inf 'to regret'
  kadu-n   kadu-i-
  katu-u   katu-i-0
  kadu-ta-an   kadu-tt-i-in

katu=ma+pää-lle´ +s-Al cf
  katua, pää
  tuli katumapäälle 'regretted'

kaua-ksi adv-T 'far, to a distant place; for a long time'
  kauka+

kaua=s =adv 'far' cf kauka+

kaue-mpa-na adv-comp-Es 'farther away' kauka+

kauhea a 'terrible'
  kauhea-a   kauhe-i-ta
  kauhea-na   kauhe-i-den/tten/
                kauhea-0-in
  kauhea-ksi   kauhe-i-ksi
  kauhea-an   kauhe-i-hin

kauh=ista-a´ =v fact-1 inf 'to horrify' cf kauhea
  kauh=ista-n   kauh=ist-i-n
  kauh=ista-a   kauh=ist-i-0
  kauh=iste-   kauh=iste-tt-i-
  ta-an   in

kauh=ist=u-a´ =v refl incohat-1 inf 'to become horrified' cf kauhistaa
  kauh=ist=u-n kauh=ist=u-i-n
  kauh=ist=u-u kauh=ist=u-i-0
  kauh=ist=u-   kauh=ist=u-tt-i-
  ta-an   in

kauh=ist=u-nee-na =v-2 partic-Es 'being horrified' kauhistua

kauh=ist=u-nut =v-2 partic 'horrified' kauhistua

kauh=u =s 'horror' cf kauhea
  kauh=u-a   kauh=u-j-a
  kauh=u-na   kauh=u-j-en
  kauh=u-ksi   kauh=u-i-ksi
  kauh=u-un   kauh=u-i-hin

kauh=u-i-ssa-an =s-pl-In-poss3 'horrified' kauhu

kauka+ 'far away'

kauka-a adv-P 'from far away' kauka+

kauka-na adv-Es 'far away' kauka+

kaula s 'neck'
  kaula-a   kaulo-j-a
  kaula-na   kaulo-j-en/
                kaula-0-in
  kaula-ksi   kaulo-i-ksi
  kaula-an   kaulo-i-hin

kaula-an s-Il 'in[to]/on[to] the neck' kaula

kaula-han s-arch Il stand kaulaan kaula

kaula=ja-vat =v arch stem-pl3 stand kaulaavat kaulata

kaula-n s-G kaula
  vaikk' ois kalma kaulan päällä 'even if death were on [his] neck'

kaula=t-a´ =v inst-1 inf 'to embrace' cf kaula
  kaula=a-n   kaula=s-i-n
  kaula=a-0   kaula=s-i-0
  kaula=t-a-an kaula=t-t-i-in

kaune-in a-superl 'most beautiful' kaunis
  kaune-in-ta   kaune-imp-i-a
  kaune-impa-   kaune-imp-i-en/
  na   kaune-in-t-en/
                kaune-impa-0-in
  kaune-imma-   kaune-imm-i-ksi
  ksi
  kaune-impa-   kaune-imp-i-in
  an

kaunihi-n a arch stem-G stand kauniin kaunis

kaunihi-na a arch stem-Es stand kauniina kaunis

kaunii-ksi a-T kaunis

kaunii=sti´ =adv 'beautifully'
  cf kaunis

kaunis a 'beautiful'
  kaunis-ta   kauni-i-ta
  kaunii-na   kauni-i-den/tten/
                  kaunis-t-en
  kaunii-ksi   kauni-i-ksi
  kaunii-seen kauni-i-siin/hin

kaunis=ta-a´ =v fact-1 inf 'to
  beautify, adorn' cf kaunis
  kaunis=ta-n   kaunis=t-i-n
  kaunis=ta-a   kaunis=t-i-0
  kaunis=te-   kaunis=te-tt-i-in
    ta-an

kaunis=t=el-la´ =v freq/cont-1
  inf '[poet:] to make more
  beautiful; [stand:] make
  something out to be better
  than it is' cf kaunistaa
  kaunis=t=ele-n kaunis=t=el-i-n
  kaunis=t=ele-e kaunis=t=el-i-0
  kaunis=t=el-   kaunis=t=el-t-
    la-an   i-in

kaunis=t=el-le-n =v-2 inf-Instr
  'decorating' kaunistella

kaupo-i-ssa s-pl-In 'in the
  negotiations' kauppa

kauppa s 'store; business
  deal'
  kauppa-a   kauppo-j-a
  kauppa-na   kauppo-j-en/
               kauppa-0-in
  kaupa-ksi   kaupo-i-ksi
  kauppa-an   kauppo-i-hin

kauppa-a s-P kauppa

kauppa-an s-Il kauppa

kauppias s 'storekeeper;
  merchant'
  kauppias-ta   kauppia-i-ta
  kauppiaa-na   kauppia-i-den/
                tten/
                kauppias-t-en
  kauppiaa-ksi kauppia-i-ksi
  kauppiaa-   kauppia-i-siin/
    seen   hin

kausi s 'period'
  kaut-ta   kaus-i-a
  kaute-na   kaus-i-en
  kaude-ksi kaus-i-ksi
  kaute-en   kaus-i-in

kautta postp with G 'through,
  via'

kaveri s coll 'friend, com-
  panion, pal' [stand toveri]
  kaveri-a   kavere-i-ta
  kaveri-na kavere-i-den/
              tten/
              kaveri-0-en
  kaveri-ksi kavere-i-ksi
  kaveri-in kavere-i-hin

kaveri-a-ni s-P-poss1 kaveri

kaveri-0-ni s-G-poss1 [kaveri-
  n s-G] kaveri

kavut-a´ v-1 inf 'to climb'
  kapua-n   kapus-i-n
  kapua-a   kapus-i-0
  kavut-a-an kavut-t-i-in

keho=tta-a´ =v-1 inf 'to
  urge, encourage' cf kehua
  keho-ta-n   keho-t-i-n
  keho=tta-a   keho=tt-i-0
  keho=te-ta- keho=te-tt-i-
    an   in

keho=tta-nut =v-2 partic
  kehottaa

keho=tta-nut-kaan =v-2 par-
  tic-*kaan* kehottanut

kehrä=jä-vi =v arch stem-arch
  sg3 stand kehrää kehrätä

kehrä=t-t-y´ =v-pass-2 partic
  kehrätä

kehrä=t-0-y-llä =v-pass-2 par-
  tic-Ad kehrätty

kehrä=t-ä´ =v inst-1 inf 'to
  spin' cf kehrä
  kehrä=ä-n kehrä=s-i-n
  kehrä=ä-0 kehrä=s-i-0

kehrä=t-ä-än kehrä=t-t-i-in
kehrä 'the wheel of spinning wheel'
kehrä-ä   kehr-i-ä
kehrä-nä   kehr-i-en/
             kehrä-0-in
kehrä-ksi   kehr-i-ksi
kehrä-än   kehr-i-in

kehu-a´ v-1 inf 'to boast; flatter'
kehu-n   kehu-i-n
kehu-u   kehu-i-0
kehu-ta-an   kehu-tt-i-in

kehu-i-0 v-sg3 kehua

keih=o =s poet stand keihäs 'spear' cf keihäs
keih=o-a   keih=o-j-a
keih=o-na   keih=o-j-en
keih=o-ksi   keih=o-i-ksi
keih=o-on   keih=o-i-hin

keih=o+vars-i-lle-nsa +s-pl-Al-poss3 'leaning on their spears' keiho see varsi for decl

keihä'illä[sic]/keihä-i-llä s-pl-Ad keihäs

keihäs s 'spear'
keihäs-tä   keihä-i-tä
keihää-nä   keihä-i-den/tten/
             keihäs-t-en
keihää-ksi   keihä-i-ksi
keihää-seen keihä-i-siin/hin

keikk=u-a´ =v refl-1 inf 'to bounce, rock, jump'
keik=u-n   keik=u-i-n
keikk=u-u   keikk=u-i-0
keik=u-ta-an keik=u-tt-i-in

keik=u-´ =v-neg keikkua

keik=u-n-pa =v-sg 1-pa keikkua

keik=u=t=el-la´ =v freq/cont-1 inf 'to rock' cf keikuttaa
keik=u=tt=   keik=u=tt=el-i-n
 ele-n

keik=u=tt=   keik=u=tt=el-
 ele-e   i-0
keik=u=t=   keik=u=t=el-
 el-la-an   t-i-in

keik=u=t=el-la-kse-ni =v-1 inf-T-poss 1 keikutella mennä keikutellakseni 'for me to dance away'

keik=u=tta-a´ =v caus-1 inf 'to rock' cf keikkua
keik=u=ta-n keik=u=t-i-n
keik=u=tta-a keik=u=tt-i-0
keik=u=te-   keik=u=te-tt-
 ta-an   i-in

keino s 'means'
keino-a   keino-j-a
keino-na   keino-j-en
keino-ksi   keino-i-ksi
keino-on   keino-i-hin

keino-n s-Ac keino

keisari s 'emperor'
keisari-a   keisare-i-ta
keisari-na   keisare-i-den/
             tten/
             keisari-0-en
keisari-ksi keisare-i-ksi
keisari-in   keisare-i-hin

keisari-lle´ s-Al keisari

keisari-lta s-Abl keisari

keit-i-t-kö v-past-sg2-inter 'did you cook' keittää keititkö mitä? 'what did you cook?'

keitt=o =s 'soup; boiled, cooked food; cooking' cf keittää
keitt=o-a   keitt=o-j-a
keitt=o-na   keitt=o-j-en
keit=o-ksi   keitt=o-i-ksi
keitt=o-on   keitt=o-i-hin

keittä=jä =s 'cook' cf keittää
keittä=jä-ä   keittä=j-i-ä
keittä=jä-nä keittä=j-i-en/

keittä=jä-   keittä=jä-0-in
ksi   keittä=j-i-ksi
keittä=jä-än keittä=j-i-in

keittä=jä-tä-kään =s-dial P-
    kään stand keittäjääkään
    keittäjä

keittä-nyt v-2 partic keittää

keittä-ä´ v-1 inf 'to cook'
    keitä-n   keit-i-n
    keittä-ä   keitt-i-0
    keite-tä-än   keite-tt-i-in

ke-i-tä   pron inter-pl-P kuka

keitä-´ v-imper sg2 keittää

keitä-´-pä-s v-imper sg2-*pä-s*
    'why don't you cook' keit-
    tää

keko s 'rick, stack; heap'
    keko-a   keko-j-a
    keko-na   keko-j-en
    keo-ksi   keo-i-ksi
    keko-on   keko-i-hin

keko-a s-P keko

keks-i-0 v-past-sg3 keksiä

keksi-tt-y-ä-nsä v-pass-2 par-
    tic-P-poss3 'after having
    discovered' keksiä

keks-i-vät v-past-pl3 keksiä

keksi-ä´ v-1 inf 'to discover;
    invent'
    keksi-n   keks-i-n
    keksi-i   keks-i-0
    keksi-tä-än   keksi-tt-i-in

kelka-ssa s-In kelkka

kelka-ssa-s s-In-dial poss2
    stand kelkassasi kelkka

kelkka s 'sled'
    kelkka-a   kelkko-j-a

kelkka-na   kelkko-j-en/
                 kelkka-0-in
kelka-ksi   kelko-i-ksi
kelkka-an   kelkko-i-hin

kelkka-an s-Il kelkka

kellari s 'cellar; basement'
    kellari-a   kellare-i-ta/
                    kellare-j-a
    kellari-na   kellare-i-den/
                    tten/
                    kellari-0-en
    kellari-ksi   kellare-i-ksi
    kellari-in   kellare-i-hin

kellari-hin s-poet Il stand
    kellariin kellari

kellari-n s-G kellari

kellariss'[sic]/kellari-s
    s-poet In stand kellaris-
    sa kellari

kellari-sta s-El kellari

ke-lle´-kään pron indef-Al-
    suffix same as kenelle-
    kään kukaan

ke-llen-känä pron indef-dial
    Al-poet suffix stand
    kellekään kukaan

kello s 'clock'
    kello-a   kello-j-a
    kello-na   kello-j-en
    kello-ksi   kello-i-ksi
    kello-on   kello-i-hin

kelpaa-´ v-neg kelvata

kelvat-a´ v-1 inf 'to do,
    be good enough; serve;
    qualify; be valid'
    kelpaa-n   kelpas-i-n
    kelpaa-0   kelpas-i-0
    kelvat-a-an   kelvat-t-i-in

kemppi s 'hero, warrior;
    [here:] servant boy'
    kemppi-ä   kemppe-j-ä

kemppi-nä   kemppi-0-en
kempi-ksi   kempe-i-ksi
kemppi-in   kemppe-i-hin

ken pron inter arch N stand
 kuka for decl see kuka

kene-lle´-kään pron indef-Al-
 suffix 'to anybody' kukaan

kene-n-kä pron inter-dial Ac-
 coll *kä* stand kenet 'whom'
 kuka

kene-n-kä pron inter-G-coll *kä*
 stand kenen 'whose' kuka

kene-n-kähän pron indef-G-arch
 suffix stand kenenkään
 kukaan

kene-n-kään pron indef-G-suf-
 fix kukaan

keng-i-n s-pl-Instr 'with
 shoes' kenkä

kengä-n s-Ac/G kenkä

kengä-t-0 s-pl-N 'pair of
 shoes' kenkä

kenk-i-nä s-pl-Es 'as shoes'
 kenkä

kenkä s 'shoe'
 kenkä-ä   kenk-i-ä
 kenkä-nä   kenk-i-en/
              kenkä-0-in
 kengä-ksi   keng-i-ksi
 kenkä-än   kenk-i-in

kenkä+pari +s 'pair of shoes'
 kenkä see pari for decl

kenkä+pari-n +s-Ac kenkäpari

kepeä a 'light'
 kepeä-ä   kepe-i-tä
 kepeä-nä   kepe-i-den/tten/
              kepeä-0-in
 kepeä-ksi   kepe-i-ksi
 kepeä-än   kepe-i-hin

kerjät-ä´ v-1 inf 'to beg'
 kerjää-n   kerjäs-i-n
 kerjää-0   kerjäs-i-0
 kerjät-ä-än kerjät-t-i-in

kerjää-mä-ssä v-3 inf-In
 'begging' kerjätä

kerkki nonce word [mocking
 rhyme for Erkki]

kerra-lla s-Ad kerta

kerra-lla-an adv-Ad-poss3
 '[one] at a time'
 otti halon kerrallaan 'took
 one stick of firewood at a
 time'

kerra-lla-pa s-Ad-*pa* kerta

kerra-n adv [s-Ac] 'once'
 kerta

kerra-n-kin adv [s-Ac]-*kin*
 'once, for example' kerta

kerra=t-a´ =v fact-1 inf
 'to repeat' cf kerta
 kerta=a-n   kerta=s-i-n
 kerta=a-0   kerta=s-i-0
 kerra=t-a-an kerta=t-t-i-in

kerr=o-ta-an =v-pass-pass
 suffix kertoa

kerr=o-tt-i-in =v-pass-past-
 pass suffix kertoa

kerta s '[single] time'
 kerta-a   kerto-j-a
 kerta-na   kerto-j-en/
              kerta-0-in
 kerra-ksi   kerro-i-ksi
 kerta-an   kerto-i-hin

kerta-a s-P kerta
 toisella kertaa 'another
 time'

kerta-an s-Il kerta

kert=o-a =v-1 inf 'to tell'

cf kerta
  kerr=o-n   kerr=o-i-n
  kert=o-o   kert=o-i-0
  kerr=o-ta-an   kerr=o-tt-i-in

kert=o=ja =s '[story-]teller;
    informant' cf kertoa
  kert=o=ja-a   kert=o=j-i-a
  kert=o=ja-na   kert=o=j-i-en/
                  kert=o=ja-0-in
  kert=o=ja-   kert=o=j-i-ksi
    ksi
  kert=o=ja-an   kert=o=j-i-in

kert=o=ja-n =s-G kertoja

kert=o-nut =v-2 partic kertoa

kerä s 'ball; coil; [cabbage]
    head'
  kerä-ä   ker-i-ä
  kerä-nä   ker-i-en/
                  kerä-0-in
  kerä-ksi   ker-i-ksi
  kerä-än   ker-i-in

kerä+jalka +s [mocking word in
    children's rhyme] kerä see
    jalka for decl

kesi s arch 'skin' [mod nahka]
  ket-tä   kes-i-ä
  kete-nä   kes-i-en
  kede-ksi   kes-i-ksi
  kete-en   kes-i-in

keske-lle´ postp-Al with G
    'into the middle of' keski+

keske-llä prep-Ad with P 'in
    the midst, middle; amidst'
    keski+

keske-n postp-Instr with G
    'between' keski+

keske-nä-än adv-Es-poss3
    'among themselves' keski+

keske-ssä postp-In with G 'in
    the middle of' keski+

keski+ 'middle'

keski=te-ty-ksi =v-pass 2
    partic-T keskittää

keski+tie +s 'middle road;
    the middle of the road'
    keski see tie for decl

keski+tie-tä +s-P 'along
    the middle of the road'
    keskitie

keski=ttä-ä´ =v fact-1 inf
    'to concentrate' cf
    keski+
  keski=tä-n   keski=t-i-n
  keski=ttä-ä   keski=tt-i-0
  keski=te-tä-   keski=te-tt-i-
    än   in

kesti s arch 'guest; stran-
    ger; foreign merchant'
  kesti-ä   keste-j-ä
  kesti-nä   kesti-0-en
  kesti-ksi   keste-i-ksi
  kesti-in   keste-i-hin

kesti=t=ys =s 'treat; act
    of hospitality' cf kes-
    titä
  kesti=t=ys-   kesti=t=yks-i-
    tä   ä
  kesti=t=   kesti=t=yks-i-
    ykse-nä   en/
                  kesti=t=ys-t-en
  kesti=t=   kesti=t=yks-i-
    ykse-ksi   ksi
  kesti=t=   kesti=t=yks-i-
    ykse-en   in

kesti=t-ä´ =v fact-1 inf
    'to show hospitality' cf
    kesti
  kesti=tse-n   kesti=ts-i-n
  kesti=tse-e   kesti=ts-i-0
  kesti=t-ä-än   kesti=t-t-i-in

kesy a 'tame'
  kesy-ä   kesy-j-ä
  kesy-nä   kesy-j-en
  kesy-ksi   kesy-i-ksi
  kesy-yn   kesy-i-hin

kesy=te-tä-än =v-pass-pass

suffix kesyttää

kesy=ttä-ä´ =v fact-1 inf 'to tame' cf kesy
  kesy=tä-n   kesy=t-i-n
  kesy=ttä-ä   kesy=tt-i-0
  kesy=te-tä- kesy=te-tt-i-in
    än

kesä s 'summer'
  kesä-ä   kes-i-ä
  kesä-nä   kes-i-en/
               kesä-0-in
  kesä-ksi   kes-i-ksi
  kesä-än   kes-i-in

kesä=inen =a 'summer-like; pertaining to summer' cf kesä
  kesä=is-tä   kesä=is-i-ä
  kesä=ise-nä   kesä=is-t-en/
                 kesä=is-i-en
  kesä=ise-ksi kesä=is-i-ksi
  kesä=ise-en   kesä=is-i-in

kesä=is-tä =a-P kesäinen

kesä-llä s-Ad 'during the summer; in the summertime' kesä

kesä-n s-G kesä

kesä-n s-Ac 'all summer long' kesä

kettu s 'fox'
  kettu-a   kettu-j-a
  kettu-na   kettu-j-en
  ketu-ksi   ketu-i-ksi
  kettu-un   kettu-i-hin

ke-tä-än pron indef-P-suffix kukaan

keveä a 'light'
  keveä-ä   keve-i-tä
  keveä-nä   keve-i-den/tten/
              keveä-0-in
  keveä-ksi keve-i-ksi
  keveä-än   keve-i-hin

kevät s 'spring[time]'
  kevät-tä   kevä-i-tä
  kevää-nä   kevä-i-den/tten
  kevää-ksi kevä-i-ksi
  kevää-seen kevä-i-siin/hin

kevää-llä s-Ad 'in the spring' kevät

kevää-nä s-Es kevät
seuraavana keväänä '[during] next spring'

kieh=u-a´ =v refl-1 inf 'boil'
  kieh=u-n   kieh=u-i-n
  kieh=u-u   kieh=u-i-0
  kieh=u-ta-an kieh=u-tt-i-in

kieh=u-i-0 =v-past-sg3 kiehua

kieh=u-u =v-sg3 kiehua

kiel=as =a 'chattering, talkative' cf kieli
  kiel=as-ta   kiel=a-i-ta
  kiel=aa-na   kiel=a-i-den/
                 tten/
                 kiel=as-t-en
  kiel=aa-ksi kiel=a-i-ksi
  kiel=aa-seen kiel=a-i-siin/hin

kiel=as=ta-a´ =v fact-1 inf 'to chatter' cf kielas
  kiel=as=ta-n kiel=as=t-i-n
  kiel=as=ta-a kiel=as=t-i-0
  kiel=as=te-   kiel=as=te-tt-
    ta-an   i-in

kiel=as=ta=ja =s 'liar' cf kielastaa
  kiel=as=ta= kiel=as=ta=j-
    ja-a   i-a
  kiel=as=ta= kiel=as=ta=j-
    ja-na   i-en/
                kiel=as=ta=ja-
                0-in
  kiel=as=ta= kiel=as=ta=j-
    ja-ksi   i-ksi
  kiel=as=ta= kiel=as=ta=j-
    ja-an   i-in

kiel=as=ta=ja-n =s-Ac kielastaja

kieli   s   'tongue; language'
  kiel-tä   kiel-i-ä
  kiele-nä   kiel-t-en/
               kiel-i-en
  kiele-ksi   kiel-i-ksi
  kiele-en   kiel-i-in
kiel-i-n   s-pl-Instr   'with a
   tongue'   kieli
kiel=le-ttä-isi-in   =v-pass-
   cond-pass suffix   kieltää
kiel=s-i-0   =v-past-sg3 kieltää
   kielsi Kaapoa menemästä   'forbade Kaapo to go'
kiel=tä-ä´   =v inst-1 inf   'to
   forbid'   cf kieli
  kiel=lä-n   kiel=s-i-n
  kiel=tä-ä   kiel=s-i-0
  kiel=le-tä-   kiel=le-tt-i-in
    än

kier=tä-e-n   =v-2 inf-Instr
   'circling'   kiertää
kier=tä-mä-än   =v-3 inf-Il
   kiertää
kier=tä-ä´   =v-1 inf   'to turn,
   twist, revolve, rotate; wander, circulate; surround'
   cf kierä
  kier=rä-n   kier=s-i-n
  kier=tä-ä   kier=s-i-0
  kier=re-tä-   kier=re-tt-i-in
    än

kierä   a   'crooked, twisted'
  kierä-ä   kier-i-ä
  kierä-nä   kier-i-en/
               kiera-0-in
  kierä-ksi   kier-i-ksi
  kierä-än   kier-i-in
Kiesukse-lta   s-Abl   Kiesus
Kiesus   s arch   stand Jeesus
   'Jesus'   [pl not used]
  Kiesus-ta   ------
  Kiesukse-na   ------
  Kiesukse-ksi   ------
  Kiesukse-en   ------
kihla-t   s-pl N [pl only]
   'betrothal presents'
  ------   kihlo-j-a
  ------   kihlo-j-en/
                kihla-0-in

149

  ------   kihlo-i-ksi
  ------   kihlo-i-hin
kiiltä-ä   v-sg3   kiiltää
kiiltä-ä´   v-1 inf   'to shine'
  kiillä-n   kiils-i-n
  kiiltä-ä   kiils-i-0
  kiille-tä-än   kiille-tt-i-in
kiinni´   adv   'fast'
   ottaa/saada kiinni   'catch,
   capture'
kiire´   s   'rush, hurry'
  kiiret-tä   kiire-i-tä
  kiiree-nä   kiire-i-den/tten
  kiiree-ksi   kiire-i-ksi
  kiiree-seen   kiire-i-siin/
                 hin
kiiree=sti´   =adv   'hastily,
   in a rush'   kiire
kiis kiis   interj [used to call a
   cat]
kiiski   s   'ruff(e) [a small
   perch], *acerina cernua*'
  kiiske-ä   kiisk-i-ä
  kiiske-nä   kiisk-i-en
  kiiske-ksi   kiisk-i-ksi
  kiiske-en   kiisk-i-in
kiisk-i-ltä   s-pl-Abl   kiiski
kiite-ttä-vä   -a[v-pass-2
   partic]   'laudable' kiittää
  kiite-ttä-   kiite-ttä-v-i-ä
    vä-ä
  kiite-ttä-   kiite-ttä-v-i-en/
    vä-nä   kiite-ttä-vä-0-
                 in
  kiite-ttä-   kiite-ttä-v-i-
    vä-ksi   ksi
  kiite-ttä-   kiite-ttä-v-i-
    vä-än   in
kiite-ttä-vä-n   -a-G   kiitet-
   tävä
kiite-tä-än   v-pass-pass suffix   kiittää
kiit=os   =s   'thank you;
   thanking; thanksgiving'
   cf kiittää
  kiit=os-ta   kiit=oks-i-a

kiit=okse-na kiit=oks-i-en/
              kiit=os-t-en
kiit=okse-   kiit=oks-i-ksi
 ksi
kiit=okse-en kiit=oks-i-in

kiittä-ä´ v-1 inf 'to thank'
  kiitä-n   kiit-i-n
  kiittä-ä   kiitt-i-0
  kiite-tä-än   kiite-tt-i-in

kiitä-´ v-imper sg2 kiittää

kiitä-mä-hän v-3 inf-arch I1
  stand kiitämään kiitää

kiitä-ä´ v-1 inf 'to speed,
  fly; shoot; dash'
  kiidä-n   kiid-i-n/
                kiis-i-n
  kiitä-ä   kiit-i-0/
                kiis-i-0
  kiide-tä-än   kiide-tt-i-in

kiitä-n v-sg1 kiittää

kilpa s rare 'contest' stand
  kilpailu
  kilpa-a   kilpo-j-a
  kilpa-na   kilpo-j-en/
                kilpa-0-in
  kilva-ksi   kilvo-i-ksi
  kilpa-an   kilpo-i-hin

kilpa-a s-P 'in a contest;
  competing' kilpa

kilpa=il-la´ =v cont/freq-1 inf
  'to compete' cf kilpa
  kilpa=ile-n   kilpa=il-i-n
  kilpa=ile-e   kilpa=il-i-0
  kilpa=il-la-   kilpa=il-t-i-in
   an

kilpa=il=u =s 'contest' cf
  kilpailla
  kilpa=il=u-a   kilpa=il=u-j-a
  kilpa=il=u-   kilpa=il=u-j-en
   na
  kilpa=il=u-   kilpa=il=u-i-ksi
   ksi
  kilpa=il=u-   kilpa=il=u-i-hin
   un

kim=ahuta-´ =v poet stem-
  imper sg2 'spring open,
  let bounce' stand kim-
  mauta kimmauttaa

kim=ahutt-i-0 =v poet stem-
  past-sg3 stand kimmautti
  kimmauttaa

kimm=autta-a´ =v fact/mom-1
  inf 'to bounce, make
  bounce' cf kimmo
  kimm=auta-n   kimm=aut-i-n
  kimm=autta-a kimm=autt-i-0
  kimm=aute-   kimm=aute-tt-
   ta-an   i-in

kimmo s 'elasticity'
                [pl not used]
  kimmo-a   ------
  kimmo-na   ------
  kimmo-ksi   ------
  kimmo-on   ------

kimmo=t-a´ =v refl-1 inf
  'to bounce' cf kimmo
  kimpo=a-n   kimpo=s-i-n
  kimpo=a-a   kimpo=s-i-0
  kimmo=t-a-an kimmo=t-t-i-in

-kin 'also, too'

kina s poet 'froth, foam'
  kina-a   kino-j-a
  kina-na   kino-j-en/
                kina-0-in
  kina-ksi   kino-i-ksi
  kina-an   kino-i-hin

kinkku s 'ham'
  kinkku-a   kinkku-j-a
  kinkku-na   kinkku-j-en
  kinku-ksi   kinku-i-ksi
  kinkku-un   kinkku-i-hin

kinnas s 'leather mittens;
  [pl:] pair of leather
  mittens'
  kinnas-ta   kinta-i-ta
  kintaa-na   kinta-i-den/tten/
                kinnas-t-en
  kintaa-ksi   kinta-i-ksi
  kintaa-seen   kinta-i-siin/hin

```
kino-a   s poet stem-P  stand
   kinaa   kina

kintaa-t-0  s-pl-N  kinnas

kintaha-t-0  s poet stem-pl-N
   stand kintaat  kinnas

kintah-i-ssa  s poet stem-pl-In
   stand kintaissa  kintaat

kipat-a´  v-1 inf  'to run
   [lightly]'
   kippaa-n      kippas-i-n
   kippaa-0      kippas-i-0
   kipat-a-an    kipat-t-i-in

kipinä   s  'spark'
   kipinä-ä      kipinö-i-tä
   kipinä-nä     kipinö-i-den/
                    tten/
                 kippurä-0-in
   kipinä-ksi    kipinö-i-ksi
   kipinä-än     kipinö-i-hin

kippura   s  'curl, coil'
   kippura-a     kippuro-i-ta
   kippura-na    kippuro-i-den/
                    tten/
                 kippura-0-in
   kippura-ksi   kippuro-i-ksi
   kippura-an    kippuro-i-hin

kippura+häntä  +s  '["curly-
   tail"] cat'  kippura  see
   häntä for decl

kipus-i-0  v-past-sg3  kivuta

kirja   s  '[arch:] drawing,
   drawn pattern; [stand:]
   book'
   kirja-a       kirjo-j-a
   kirja-na      kirjo-j-en/
                 kirja-0-in
   kirja-ksi     kirjo-i-ksi
   kirja-an      kirjo-i-hin

kirja=llinen  =a  'literary'
   cf kirja
   kirja=llis-   kirja=llis-i-a
      ta
   kirja=llise-  kirja=llis-t-en/
      na         kirja=llis-i-en
```

```
   kirja=llise-  kirja=llis-i-
      ksi          ksi
   kirja=llise-  kirja=llis-i-
      en           in

kirja=llis=uude-n  =s-G
   kirjallisuus

kirja=llis=uus  =s  'litera-
   ture'  cf kirjallinen
   kirja=llis=   kirja=llis=
      uut-ta       uuks-i-a
   kirja=llis=   kirja=llis=
      uute-na      uuks-i-en/
                 kirja=llis=
                    uut-t-en
   kirja=llis=   kirja=llis=
      uude-ksi     uuks-i-ksi
   kirja=llis=   kirja=llis=
      uute-en      uuks-i-in

kirja=va  =a  'motley; many-
   colored'  cf kirja
   kirja=va-a    kirja=v-i-a
   kirja=va-na   kirja=v-i-en/
                 kirja=va-0-in
   kirja=va-ksi  kirja=v-i-ksi
   kirja=va-an   kirja=v-i-in

kirja=va=inen  =a  poet stand
   kirjava  'motley'  cf
   kirjava
   kirja=va=is-  kirja=va=is-i-
      ta           a
   kirja=va=     kirja=va=is-
      ise-na       t-en/
                 kirja=va=is-
                    i-en
   kirja=va=     kirja=va=is-
      ise-ksi      i-ksi
   kirja=va=     kirja=va=is-
      ise-en       i-in

kirja=va=is-ta  =a-P  kirja-
   vainen

kirja=va-ksi  =a-T  kirjava

kirjo-a´  v-1 inf  'to embroi-
   der'  cf kirja
   kirjo-n       kirjo-i-n
   kirjo-o       kirjo-i-0
   kirjo-ta-an   kirjo-tt-i-in
```

kirjo=it=el-la´ =v cont-1 inf
    'to write' cf kirjoittaa
  kirjo=itt=   kirjo=itt=el-i-n
    ele-n
  kirjo=itt=   kirjo=itt=el-i-0
    ele-e
  kirjo=it=el- kirjo=it=el-t-i-
    la-an   in

kirjo=ite-tt-u´ =v-pass-2 partic
    kirjoittaa

kirjo=itta-a´ =v fact-1 inf
    'to write' cf kirja
  kirjo=ita-n   kirjo=it-i-n
  kirjo=itta-a kirjo=itt-i-0
  kirjo=ite-   kirjo=ite-tt-i-
    ta-an   in

kirjo=itt=el-i-n =v-past-sg1
    kirjoitella

kirjo=itt-i-0 =v-past-sg3
    kirjoittaa

kirjo=itt-i-vat =v-past-pl3
    kirjoittaa

kirjo=it=us =s 'writing' cf
    kirjoittaa
  kirjo=it=us- kirjo=it=uks-i-a
    ta
  kirjo=it=   kirjo=it=uks-i-
    ukse-na   en/
                kirjo=it=us-t-en
  kirjo=it=   kirjo=itu=ks-i-
    ukse-ksi   ksi
  kirjo=it=   kirjo=it=uks-i-
    ukse-en   in

kirjo=it=us+sulka +s 'writing
    plume' kirjoitus see sulka
    for decl

kirjo+kanne-n +s-Ac kirjokansi

kirjo+kansi +s poet 'sky;
    "motley lid"' kirja see
    kansi for decl

kirkas s 'bright'
  kirkas-ta   kirkka-i-ta
  kirkkaa-na   kirkka-i-den/tten/
                  kirkas-t-en
  kirkkaa-ksi   kirkka-i-ksi
  kirkkaa-seen kirkka-i-siin/
                  hin

kirkkaa=sti´ =adv 'brightly'
    cf kirkas

kirkko s 'church'
  kirkko-a   kirkko-j-a
  kirkko-na   kirkko-j-en
  kirko-ksi   kirko-i-ksi
  kirkko-on   kirkko-i-hin

kirkko-hon s-poet Il stand
    kirkkoon kirkko

kirkko+messu +s 'mass in
    church' kirkko see
    messu for decl

kirkko+messu-hun +s-poet Il
    stand kirkkomessuun kirk-
    komessu

kirkko+kansa +s 'people par-
    ticipating in a church
    service' kirkko see
    kansa for decl

kirko-lle´ s-Al kirkko

kirko-n s-G kirkko

kirkoss'[sic]/kirko-s s-poet
    In stand kirkossa kirkko

kirnu s 'churn'
  kirnu-a   kirnu-j-a
  kirnu-na   kirnu-j-en
  kirnu-ksi   kirnu-i-ksi
  kirnu-un   kirnu-i-hin

kirnu-n s-Ac kirnu

kirnu=s-i-0 =v-past-sg3
    kirnuta

kirnu=t-a´ =v inst-1 inf 'to
    churn' cf kirnu
  kirnu=a-n   kirnu=s-i-n
  kirnu=a-a   kirnu=s-i-0
  kirnu=t-a-an kirnu=t-t-i-in

```
kirppu    s  'flea'
  kirppu-a      kirppu-j-a
  kirppu-na     kirppu-j-en
  kirpu-ksi     kirpu-i-ksi
  kirppu-un     kirppu-i-hin

Kirsti   s   woman's first name
  Kirsti-ä      Kirste-j-ä
  Kirsti-nä     Kirsti-0-en
  Kirsti-ksi    Kirste-i-ksi
  Kirsti-in     Kirste-i-hin

Kirstinä    s   folkl  female
  name
                [pl not used]
  Kirstinä-ä    ------
  Kirstinä-nä   ------
  Kirstinä-ksi  ------
  Kirstinä-än   ------

kirvee-llä   s-Ad   kirves

kirvee-n    s-Ac   kirves

kirvehe-llä   s arch stem-Ad
  stand kirveellä   kirves

kirvehe-ssä   s arch stem-In
  stand kirveessä   kirves

kirvehe-stä   s arch stem-El
  stand kirveestä   kirves

kirves   s   'axe'
  kirves-tä     kirve-i-tä
  kirvee-nä     kirve-i-den/tten
  kirvee-ksi    kirve-i-ksi
  kirvee-seen   kirve-i-siin/hin

kirves-0-kin   s-Ac-kin   kirves

kirves+varre-n   +s-Ac/G  kirves-
  varsi

kirves+varsi   +s  'axe handle'
  kirves   see varsi for decl

kissa   s   'cat'
  kissa-a       kisso-j-a
  kissa-na      kisso-j-en/
                kissa-0-in
  kissa-ksi     kisso-i-ksi
  kissa-an      kisso-i-hin
```

```
kissa-lle´   s-Al   kissa

kissa-lta    s-Abl  kissa

kissa-n+poika   +s  'kitten'
  kissa  see poika for decl

kissa-n+poik-i-a    +s-pl-P
  kissanpoika

kiuas   s   'stove [of a farm-
  house, sauna, or thresh-
  ing room]'
  kiuas-ta      kiuka-i-ta
  kiukaa-na     kiuka-i-den/
                  tten/
                kiuas-t-en
  kiukaa-ksi    kiuka-i-ksi
  kiukaa-seen   kiuka-i-siin/hin

kiukaha-sta   s poet stem-El
  stand kiukaasta   kiuas

kiukku   s   'anger'
  kiukku-a      kiukku-j-a
  kiukku-na     kiukku-j-en
  kiuku-ksi     kiuku-i-ksi
  kiukku-un     kiukku-i-hin

kiusa   s   'bother'
  kiusa-a       kiuso-j-a
  kiusa-na      kiuso-j-en/
                kiusa-0-in
  kiusa-ksi     kiuso-i-ksi
  kiusa-an      kiuso-i-hin

kiusa=a-ma-an   =v-3 inf-Il
  kiusata

kiusa=a-ma-ssa   =v-3 inf-In
  kiusata

kiusa=n-nut   =v-2 partic
  kiusata

kiusa=s-i-0   =v-past-sg3
  kiusata

kiusa=s-i-t   =v-past-arch pl3
  stand kiusasivat   kiusata

kiusa=t-a´   =v inst-1 inf
  'to tease; bother; [here,
```

       also:] drag' cf kiusa
  kiusa=a-n   kiusa=s-i-n
  kiusa=a-0   kiusa=s-i-0
  kiusa=t-a-an   kiusa=t-t-i-in

kiva   a 'nice; [arch:] strong;
    brisk, fast'
  kiva-a   kivo-j-a
  kiva-na   kivo-j-en/
                 kiva-0-in
  kiva-ksi   kivo-i-ksi
  kiva-an   kivo-i-hin

kiva=sti´   =adv   'briskly'
    cf kiva arch

kive-hen   s-arch I1   stand ki-
    veen   kivi

kive-llä   s-Ad   kivi

kive-n   s-Ac/G   kivi

kive-ssä   s-In   kivi

kive-t-0   s-pl-N   kivi

kive-ä   s-P   kivi

kivi   s   'stone'
  kive-ä   kiv-i-ä
  kive-nä   kiv-i-en
  kive-ksi   kiv-i-ksi
  kive-en   kiv-i-in

kivi=kko   =s   'heap of stones'
    cf kivi
  kivi=kko-a   kivi=kko-j-a/
                 kivi=ko-i-ta
  kivi=kko-na   kivi=kko-j-en/
                 kivi=ko-i-den/
                 tten
  kivi=ko-ksi   kivi=ko-i-ksi
  kivi=kko-on   kivi=kko-i-hin

kivi=kko+puro   +s   'rocky brook'
    kivikko   see puro for decl

kivi=kko+puro-n   +s-G   kivikko-
    puro

kiv-i-ksi   s-pl-T   kivi

kiv-i-stä   s-pl-El   kivi

kivut-a´   v-1 inf   'to climb'
  kipua-n   kipus-i-n
  kipua-a   kipus-i-0
  kivut-a-an   kivut-t-i-in

klasi   s   dial   'glass; win-
    dow'   stand lasi

klasi-sta   s-El   'through the
    window'   klasi

-ko/ -kö   inter suffix, at-
    tached to the emphasized
    word, which begins the
    interrogative clause
    *katsomatta, tuleeko siitä
    suora* 'without looking
    whether it will be straight'

kodi-ssa   s-In   koti

koe=tta-a´   =v caus-1 inf   'to
    try'   cf kokea
  koe=ta-n   koe=t-i-n
  koe=tta-a   koe=tt-i-0
  koe=te-ta-an   koe=te-tt-i-in

kohda-lla   post-Ad with G
    'near, at'   cf kohta

kohda-lle´   postp-Al with G
    'right at'   cf kohta

kohta   s   'point'
  kohta-a   koht-i-a
  kohta-na   koht-i-en/
                 kohta-0-in
  kohda-ksi   kohd-i-ksi
  kohta-an   koht-i-in

kohta   adv   'soon; almost;
    immediately'

kohtu   s   'womb'
  kohtu-a   kohtu-j-a
  kohtu-na   kohtu-j-en
  kohdu-ksi   kohdu-i-ksi
  kohtu-un   kohtu-i-hin

kohtu-hun   s-arch I1   stand
    kohtuun   kohtu

koira   s   'dog'
  koira-a   koir-i-a

```
  koira-na      koir-i-en/            koko-na       koko-j-en
                koira-0-in            ko'o-ksi      ko'o-i-ksi
  koira-ksi     koir-i-ksi            koko-on       koko-i-hin
  koira-an      koir-i-in
                                    koko=el-i-vat  =v poet stem-
koira-a   s-P  koira                    past-pl3  stand kokoilivat
                                        kokoilla
Koira+mäe-n   +s-G  Koiramäki
                                    koko=el=ma  =s  'collection'
Koira+mäki  +s  place name              cf kokoilla
   koira  see mäki for decl          koko=el=ma-a   koko=el=m-i-a
                                      koko=el=ma-    koko=el=m-i-en/
koira-t-0  s-pl-N  koira                 na           koko=el=ma-0-in
                                      koko=el=ma-   koko=el=m-i-ksi
koira-t-0-kin  s-pl-N-kin  koira         ksi
                                      koko=el=ma-   koko=el=m-i-in
koir-i-en  s-pl-G  koira                 a

koi=ta-n  =v dial stem-sgl stand    koko-hon  adv arch [s-arch I1]
   koetan  koettaa                     'together'  stand kokoon
                                       cf koko
Koiv=isto  =s place name  cf
   koivu                             koko=il-la´  =v freq/cont-1
                 [pl not used]          inf 'to gather, keep
  Koiv=isto-a   ------                  collecting'  cf koota
  Koiv=isto-na  ------                koko=ile-n    koko=il-i-n
  Koiv=isto-ksi ------                koko=ile-e    koko=il-i-0
  Koiv=isto-on  ------                koko=il-la-   koko=il-t-i-in
                                         an
Koiv=isto-lla  =s-Ad  'at Koi-      kolka-´  v-neg  kolkkaa
   visto'  Koivisto
                                    kolka-t-0  s-pl-N/Ac  kolkka
Koiv=isto-n  =s-G  Koivisto
                                    kolkka  s  '[far-away] corner'
koivu  s  'birch tree'                kolkka-a      kolkk-i-a
  koivu-a       koivu-ja              kolkka-na     kolkk-i-en/
  koivu-na      koivu-j-en                          kolkka-0-in
  koivu-ksi     koivu-i-ksi           kolka-ksi     kolk-i-ksi
  koivu-un      koivu-i-hin           kolkka-an     kolkk-i-in

koke-a´  v-1 inf  'to try;          kolkka-a´  v-1 inf  'to rat-
   experience'                          tle, tap'
  koe-n         ko-i-n                 kolkka-n      kolk-i-n
  koke-e        kok-i-0                kolkka-a      kolkk-i-0
  koe-ta-an     koe-tt-i-in            kolke-ta-an   kolke-tt-i-in

koko  a indecl  'whole, entire'     kolma=nne-lla  =num ord-Ad
   koko päivä  'the whole day'          kolmas
   koko kylän väet  'the people
   of the whole village'            kolma=nne-n   =num ord-Ac
                                        kolmas
koko  s  'heap'
  koko-a        koko-j-a             kolma=nne-n-kin  =num ord-Ac-
                                        kin  kolmas
```

kolma=s =num ord 'third' cf
  kolme
  kolma=t-ta   kolma=ns-i-a
  kolma=nte-na   kolma=ns-i-en
  kolma=nne-   kolma=ns-i-ksi
    ksi
  kolma=nte-en   kolma=ns-i-in

kolma=sti´ =adv arch 'three
  times' stand kolmesti cf
  kolme
  kolmasti päivässä 'three
    times a day'

kolme(´) num 'three'
  kolme-a   kolm-i-a
  kolme-na   kolm-i-en
  kolme-ksi   kolm-i-ksi
  kolme-en   kolm-i-in

kolme-en num-Il kolme

kolme-na num-Es kolme

kolm-i-n num-pl-Instr kolme

kolo s 'hole'
  kolo-a   kolo-j-a
  kolo-na   kolo-j-en
  kolo-ksi   kolo-i-ksi
  kolo-on   kolo-i-hin

kolo=tta-a´ =v-1 inf 'to ache'
  __[sg3 only]
  kolo=tta-a   kolo=tt-i-0
  ------   ------

kolo=t=us =s 'ache' cf kolot-
  taa
  kolo=t=us-ta   kolo=t=uks-i-a
  kolo=t=ukse-   kolo=t=us-t-en/
    na   kolo=t=uks-i-en
  kolo=t=ukse-   kolo=t=uks-i-
    ksi   ksi
  kolo=t=ukse-   kolo=t=uks-i-
    en   in

kolo=t=us-ta =s-P kolotus

komea a 'handsome'
  komea-a   kome-i-ta
  komea-na   kome-i-den/tten/
               komea-0-in

  komea-ksi   kome-i-ksi
  komea-an   kome-i-hin

komea-mpi a-comp komea
  komea-mpa-a   komea-mp-i-a
  komea-mpa-na   komea-mp-i-en/
                 komea-mpa-0-in
  komea-mma-   komea-mm-i-ksi
    ksi
  komea-mpa-an   komea-mp-i-in

komea-n a-Ac komea

komia a dial stand komea

komia-mma-n a dial stem-comp-
  Ac stand komeamman ko-
  meampi

konkari s arch/poet 'steed'
  konkari-a   konkare-i-ta
  konkari-na   konkari-0-en
                konkare-i-den/
                  tten
  konkari-ksi   konkare-i-ksi
  konkari-in   konkare-i-hin

konkari-a s arch/poet-P
  konkari

konnu-lle-hen s-Al-arch poss3
  stand konnulleen 'on his
  own land, grounds' kontu

konti-n s-Ac kontti

kontti s 'knapsack'
  kontti-a   kontte-j-a
  kontti-na   kontti-0-en
  konti-ksi   konte-i-ksi
  kontti-in   kontte-i-hin

kontu s 'old homestead, one's
  own grounds'
  kontu-a   kontu-j-a
  kontu-na   kontu-j-en
  konnu-ksi   konnu-i-ksi
  kontu-un   kontu-i-hin

koo=t-a´ =v fact-1 inf 'to
  gather, collect' cf koko
  koko=a-n   koko=s-i-n
  koko=a-a   koko=s-i-0
  koo=t-a-an   koo=t-t-i-in

koppa s 'basket'
  koppa-a   kopp-i-a
  koppa-na   kopp-i-en/
                koppa-0-in
  kopa-ksi   kop-i-ksi
  koppa-an   kopp-i-in

koppa+lakki +s coll 'stiff
  hat' koppa see lakki for
  decl

korea a 'handsome; colorful'
  korea-a   kore-i-ta
  korea-na   kore-i-den/tten/
                korea-0-in
  korea-ksi   kore-i-ksi
  korea-an   kore-i-hin

kori s 'basket'
  kori-a   kore-j-a
  kori-na   kori-0-en
  kori-ksi   kore-i-ksi
  kori-in   kore-i-hin

koria a dial stand korea

kori=llinen =s 'basketful'
  cf kori
  kori=llis-ta kori=llis-i-a
  kori=llise-   kori=llis-t-en/
    na   kori=llis-i-en
  kori=llise-   kori=llis-i-
    ksi   ksi
  kori=llise-   kori=llis-i-in
    en

kori=llise-n =s-Ac 'a basket-
  ful' korillinen

korja a dial 'pretty' stand
  korea

korja=el-i-0 =v poet stem-past-
  sg3 stand korjaili kor-
  jailla

korja=il-la´ =v freq/cont-1 inf
  'to gather; [poet:] take
  care of, rescue' cf korjata
  korja=ile-n   korja=il-i-n
  korja=ile-e   korja=il-i-0
  korja=il-la- korja=il-t-i-in
    an

korja=t-a´ =v-1 inf 'to
  fix, repair; rectify;
  rescue'
  korja=a-n   korja=s-i-n
  korja=a-0   korja=s-i-0
  korja=t-a-an korja=t-t-i-in

korkea a 'high'
  korkea-a   korke-i-ta
  korkea-na   korke-i-den/
                  tten/
                korkea-0-in
  korkea-ksi   korke-i-ksi
  korkea-an   korke-i-hin

korkea-mpi a-comp 'higher'
  cf korkea
  korkea-mpa-a korkea-mp-i-a
  korkea-mpa-   korkea-mp-i-en/
    na   korkea-mpa-0-in
  korkea-mma-   korkea-mm-i-
    ksi   ksi
  korkea-mpa-   korkea-mp-i-in
    an

korkea-na a-Es korkea

korke=uinen =a arch stand
  korkuinen 'as high [as G]'
  cf korkea
  korke=uis-ta korke=uis-i-a
  korke=uise-   korke=is-i-en/
    na   korke=uis-t-en
  korke=uise-   korke=uis-i-
    ksi   ksi
  korke=uise-   korke=uis-i-in
    en

korkia-mpi a dial-comp stand
  korkeampi 'higher' korkea

kork=o =s 'heel; bank inter-
  est; stress, accent' cf
  korkea
  kork=o-a   kork=o-j-a
  kork=o-na   kork=o-j-en
  kor=o-ksi   kor=o-i-ksi
  kork=o-on   kork=o-i-hin

kork=uinen =a 'as high [as G]'
  cf korkea
  kork=uis-ta   kork=uis-i-a
  kork=uise-na kork=uis-t-en/

                    kork=uis-i-en
kork=uise-   kork=uis-i-ksi
   ksi
kork=uise-en kork=uis-i-in

korpi s 'wilderness; back-
   woods'
   korpe-a   korp-i-a
   korpe-na   korp-i-en
   korve-ksi   korv-i-ksi
   korpe-en   korp-i-in

korpi-n s-G korppi

korppi s 'raven'
   korppi-a   korppe-j-a
   korppi-na   korppi-0-en
   korpi-ksi   korpe-i-ksi
   korppi-in   korppe-i-hin

korsku-a´ v-1 inf 'to snort'
   korsku-n   korsku-i-n
   korsku-u   korsku-i-0
   korsku-ta-an   korsku-tt-i-in

korsku-e-n v-2 inf-Instr
   korskua

korsku-i-0 v-past-sg3 korskua

korsku-t v-sg2 korskua

korte´ s 'horsetail, scouring
   rush, *equisetum*'
   kortet-ta   kortte-i-ta
   korttee-na   kortte-i-den/tten
   korttee-ksi   kortte-i-ksi
   korttee-seen   kortte-i-siin/hin

kortet-ta s-P korte

kortteli s 'quarter [of a
   gallon]'
   kortteli-a   korttele-j-a/
                   korttele-i-ta
   kortteli-na   kortteli-0-en/
                   korttele-i-den/
                   tten
   kortteli-ksi   korttele-i-ksi
   kortteli-in   korttele-i-hin

kortteli-n s-Ac kortteli

korva s 'ear; handle of
   container'
   korva-a   korv-i-a
   korva-na   korv-i-en/
                   korva-0-in
   korva-ksi   korv-i-ksi
   korva-an   korv-i-in

korva-ssa s-In korva

korv-i-ssa s-pl-In korva

korv=o =s 'bucket [with
   handle]' cf korva
   korv=o-a   korv=o-ja
   korv=o-na   korv=o-j-en
   korv=o-ksi   korv=o-i-ksi
   korv=o-on   korv=o-i-hin

korv=o-n =s-G korvo

kos-i-0 v-past-sg3 kosia

kosi-a´ v-1 inf 'to propose
   [marriage]'
   kosi-n   kos-i-in
   kosi-i   kos-i-0
   kosi-ta-an   kosi-tt-i-in

kosi=ja =s 'suitor' cf
   kosia
   kosi=ja-a   kosi=jo-i-ta
   kosi=ja-na   kosi=jo-i-den/
                   tten/
                   kosi=ja-0-in
   kosi=ja-ksi   kosi=jo-i-ksi
   kosi=ja-an   kosi=jo-i-hin

kosi=ja-n =s-G kosija

kosi=ja-t-0 =s-pl-N kosija

kosi=jo-i-ta =s-pl-P kosija

koska con 'since'

koskaan adv 'ever'

koske-´ v-neg koskea

koske-a´ v-1 inf 'to touch'
   koske-n   kosk-i-n
   koske-e   kosk-i-0
   koske-ta-an   koske-tt-i-in

```
Koske-lla  s-Ad  'at Koski'       kot=o-a        kot=o-j-a
   Koski                          kot=o-na       kot=o-j-en
                                  kod=o-ksi      kod=o-i-ksi
Koske-n  s-G  place name  Koski   kot=o-on       kot=o-i-hin

koske-n+perkaa=ja  =s  'one who   kot=o-a [=s-P]-adv  'from
   works clearing the rapids'        home'  cf koto
   koski  see perkaaja for decl
                                  kot=o-a-an [=s-P-poss3] -adv-
koske-n+perkaa=j-i-tten  =s-pl-      poss3 'from his home'
   G  koskenperkaaja                 cf koto

koske-sta  s-El  koski            kot=o-a-nsa [=s-P-poss3]
                                     -adv-poss3 'from his
koski  s  'rapids, waterfall'        home'  cf koto
   koske-a        kosk-i-a
   koske-na       kosk-i-en       kot=o-na [=s-Es] -adv  'at
   koske-ksi      kosk-i-ksi         home'  cf koto
   koske-en       kosk-i-in
                                  kot=o-na-an [=s-Es-poss3]
Koski  s  place name  see koski      -adv-poss3 'in his home'
   for decl                          cf koto

koti  s  'home'                   koura  s  'fist'
   koti-a         kote-j-a           koura-a        kour-i-a
   koti-na        koti-0-en          koura-na       kour-i-en/
   kodi-ksi       kode-i-ksi                        koura-0-in
   koti-in        kote-i-hin         koura-ksi      kour-i-ksi
                                     koura-an       kour-i-in
koti-hin  s-arch Il  stand koti-
   in  koti                       kour-i-n  s-pl-Instr  koura

koti-hi-nsa  s-arch Il-poss3      kova  a  'hard; tough; bold'
   stand kotiinsa [koti-in s-        kova-a         kov-i-a
   Il]  koti                         kova-na        kov-i-en/
                                                    kova-0-in
koti-in  s-Il  'home'  koti          kova-ksi       kov-i-ksi
   kotiin päin  'homewards'          kova-an        kov-i-in

koti-i-nsa  s-Il-poss3 [koti-in   kova-han  a-arch Il  stand
   s-Il]  koti                       kovaan  kova

koti-i-si  s-Il-poss2 [koti-in    kova-ksi  a-T  kova
   s-Il]  koti
                                  kova=sti´ =adv  'hard; very'
koti-ni  sN-poss1  koti              cf kova
                                     vaikka työtä pitikin tehdä
koti+talo  +s  'home farm'  koti     kovasti 'although one
   see talo for decl                 had to work hard'
                                     kovasti likainen 'very
koti+talo-0-nsa  +s-G-poss3          dirty'
   [koti+talo-n  +s-G] kotitalo
                                  kovin adv [kov-i-n  a-pl-Instr]
kot=o  =s  poet  'home'  cf koti     'very'  cf kova
```

kov-i-n   a-pl-Instr   kova

kranni   s   dial   'neighbor'

Kranni   s   family name
  Kranni-a   Kranne-j-a
  Kranni-na   Kranni-0-en
  Kranni-ksi   Kranne-i-ksi
  Kranni-in   Kranne-i-hin

Kranni-n   s-G   Kranni

Kristiina   s   woman's first
   name [Christina]
  Kristiina-a Kristiino-j-a/
               Kristiino-i-ta
  Kristiina-na Kristiino-j-en/
               Kristiino-i-den/
                 tten/
               Kristiina-0-in
  Kristiina-   Kristiino-i-ksi
    ksi
  Kristiina-an Kristiino-i-hin

Kristiina+tyttö=nen   =s   'the
   little girl Kristiina'
   Kristiina   see tyttönen for
   decl

ku   con   coll   stand kun/kuin

kudo-tt-u´   v-pass-2 partic   'wo-
   ven, knitted'   kutoa
  kudo-tt-u-a   kudo-tt-u-j-a
  kudo-tt-u-na kudo-tt-u-j-en
  kudo-t-u-ksi kudo-t-u-i-ksi
  kudo-tt-u-un kudo-tt-u-i-hin

kudo-t-u-lla   v-pass-2 partic-Ad
   kudottu

ku-hun   pron inter poet-Il
   [stand mihin]   kuka

kuin   con comp   'than; like, as'
   *eikä ollut kuin 50 vuotta
   vanha*   'and was but 50 years
   old'
   paistaa kuin päivä   'shines
   like the sun'

kuin   adv poet   stand kuinka
   'how'

kuinka   adv   'how'
   vaikka olisi kuinka satanut
   'however much it rained'

kuitenkin   adv   'however'

kuiva   a   'dry'
  kuiva-a   kuiv-i-a
  kuiva-na   kuiv-i-en/
               kuiva-0-in
  kuiva-ksi   kuiv-i-ksi
  kuiva-an   kuiv-i-in

kuiva-a   a-P   kuiva

kuiva-a´   v-1 inf   'to dry;
   get dry; dry up'   cf kuiva
  kuiva-n   kuiv-i-n
  kuiva-a   kuiv-i-0
  kuive-ta-an kuive-tt-i-in

kuiva-lla   a-Ad   kuiva

kuiva-ma-an   v-3 inf-Il
   kuivaa

kuive=ttu-a´   =v refl-1 inf
   'to dry out'   cf kuiva
  kuive=tu-n   kuive=tu-i-n
  kuive=ttu-u   kuive=ttu-i-0
  kuive=tu-ta-   kuive=tu-tt-i-
    an   in

kuive=ttu-vi   =v-arch sg3
   stand kuivettuu   kuivettua

kuiv-i-in   a-pl-Il   'to be
   dry'   kuiva

kuja   s   'lane, alley'
  kuja-a   kuj-i-a
  kuja-na   kuj-i-en/
               kuja-0-in
  kuja-ksi   kuj-i-ksi
  kuja-an   kuj-i-in

kuja=nen   =s   'path, lane,
   narrow alley'   cf kuja
  kuja=s-ta   kuja=s-i-a
  kuja=se-na   kuja=s-i-en/
               kuja=s-t-en
  kuja=se-ksi kuja=s-i-ksi
  kuja=se-en   kuja=s-i-in

kuja=se-t-0 =s-pl-N kujanen
ku-ka pron inter-suffix 'who'
    [Ac kenet]
  ke-tä   ke-i-tä
  kene-nä   ke-i-den/tten
  kene-ksi   ke-i-ksi/
                   kene-0-ksi
  kene-en/   ke-i-hin
  ke-hen
ku-kaan pron indef-suffix 'any-
    body' cf kuka
  ke-tä-än   ke-i-tä-än
  kene-nä-kään ke-i-den/tten-
                   kään
  kene-ksi-   ke-i-ksi-kään
    kään
  kene-en-kään ke-i-hin-kään
  ei kukaan 'nobody'
ku-kin pron indef-suffix
    'each' [pl used with *plurale
    tantum* nouns]
  ku-ta-kin   ku-t-kin
  ku-na-kin   ku-i-den/tten-kin
  ku-ksi-kin   ku-i-ksi-kin
  ku-hun-kin   ku-i-hin-kin
kukka s 'flower'
  kukka-a   kukk-i-a
  kukka-na   kukk-i-en/
                   kukka-0-in
  kuka-ksi   kuk-i-ksi
  kukka-an   kukk-i-in

kukka=inen =a 'flowery' cf
    kukka
  kukka=is-ta   kukka=is-i-a
  kukka=ise-na kukka=is-t-en/
                   kukka=is-i-en
  kukka=ise-   kukka=is-i-ksi
    ksi
  kukka=ise-en kukka=is-i-in

kukka=ise-mpi =a-comp 'more
    flowery' kukkainen

kukka=nen =s dim 'little
    flower' cf kukka
  kukka=s-ta   kukka=s-i-a
  kukka=se-na   kukka=s-t-en/
                   kukka=s-i-en
  kukka=se-ksi kukka=s-i-ksi
  kukka=se-en   kukka=s-i-in

kukkaro s 'purse'
  kukkaro-a   kukkaro-i-ta/
                   kukkaro-j-a
  kukkaro-na   kukkaro-i-den/
                   tten/
                   kukkaro-j-en
  kukkaro-ksi   kukkaro-i-ksi
  kukkaro-on   kukkaro-i-hin

kukkaro-a s-P kukkaro

kukkaro-n s-Ac kukkaro

kukk-i-a s-pl-P kukka

kukko s 'rooster; cock'
  kukko-a   kukko-j-a
  kukko-na   kukko-j-en
  kuko-ksi   kuko-i-ksi
  kukko-on   kukko-i-hin

kukku-a´ v-1 inf 'to cuc-
    koo; sing; call'
  kuku-n   kuku-i-n
  kukku-u   kukku-i-0
  kuku-ta-an   kuku-tt-i-in

kukkula s 'hill'
  kukkula-a   kukkulo-i-ta
  kukkula-na   kukkulo-i-den/
                   tten/
                   kukkula-0-in
  kukkula-ksi   kukkulo-i-ksi
  kukkula-an   kukkulo-i-hin

kukkula-t-0 s-pl-N kukkula

kukku-u v-sg3 kukkua

kulje=ksi-a´ =v cont-1 inf 'to
    wander around' cf kulkea
  kulje-ksi-n kulje=ks-i-n
  kulje-ksi-i kulje=ks-i-0
  kulje=ksi-   kulje=ksi-tt-
    ta-an   i-in

kulje=ksi-ma-ssa =v-3 inf-In
    kuljeksia

kulje=tta-a´ =v caus-1 inf
    'to lead; drive' cf kulkea
  kulje=ta-n   kulje=t-i-n
  kulje=tta-a kulje=tt-i-0
  kulje=te-ta- kulje=te-tt-i-
    an   in

kulje=tta=ja =s 'one who car-
    ries, transports, moves;
    driver' cf kuljettaa
  kulje=tta=   kulje=tta=j-i-a
    ja-a
  kulje=tta=   kulje=tta=j-i-en/
    ja-na   kulje=tta=ja-0-in
  kulje=tta=   kulje=tta=j-i-ksi
    ja-ksi
  kulje=tta=   kulje=tta=j-i-in
    ja-an

kulje=tta=ja-lle´ =s-Al kul-
    jettaja

kulje-tt-u-a-an v-pass-2 partic-
    P-poss3 cf kulkea
  *kuljettuaan jonkin matkaa
  eukko näki* 'after walking
    some distance, the old woman
    saw'

kulj-i-n v-past-sg1 kulkea

kulke-a´ v-1 inf 'to wander'
  kulje-n   kulj-i-n
  kulke-e   kulk-i-0
  kulje-ta-an   kulje-tt-i-in
  kulkea vapisee 'walks trem-
    bling'

kulke-e v-sg3 kulkea

kulke-i-ssa-ni v-dia1 2 inf-In-
    poss sg1 stand kulkiessani
    'while I was wandering'
    kulkea

kulke-ma-an v-3 inf-Il kulkea

kulke-nun-na v-2 partic arch
    cons stem-Es stand kulken-
    eena kulkenut

kulke-nut v-2 partic kulkea

kulke-vi v-arch sg3 stand kul-
    kee kulkea

kulk-i-0 v-past-sg3 kulkea

kulk-i-vat v-past-pl3 kulkea

kulla-n s-Ac/G kulta

kulla-n+kirjo=ite-tt-u´[s-
    Instr+] =v-pass-2 partic
    poet stand kullalla
    kirjottu kulta see kir-
    joittaa

kulla=t-a´ =v inst-1 inf 'to
    gild' cf kulta
  kulta=a-n   kulta=s-i-n
  kulta=a-0   kulta=s-i-0
  kulla=t-a-an kulla=t-t-i-in

kulla=t-t-u´=v-pass-2 partic
    kullata
  kulla=t-t-u-a kulla=t-t-u-j-a
  kulla=t-t-u-   kulla=t-t-u-j-
    na   en
  kulla=t-0-u-   kulla=t-0-u-i-
    ksi   ksi
  kulla=t-t-u-   kulla=t-t-u-i-
    un   hin

kulla=t-0-u-n =v-pass-2 partic-
    Ac kullattu

ku=lloin =adv rare 'ever'
    cf kuka

ku=lloin-kaan =adv rare
    -*kaan* 'ever' kulloin

ku=lloin-kana =adv poet-poet
    kaan 'ever' stand mil-
    loinkaan

kulma s 'angle, corner'
  kulma-a   kulm-i-a
  kulma-na   kulm-i-en/
                kulma-0-in
  kulma-ksi   kulm-i-ksi
  kulma-an   kulm-i-in

kulta s 'gold, treasure;
    love, sweetheart, darling'
  kulta-a   kult-i-a
  kulta-na   kult-i-en/
                kulta-0-in
  kulla-ksi   kull-i-ksi
  kulta-an   kult-i-in

kulta-a s-P kulta

kulta=inen =a 'golden' cf
    kulta

```
kulta=is-ta    kulta=is-i-a
kulta=ise-na   kulta=is-t-en/
               kulta=is-i-en
kulta=ise-     kulta=is-i-ksi
  ksi
kulta=ise-en   kulta=is-i-in

kulta=ise-lla  =a-Ad  kultainen

kulta=ise-n    =a-G   kultainen

kulta=is-i-lla =a-pl-Ad kul-
                        tainen

kulta=is-ta    =a-P   kultainen

kulta+kihla-t-0  +s-pl-N  'be-
   trothal presents of gold'
   kulta  see kihlat for decl

kulta+kintaha-t-0  +s arch stem-
   pl-N  stand kultakintaat
   'pair of golden mittens'
   kulta  see kinnas for decl

kulta+lehde-n  +s-Ac  kultalehti

kulta+lehti    +s  'golden leaf'
   kulta  see lehti for decl

kulta+miehe-n  +s-G  kultamies

kulta+mies  +s  'golden man, man
   of gold; man with gold'
   kulta  see mies for decl

kulta-ni sN-possl  'my darling'
   kulta

kulta+vyö   +s  'golden belt'
   kulta  see vyö for decl

kulta+vyö-hön  +s-Il  kultavyö

kulta+vyö-tä   +s-P   kultavyö

kulu-a´ v-1 inf  'to pass
   [time]; wear [out]'
   kulu-n       kulu-i-n
   kulu-u       kulu-i-0
   kulu-ta-an   kulu-tt-i-in

kulu-tt-u-a  v-pass-2 partic-P
   kulua
```

kahden vuoden kuluttua
   'after two years had
   passed'
muutaman vuoden kuluttua
   'after some years'

kumara a 'bent'
   kumara-a   kumar-i-a
   kumara-na   kumar-i-en/
                 kumara-0-in
   kumara-ksi   kumar-i-ksi
   kumara-an   kumar-i-in

kumar=ra-´ =v-neg kumartaa

kumar=s-i-0 =v-past-sg3
   kumartaa

kumar=ta-a´ =v refl-1 inf
   'to bow' cf kumara
   kumar=ra-n   kumar=s-i-n
   kumar=ta-a   kumar=s-i-0
   kumar=re-ta- kumar=re-tt-
      an   i-in

kumar=ta-vi =v-arch sg3 stand
   kumartaa kumartaa

kumar=r=el-la´ =v cont-1 inf
   'to keep bowing'
   kumar=t=ele- kumar=t=el-i-
      n   n
   kumar=t=ele- kumar=t=el-i-
      e   0
   kumar=r=el-   kumar=r=el-t-
      la-an   i-in

kumar=t=ele-ksen =v-poet
   refl sg3 stand kumarte-
   lee kumarrella

kumma a 'strange, odd'
   kumma-a   kumm-i-a
   kumma-na   kumm-i-en/
                kumma-0-in
   kumma-ksi   kumm-i-ksi
   kumma-an   kumm-i-in

kumma-lla-kin pron indef-Ad-
   suffix kumpikin

kumma=llinen =a 'strange,
   odd, extraordinary' cf
   kumma

```
    kumma=llis-     kumma=llis-i-a         kumpa=ise-      kumpa=is-t-en-
      ta                                     na-kin          kin/
    kumma=llise-    kumma=llis-t-en/                        kumpa=is-i-en-
      na              kumma=llis-i-en                         kin
    kumma=llise-    kumma=llis-i-ksi       kumpa=ise-      kumpa=is-i-ksi-
      ksi                                    ksi-kin         kin
    kumma=llise-    kumma=llis-i-in        kumpa=ise-      kumpa=is-i-in-
      en                                     en-kin          kin
```

kumma=llis-ta =a-P kummallinen   kumpa=ise-n-kin =pron indef-
                                    G-suffix kumpainenkin
kumminkin adv 'anyway, in any
  case' [cf kumpi]   kumpi pron inter   'which
                                     [of the two]'
kumm=it=el-la´ =v cont-1 inf   kumpa-a   kump-i-a
  'to spook' cf kummitus,   kumpa-na   kump-i-en/
  kumma   kumpa-0-in
    kumm=itt=   kumm=itt=el-i-n   kumma-ksi   kumm-i-ksi
      ele-n   kumpa-an   kump-i-in
    kumm=itt=   kumm=itt=el-i-0
      ele-e   kumpi-kin pron indef-suffix
    kumm=it=el-   kumm=it=el-t-i-   'both' cf kumpi
      la-an   in   kumpa-a-kin   kump-i-a-kin
                                     kumpa-na-kin kump-i-en-kin/
kumm=it=el-lut =v-2 partic kum-   kumpa-0-in-kin
  mitella   kumma-ksi-   kumm-i-ksi-kin
                                       kin
kumm=it=us =s 'ghost' cf   kumpa-an-kin kump-i-in-kin
  kumma
    kumm=it=us-   kumm=it=uks-i-a kumppani s 'companion'
      ta   kumppa-ni-a   kumppane-i-ta/
    kumm=it=   kumm=it=uks-i-en/   kumppane-j-a
      ukse-na   kumm=it=us-t-en kumppani-na   kumppane-i-den/
    kumm=it=   kumm=it=uks-i-ksi   tten/
      ukse-ksi   kumppani-0-en
    kumm=it=   kumm=it=uks-i-in kumppani-ksi kumppane-i-ksi
      ukse-en   kumppani-in kumppane-i-hin

kumotta-a´ v-1 inf 'to shine   kun con temp 'when'; con
  [of the moon]; gleam'   cond 'if'; con caus
  ------   ------   'since'
    kumotta-a   kumott-i-0
  ------   ------   kun con coll same as kuin

kumotta-ma-han v-3 inf-arch Il   kuningas s 'king'
  stand kumottamaan kumottaa   kuningas-ta kuninka-i-ta
                                    kuninkaa-na kuninka-i-den/
kumotta-ma-sta v-3 inf-El   tten/
  kumottaa   kuningas-t-en
                                    kuninkaa-ksi kuninka-i-ksi
kumpa=inen-kin =pron indef-suf-   kuninkaa-   kuninka-i-siin/
  fix 'both' [usually: kum-   seen   hin
  pikin] cf kumpi
    kumpa=is-ta- kumpa=is-i-a-kin kuningas-kin sN-*kin* 'also
      kin

```
                                                              165

         the king'  kuningas              of horse' [pl only]
                                          ------   kuoh-i-a
kuningas-t-en  s-pl-G  kuningas           ------   kuoh-i-en/
                                                   kuoha-0-in
kunis  con poet  stand kunnes             ------   kuoh-i-ksi
   'until; as long as'                    ------   kuoh-i-in

ku-n-kahan  pron-G-dial kaan       kuoh=it-a´  =v fact-1 inf
   stand kenenkään  kukaan            'to castrate'  cf kuohat
                                      kuoh=itse-n   kuoh=its-i-n
ku-n-kin  pron indef-G-suffix         kuoh=itse-e   kuoh=its-i-0
   kukin                              kuoh=it-a-an  kuoh=it-t-i-in

kunnes  con  'until'               kuok=i-tt-u´ =v-pass-2 partic
                                      kuokkia
kunnia  s  'honor'
              [pl rarely used]     kuok=i-t-u-i-ksi  =v-pass-2
   kunnia-a      kunnio-i-ta          partic-pl-T  kuokittu
   kunnia-na    kunnio-i-den/
                     tten/         kuokka  s  'hoe'
                kunnia-0-in           kuokka-a     kuokk-i-a
   kunnia-ksi   kunnio-i-ksi          kuokka-na    kuokk-i-en/
   kunnia-an   kunnio-i-hin                        kuokka-0-in
                                      kuoka-ksi    kuok-i-ksi
kunnia-n  s-Ac  kunnia                kuokka-an    kuokk-i-in

kunno=ton  =a  'worthless, good    kuokka+vieraa-na  +s-Es  'as
   for nothing'  cf kunto             a gatebreaker'  kuokka-
   kunno=ton-ta  kunno=ttom-i-a        vieras
   kunno=ttoma-  kunno=ton-t-en/
      na        kunno=ttom-i-en/   kuokka+vieras  +s  'uninvited
                kunno=ttoma-0-in      guest, gatebreaker'
   kunno=ttoma- kunno=ttom-i-ksi      kuokka  see vieras for
      ksi                             decl
   kunno=tto-   kunno=ttom-i-in
      ma-an                        kuokk=i-a´  =v inst-1 inf
                                      'to hoe'  cf kuokka
kunto  s  'condition; fitness'        kuok=i-n      kuok=0-i-n
   kunto-a      kunto-j-a              kuokk=i-i     kuokk=0-i-0
   kunto-na    kunto-j-en              kuok=i-ta-an  kuok=i-tt-i-in
   kunno-ksi   kunno-i-ksi
   kunto-on    kunto-i-hin          kuokk=i-ma-0-0-ni  =v-agent
                                       partic-pl-N-possl  [kuokk=
kuoh=ari  =s  'gelder'  cf kuo-        i-ma-t-0  =v-agent partic-
   hita                                pl-N]  'hoed by me'  kuok-
   kuoh=ari-a    kuoh=are-j-a/         kia
                 kuoh=are-i-ta
   kuoh=ari-na  kuoh=ari-0-en/     kuola  s  'drivel'
                 kuoh=are-i-den/      kuola-a      kuol-i-a
                     tten             kuola-na    kuol-i-en/
   kuoh=ari-ksi  kuoh=are-i-ksi                   kuola-0-in
   kuoh=ari-in   kuoh=are-i-hin      kuola-ksi   kuol-i-ksi
                                     kuola-an    kuol-i-in
kuoha-t-0  s-pl-N  'testes, esp
```

kuola=ime-t-0 =s-pl-N 'bridle bit' cf kuolata [pl only]
------ kuola=im-i-a
------ kuola=im-i-en/
        kuola=in-t-en
------ kuola=im-i-ksi
------ kuola=im-i-in

kuola=t-a´ =v inst-1 inf 'to drivel' cf kuola
kuola=a-n   kuola=s-i-n
kuola=a-0   kuola=s-i-0
kuola=t-a-an   kuola=t-t-i-in

kuole-e v-sg3 kuolla

kuole=ma =s 'death' cf kuolla
kuole=ma-a   kuole=m-i-a
kuole=ma-na   kuole=m-i-en/
              kuole=ma-0-in
kuole=ma-ksi kuole=m-i-ksi
kuole=ma-an   kuole=m-i-in

kuole=ma-an =v-3 inf-Il kuolla

kuole=ma-ksi =s-T kuolema
tauti on kuolemaksi 'the disease is fatal'

kuole=ma-lla =s-Ad kuolema

kuole=ma-n =s-G kuolema

kuole=ma-sta =s-El 'from death' kuolema

kuole=te-tt-u´ =v-pass-2 partic '[here:] killed' kuolettaa
kuole=te-   kuole=te-tt-u-j-a
tt-u-a
kuole=te-   kuole=te-tt-u-j-en
tt-u-na
kuole=te-t-u-   kuole=te-t-u-i-ksi
ksi
kuole=te-   kuole=te-tt-u-i-
tt-u-un   hin

kuole=tta-a´ =v caus-1 inf '[here:] to kill; [stand:] deaden; declare null and void' cf kuolla
kuole=ta-n   kuole=t-i-n
kuole=tta-a   kuole=tt-i-0
kuole=te-ta- kuole=te-tt-i-in
an

kuole-va v-1 partic kuolla
Kristiina oli kuoleva
'Kristiina was to die'

kuole-va=inen =a/=s 'mortal' cf kuoleva
kuole-va=is-   kuole-va=is-i-
ta   a
kuole-va=   kuole-va=is-t-
ise-na   en/
               kuole-va=is-i-
               en
kuole-va=   kuole-va=is-i-
ise-ksi   ksi
kuole-va=   kuole-va=is-i-
ise-en   in

kuole-va=is-i-lla =s-pl-Ad kuolevainen

kuole-va-n v-1 partic-Ac kuolla
minun on sanottu kuolevan veteen 'it has been said that I'll die in water'

kuol-i-0 v-past-sg3 kuolla

kuol-i-0-pa v-past-sg3-pa kuolla

kuol-koo-n v-imper-sg3 'may it/he/she die' kuolla

kuol-la´ v-1 inf 'to die'
kuole-n   kuol-i-n
kuole-e   kuol-i-0
kuol-la-an kuol-t-i-in

kuol-lee-n v-2 partic-G kuollut

kuol-lee-t v-2 partic-pl kuollut

kuol-lut v-2 partic kuolla

kuoppa s 'pit'
kuoppa-a   kuopp-i-a
kuoppa-na   kuopp-i-en/
            kuoppa-0-in
kuopa-ksi   kuop-i-ksi
kuoppa-an   kuopp-i-in

kuoppa=inen =a 'full of

```
         pits'  cf kuoppa               kuppa=ri-n+lääni-ssä  +s-In
    kuoppa=is-ta  kuoppa=is-i-a             kupparinlääni
    kuoppa=ise-   kuoppa=is-t-en/
       na         kuoppa=is-i-en        kuppi  s  'cup'
    kuoppa=ise-   kuoppa=is-i-ksi           kuppi-a      kuppe-j-a
       ksi                                  kuppi-na     kuppi-0-en
    kuoppa=ise-   kuoppa=is-i-in            kupi-ksi     kupe-i-ksi
       en                                   kuppi-in     kuppe-i-hin

kuoppa=ise-ksi   =a-T   kuoppainen   kuppi-in  s-I1  kuppi

kuori  s  'shell, peel'              kuri  s  'discipline'
    kuor-ta       kuor-i-a               kuri-a       kure-j-a
    kuore-na      kuor-i-en/              kuri-na      kuri-0-en
                  kuor-t-en               kuri-ksi     kure-i-ksi
    kuore-ksi     kuor-i-ksi              kuri-in      kure-i-hin
    kuore-en      kuor-i-in
                                     kur=ista-a´  =v-1 inf  'to
kuorma  s  'load; burden'                strangle'
    kuorma-a      kuorm-i-a               kur=ista-n   kur=ist-i-n
    kuorma-na     kuorm-i-en/             kur=ista-a   kur=ist-i-0
                  kuorma-0-in             kur=iste-ta- kur=iste-tt-
    kuorma-ksi    kuorm-i-ksi                an           i-in
    kuorma-an     kuorm-i-in
                                     kur=ist-i-hen  =v-past-poet
kuorma-an  s-I1  kuorma                  refl sg3
                                         kuristihen kultavyöhön
kuorma-a-nsa  s-I1-poss3  [kuor-         'hanged herself with the
    ma-an  s-I1]   kuorma                golden belt'

kuorma-sta  s-E1  kuorma             kur=itta-a´  =v inst-1 inf
                                         'to punish [corporally]'
kuor-ta  s-P  kuori                      cf kuri
                                         kur=ita-n    kur=it-i-n
kupat-a´ v-1 inf  'to cup [in            kur=itta-a   kur=itt-i-0
    folk medicine]'                      kur=ite-ta-  kur=ite-tt-i-
    kuppaa-n      kuppas-i-n                an           in
    kuppaa-0      kuppas-i-0
    kupat-a-an    kupat-t-i-in       kur=itta-ma-an  =v-3 inf-I1
                                         kurittaa
kupi-sta  s-E1  kuppi
                                     kurja  a  'miserable'
kuppa=ri  =s 'cupper' cf kupata         kurja-a      kurj-i-a
    kuppa=ri-a    kuppa=re-i-ta/         kurja-na     kurj-i-en/
                  kuppa=re-j-a                        kurja-0-in
    kuppa=ri-na   kuppa=re-i-den/         kurja-ksi    kurj-i-ksi
                  tten/                   kurja-an     kurj-i-in
                  kuppa=ri-0-en
    kuppari=ksi   kuppa=re-i-ksi      kurkat-a´ v-1 inf  'to peek,
    kuppari=in    kuppa=re-i-hin         peep'
                                         kurkkaa-n    kurkkas-i-n
kuppa=ri-n+lääni  +s  'cupper's          kurkka-a     kurkkas-i-0
    territory'  kuppari see              kurkat-a-an  kurkat-t-i-in
        lääni for decl
```

```
kurkkas-i-0  v-past-sg3  kurkata    kuu-ksi   s-T   kuu

ku-ta   pron inter arch stem-P       kuule-ma-tta   v-3 inf-Abe
   [stand ketä, mitä]   kuka            'without hearing'  kuulla

kuto-a´   v-1 inf   'to weave,       kuul-i-0   v-past-sg3   kuulla
   knit'
  kudo-n       kudo-i-n             kuul-i-vat  v-past-pl3  kuulla
  kuto-o       kuto-i-0
  kudo-ta-an   kudo-tt-i-in         kuul-la´   v-1 inf   'to hear'
                                      kuule-n       kuul-i-n
kuto-vi   v-arch sg 3   stand         kuule-e       kuul-i-0
   kutoo  kutoa                       kuul-la-an    kuul-t-i-in

kutsu-a´   v-1 inf   'to invite,     kuul-t-u´  v-pass-2 partic
   call'                                kuulla
  kutsu-n      kutsu-i-n
  kutsu-u      kutsu-i-0             kuul=u-a´  =v refl-1 inf  'to
  kutsu-ta-an  kutsu-tt-i-in            be heard; belong [to Al]'
                                        cf kuulla
kutsu-tta-i-ssa  v-pass-poet 2         kuul=u-n       kuul=u-i-n
   inf-In  stand kutsuttaessa          kuul=u-u       kuul=u-i-0
   'when invited'  kutsua              kuul=u-ta-an   kuul=u-tt-i-in

kuu   s   'moon'                    kuul=u-i-0   =v-past-sg3
  kuu-ta       ku-i-ta                 kuulua
  kuu-na       ku-i-den/tten
  kuu-ksi      ku-i-ksi             kuulu=isa  =a  'famous'  cf
  kuu-hun      ku-i-hin                kuulua
                                       kuulu=isa-a    kuulu=is-i-a
kuude=s  =num ord  'sixth'  cf         kuulu=isa-na   kuulu=is-i-en/
   kuusi                                              kuulu=isa-0-in
  kuude=t-ta    kuude=ns-i-a           kuulu=isa-     kuulu=is-i-ksi
  kuude=nte-na  kuude=ns-i-en             ksi
  kuude=nne-ksi kuude=ns-i-ksi          kuulu=isa-an  kuulu=is-i-in
  kuude=nte-en  kuude=ns-i-in

kuude-ssa   num-In   kuusi          kuulu-u  v-sg3  kuulua
                                       kuuluu menettäneen  'is
kuu=hue-n   =s-Ac   kuuhut              said to have lost'
                                       se kuuluu hänelle  'it
kuu-hun   s-Il   kuu                    belongs to him'

kuu=hut  =s dim  'moon'  cf kuu    kuuma   a   'hot'
  kuu=hut-ta    kuu=hu-i-ta           kuuma-a       kuum-i-a
  kuu=hue-na    kuu=hu-i-den/tten     kuuma-na      kuum-i-en/
  kuu=hue-ksi   kuu=hu-i-ksi                        kuuma-0-in
  kuu=hue-en    kuu=hu-i-hin          kuuma-ksi     kuum-i-ksi
                                      kuuma-an      kuum-i-in
kuu+kaude-t-0   s-pl-N   kuukausi
                                    kuuma-a   a-P   kuuma
kuu+kausi  +s  'month'  kuu  see    kuume-mma-t-0   a-comp-pl-N
   kausi for decl                      kuumempi
```

kuume-mpi   a-comp   kuuma
  kuume-mpa-a   kuume-mp-i-a
  kuume-mpa-na   kuume-mp-i-en/
                    kuume-mpa-0-in
  kuume-mma-   kuume-mm-i-ksi
    ksi
  kuume-mpa-an   kuume-mp-i-in

kuu-n   s-Ac/G   kuu

kuunn=el-la´   =v cont-1 inf
  'to listen'   cf kuulla
  kuunt=ele-n   kuunt=el-i-n
  kuunt=ele-e   kuunt=el-i-0
  kuunn=el=la-   kuunn=el-t-i-in
    an
kuunt=ele-vi   =v-arch sg3   stand
  kuuntelee   kuunnella

kuuse-ksi   s-T   kuusi

kuusi   num   'six'
  kuut-ta   kuus-i-a
  kuute-na   kuus-i-en
  kuude-ksi   kuus-i-ksi
  kuute-en   kuus-i-in

kuusi s 'spruce, fir, *picea*'
  kuus-ta   kuus-i-a
  kuuse-na   kuus-t-en/
               kuus-i-en
  kuuse-ksi   kuus-i-ksi
  kuuse-en   kuus-i-in

kuusi=kko   =s   'spruce grove'
  cf kuusi
  kuusi=kko-a   kuusi=ko-i-ta
  kuusi=kko-na   kuusi=ko-i-den/
               tten/
               kuusi=kko-j-en
  kuusi=ko-ksi   kuusi=ko-i-ksi
  kuusi=kko-on   kuusi=kko-i-hin

kuusi=ko-ssa   =s-In   kuusikko

kuus-i-n   num-pl-Inst   kuusi

kuu-ssa   s-In   kuu

kuut-ta   num-P   kuusi
  korpi[on] *kuutta kukkaisempi*
  'the wilderness [is] six
  times more flowery than
  before'

kuva   s   'picture; image, reflection'
  kuva-a   kuv-i-a
  kuva-na   kuv-i-en/
               kuva-0-in
  kuva-ksi   kuv-i-ksi
  kuva-an   kuv-i-in

kuva-n   s-Ac   kuva

kuva-0-nsa   s-Ac-poss3   [kuva-n
  s-Ac]   kuva

ky-i-nä   s-pl-Es   kyy

kyke=ttä-e-ssä   =v-2 inf-In
  kykettää

kyke=ttä-ä´   =v poet-1 inf
  'to squat'
  kyke=tä-n   kyke=t-i-n
  kyke=ttä-ä   kyke=tt-i-0
  kyke=te-tä-   kyke=te-tt-i-
    än   in

kylki   s   'side'
  kylke-ä   kylk-i-ä
  kylke-nä   kylk-i-en
  kylje-ksi   kylj-i-ksi
  kylke-en   kylk-i-in

kyll=in   =adv   'enough'   cf
  kyllä

kyllä   adv   'certainly; indeed, to be sure; enough;
  [in answers:] yes; [in
  negative sentences:] however'

kylme-mpi   a-comp   kylmä
  kylme-mp-ä-ä   kylme-mp-i-ä
  kylme-mpä-nä   kylme-mp-i-en/
               kylme-mpä-0-in
  kylme-mmä-   kylme-mm-i-ksi
    ksi
  kylme-mpä-än   kylme-mp-i-in
  kylmempi sitäkin 'even colder than that'

kylmä   a   'cold'
  kylmä-ä   kylm-i-ä
  kylmä-nä   kylm-i-en/
               kylmä-0-in

kylmä-ksi   kylm-i-ksi
kylmä-än   kylm-i-in

kylmä-hän a-arch Il stand
    kylmään kylmä

kylmä-llä a-Ad 'in the cold
    weather' kylmä

kylmä-ssä a-In kylmä

kylpe-mä-hän v-3 inf-poet Il
    stand kylpemään kylpeä

kylpe-ä´ v-1 inf 'to bathe,
    take a bath'
    kylve-n   kylv-i-n
    kylpe-e   kylp-i-0
    kylve-tä-än   kylve-tt-i-in

kylve-tt-i-hin v-past-pass-arch
    pass suffix stand kylvet-
    tiin kylvää

kylvä-ä´ v-1 inf 'to sow'
    kylvä-n   kylv-i-n
    kylvä-ä   kylv-i-0
    kylve-tä-än   kylve-tt-i-in

kylä s 'village'
    kylä-ä   kyl-i-ä
    kylä-nä   kyl-i-en/
                   kylä-0-in
    kylä-ksi   kyl-i-ksi
    kylä-än   kyl-i-in

kylä-hän s-arch Il stand
    kylään kylä

kylä=inen =a poet 'of the
    village' cf kylä
    kylä=is-tä   kylä=is-i-ä
    kylä=ise-nä   kylä=is-i-en/
                   kylä=is-t-en
    kylä=ise-ksi   kylä=is-i-ksi
    kylä=ise-en   kylä=is-i-in

kylä=is-i-llä =a-pl-Ad
    kyläinen
    kyläisillä kynnyksillä 'on
    the thresholds of the vil-
    lage; in strange houses'

kylä-n s-G kylä

kylä-ssä s-In kylä

kymmen s 'ten-year period'
    kymmen-tä   kymmen-i-ä
    kymmene-nä   kymmen-i-en/
                   kymmen-t-en
    kymmene-ksi   kymmen-i-ksi
    kymmene-en   kymmen-i-in

kymmenen num 'ten'
    kymmen-tä   kymmen-i-ä
    kymmene-nä   kymmen-i-en/
                   kymmen-t-en
    kymmene-ksi   kymmen-i-ksi
    kymmene-en   kymmen-i-in

kymmene=s =num ord 'tenth'
    cf kymmenen
    kymmene=t-tä kymmene=ns-i-ä
    kymmene=nte- kymmene=ns-i-
       nä   en
    kymmene=nne- kymmene=ns-i-
       ksi   ksi
    kymmene=nte- kymmene=ns-i-
       en   in

kymmen+kunta +num indef
    'about ten' kymmen see
    kunta for decl

kynne-n s-G kynsi

kynne-t-0 s-pl-N kynsi

kynne-tt-y´ v-pass-2 partic
    kyntää

kynne-t-y-ksi v-pass-2 partic-
    T kynnetty
    meren muistan kynnetyksi
    'I remember how the ocean
    was created by plowing'

kynn=ykse-lle´ =s-Al kynnys

kynn=ykse-ltä =s-Abl kynnys

kynn=yks-i-llä =s-pl-Ad 'on
    the thresholds' kynnys

kynn=ys =s 'threshold' cf
    kynsi
    kynn=ys-tä   kynn=yks-i-ä

```
kynn=ykse-nä  kynn=ys-t-en/         kys=ele-mä-än  =v-3 inf-Il
              kynn=yks-i-en            kysellä
kynn=ykse-    kynn=yks-i-ksi
   ksi                                kys=el-i-0     =v-past-sg3
kynn=ykse-en  kynn=yks-i-in            kysellä

kynn=ys+lauda-n  +s  'doorsill,       kys=el-i-vät   =v-past-
   doorstep' kynnys see lauta           pl3 kysellä
   for decl
kynn=ys+lauta    +s  'doorsill,       kys=el-lä´  =v freq/cont-l
   doorstep' kynnys see lauta           inf 'to keep asking'
   for decl                             cf kysyä
                                      kys=ele-n      kys=el-i-n
kynsi   s  'fingernail'               kys=ele-e      kys=el-i-0
   kynt-tä       kyns-i-ä             kys=el-lä-än   kys=el-t-i-in
   kynte-nä      kyns-i-en/
                 kynt-t-en            kysy-i-0   v-past-sg3   kysyä
   kynne-ksi     kyns-i-ksi
   kynte-en      kyns-i-in            kysy-i-vät  v-past-pl3  kysyä

kyns-i-n   s-pl-Instr  kynsi          kysy=mykse-en  =s-Il  kysymys

kyns-i-ä-än  s-pl-P-poss3  kynsi      kysy=mys  =s  'question'  cf
                                         kysyä
kyntä-mä-ni  v-agent particN-         kysy=mys-tä    kysy=myks-i-ä
   possl 'ploughed by me'             kysy=mykse-    kysy=mys-t-en/
   kyntää                                nä          kysy=myks-i-en
                                      kysy=mykse-    kysy=myks-i-ksi
kyntä-ä´  v-1 inf  'to plough'           ksi
   kynnä-n       kynn-i-n             kysy=mykse-    kysy=myks-i-in
   kyntä-ä       kynt-i-0                en
   kynne-tä-än   kynne-tt-i-in
                                      kysy-y   v-sg3   kysyä
kynä   s  'pen, pencil'
   kynä-ä        kyn-i-ä              kysy-ä´  v-1 inf  'to ask a
   kynä-nä       kyn-i-en/               question'
                 kynä-0-in            kysy-n        kysy-i-n
   kynä-ksi      kyn-i-ksi            kysy-y        kysy-i-0
   kynä-än       kyn-i-in             kysy-tä-än    kysy-tt-i-in

kynä-n  s-Ac  kynä                    kyven  s rare arch  'spark'
                                         [stand kipinä]
kypene-t-0   s-pl-Ac   kyven          kyven-tä      kypen-i-ä
                                      kypene-nä     kypen-i-en/
kypen-i-ä   s-pl-P  kyven                           kyven-t-en
                                      kypene-ksi    kypen-i-ksi
kypär-i-n   s-pl-Instr  kypärä        kypene-en     kypen-i-in

kypärä  s  'helmet'                   kyy  s  'viper'
   kypärä-ä      kypär-i-ä            kyy-tä        ky-i-tä
   kypärä-nä     kypär-i-en/          kyy-nä        ky-i-den/tten
                 kypärä-0-in          kyy-ksi       ky-i-ksi
   kypärä-ksi    kypär-i-ksi          kyy-hyn       ky-i-hin
   kypärä-än     kypär-i-in
                                      kyyhky  s  'dove'
```

kyyhky-ä   kyyhky-j-ä
kyyhky-nä   kyyhky-j-en
kyyhky-ksi   kyyhky-i-ksi
kyyhky-yn   kyyhky-i-hin
kyyhky=nen =s 'dove' cf
   kyyhky
   kyyhky=s-tä   kyyhky=s-i-ä
   kyyhky=se-nä kyyhky=s-t-en/
                 kyyhky=s-i-en
   kyyhky=se-   kyyhky=s-i-ksi
      ksi
   kyyhky=se-en kyyhky=s-i-in

kyyhky=se-llä =s-Ad kyyhkynen

kyykerty-i-0 v-past-sg3 kyy-
   kertyä

kyykerty-ä´ v-1 inf 'to take
   a squatting position'
   kyykerry-n   kyykerry-i-n
   kyykerty-y   kyykerty-i-0
   kyykerry-tä- kyykerry-tt-i-in
      än

kyynele´ s 'tear'
   kyynelet-tä   kyynele-i-tä
   kyynelee-nä   kyynele-i-den/
                    tten
   kyynelee-ksi kyynele-i-ksi
   kyynelee-   kyynele-i-siin/
      seen   hin

kyynelee-t-0 s-pl-N kyynele

kyynärä s 'ell'
   kyynärä-ä   kyynär-i-ä
   kyynärä-nä   kyynär-i-en/
                kyynärä-0-in
   kyynärä-ksi kyynär-i-ksi
   kyynärä-än   kyynär-i-in

kyynärä-llä s-Ad kyynärä

kyyti s 'speed; ride'
   kyyti-ä   kyyte-j-ä
   kyyti-nä   kyyti-0-en
   kyydi-ksi kyyde-i-ksi
   kyyti-in   kyyte-i-hin

kyyti+miehe-ksi +s-T kyytimies

kyyti+miehe-lle-en +s-Al-
   poss3 kyytimies

kyyti+mies +s 'driver'
   kyyti see mies for decl

kyyti-ä s-P kyyti
-kä -con in neg sentences 'and'
käde-ssä s-In käsi

käde-ssä-si s-In-poss2 käsi

käde-ssä-än s-In-poss3 käsi

käet-ä´ v poet-1 inf 'to
   intend; promise; threaten'
   [stand uhata]
   käkeä-n   käkes-i-n
   käkeä-ä   käkes-i-0
   käet-ä-än   käet-t-i-in

käki s 'cuckoo'
   käke-ä   käk-i-ä
   käke-nä   käk-i-en
   käe-ksi   kä-i-ksi
   käke-en   käk-i-in

kämmen s 'palm; hand'
   kämmen-tä   kämmen-i-ä
   kämmene-nä   kämmen-t-en/
                kämmen-i-en
   kämmene-ksi kämmen-i-ksi
   kämmene-en   kämmen-i-in

kämmene-llä-än s-Ad-poss3
   kämmen

kämmen+pää +s 'the edge of
   the palm' kämmen see pää
   for decl

kämmen+pää-ssä +s-In kämmen-
   pää

käppäjä-isi-n v-cond-sg1
   käpätä
   sille kättä käppäjäisin 'I
   would shake hands with him'

käpäl-i-n s-pl-Instr käpälä

käpälä s 'paw, foot'

käpälä-ä   käpäl-i-ä
käpälä-nä   käpäl-i-en/
                 käpälä-0-in
käpälä-ksi   käpäl-i-ksi
käpälä-än   käpäl-i-in
kaksin käpälin 'with two
   paws'

käpät-ä´ v-1 inf 'to shake
   hands' ?cf käpälä
   käppää-n   käppäs-i-n
   käppää-0   käppäs-i-0
   käpät-ä-än   käpät-t-i-in

käre-lle´ s dial stem-Al stand
   kärjelle   kärki

kärje-n   s-G   kärki

kärki   s   'tip'
   kärke-ä   kärk-i-ä
   kärke-nä   kärk-i-en
   kärje-ksi   kärj-i-ksi
   kärke-en   kärk-i-in

käs-i-e-nsä   s-pl-G-poss3   [käs-
   i-en   s-pl-G]   käsi

käsi+kirjo=it=us   =s   'manu-
   script'   käsi   see kirjoi-
   tus for decl

käsi+kirjo=it=us+koko=el=ma   =s
   'manuscript collection'
   käsi   kirjoitus see koko-
   elma   for decl

käsi+kirjo=it=us+koko=el=m-i-sta
   =s-pl-El   käsikirjoituskoko-
   elma

käsi+kive-t-0   +s-pl-N [pl only]
   'quern'   käsi see kivi for
   decl

käsi+kiv-i-ä   s-pl-P   käsikivet

käs-i-ssä   s-pl-In   käsi

käske-mä-ttä   v-3 inf-Ab
   'without asking'   käskeä
   oli käskemättä 'did not ask'

käske-n   v-sgl   käskeä

käske-tt-i-in   v-pass-past-
   pass suffix 'was asked'
   käskeä

käske-ttä-i-ssä   v-pass-dial 2
   inf-In   stand käskettäessä
   'when invited'   käskeä

käske-ä´   v-1 inf 'to ask;
   command; request; invite'
   käske-n   käsk-i-n
   käske-e   käsk-i-0
   käske-tä-än   käske-tt-i-in

käsk-i-0   v-past-sg3   käskeä

käsk=y   =s   'order, command;
   decree; commandment'   cf
   käskeä
   käsk=y-ä   käsk=y-j-ä
   käsk=y-nä   käsk=y-j-en
   käsk=y-ksi   käsk=y-i-ksi
   käsk=y-yn   käsk=y-i-hin

käsk=y-ä   =s-P   käsky

käte-en   s-Il   käsi

käte-hen   s-arch Il   stand
   käteen   käsi

kätkye-hen   s-arch Il   stand
   kätkyeen 'into the cradle'
   kätkyt

kätkyt   s   'cradle'
   kätkyt-tä   kätky-i-tä
   kätkye-nä   kätky-i-den/tten
   kätkye-ksi   kätky-i-ksi
   kätkye-en   kätky-i-hin

kät-tä   s-P   käsi

käv=ele-mä-än   =v-3 inf-Il
   kävellä

käv=el-i-0   =v-past-sg3
   kävellä

käv=el-lä´   =v cont/freq-1 inf
   'to walk'   cf käydä
   käv=ele-n   käv=el-i-n
   käv=ele-e   käv=el-i-0
   käv=el-lä-än   käv=el-t-i-in

käv-i-0 v-past-sg3   käydä
käv-i-0-kin v-past-sg3-*kin*
   käydä
   niin kävikin 'that's exact-
   ly what happened'
käy-0 v-sg3   käydä
   samoin käy sotamiehelle 'the
   same happens to a soldier'
käy-´ v-imper sg2   käydä
käyd-e-ssä v-2 inf-In 'while
   walking' käydä
käy-dä´ v-1 inf 'to visit;
   walk; happen; fetch'
   käy-n   käv-i-n
   käy-0   käv-i-0
   käy-dä-än   käy-t-i-in
   *hänen täytyi käydä kirves ko-
   toansa* 'he had to fetch an
   axe from his home'
käy-mä-ssä   v-3 inf-In käydä
käy-mä-än   v-3 inf-Il käydä
käy-nyt v-2 partic käydä
käy-pi v-arch sg3 stand käy
   käydä
käy-´-pä v-imper sg2-*pä* 'be
   kind and come' käydä
käy-tä-vä v-pass-1 partic
   'walkable' käydä
käy-tä-vä-ksi v-pass-1 partic-T
   'to be walked upon' käydä
-kään see -kaan
käänn=in =s rare 'place to
   turn upon; ?turnstile' cf
   kääntää
   käänn=in-tä   käänt=im-i-ä
   käänt=ime-   käänt=im-i-en/
     nä   käänn=in-t-en
   käänt=ime-   käänt=im-i-ksi
     ksi
   käänt=ime-en   käänt=im-i-in

käänt=ime-ssä =s-In käännin
käänt=y-i-0 =v   -past-sg3
   kääntyä
käänt=y-i-vät =v-past-
   pl3 kääntyä
käänt=y-vi =v-arch sg3 stand
   kääntyy kääntyä
käänt=y-ä´ =v refl-1 inf
   'to turn [oneself]' cf
   kääntää
   käänn=y-n   käänn=y-i-n
   käänt=y-y   käänt=y-i-0
   käänn=y-tä-   käänn=y-tt-i-in
     än
käänt-ä-ä   v-1 inf 'to turn'
   käännä-n   kääns-i-n
   käänt-ä-ä   kääns-i-0
   käänne-tä-än käänne-tt-i-in
käärme´ s 'serpent'
   käärmet-tä   käärme-i-tä
   käärmee-nä   käärme-i-den/
                   tten
   käärmee-ksi   käärme-i-ksi
   käärmee-seen käärme-i-siin/hin
käärmeh-i-nä s arch stem-pl-
   Es stand käärmeinä
   käärme
-kö see -ko
köyh-impä-hän-kin a-superl-
   arch Il-*kin* stand köyhim-
   päänkin köyhin
köyh-in a-superl 'poorest'
   köyhä
   köyh-in-tä   köyh-imp-i-ä
   köyh-impä-nä köyh-imp-i-en/
                   köyh-impä-0-in
   köyh-immä-   köyh-imm-i-ksi
     ksi
   köyh-impä-än köyh-imp-i-in
köyhä a 'poor'
   köyhä-ä   köyh-i-ä
   köyhä-nä   köyh-i-en/

```
                    köyhä-0-in      köyhä-n  a-G  köyhä
    köyhä-ksi       köyh-i-ksi
    köyhä-än        köyh-i-in
```

L

```
laaja   a  'wide'                      laina-ksi    laino-i-ksi
  laaja-a       laajo-j-a              laina-an     laino-i-hin
  laaja-na      laajo-j-en/
                laaja-0-in           laina-ssa  s-In  laina
  laaja-ksi     laajo-i-ksi            ne ovat lainassa 'they are
  laaja-an      laajo-i-hin            lent'

laaja-n  a-Ac  laaja                 laine´  s  'wave'
                                       lainet-ta    laine-i-ta
laat-i-0  v-past-sg3  laatia           lainee-na    laine-i-den/tten
                                       lainee-ksi   laine-i-ksi
laati-a´  v-1 inf  'to make,           lainee-seen  laine-i-siin/hin
    prepare, draw up, compose'
  laadi-n       laad-i-n             lainehe-sta  s  arch stem-El
  laati-i       laat-i-0               stand laineesta  laine
  laadi-ta-an   laadi-tt-i-in
                                     laiska   a  'lazy'
laavitsa  s  dial  stand lavitsa       laiska-a     laisko-j-a
    'bench'                            laiska-na    laisko-j-en/
                                                    laiska-0-in
laavitsa-lle´  s-Al  laavitsa          laiska-ksi   laisko-i-ksi
                                       laiska-an    laisko-i-hin
lado-ssa  s-In  lato
                                     laiski=mus  =s  'lazybones'
lahde-n  s-G  lahti                      cf laiska
                                       laiski=mus-  laiski=muks-i-a
lahde-t-0  s-pl-N  lahti                 ta
                                       laiski=       laiski=mus-t-
lahti  s  'bay'                          mukse-na    en/
  lahte-a       laht-i-a                             laiski=muks-i-
  lahte-na      laht-i-en                            en
  lahde-ksi     lahd-i-ksi             laiski=       laiski=muks-i-
  lahte-en      laht-i-in                mukse-ksi   ksi
                                       laiski=       laiski=muks-i-
lai-lla  s-Ad  laji                      mukse-en    in
  tällä lailla  'in this way/
     manner'                         laita  s  'edge, side; state,
  millä lailla  'how, in what             condition'
     manner'                            laita-a      laito-j-a
                                        laita-na     laito-j-en/
laina  s  'loan; borrowing'                          laita-0-in
  laina-a       laino-j-a              laida-ksi    laido-i-ksi
  laina-na      laino-j-en/             laita-an    laito-i-hin
                laina-0-in            asian laita  'the state of
```

the matter'
huonostipa siellä oli ruoan laita 'as to the food, things went badly there'
samoin on vanhojen ennustusten laita 'the same holds true with old divinations'

laita-an s-Il laita
   maantien laitaan 'to the roadside'

laite-tt-i-in v-pass-past-pass suffix laittaa

laite-tt-i-in-pa v-pass-past-pass suffix-*pa* laittaa

laitta-a´ v-1 inf 'to make, prepare'
  laita-n   laito-i-n
  laitta-a   laitto-i-0
  laite-ta-an laite-tt-i-in

laitta=us-i-vat =v -past-pl3 stand laittautuivat laittautua

laitta=utu-a´ =v refl-1 inf 'to prepare oneself' cf laittaa
  laitta=udu-n laitta=udu-i-n
  laitta=utu-u laitta=utu-i-0
  laitta=udu-ta-an laitta=udu-tt-i-in

laitto-i-0 v-past-sg3 laittaa

laitto-i-vat v-past-pl3 laittaa

laiva s 'ship'
  laiva-a   laivo-j-a
  laiva-na   laivo-j-en/
               laiva-0-in
  laiva-ksi laivo-i-ksi
  laiva-an   laivo-i-hin

laiva-a s-P laiva

laiva-t-0 s-pl-N/Ac laiva

lak=ais-ta´ =v-1 inf 'to sweep'
  lak=aise-n   lak=ais-i-n
  lak=aise-e   lak=ais-i-0
  lak=ais-ta-an lak=ais-t-i-in

lak=ais-te-n =v-2 inf-Instr 'sweeping' lakaista

lakana s 'bedsheet'
  lakana-a   lakano-j-a/
                lakano-i-ta
  lakana-na   lakano-j-en/
                lakano-i-den/tten/
                lakana-0-in
  lakana-ksi lakano-i-ksi
  lakana-an   lakano-i-hin

lakano-i-ta s-pl-P lakana

lakat-a´ v-1 inf 'to stop, cease'
  lakkaa-n   lakkas-i-n
  lakkaa-0   lakkas-i-0
  lakat-a-an lakat-t-i-in

lakkari s coll 'pocket'
  lakkari-a   lakkare-i-ta/
                lakkare-j-a
  lakkari-na lakkari-0-en/
                lakkare-i-den/tten
  lakkari-ksi lakkare-i-ksi
  lakkari-in lakkare-i-hin

lakkari-sta-nsa s-El-poss3 lakkari

lakkas-i-0 v-past-sg3 lakata

lakki s 'cap'
  lakki-a   lakke-j-a
  lakki-na lakki-0-en
  laki-ksi lake-i-ksi
  lakki-in lakke-i-hin

lallan nonce word used in children's rhymes

Lammi s place name
              [pl not used]
  Lammi-a   ------
  Lammi-na ------
  Lammi-ksi ------
  Lammi-in ------

lammi-ksi s dial stem-T stand
    lammeksi lampi

Lammi-lla s-Ad 'at Lammi'
    Lammi

lammi-n s dial stem-G stand
    lammen lampi

Lammi-n s-G Lammi

lampi s 'pond'
    lampe-a   lamp-i-a
    lampe-na   lamp-i-en
    lamme-ksi   lamm-i-ksi
    lampe-en   lamp-i-in

langa-n s-G/Ac lanka

langen-nu=inen =a poet 'fallen,
    dropped' stand langennut
    langeta
    langen-nu=   langen-nu=is-i-a
      is-ta
    langen-nu=   langen-nu=is-t-
      ise-na   en/
                    langen-nu=is-i-en
    langen-nu=   langen-nu=is-i-
      ise-ksi   ksi
    langen-nu=   langen-nu=is-i-in
      ise-en

langen-nu=is-i-n =a-pl-Instr
    langennuisin
    nenin suulle langennuisin
    "with [your] nose fallen on
    [your] mouth"; 'crestfallen'

langen-nut v-2 partic langeta

langet-a´ v-1 inf 'to fall'
    lankea-n   lankes-i-n
    lankea-a   lankes-i-0
    langet-a-an   langet-t-i-in

lango-kse-ni s-T-poss1 'to be
    my male relative' lanko

lanka s 'thread; yarn; wire'
    lanka-a   lanko-j-a
    lanka-na   lanko-j-en/
                  lanka-0-in
    langa-ksi   lango-i-ksi
    lanka-an   lanko-i-hin

lanka-a s-P lanka

lankee=mukse-n =s-G lankee-
    mus

lankee=mus =s 'downfall' cf
    langeta
    lankee=mus-   lankee=muks-
      ta   i-a
    lankee=   lankee=mus-t-
      mukse-na   en/
                   lankee=muks-i-
                     en
    lankee=   lankee=muks-i-
      mukse-ksi   ksi
    lankee=   lankee=muks-i-
      mukse-en   in

lanko s 'stand: brother-in-
    law; arch: male affine,
    distant relative'
    lanko-a   lanko-j-a
    lanko-na   lanko-j-en
    lango-ksi   lango-i-ksi
    lanko-on   lanko-i-hin

lanne´ s 'loin, hip'
    lannet-ta   lante-i-ta
    lantee-na   lante-i-den/
                     tten
    lantee-ksi   lante-i-ksi
    lantee-seen   lante-i-siin/
                     hin

lantehe-sta s arch stem-El
    stand lanteesta lanne

lante=hu=inen =s poet 'loin,
    hip' cf lantehut
    lante=hu=is-   lante=hu=is-i-
      ta   a
    lante=hu=   lante=hu=is-t-
      ise-na   en/
                   lante=hu=is-i-
                     en
    lante=hu=   lante=hu=is-i-
      ise-ksi   ksi
    lante=hu=   lante=hu=is-i-
      ise-en   in

lante=hu=is-i-lta-nsa =s-pl-
    Abl-poss3 'from her lap'
    lantehuinen

lante=hut =s dim poet 'loin,

hip' cf lanne
lante=hut-ta lante=hu-i-ta
lante=hue-na lante=hu-i-den/
                tten/
              lante=hut-t-en
lante=hue-   lante=hu-i-ksi
  ksi
lante=hue-en lante=hu-i-hin

lapa s 'shoulder; blade'
  lapa-a   lapo-j-a
  lapa-na   lapo-j-en/
               lapa-0-in
  lava-ksi   lavo-i-ksi
  lapa-an   lapo-i-hin

lapa+luu +s 'shoulder blade,
  bladebone' lapa see luu
  for decl

lapa+luu-0-nsa +s-Ac-poss3
  [lapa+luu-n +s-Ac] lapa-
  luu

lapoho-lle´ s arch stem-Al
  stand lavolle lapo

lapo s arch 'hay cock'
  lapo-a   lapo-j-a
  lapo-na   lapo-j-en
  lavo-ksi   lavo-i-ksi
  lapo-on   lapo-i-hin

lappa=lainen =a 'Lappish'/ =s
  'Lapp'
  lappa=lais- lappa=lais-i-a
    ta
  lappa=laise- lappa=lais-t-en/
    na   lappa=lais-i-en
  lappa=laise- lappa=lais-i-ksi
    ksi
  lappa=laise- lappa=lais-i-in
    en

lappa=laise-n =s-G/Ac lappa-
  lainen

Lappee-n+ranna-ssa +s-In 'at
  Lappeenranta' Lappeenranta

Lappee-n+ranta +s place name
  Lappee see ranta for decl

Lappee-n+ranta-an +s-Il 'to
  Lappeenranta' Lappeen-
  ranta

Lappi s 'Lapland'
  Lappi-a   [pl not used]
  Lappi-na   --------
  Lapi-ksi   --------
  Lappi-in   --------

lapse-lle´ s-Al lapsi

lapse-lle-nsa s-Al-poss3
  lapsi

lapse-n s-G/Ac lapsi

lapse-n+etsi=ntä+virsi +s
  'song about the search
  for the child' lapsi
  etsintä see virsi for
  decl

lapse-n+saa=ja=inen =s poet
  'birth-giver' lapsi see
  saajainen for decl

lapse-n+saa=ja=ise-n =s-G
  lapsensaajainen

lapse-t-0 s-pl-N lapsi

lapsi s 'child'
  las-ta   laps-i-a
  lapse-na   las-t-en/
               laps-i-en
  lapse-ksi   laps-i-ksi
  lapse-en   laps-i-in

laps-i-sta s-pl-El lapsi

laps=uude-n =s-G lapsuus

laps=uus =s 'childhood' cf
  lapsi
  laps=uut-ta laps=uuks-i-a
  laps=uute-na laps=uuks-i-en
  laps=uude-   laps=uuks-i-
    ksi   ksi
  laps=uute-en laps=uuks-i-in

lasi s 'glass; [dial/arch:]
  window'

```
lasi-a        lase-j-a          lasti-na      lasti-0-en
lasi-na       lasi-0-en         lasti-ksi     laste-i-ksi
lasi-ksi      lase-i-ksi        lasti-in      laste-i-hin
lasi-in       lase-i-hin
                               lato   s  'barn'
lasi-n  s-G  lasi                lato-a       lato-j-a
                                 lato-na      lato-j-en
laske-a´ v-1 inf  'to let go,    lado-ksi     lado-i-ksi
   let down, set down; count'    lato-on      lato-i-hin
   laske-n       lask-i-n
   laske-e       lask-i-0       lato-a´ v-1 inf  'to pile
   laske-ta-an   laske-tt-i-in     up, heap, stack, pack,
                                    stow'
laske-ma-an  v-3 inf-Il  laskea   lado-n       lado-i-n
                                  lato-o       lato-i-0
laske=tta-a´ =v caus-1 inf  'to   lado-ta-an   lado-tt-i-in
   let/make go at full speed'
   cf laskea                    lato-i-0  v-past-sg3   latoa
   laske=ta-n    laske=t-i-n
   laske=tta-a   laske=tt-i-0   lato-on  s-Il   lato
   laske=te-ta-  laske=te-tt-i-
           an            in     lattia  s  'floor'
                                  lattia-a     lattio-i-ta
laske=tt-i-vat  =v-past-pl3       lattia-na    lattio-i-den/
   laskettaa                                      tten/
                                               lattia-0-in
laske-tt-u´ v-pass-2 partic  las- lattia-ksi   lattio-i-ksi
   kea                            lattia-an    lattio-i-hin

laske-va-n  v-1 partic-Ac       lattia-lla  s-Ad  lattia
   nämä kuulivat poikien laskevan
   omeniaan  'they heard the    lattia-lle´  s-Al  lattia
   boys counting their apples'
                                latva  s  'treetop; upper
lask=u  =s  'bill, account; cal-   course/source of river'
   culation; estimate; floating;  latva-a      latvo-i-a
   descent, fall'  cf laskea      latva-na     latvo-j-en/
   lask=u-a      lask=u-j-a                    latva-0-in
   lask=u-na     lask=u-j-en     latva-ksi    latvo-i-ksi
   lask=u-ksi    lask=u-i-ksi    latva-an     latvo-i-hin
   lask=u-un     lask=u-i-hin
                                latvo-i-n  s-pl-Instr  'with
las-ta  s-P  lapsi                 its top'  latva

lasta=a-n  =v-sgl  lastata      laukka  s  'gallop'
                                              [pl not used]
lasta=t-a´  =v fact-1 inf  'to    laukka-a     ------
   load'  cf lasti                laukka-na    ------
   lasta=a-n     lasta=s-i-n      lauka-ksi    ------
   lasta=a-0     lasta=s-i-0      laukka-an    ------
   lasta=t-a-an  lasta=t-t-i-in
                                laukka-a  s-P  laukka
lasti  s  'load'                   täyttä laukkaa  'galloping'
   lasti-a       laste-j-a
```

laukku s 'bag, pouch, satchel'
  laukku-a   laukku-j-a
  laukku-na   laukku-j-en
  lauku-ksi   lauku-i-ksi
  laukku-un   laukku-i-hin

lauku-n s-Ac laukku

laula-´ v-imper sg2 laulaa

laula-a v-sg3 laulaa

laula'a [sic]/laula-a´ v-1 inf
  'to sing'
  laula-n   laulo-i-n
  laula-a   laulo-i-0
  laule-ta-an   laule-tt-i-in

laula-e-ssa s-2 inf-In laulaa

laula=ja =s 'singer, bard'
  cf laulaa
  laula=ja-a   laula=j-i-a
  laula=ja-na   laula=j-i-en/
                 laula=ja-0-in
  laula=ja-ksi laula=j-i-ksi
  laula=ja-an   laula=j-i-in

laula=ja-lta =s-Abl laulaja

laula=ja-n =s-G laulaja

laula=ja-ta =s-arch P stand
  laulajaa laulaja

laula-ma-han v-3 inf-arch Il
  stand laulamaan laulaa

laula-ma-tta v-3 inf-Abe
  'without singing' laulaa
  saranan on laulamatta 'without the hinges singing'

laula-n v-sg 1 laulaa

laula-ne-vi v-pot-arch sg3
  stand laulanee laulaa

laula-nut v-2 partic laulaa

laul=el-i-0 =v   -past-sg3
  laulella

laul=el-la´ =v freq/cont-1 inf 'to sing [continuously, lightly]' cf laulaa
  laul=ele-n   laul=el-i-n
  laul=ele-e   laul=el-i-0
  laul=el-la-   laul=el-t-i-
    an   in

laule-ta-han v-pass-arch
  pass suffix stand lauletaan laulaa

laulo-i-0 v-past-sg3 laulaa

laul=u =s 'song; singing'
  cf laulaa
  laul=u-a   laul=u-j-a
  laul=u-na   laul=u-j-en
  laul=u-ksi   laul=u-i-ksi
  laul=u-un   laul=u-i-hin

laulu+puu +s poet 'singing tree [left for birds when forest is cleared]' laulu see puu for decl

lausu-a´ v-1 inf 'to utter; pronounce'
  lausu-n   lausu-i-n
  lausu-u   lausu-i-0
  lausu-ta-an lausu-tt-i-in

lausu-nee-0-nsa v-2 partic-Ac-poss3 [lausu-nee-n v-2 partic-Ac] lausua

lausu-nut v-2 partic lausua

lauta s 'board'
  lauta-a   lauto-j-a
  lauta-na   lauto-j-en/
                lauta-0-in
  lauda-ksi   laudo-i-ksi
  lauta-an   lauto-i-hin

lauta=nen =s 'plate, disc; croup' cf lauta
  lauta=s-ta   lauta=s-i-a
  lauta=se-na   lauta=s-t-en/
                lauta=s-i-en
  lauta=se-ksi lauta=s-i-ksi
  lauta=se-en   lauta=s-i-in

lauta=se-lle´ =s-Al lauta-nen

lauto-j-a s-pl-P lauta

lautta s 'raft'
  lautta-a   lautto-j-a
  lautta-na   lautto-j-en/
                lautta-0-in
  lauta-ksi   lauto-i-ksi
  lautta-an   lautto-i-hin
lautta'a [sic]/lautta-a s-P
   lautta

lava s 'bench; platform,
   stage'
  lava-a   lavo-j-a
  lava-na   lavo-j-en/
                lava-0-in
  lava-ksi   lavo-i-ksi
  lava-an   lavo-i-hin

lavitsa s 'bench' ?cf lauta
  lavitsa-a   lavitso-j-a/
                lavitso-i-ta
  lavitsa-na   lavitso-j-en/
                lavitsa-0-in
  lavitsa-ksi   lavitso-i-ksi
  lavitsa-an   lavitso-i-hin

lehde=ttömä-än =a-Il lehdetön

lehde=tön =a 'leafless, bare,
   nude [tree]' cf lehti
  lehde-tön-tä lehde=ttöm-i-ä
  lehde=ttömä- lehde=ttöm-i-en/
    nä   lehde=ttömä-0-in/
                lehde=tön-t-en
  lehde=ttömä- lehde=ttöm-i-ksi
    ksi
  lehde=ttömä- lehde=ttöm-i-in
    än

Lehm=o=nen =s family name cf
   lehmä
  Lehm=o=s-ta   Lehm=o=s-i-a
  Lehm=o=se-na Lehm=o=s-t-en/
                  Lehm=o=s-i-en
  Lehm=o=se-   Lehm=o=s-i-ksi
    ksi
  Lehm=o=se-en Lehm=o=s-i-in

lehmä s 'cow'
  lehmä-ä   lehm-i-ä
  lehmä-nä   lehm-i-en/
                lehmä-0-in
  lehmä-ksi   lehm-i-ksi
  lehmä-än   lehm-i-in

lehmä-n s-G/Ac lehmä

lehmä-ä s-P lehmä

lehti s 'leaf'
  lehte-ä   leht-i-ä
  lehte-nä   leht-i-en
  lehde-ksi   lehd-i-ksi
  lehte-en   leht-i-in

lehti+puu +s 'leaf tree'
   lehti see puu for decl

leht=o =s 'grove' cf lehti
  leht=o-a   leht=o-j-a
  leht=o-na   leht=o-j-en
  lehd=o-ksi   lehd=o-i-ksi
  leht=o-on   leht=o-i-hin

lehv-i-ä-nsä s-pl-P-poss3
   lehvä

lehvä s 'leafy branch'
  lehvä-ä   lehv-i-ä
  lehvä-nä   lehv-i-en/
                lehvä-0-in
  lehvä-ksi   lehv-i-ksi
  lehvä-än   lehv-i-in

leikat-a´ v-1 inf 'to cut'
  leikkaa-n   leikkas-i-n
  leikkaa-0   leikkas-i-0
  leikat-a-an   leikat-t-i-in

leikkas-i-0 v-past-sg3
   leikata

leip=o-a´ =v-1 inf 'to bake
   bread' cf leipä
  leiv=o-n   leiv=o-i-n
  leip=o-o   leip=o-i-0
  leiv=o-ta-an leiv=o-tt-i-in

leip=o-i-0 v-past-sg3
   leipoa

leipä s 'bread; loaf of
   bread'
  leipä-ä   leip-i-ä
  leipä-nä   leip-i-en/

```
                    leipä-0-in
   leivä-ksi        leiv-i-ksi
   leipä-än         leip-i-in

leipä+kihla-t-0   +s  poet-pl-N
   'bethrothal presents of
   bread'  leipä  see  kihlat
   for decl

leipä+kintaha-t-0  +s poet arch
   stem-pl-N  'pair of mittens
   of bread'  leipä  see kinnas
   for decl

leipä+miehe-n  +s-G  leipämies

leipä+mies  +s  poet  'man with
   bread'  leipä  see mies for
   decl

leiri  s  'camp'
   leiri-ä          leire-j-ä
   leiri-nä         leiri-0-en
   leiri-ksi        leire-i-ksi
   leiri-in         leire-i-hin

leivä-n+kann=ikka  =s  'dried
   piece of bread'  leipä  see
   kannikka  for decl

leivä-n+kann=ikka-a-nsa  =s-P-
   poss 3  leivänkannikka

lempi  s poet  'love'[stand rakkaus]
   lempe-ä          lemp-i-ä
   lempe-nä         lemp-i-en
   lemme-ksi        lemm-i-ksi
   lempe-en         lemp-i-in

lempi+lehti  +s poet  'darling'
   lempi  see  lehti  for decl

lenn=el-lä´  =v cont-1 inf  'to
   fly about slowly'  lentää
   lent=ele-n       lent=el-i-0
   lent=ele-e       lent=el-i-0
   lenn=el-lä-      lenn=el-t-i-in
      än

lennä-´  v-imper  sg2  lentää

lens-i-0  v-past-sg3  lentää

lent=ele-vi  =v-arch sg3
   stand  lentelee  lennellä

lentä-ä  v-sg3  lentää

lentä-ä´  v-1 inf  'to fly'
   lennä-n          lens-i-n
   lentä-ä          lens-i-0/
                    lent-i-0
   lenne-tä-än      lenne-tt-i-in

lep=o  =s  'rest'  cf levätä
   lep=o-a          lep=o-j-a
   lep=o-na         lep=o-j-en
   lev=o-ksi        lev=o-i-ksi
   lep=o-on         lep=o-i-hin

leski  s  'widow; widower'
   leske-ä          lesk-i-ä
   leske-nä         lesk-i-en
   leske-ksi        lesk-i-ksi
   leske-en         lesk-i-in

lesk-i-ä  s-pl-P  leski

leve=s-i-0  =v-past-sg3
   levetä

leve=t-ä´  =v refl-1 inf 'to
   expand'  cf leveä
   leve=ä-n/        leve=s-i-n/
   leve=ne-n        leve=n-i-n
   leve=ä-ä/        leve=s-i-0/
   leve=ne-e        leve=n-i-0
   leve=t-ä-än      leve=t-i-in

leveä  a  'broad, wide'
   leveä-ä          leve-i-tä
   leveä-nä         leve-i-den/tten/
                    leveä-0-in
   leveä-ksi        leve-i-ksi
   leveä-än         leve-i-hin

leveä-mmä-llä  a-comp-Ad
   leveämpi

leveä-mpi  a-comp  'wider,
   broader'  leveä
   leveä-mpä-ä      leveä-mp-i-ä
   leveä-mpä-nä     leveä-mp-i-en/
                    leveä-mpä-0-in
   leveä-mmä-       leveä-mm-i-ksi
      ksi
   leveä-mpä-än     leveä-mp-i-in
```

```
lev=it=0=el-lä´ =v cont/freq-1        lieputtele-e  lieputtel-i-0
   inf  'to stretch, widen, un-       lieputel-la-  lieputel-t-i-
   fold'  cf levittää                    an             in
  lev=it=t=ele-n   lev=it=t=el-i-n
  lev=it=t=ele-e   lev=it=t=el-i-0   liesi  s  'hearth'
  lev=it=0=el-    lev=it=0=el-t-       liet-tä       lies-i-ä
     lä-än           i-in              liete-nä      lies-i-en/
                                                     liet-t-en
  lev=it=t=el-i-0  =v-past-sg3         liede-ksi     lies-i-ksi
     levitellä                         liete-en      lies-i-in

  lev=it=tä-ä´  =v caus-1 inf 'to     lieska  s  'flame, blaze'
    widen, unfold' cf levitä           lieska-a      liesko-j-a
   lev=it=ä-n    lev=it=0-i-n          lieska-na     liesko-j-en/
   lev=it=tä-ä   lev=it=t-i-0                        lieska-0-in
   lev=it=e-tä-  lev=it=e-tt-i-        lieska-ksi    liesko-i-ksi
      än            in                 lieska-an     liesko-i-hin

  lev=it-ä´  =v refl-1 inf 'to         liev=itt-i-0  =v-past-sg3
    expand'  cf leveä                    lievittää
   lev=iä-n     lev=is-i-n
   lev=iä-ä     lev=is-i-0             liev=ittä-ä´  =v fact-1 inf
   lev=it- ä-än lev=it-t-i-in            'to ease'cf lievä
                                        liev=itä-n   liev=it-i-n
  levä=t-ä´  =v-1 inf 'to rest'         liev=ittä-ä  liev=itt-i-0
   lepä=än      lepä=s-i-n              liev=ite-tä- liev=ite-tt-i-
   lepä=ä-0     lepä=s-i-0                än            in
   levä=t-ä-än  levä=t-t-i-in
                                       lievä  a  'slight, mild'
  levä=t-ä-kse-en =v-1 inf-T-poss       lievä-ä      liev-i-ä
    3  'in order to rest'  le-          lievä-nä     liev-i-en/
    vätä                                              lievä-0-in
                                       lievä-ksi    liev-i-ksi
  lia=t-a´  =v inst-1 inf  'to          lievä-än     liev-i-in
    soil, mess, dirty'  cf lika
   lika=a-n     lika=s-i-n             liha  s  'meat'
   lika=a-0     lika=s-i-0              liha-a       liho-j-a
   lia=t-a-an   lia=t-t-i-in            liha-na      liho-j-en/
                                                     liha-0-in
  liede-llä  s-Ad  'on the stove'       liha-ksi     liho-i-ksi
    liesi                               liha-an      liho-i-hin

  lie-n  v pot stem poet/dial-sg1      liha'a [sic]/liha-a  s-P
    stand  lienen  olla                   liha

  liene-´  v pot-neg  olla             liha+kauppa  +s  'meat store'
                                         liha  see kauppa for decl
  lieputtele-n  v descr-sg 1
    lieputella                         liha+kauppa-an  +s-Il  liha-
                                         kauppa
  lieputel-la´  v descr-1 inf
    'to fly in a light manner'         liha-n  s-G  liha
    lieputtele-n  lieputtel-i-n
```

liha-n+pala +s 'piece of meat'
   liha see pala for decl

liha-n+pala-a +s-P lihanpala

liha-n+pala-n +s-G/Ac lihan-
   pala

liha-sta s-El liha

liian adv [liia-n a-Ac] 'too'
   cf liika
   liian kauan 'too long [time]'
   liian pieni 'too small'

liid=el-lä´ =v freq/cont-1 inf
   'to float, sail [in the
   air]' cf liitää
   liit=ele-n   liit=el-i-n
   liit=ele-e   liit=el-i-0
   liid=el-lä-   liid=el-t-i-in
   än

liika a 'superfluous'; s
   'surplus'

liik=ahta-a´ =v mom-1 inf 'to
   jerk' cf liike
   liik=ahda-n   liik=ahd-i-n
   liik=ahta-a   liik=aht-i-0
   liik=ahde-   liik=ahde-tt-i-
   ta-an   in

liik=aht-i-0 =v-past-sg3 lii-
   kahtaa

liik=ahutt-i-0 =v poet stem-
   past-sg3 stand liikautti
   liikauttaa

liik=autta-a´ =v caus-1 inf
   'to move' cf liikahtaa
   liik=auta-n   liik=aut-i-n
   liik=autta-a   liik=autt-i-0
   liik=aute-   liik=aute-tt-i-
   ta-an   in

liike´ s 'movement'
   liiket-tä   liikke-i-tä
   liikkee-nä   liikke-i-den/
                   tten
   liikkee-ksi   liikke-i-ksi
   liikkee-seen   liikke-i-siin/hin

liikkee-llä s-Al 'on the
   move' liike

liikk=u-a´ =v refl-1 inf
   'to move' cf liike
   liik=u-n   liik=u-i-n
   liikk=u-u   liikk=u-i-0
   liik=u-ta-an   liik=u-tt-i-in

liik=u-´ =v-imper sg2
   liikkua

liik=u=tta-a´ =v caus-1 inf
   'to move, cause moving'
   cf liikkua
   liik=u=ta-n   liik=u=t-i-n
   liik=u=tta-a   liik=u=tt-i-0
   liik=u=te-   liik=u=te-tt-
   ta-an   i-in

liik=u=tta-isi-0 =v-cond-sg3
   liikuttaa

liit=ele-vi =v-arch sg3
   stand liitelee liidellä

liitä-mä-hän v-3inf-arch I1
   stand liitämään liitää

liitä-ä´ v-1 inf 'to sail
   [through air]'
   liidä-n   liid-i-n
   liitä-ä   liit-i-0
   liide-tä-än   liide-tt-i-in

lika s 'dirt'
   lika-a   liko-j-a
   lika-na   liko-j-en/
                  lika-0-in
   lia-ksi   lio-i-ksi
   lika-an   liko-i-hin

lika=a-0 =v-sg3 liata

lika=inen =a 'dirty' cf
   lika
   lika=is-ta   lika=is-i-a
   lika=ise-na   lika=is-i-en/
                  lika=is-t-en
   lika=ise-ksi   lika=is-i-ksi
   lika=ise-en   lika=is-i-in

lika=ise-n =a-Ac likainen

likka s coll 'girl'
  likka-a   likko-j-a
  likka-na   likko-j-en/
                likka-0-in
  lika-ksi   liko-i-ksi
  likka-an   likko-i-hin

likka+tyttö +s 'girl' likka
  see tyttö for decl

lillin nonce word [teasing]
  caused by alliteration

linnu-lla s-Ad lintu

linnu-n s-G/Ac lintu

linnu-t-0 s-pl-N/Ac lintu

lintu s 'bird'
  lintu-a   lintu-j-a
  lintu-na   lintu-j-en
  linnu-ksi   linnu-i-ksi
  lintu-un   lintu-i-hin

lipas s 'small box, case,
  chest'
  lipas-ta   lippa-i-ta
  lippaa-na   lippa-i-den/tten/
                lipas-t-en
  lippaa-ksi   lippa-i-ksi
  lippaa-seen   lippa-i-siin/hin

lippaha-n s-arch stem-G stand
  lippaan lipas

lippu s 'patch; slip; flag'
  lippu-a   lippu-j-a
  lippu-na   lippu-j-en
  lipu-ksi   lipu-i-ksi
  lippu-un   lippu-i-hin

lips=ahta-a´ =v mom-1 inf 'to
  slip'
  lips=ahda-n   lips=ahd-i-n
  lips=ahta-a   lips=aht-i-0
  lips=ahde-   lips=ahde-tt-i-
    ta-an   in

lips=ahta-nut =v-2 partic
  lipsahtaa

lipu-n s-Ac lippu

lo=itse´ =adv ["prolative"]
  'passing by' cf luona,
  luota, luokse

loitsi-a´ v-1 inf 'to con-
  jure, work magic, recite
  magic formulae'
  loitsi-n   loits-i-n
  loitsi-i   loits-i-0
  loitsi-ta-an   loitsi-tt-i-in

loits=u =s 'magic formula'
  cf loitsia
  loits=u-a   loits=u-j-a
  loits=u-na   loits=u-j-en
  loits=u-ksi   loits=u-i-ksi
  loits=u-un   loits=u-i-hin

loits=u-j-a =s-pl-P loitsu

loma s 'interim space,
  time; leisure, vacation'
  loma-a   lom-i-a
  loma-na   lom-i-en/
                loma-0-in
  loma-ksi   lom-i-ksi
  loma-an   lom-i-in

loma-ssa [s-In]-postpos with
  G 'between; among' loma

lom-i-a s-pl-P loma

lom-i-ssa s-pl-In loma

loppu s 'end; rest, remnants'
  loppu-a   loppu-j-a
  loppu-na   loppu-j-en
  lopu-ksi   lopu-i-ksi
  loppu-un   loppu-i-hin

loppu-a s-P loppu

loppu-a´ v-refl 1 inf 'to end'
  cf loppu
  lopu-n   lopu-i-n
  loppu-u   loppu-i-0
  lopu-ta-an   lopu-tt-i-in

loppu-i-0 v-past-sg3 loppua

loppu-i-vat-kin v-past-pl3-
  kin loppua

loppu-u   v-sg3   loppua

loppu-un   s-Il   loppu

lopu-lta   s-Abl   'finally'
    loppu

loru   s   'children's rhyme'
    loru-a   loru-j-a
    loru-na   loru-j-en
    loru-ksi   loru-i-ksi
    loru-un   loru-i-hin

loru-j-a   s-pl-P   loru

lottis   nonce word in children's
    rhyme

luke-a´   'to read; count'
    lue-n   lu-i-n
    luke-e   luk-i-0
    lue-ta-an   lue-tt-i-in

luki-e-ssa   v-2 inf-In   lukea

luk=u   =s   'number'   cf lukea
    luk=u-a   luk=u-j-a
    luk=u-na   luk=u-j-en
    luv=u-ksi   luv=u-i-ksi
    luk=u-un   luk=u-i-hin

luk=u=inen   =a   'numerous'   cf
    luku
    luk=u=is-ta   luk=u=is-i-a
    luk=u=ise-na   luk=u=is-i-en/
                   luk=u=is-t-en
    luk=u=ise-   luk=u=is-i-ksi
        ksi
    luk=u=ise-en   luk=u=is-i-in

lume-en   s-Il   lumi

lume-hen   s-arch Il   stand
    lumeen   lumi

lume-n   s-G   lumi
    lumen aikaan '"in the time of
    the snow"; in the winter'

lume-ssa   s-In   lumi

lumi   s   'snow'
    lun-ta   lum-i-a
    lume-na   lum-i-en/
                    lun-t-en
    lume-ksi   lum-i-ksi
    lume-en   lum-i-in

lumi+valko=inen   =a   'snow
    white'   lumi   see val-
    koinen for decl

lumi+valko=is-i-a   =a-pl-P
    lumivalkoinen

lunnaa-t-0   s-pl-N   'ransom'
    [pl only]
    ------   lunna-i-ta
    ------   lunna-i-den/
                    tten
    ------   lunna-i-ksi
    ------   lunna-i-siin/hin

lunnah-i-ksi   s arch stem-pl-
    T stand   lunnaiksi
    lunnaat

luo´   postpos with G   'to'

luo-da´   v-1 inf   'to cast;
    create'
    luo-n   lo-i-n
    luo-0   lo-i-0
    luo-da-an   luo-t-i-in

luodo-t-0   s-pl-N   luojo

luo-d-u-i-ksi   v-pass-2 partic-
    pl-T   luotu

Luo=ja   =s   'Creator'   luoja

luo=ja   =s   'creator'   cf
    luoda
    luo=ja-a   luo-j-i-a
    luo=ja-na   luo=j-i-en/
                    luo=ja-0-in
    luo=ja-ksi   luo=j-i-ksi
    luo=ja-an   luo=j-i-in

Luo=ja-lla-mme   =s-Ad-poss
    pl 1   Luoja

Luo=ja-n   =s-G   Luoja

luo-kse´   postpos-T   with G
    'to'
    tytön luokse   'to the girl'

luo-kse-en adv-T-poss3 'to himself'

luo-ma v-agent partic 'created' luoda

luo-ma-0-0-ni v-agent partic-pl-N-poss1 'created by me' luoda [luo-ma-t-0 v-agent partic-pl-N]

luo-ma-ssa v-agent partic-In luoda
Jumalan luomassa maassa 'in the land created by God'

luo=minen =s 'creation' cf luoda
  luo=mis-ta   luo=mis-i-a
  luo=mise-na luo=mis-i-en/
                luo=mis-t-en
  luo=mise-ksi luo=mis-i-ksi
  luo=mise-en luo=mis-i-in

luo=mis+taru +s 'creation myth' luominen see taru for decl

luo=mis+taru-n +s-G luomistaru

luo=mis+taru-j-a +s-pl-P luomistaru

luo-na postpos-Es with G 'at'

luo=nno-n+ilm=iö =s 'natural phenomenon' luonto see ilmiö for decl

luo=nno-n+ilm=iö-tä =s-P luonnonilmiö

luo=nto =s 'nature; [here:] character' cf luoda
  luo=nto-a   luo=nto-j-a
  luo=nto-na luo=nto-j-en
  luo=nno-ksi luo=nno-i-ksi
  luo=nto-on luo=nto-i-hin

luo-nut v-2 partic luoda

Luopioinen s place name [pl only:]
  ------ Luopiois-i-a
  ------ Luopiois-t-en/Luopiois-i-en
  ------ Luopiois-i-ksi
  ------ Luopiois-i-in

Luopiois-i-ssa s-pl-In 'at Luopioinen' Luopioinen

luo=pu-a´ =v refl-1 inf 'to give up, sacrifice' cf luoda
  luo=vu-n   luo=vu-i-n
  luo=pu-u   luo=pu-i-0
  luo=vu-ta-an luo=vu-tt-i-in

luo=pu-ma-an =v-3 inf-Il luopua

luo-ta postpos-P with G 'from'

luo-ta-nsa postp-P-poss3 *hänen luotansa* 'from him'

luote´ s 'magic word'
  luotet-ta luotte-i-ta
  luottee-na luotte-i-den/tten
  luottee-ksi luotte-i-ksi
  luottee-seen luotte-i-siin/hin

luoto s 'rocky islet'
  luoto-a   luoto-j-a
  luoto-na luoto-j-en
  luodo-ksi luodo-i-ksi
  luoto-on luoto-i-hin

luottee-t-0 s-pl-N/Ac 'magic words; magic' luote

luottehe-0-0-nsa s arch stem-pl-N-poss3 stand luotteensa [luottee-t-0 s-pl-N] luote

luottehe-0-0-si s arch stem-pl-N-poss2 stand luotteesi [luottee-t-0 s-pl-N] luote

luottehe-t-0 arch stem-pl-N/Ac stand luotteet luote

luo-t-u´ v-pass-2 partic 'created, made' luoda

luo=vu-n =v-sg1 luopua

luo=vu=t=el-la´ =v cont-1 inf 'to give away' stand luovuttaa
  luo=vu=tt=ele-n   luo=vu=tt=el-i-n
  luo=vu=tt=ele-e   luo=vu=tt=el-i-0
  luo=vu=t=el-la-an   luo=vu=t=el-t-i-in

luo=vu=tta-a´ =v caus-1 inf 'to give up, part with, abandon' luopua
  luo=vu=ta-n   luo=vu=t-i-n
  luo=vu=tta-a   luo=vu=tt-i-0
  luo=vu=te-ta-an   luo=vu=te-tt-i-in

luo=vu=tt=ele-´ =v-imper sg2 luovutella

luo=vu=tt=el-i-0 =v-past-sg3 luovutella

lupa s 'permission, permit'
  lupa-a   lup-i-a
  lupa-na   lup-i-en/lupa-0-in
  luva-ksi   luv-i-ksi
  lupa-an   lup-i-in

lupa=s-i-n =v-past-sg1 luvata

luva=t-a´ =v fact-1 inf 'to promise' cf lupa
  lupa=a-n   lupa=s-i-n
  lupa=a-0   lupa=s-i-0
  luva=t-a-an   luva=t-t-i-in

luu s 'bone'
  luu-ta   lu-i-ta
  luu-na   lu-i-den/tten
  luu-ksi   lu-i-ksi
  luu-hun   lu-i-hin

luuda-lla s-Ad luuta

luul-i-0 v-past-sg3 luulla

luul-i-vat v-past-p13 luulla

luul-la´ v-1 inf 'to believe, think'
  luule-n   luul-i-n
  luule-e   luul-i-0
  luul-la-an   luul-t-i-in

luul=o =s 'belief, supposition' cf luulla
  luul=o-a   luul=o-j-a
  luul=o-na   luul=o-j-en
  luul=o-ksi   luul=o-i-ksi
  luul=o-on   luul=o-i-hin

luul=o-kin =s-*kin* luulo

luu-n s-G luu

luuta s 'broom'
  luuta-a   luut-i-a
  luuta-na   luut-i-en/luuta-0-in
  luuda-ksi   luud-i-ksi
  luuta-an   luut-i-in

luu-ta s-P luu

luva-n s-G/Ac lupa

lyhe=ne-vi =v-arch sg3 stand lyhenee lyhetä

lyhe=n=nä-n =v-sg1 lyhentää

lyhe=n=tä-ä´ =v caus-1 inf 'to shorten' cf lyhetä
  lyhe=n=nä-n   lyhen=s-i-n
  lyhe=n=tä-ä   lyhe=n=s-i-0
  lyhe=n=ne-tä-än   lyhe=n=ne-tt-i-in

lyhe=t-ä´ =v refl-1 inf 'to become shorter' cf lyhyt
  lyhe=ne-n   lyhe=n-i-n
  lyhe=ne=ne-e   lyhe=n-i-0
  lyhe=t-ä-än   lyhe=t-t-i-in

lyhye-llä a-Ad lyhyt

lyhye-n a-Ac/G lyhyt

lyhyt a 'short'
  lyhyt-tä   lyhy-i-tä

```
lyhye-nä      lyhy-i-den/tten
lyhye-ksi     lyhy-i-ksi
lyhye-en      lyhy-i-hin

lyps-i-0   v-past-sg3   lypsää

lyps=y   =s   'milking'   cf lypsää
  lyps=y-ä      lyps=y-j-ä
  lyps=y-nä     lyps=y-j-en
  lyps=y-ksi    lyps=y-i-ksi
  lyps=y-yn     lyps=y-i-hin

lyps=y-t-0   =s-pl-N   lypsy

lypsä=minen   =s   'milking'   cf
    lypsää
  lypsä=mis-tä   lypsä=mis-i-ä
  lypsä=mise-    lypsä=mis-i-en/
    nä           lypsä=mis-t-en
  lypsä=mise-    lypsä=mis-i-ksi
    ksi
  lypsä=mise-    lypsä=mis-i-in
    en

lypsä=mis-tä   =s-P   lypsäminen

lypsä-mä-ssä   v-3 inf-In   lypsää

lypsä-ä´   v-1 inf   'to milk'
  lypsä-n       lyps-i-n
  lypsä-ä       lyps-i-0
  lypse-tä-än   lypse-tt-i-in

lyriikka   s   'lyric poetry'
              [pl not used]
  lyriikka-a    ------
  lyriikka-na   ------
  lyriika-ksi   ------
  lyriikka-an   ------

lyriikka-a   s-P   lyriikka

lyö-dä´   'to hit'
  lyö-n        lö-i-n
  lyö-i-0      lö-i-0
  lyö-dä-än    lyö-t-i-in

lyö-nyt   v-2 partic   lyödä

lyö-t-y´   v-pass-2 partic   lyödä

lähde´   s   'spring, well'
  lähdet-tä   lähte-i-tä

lähtee-nä    lähte-i-den/
                tten
lähtee-ksi   lähte-i-ksi
lähtee-seen  lähte-i-siin/
               hin
lähde-´   v-neg   lähteä

lähde-mme   v-pl 1   lähteä

lähde-tä-än   v-pass-pass suf-
    fix   lähteä

lähe=inen   =a   'nearby'   cf
    lähi+
  lähe=is-tä     lähe=is-i-ä
  lähe=ise-nä    lähe=is-t-en/
                 lähe=is-i-en
  lähe=ise-ksi   lähe=is-i-ksi
  lähe=ise-en    lähe=is-i-in

lähe=ise-stä   =a-El   läheinen

lähe=ise-t-0   =a-pl-N/Ac
    läheinen

lähe-lle´   adv-Al   'to the
    neighborhood; close to';
    prep-Al with P 'close'
    cf lähi+

lähe-lle´-kään   adv-Al-kään

lähe-llä   adv-Ad   'near'
    lähi+

lähe=sty-vä-n   =v-1 partic-
    Ac   lähestyä

lähe=sty-ä´   =v refl-1 inf
    'to approach'   lähi+
  lähe=sty-n    lähe=sty-i-n
  lähe=sty-y    lähe=sty-i-0
  lähe=sty-tä-  lähe=sty-tt-i-
    än            in

lähe=te-tt-i-in   =v caus-pass-
    past-pass suffix   lähettää

lähe=tt=i   =s   'messenger'
    cf lähettää
  lähe=tt=i-ä     lähe=tt=e-j-ä
  lähe=tt=i-nä    lähe=tt=i-0-en
  lähe=t=i-ksi    lähe=t=e-i-ksi
  lähe=tt=i-i-n   lähe=tt=e-i-hin
```

lähe=ttä-ä´ =v caus-1 inf 'to send' cf lähteä
   lähe=tä-n   lähe=t-i-n
   lähe=ttä-ä   lähe=tt-i-0
   lähe=te-tä-   lähe=te-tt-i-in
   än

lähi+ 'nearby'

läh-kö-´ v dial stem-imper-neg stand lähtekö lähteä

lähtehe-sen s poet stem-arch Il stand lähteeseen lähde

lähtehe-ssä s poet stem-In stand lähteessä lähde

lähte-nyt v-2 partic lähteä

lähte-ä´ v-1 inf 'to leave'
   lähde-n   lähd-i-n
   lähte-e   läht-i-0
   lähde-tä-än   lähde-tt-i-in

läht-i-0 v-past-sg3 lähteä
lähti kotiinsa 'left for home'
lähti karkuun 'ran away'
lähti vetämään 'started pulling'

lähti-e-ssä v-2 inf-In lähteä
äidin lähtiessä 'when mother left'

lähti-e-ssä-än v-2 inf-In-poss3 lähteä

läht-isi-0 v-cond-sg3 lähteä

läht-i-vät v-past-pl3 lähteä

läikky-i-0 v-past-sg3 läikkyä

läikky-mä-hän v-3 inf-arch Il stand läikkymään läikkyä

läikky-ä´ v-1 inf 'to splash, surge, toss'
   läiky-n   läiky-i-n
   läikky-y   läikky-i-0
   läiky-tä-än   läiky-tt-i-in

läks-i-0 v-past-sg3 [also: lähti] lähteä

läks-i-n v-past-sg1 [also: lähdin] lähteä

läks-i-vät v-past-pl3 [also: lähtivät] lähteä

läks-i-vät-kin v-past-pl3-*kin* lähteä

lämmin a 'warm'
   lämmin-tä   lämpim-i-ä
   lämpimä-nä   lämpim-i-en/
       lämmin-t-en/
       lämpimä-0-in
   lämpimä-ksi   lämpim-i-ksi
   lämpimä-än   lämpim-i-in

lämmin-nä a cons stem-Es stand lämpimänä lämmin

lämmin-tä a-P lämmin

lämmi=t=tä-isi-0 =v-cond-sg3 lämmittää

lämmi=t=tä=jä =s 'one who warms, heats up; stroker' cf lämmittää
   lämmi=t=tä-jä-ä   lämmi=t=tä-j-i-ä
   lämmi=t=tä-jä-nä   lämmi=t=tä-j-i-en/
       lämmi=t=tä-jä-0-in
   lämmi=t=tä-jä-ksi   lämmi=t=tä-j-i-ksi
   lämmi=t=tä-jä-än   lämmi=t=tä-j-i-in

lämmi=t=tä-ä´ =v caus-1 inf 'to warm, heat' cf lämmitä
   lämmi=t=ä-n   lämmi=t=0-i-n
   lämmi=t=tä-ä   lämmi=t=t-i-0
   lämmi=t=e-tä-än   lämmi=t=e-tt-i-in

lämmi=t-ä´ =v refl-1 inf 'to warm up' cf lämmin
   lämpi=ä-n   lämpi=s-i-n
   lämpi=ä-ä   lämpi=s-i-0
   lämmi=t-ä-än   lämmi=t-t-i-in

lämpimä-tä a vowel stem-P
    stand lämmintä lämmin

lämpi=ä-mä-än =v-3 inf-Il
    lämmitä

lämpi=ä-vä =v-1 partic lämmitä

lämpi=ä-vä-n =v-1 partic-Ac
    lämpiävä

länge-t-0 s-pl-N 'horse col-
    lar'
            [pl only:]
    ------   länk-i-ä
    ------   länk-i-en
    ------   läng-i-ksi
    ------   länk-i-in

läpi´ postpos with G/[poet:]
    prepos with G 'through'

läv=itse´ =adv ["prolative"]
    'through' cf läpi

lääke´ s 'medicine, medica-
    ment
    lääket-tä   lääkke-i-tä
    lääkkee-nä   lääkke-i-den/tten
    lääkkee-ksi   lääkke-i-ksi
    lääkkee-seen   lääkke-i-siin /hin

lääk=intä =s 'medical care;
    cure' cf lääkitä
    lääk=intä-ä   lääk=intö-j-ä
    lääk=intä-nä   lääk=intö-j-en
    lääk=innä-   lääk=innö-i-ksi
        ksi
    lääk=intä-än   lääk=intö-i-hin

lääk=intä+tiet=o=us =s 'medi-
    cal lore, ethnomedicine'
    lääkintä see tietous for
        decl
lääk=it-ä´ =v inst-1 inf
    'to medicate,
    give medicine' cf lääke
    lääk=itse-n   lääk=its-i-n
    lääk=itse-e   lääk=its-i-0
    lääk=it-ä-än   lääk=it-t-i-in

191

lääkäri s 'physician' cf
    lääke
    lääkäri-ä   lääkäre-i-tä/
                    lääkäre-j-ä
    lääkäri-nä   lääkäre-i-den/
                    tten
                    lääkäri-0-en
    lääkäri-ksi   lääkäre-i-ksi
    lääkäri-in   lääkäre-i-hin

lääkäri-lle´ s-A1 lääkäri

lääni s 'administrative
    district'
    lääni-ä   lääne-j-ä
    lääni-nä   lääni-0-en
    lääni-ksi   lääne-i-ksi
    lääni-in   lääne-i-hin

lö-i-0 v-past-sg3 lyödä

löydä-´ v-neg löytää

löys-i-0 v-past-sg3 löytää

löys-i-tte v-past-pl2
    löytää

löys-i-tte-kö v-past-pl2-
    inter löytää

löyt=y-i-0 =v-past-sg3
    löytyä

löyt=y-ä´ =v refl-1 inf 'to
    be found' cf löytää
    löyd=y-n   löyd=y-i-n
    löyt=y-y   löyt=y-i-0
    löyd=y-tä-än   löyd=y-tt-i-in

löytä-nee-t v-2 partic-pl
    löytää

löytä-ä´ v-1 inf 'to find'
    löydä-n   löys-i-n
    löytä-ä   löys-i-0
    löyde-tä-än   löyde-tt-i-in

M

ma   pron pers dial   stand minä 'I'
  mu-a   ------
  minu-na   ------
  mu-ksi   ------
  mu-hun   ------

maa   s   'earth; soil; land; country'
  maa=ta   ma-i-ta
  maa-na   ma-i-den/tten
  maa-ksi   ma-i-ksi
  maa-han   ma-i-hin

maa+em-i-ksi   +s-pl-T   'to be the foundation of earth'   maaemä

maa+emä   +s   poet   'root of earth'   maa see emä for decl

maa-han   s-Il   maa

maa+ilma   +s   'world'   maa see ilma for decl

maa+ilma-n   +s-G   maailma

maali   s   'aim, target'
  maali-a   maale-j-a
  maali-na   maali-0-en
  maali-ksi   maale-i-ksi
  maali-in   maale-i-hin

maali-in   s-Il   maali

maa-lla   s-Ad   'on land; in the countryside'   maa

maa-lle´   s-Al   maa

maa-n   s-G/Ac   maa

maan-nee-t   v-2 partic-pl   maata

maan-nut   v-2 partic   maata

maa-n+tie   +s   'highway, country road'   maa see tie for decl

maa-n+tie-n   +s-G   maantie

maa-n+tie-tä   +s-P   maantie

Maaria   s   woman's first name [Mary]
  Maaria-a/ta   Maario-i-ta
  Maaria-na   Maario-i-den/tten/
               Maaria-0-in
  Maaria-ksi   Maario-i-ksi
  Maaria-an   Maario-i-hin

Maaria=inen   =s poet   female name [Virgin Mary] Maaria [pl not used]
  Maaria=is-ta   ------
  Maaria=ise-na   ------
  Maaria=ise-ksi ------
  Maaria=ise-en   ------

maa-ssa   s-In   'in the land/country/soil; on the ground'   maa

maa-sta   s-El   maa

maa-ta   s-P   maa
  kun meren pohjasta maata käypi   'if one goes to the bottom of the sea for earth'
  kulkee maata   'wanders around in the country'

maat-a´   v-1 inf   'to lie down, sleep'
  makaa-n   makas-i-n
  makaa-0   makas-i-0
  maat-a-an   maat-t-i-in

maata´   adv
  mennä maata 'to go to bed'

maat-t-i-in   v-pass-past-pass suffix   maata

made´   s   'burbot, *lota vulgaris*'
  madet-ta   mate-i-ta
  matee-na   mate-i-den/tten

```
    matee-ksi       mate-i-ksi                    have room, go in, fit'
    matee-seen      mate-i-siin/hin                 cf mahtaa
                                                  mahd=u-n      mahd=u-i-n
maha  s  'stomach'                                maht=u-u      maht=u-i-0
    maha-a          maho-j-a                      mahd=u-ta-an  mahd=u-tt-i-in
    maha-na         maho-j-en/
                    maho-0-in                 maido-n  s-G  maito
    maha-ksi        maho-i-ksi
    maha-an         maho-i-hin                Maikki  s  female nickname
                                                  from Maria, etc. [Mary]
maha-ssa  s-In  maha                              Maikki-a      Maikke-j-a
                                                  Maikki-na     Maikki-0-en
mahdo=llinen  =a  'possible'                      Maiki-ksi     Maike-i-ksi
    cf mahtaa                                     Maikki-in     Maikke-i-hin
    mahdo=llis-     mahdo=llis-i-a
      ta                                      ma-i-lla  s-pl-Ad  maa
    mahdo=llise-    mahdo=llis-t-en/
      na            mahdo=llis-i-en           maine´  s  'fame, reputation'
    mahdo=llise-    mahdo=llis-i-ksi              mainet-ta     maine-i-ta
      ksi                                         mainee-na     maine-i-den/
    mahdo=llise-    mahdo=llis-i-in                             tten
      en                                          mainee-ksi    maine-i-ksi
                                                  mainee-seen   maine-i-siin/
mahdo=llis-ta  =a-P  mahdollinen                                hin

mahdo=ton  =a  'impossible'  cf          main=it-a´  =v-1 inf 'to men-
    mahtaa                                         tion'  cf maine
    mahdo=ton-ta  mahdo=ttom-i-a                main=itse-n   main=its-i-n
    mahdo=ttoma-  mahdo=ttom-i-en/             main=itse-e   main=its-i-0
      na          mahdo=ten-t-en/              main=it-a-an  main=it-t-i-in
                  mahdo=ttoma-0-in
    mahdo=ttoma-  mahdo=ttom-i-ksi         main=it-t-u´  =v-pass-2 par-
      ksi                                        tic  mainita
    mahdo=ttoma-  mahdo=ttom-i-in
      an                                     main=it-t-u-j-a  =v-pass-2
                                                 partic-pl-P  mainittu
mahdo=ton-ta  =a-P  mahdoton
                                           ma-i-ta  s-pl-P  maa
mahdo=ttoma-n  =a-G  [before a:]
    'impossibly; terribly'  mah-          maito  s  'milk; pl contain-
    doton                                      ers, portions of milk'
                                               maito-a       maito-j-a
mahta-a´  v-1 inf  'may, might'                maito-na      maito-j-en
    mahda-n       mahdo-i-n                    maido-ksi     maido-i-ksi
    mahta-a       mahto-i-0                    maito-on      maito-i-hin
    mahde-ta-an   mahde-tt-i-in
                                           maito+kuppi  +s  'milk cup'
mahti  s  'power'                              maito  see kuppi for decl
    mahti-a       mahte-j-a
    mahti-na      mahti-0-en                maito+kupi-t-0  +s-pl-N
    mahdi-ksi     mahde-i-ksi                   maitokuppi
    mahti-in      mahte-i-hin
                                           maka-a  v-sg3  maata
maht=u-a´  =v refl-1 inf  'to
```

```
maka=il-i-0  =v-past-sg3
    makailla

maka=il-la´  =v cont-1 inf  'to
    lie around idly'  cf maata
    maka=ile-n      maka=il-i-n
    maka=ile-e      maka=il-i-0
    maka=il-la-     maka=il-t-i-in
       an

makas-0-0  v-poet past-sg3 stand
    makasi  maata

makas-i-0  v-past-sg3  maata

maksa  s  'liver'
    maksa-a         makso-j-a
    maksa-na        makso-j-en/
                    maksa-0-in
    maksa-ksi       makso-i-ksi
    maksa-an        makso-i-hin

maksa-a  v-sg3  maksaa

maksa-a´  v-1 inf 'to cost; pay'
    maksa-n         makso-i-n
    maksa-a         makso-i-0
    makse-ta-an     makse-tt-i-in

maksa-n  v-sg1  maksaa

maksa-n+karva=inen  =a  'liver
    colored; brown; red'  maksa
    see karvainen for decl

maksa-n+karva=ise-lle´  =a-Al
    maksankarvainen

maksa-nut  v-2 partic  maksaa

makse-tt-i-hin  v-pass-past-arch
    pass suffix  stand makset-
    tiin  maksaa

maks=u  =s  'payment'  cf maksaa
    maks=u-a        maks=u-j-a
    maks=u-na       maks=u-j-en
    maks=u-ksi      maks=u-i-ksi
    maks=u-un       maks=u-i-hin

maks=u-a  =s-P  maksu

maku  s  'taste'
    maku-a          maku-j-a
```

```
    maku-na         maku-j-en
    mau-ksi         mau-i-ksi
    maku-un         maku-i-hin

maku+juo=ma  =s  'tasty drink;
    beer'  maku  see juoma
    for decl

maku+juo=ma-n  =s-Ac  maku-
    juoma

mak=uu  =s  'lying down'  cf
    maata
    mak=uu-ta       mak=u-i-ta
    mak=uu-na       mak=u-i-den/
                    tten
    mak=uu-ksi      mak=u-i-ksi
    mak=uu-seen     mak=u-i-siin/
                    hin

mak=uu+huone´  +s  'bedroom'
    makuu  see huone for decl

maltaa-t-0  s-pl-N  'malt'
    [pl only:]
    ------          malta-i-ta
    ------          malta-i-den/
                    tten/
                    mallas-t-en
    ------          malta-i-ksi
    ------          malta-i-siin/
                    hin

maltah-i-sta  s arch stem-pl-
    El  stand maltaista
    maltaat

mamma  s  coll  'mother'
    mamma-a         mammo-j-a
    mamma-na        mammo-j-en/
                    mamma-0-in
    mamma-ksi       mammo-i-ksi
    mamma-an        mammo-i-hin

mamma-n  s-G  mamma

Mana  s poet  'Death'
    [pl not used]
    Mana-a          ------
    Mana-na         ------
    Mana-ksi        ------
    Mana-an         ------

Mana=la  =s  'realm of death,
```

afterworld' cf mana
       [pl not used]
Mana=la-a   ------
Mana=la-na   ------
Mana=la-ksi   ------
Mana=la-an

Mana=la-lta =s-Abl Manala

Mana=la-n =s-G Manala

Mana-lle´ s-Al Mana

Mana-n s-G Mana

manööveri-t-0 s-pl-N '[military] field practice' [sg rare]
manööveri-ä   manoövere-j-ä/
               manöövere-i-tä
manööveri-nä   manööveri-0-en
manööveri-ksi manöövere-i-ksi
manööveri-in   manöövere-i-hin

marja s 'berry'
  marja-a   marjo-j-a
  marja-na   marjo-j-en/
             marja-0-in
  marja-ksi marjo-i-ksi
  marja-an   marjo-i-hin

marka-n s-G markka

markka s 'mark [monetary unit]'
  markka-a   markko-j-a
  markka-na   markko-j-en/
              markka-0-in
  marka-ksi   marko-i-ksi
  markka-an   marko-i-hin

markkina-t-0 s-pl-N 'market day, market; fair'
              [pl only:]
  ------   markkino-i-ta
  ------   markkino-i-den/
              tten
  ------   markkino-i-ksi
  ------   markkino-i-hin

markkino-i-lla s-pl-Ad markkinat

Maro=la =s place name [farm]

Maro=la-a   Maro=lo-i-ta
Maro=la-na   Maro=lo-i-den/
              tten/
              Maro=la-0-in
Maro=la-ksi   Maro=lo-i-ksi
Maro=la-an   Maro=lo-i-hin

Maro=la-ssa =s-In Marola

marssi-a´ v-1 inf 'to march'
  marssi-n   marss-i-n
  marssi-i   marss-i-0
  marssi-ta-an   marssi-tt-i-in

marssi-ma-han v-3 inf-arch
  Il stand marssimaan marssia

mata-a´ v-1 inf 'to creep, crawl'
  mada-n   mado-i-n
  mata-a   mato-i-0
  made-ta-an made-tt-i-in

matala a 'low; shallow'
  matala-a   matal-i-a
  matala-na   matal-i-en/
              matala-0-in
  matala-ksi matal-i-ksi
  matala-an   matal-i-in

matala=lti´ =a 'low' cf matala
  oli matalalti vettä 'the water was shallow'

mat=ika-lta =s-Abl matikka

mat=ikka =s 'burbot' cf made
  mat=ikka-a   mat=iko-i-ta/
                 mat=ikko-j-a
  mat=ikka-na   mat=iko-i-den/
                 tten/
                 mat=ikko-j-en/
                 mat=ikka-0-in
  mat=ika-ksi   mat=iko-i-ksi
  mat=ikka-an   mat=ikko-i-hin

matka s 'distance; trip, tour'
  matka-a   matko-j-a
  matka-na   matko-j-en/
             matka-0-in
  matka-ksi matko-i-ksi
  matka-an   matko-i-hin

matka-a   s-P   matka
  jonkin matkaa   'some distance'
  pitkän matkaa   'a long distance'
  vähän matkaa   'a short distance'

matka-an   s-Il   matka
  renki lähti matkaan   'the hired man started his trip'

matka-an   postpos-Il   with G 'with'
  tyttö lähti pojan matkaan 'the girl left with the boy'

matka-lla   s-Ad   'on the way' matka

matka-lle´   s-Al   matka

matka+miehe-n   +s-Ac   matkamies

matka+mies   +s   'traveler' matka   see mies for decl

matka-n   s-G   matka

matku=sta-a´   =v-1 inf   'to travel'   cf matka
  matku=sta-n   matku=st-i-n
  matku=sta-a   matku=st-i-0
  matku=ste-ta-an   matku=ste-tt-i-in

matku=sta=ja   =s   'traveler, passenger'   cf matkustaa
  matku=sta=ja-a   matku=sta=j-i-a
  matku=sta=ja-na   matku=sta=j-i-en/ matku=sta=ja-0-in
  matku=sta=ja-ksi   matku=sta=j-i-ksi
  matku=sta=ja-an   matku=sta=j-i-in

matku=sta-va   =v-1 partic 'traveling' matkustaa

matku=sta-va=inen   =a   'traveling'/ =s   'traveler' cf matkustava
  matku=sta-va=is-ta   matku=sta-va=is-i-a
  matku=sta-va=ise-na   matku=sta-va=is-t-en/ matku=sta-va=is-i-en
  matku=sta-va=ise-ksi   matku=sta-va=is-i-ksi
  matku=sta-va=ise-en   matku=sta-va=is-i-in

mato   s   'worm; [dial:] serpent'
  mato-a   mato-j-a
  mato-na   mato-j-en
  mado-ksi   mado-i-ksi
  mato-on   mato-i-hin

mato-i-0   v-past-sg3   mataa

mato-na   s-Es   mato

Matti   s man's first name [Matthew]
  Matti-a   Matte-j-a
  Matti-na   Matti-0-en
  Mati-ksi   Mate-i-ksi
  Matti-in   Matte-i-hin

me   pron pers   pl 1   'us' [Ac meidät]
  sg see minä
  me-i-tä
  me-i-dän
  me-i-ksi
  me-i-hin

mehi=läinen   =s   'honey bee'
  mehi=läis-tä   mehi=läis-i-ä
  mehi=läise-nä   mehi=läis-t-en/ mehi=läis-i-en
  mehi=läise-ksi   mehi=läis-i-ksi
  mehi=läise-en   mehi=läis-i-in

me-i-dän   pron pers-pl-G   me

me-i-llä   pron pers-pl-Ad   me

meinaa-t   v-sg2   meinata

meinas-i-0   v-past-sg3   meinata

meinat-a´   v coll-1 inf   'to mean'
  meinaa-n   meinas-i-n
  meinaa-0   meinas-i-0

```
                                                                    197

      meinat-a-an   meinat-t-i-in        men-nä´  v-1 inf 'to go'
                                           mene-n         men-i-n
  me-i-stä   pron pers-pl-El  me           mene-e         men-i-0
                                           men-nä-än      men-t-i-in
  me-i-tä   pron pers-pl-P  me
                                         men-nä-än  v-pass-pass suffix
  mekko  s  'child's dress'                  '[often:] let's go'  mennä
     mekko-a         mekko-j-a
     mekko-na        mekko-j-en          men-t-i-in  v-pass-past-pass
     meko-ksi        meko-i-ksi             suffix   mennä
     mekko-on        mekko-i-hin
                                         men-tä-vä  v-pass-1 partic
  mene-´  v-neg  mennä                      mennä
                                           meidän oli mentävä  'we had
  mene-e  v-sg3  mennä                       to go'

  mene-vi  s-arch sg3  stand menee      mere-en  s-Il  meri
     mennä                                mereen kuoli  'it was at
                                            sea that he died'
  men-i-0  v-past-sg3  mennä
                                         mere-hen  s-arch Il  stand
  meni=jä  =s  'one who goes'  cf           mereen  meri
     mennä
     meni=jä-ä        meni=jö-i-tä       mere-lle´  s-Al  'to the sea'
     meni=jä-nä       meni=jö-i-den/        meri
                         tten/
                      meni=jä-0-in       mere-llä  s-Ad  'at sea'  meri
     meni=jä-ksi      meni=jö-i-ksi
     meni=jä-än       meni=jö-i-hin      mere-n  s-G/Ac  meri
                                           meren keskellä  'in the
  meni=jö-i-tä  =s-pl-P  menijä             middle of the sea'
                                           meren napa  'the center of
  men-i-mme  v-past-pl 1  mennä              the sea'
                                           meren selkä  'open sea'
  men-kää-0  v-imper-p12  mennä
                                         mere-ssä  s-In  meri
  men-köö-n  v-imper-sg3  mennä
                                         mere-stä  s-El  meri
  men-nee-n  v-2 partic-Ac mennyt
                                         meri  s  'sea'
  men-neh-i-ä  v-arch 2 partic              mer-ta         mer-i-ä
     stem-pl-P  stand menneitä              mere-nä        mer-i-en/
     mennyt                                                mer-t-en
                                            mere-ksi       mer-i-ksi
  menn-e-ssä-än  v-2 inf-In-poss3           mere-en        mer-i-in
     'on their way'  mennä
                                         meri+miehe-ltä  +s-Abl  meri-
  men-nyt  v-2 partic  'gone'               mies
     mennä
     men-nyt-tä       men-ne-i-tä        meri+mies  +s  'seaman; sail-
     men-nee-nä       men-ne-i-den/tten     or'  meri  see mies for
     men-nee-ksi      men-ne-i-ksi          decl
     men-nee-seen     men-ne-i-siin/hin
```

merki=t-ä´ =v-1 inf 'to mark; indicate' cf merkki
   merki=tse-n   merki=ts-i-n
   merki=tse-e   merki=ts-i-0
   merki=t-ä-än merki=t-t-i-in

merki=ts-i-0 =v-past-sg3 merkitä

merkki s 'mark, sign'
   merkki-ä   merkke-j-ä
   merkki-nä   merkki-0-en
   merki-ksi   merke-i-ksi
   merkki-in   merkke-i-hin

mer-ta s-P meri

mesi s 'honey'
   met-tä   mes-i-ä
   mete-nä   mes-i-en/
               met-t-en
   mede-ksi   mes-i-ksi
   mete-en   mes-i-in

messu s 'mass'
   messu-a   messu-j-a
   messu-na   messu-j-en
   messu-ksi messu-i-ksi
   messu-un   messu-i-hin

messu-n s-Ac messu

mestari s 'master'
   mestari-a   mestare-j-a/
               mestare-i-ta
   mestari-na mestari-0-en/
               mestare-i-den/
               tten
   mestari-ksi mestare-i-ksi
   mestari-in mestare-i-hin

mestari+varas +s 'master thief' mestari see varas for decl

mete-hen s-arch Il stand meteen mesi

met=o=inen =a 'honey-filled' cf mesi
   met=o=is-ta   met=o=is-i-a
   met=o=ise-na met=o=is-t-en/
                met=o=is-i-en
   met=o=ise-ksi met=o=is-i-ksi
   met=o=ise-en met=o=is-i-in

metsä s 'forest, woods'
   metsä-ä   mets-i-ä
   metsä-nä   mets-i-en/
               metsä-0-in
   metsä-ksi mets-i-ksi
   metsä-än   mets-i-in

metsä-hän s-arch Il stand metsään metsä

metsä-n s-G metsä

metsä-n+elä=vä =s 'forest animal' metsä see elävä for decl

metsä-ssä s-In metsä

metsä-stä s-El metsä

metsä-t-0 s-pl-Ac metsä
   kulki läheiset metsät
   'walked all over the nearby forests'

metsä+tul=o-j-a =s-pl-P metsätulot

metsä+tul=o-t-0 =s-pl-N 'income from the forest' metsä see tulo for decl

metsä-än s-Il metsä

met-tä s-P 'honey' mesi

mi pron rel poet 'which' stand mikä

miehe-lle´ s-Al mies

miehe-llä s-Ad mies

miehe-ltä s-Abl mies

miehe-n s-G/Ac mies

miehe-0-nsä s-Ac-poss3 [miehe-n s-Ac] mies

miehe-t-0   s-pl-N   mies

mieh-i-llä   s-pl-Ad   mies

mieh-i-stä   s-pl-El   mies

mieka-lta-nsa   s-Abl-poss3
    miekka

miekka   s   'sword'
  miekka-a   miekko-j-a
  miekka-na   miekko-j-en/
                  miekka-0-in
  mieka-ksi   mieko-i-ksi
  miekka-an   miekko-i-hin

miekka'ansa [sic]/miekka-a-nsa
    s-P-poss3   miekka

miekko-j-en   s-pl-G   miekka

miele=llinen   =a poet   'according to one's mind/taste'
    cf mieli
  miele=llis-   miele=llis-i-ä
    tä
  miele=llise-   miele=llis-t-en/
    nä   miele=llis-i-en
  miele=llise-   miele=llis-i-ksi
    ksi
  miele=llise-   miele=llis-i-in
    en

miele=llis-tä   =a-P   mielellinen

miele-n   s-G/Ac   mieli

miele-ni   sN-poss1 mieli
    minun on mieleni pahempi   'my mind is sadder [than before]'

miele-ssä-än   s-In-poss3   'in his mind/their minds'   mieli

miele-stä   s-El/postp with G   'in the opinion of'   mieli
    äidin mielestä   'in mother's opinion'

mieli   s   'mind; mood'
  miel-tä   miel-i-ä
  miele-nä   miel-i-en/
                  miel-t-en

miele-ksi   miel-i-ksi
miele-en   miel-i-in

mieli+hyvä   +s   'pleasure, delight'   mieli   see hyvä for decl

mieli+hyvä-llä   +s-Ad   'with pleasure'   mielihyvä

miel-i-n   s-pl-Instr   mieli

miell=ytt-i-0   =v-past-sg3
    miellyttää

miell=y=ttä-ä´   =v caus-1 inf   'to please'   cf mieltyä
  miell=y=tä-n   miell=y=t-i-n
  miell=y=ttä-   miell=y=tt-i-
    ä   0
  miell=y=te-   miell=y=te-tt-
    tä-än   i-in

miel=ty=ä´   =v refl-1 inf   'to get attached [to Il], enamored'   cf mieli
  miel=ly-n   miel=ly-i-n
  miel=ty-y   miel=ty-i-0
  miel=ly-tä-   miel=ly-tt-i-
    än   in

miel-tä   s-P   mieli

mies   s   'man; husband'
  mies-tä   mieh-i-ä
  miehe-nä   mies-t-en/
                  mieh-i-en
  miehe-ksi   mieh-i-ksi
  miehe-en   mieh-i-in

mies-tä   s-P   mies

mietti-e-n   v-2 inf-Instr   'musing, thinking'   miettiä

miett-i-vät   v-past-pl3   miettiä

mietti-ä´   v-1 inf   'to think, ponder'
  mieti-n   miet-i-n
  mietti-i   miett-i-0
  mieti-tä-än   mieti-tt-i-in

mi-hin pron interr-Il 'where; to what place' mikä
mihin hän kuoli 'where/of what did he die'

mi-hin-kään pron indef-Il-suffix '[in negative sentences] anywhere' mikään

miilu s 'charcoal pit'
  miilu-a   miilu-j-a
  miilu-na   miilu-j-en
  miilu-ksi   miilu-i-ksi
  miilu-un   miilu-i-hin

miilu-a s-P miilu

mik' [sic] pron inter poet 'what, which' stand mikä

miks'et [sic]/mi-ks+et pron inter-T+neg v-sg2 miksi et

mi-ksi pron inter-T 'why' mikä

mi-ksi-pä pron inter-T-*pä* mi-ksi

mi-kä pron inter-suffix 'what, which'; pron rel 'which'
  mi-tä   m-i-tä
  mi-nä   m-i-n-kä
  mi-ksi   m-i-ksi
  mi-hin   m-i-hin
mikä mies isoisänne on ollut 'what kind of a man was your grandfather'
mikä nyt on 'what is the matter now'
mikä nyt oli Elsalla 'what was now bothering Elsa'

mi-kä-hän pron inter-*hän* 'what [on earth]' mikä

mi-kä-än pron indef-suffix '[in neg sentences] anything'
  mi-tä-än   m-i-tä-än
  mi-nä-än   m-i-n-kään
  mi-ksi-kään m-i-ksi-kään
  mi-hin-kään m-i-hin-kään
kun mikään ei auttanut 'since nothing helped'

mi=lloin =adv 'when' cf mikä

mi=lloin-kaan =adv-*kaan* 'ever' milloin

mi=lloin-kana =adv-poet *kaan* stand milloinkaan

mi-llä pron inter-Ad mikä

miniä s 'daughter-in-law'
  miniä-ä   miniö-i-tä
  miniä-nä   miniö-i-den/tten/
              miniä-0-in
  miniä-ksi   miniö-i-ksi
  miniä-än   miniö-i-hin

miniä-t-0 s-pl-N miniä

minj=o =s poet 'daughter-in-law' stand miniä
  minj=o-a   minj=o-j-a
  minj=o-na   minj=o-j-en
  minj=o-ksi minj=o-i-ksi
  minj=o-on   minj=o-i-hin

minj=o-n =s-G minjo

mi-n-kä pron rel/inter-G/Ac-suffix mikä
minkä ennättivät 'as fast as they could'

mi-n-kä+tähden +adv 'why' [pron inter-G-suffix+postp] mikä tähden

minu-a pron pers-P minä

minull' [sic]/minu-l pron pers-poet Ad stand minulla minä

minu-lla pron pers-Ad minä

minu-lle´ pron pers-Al minä

minu-n pron pers-G minä

minu-n-ki pron pers-G-poet/dial *kin* minä

minu-t   pron pers-Ac   minä

minu-t-ki   pron pers-Ac-poet/
   dial *kin*   minä

minä   s   'ego'
                     [pl not used]
   minä-ä   ------
   minä-nä   ------
   minä-ksi   ------
   minä-än   ------

minä   pron pers sg 1   'I'   [Ac
      minut]
   minu-a
   minu-na   pl see me
   minu-ksi
   minu-un

mi-ssä   pron inter-In   'where'
   mikä

mi-ssä-s   pron inter-In-*s*
   'where'   mikä

mi-ssä-än   pron indef-In-suffix
   'anywhere'   mikään

mi-stä   pron inter-El   'from
   where'   mikä

mi-stä-än   pron indef-El-indef
   suffix   'from anywhere'
   mikään

mit' [sic]/mi-t   pron inter-poet
   P   stand   mitä   mikä

mi=ten   =adv   'how'   cf mikä

mi=ten-kä   =adv-*kä*   'how'   miten

mi=ten-kä-s   =adv-*kä-s*   'how [on
   earth]'   miten

mi-tä   pron inter-P   'what'
   mikä
   mitä sinä itket   'why are you
      crying'
   mitä meidän Luojallamme   'what
      is the matter with our Cre-
      ator'
   eikö mitä   'not at all'

mi-tä-pä   pron inter-P-*pä*
   mikä

mi-tä-s   pron inter-P-*s*   mikä
   mitäs sinä nyt meinaat
   'what do you mean now,
   what are you up to'

mi-tä-än   pron indef-P-suffix
   'anything'   mikään

moinen   a   'such'
   mois-ta   mois-i-a
   moise-na   mois-t-en/
                   mois-i-en
   moise-ksi   mois-i-ksi
   moise-en   mois-i-in

moise-sta   a-El   moinen

moitt-i-0   v-past-sg3   moittia

moitti-a´   v-1 inf   'to blame;
   complain'
   moiti-n   moit-i-n
   moitti-i   moitt-i-0
   moiti-ta-an   moiti-tt-i-in

mole=mma-t-0   =pron indef-pl-
   N   'both'   [pl only:]
   ------   mole=mp-i-a
   ------   mole=mp-i-en/
                   mole=mpa-0-in
   ------   mole=mm-i-ksi
   ------   mole=mp-i-in

mole=mp-i-en   =pron indef-pl-
   G   molemmat

mone-lle´   pron indef-Al   moni

mone-lta   pron indef-Abl   moni

mone-n   pron indef-G   moni

moni   pron indef   'many'
   mon-ta   mon-i-a
   mone-na   mon-i-en
   mone-ksi   mon-i-ksi
   mone-en   mon-i-in

moni+luku=inen   =a   'numerous'
   moni   see lukuinen for decl

```
moni+luku=is-ta  =a-P  monilu-         mu-i-lta-kin  pron indef-Abl-
    kuinen                                  kin  muu

mon-ta  pron indef-P  moni             muina=inen  =a  'ancient'  cf
                                           muinoin
mon-ta-ko  pron indef-P-inter            muina=is-ta    muina=is-i-a
    moni                                 muina=ise-na   muina=is-t-en/
morsiame-n   s-Ac   morsian                             muina=is-i-en
                                         muina=ise-    muina=is-i-ksi
morsiame-0-nsa  s-Ac-poss3 [mor-           ksi
    siame-n  s-Ac]  morsian              muina=ise-en  muina=is-i-in

morsian  s  'bride [before and         muina=is+runo  +s  'ancient
    during the wedding]'                   poem'  muinainen  see runo
  morsian-ta    morsiam-i-a                for decl
  morsiame-na   morsian-t-en/
  [pronounce -mm-]morsiam-i-en          muina+is+runo-j-a  +s-pl-P
  morsiame-ksi  morsiam-i-ksi               muinaisruno
  morsiame-en   morsiam-i-in
                                       muino=in  =adv 'in ancient
morsian-ta  s-P  morsian                   times'

morsi=o  =s  'bride'  cf morsian       mu-i-sta  pron indef-pl-El
  morsi=o-ta    morsi=o-i-ta               muu
  morsi=o-na    morsi=o-i-den/
                tten                    muista-a´  v-1 inf  'to rem-
  morsi=o-ksi   morsi=o-i-ksi               ember'
  morsi=o-on    morsi=o-i-hin             muista-n    muist-i-n
                                          muista-a    muist-i-0
morsi=o-ksi  =s-T  morsio                 muiste-ta-an muiste-tt-i-in

mu-i-den  pron indef-pl-G  muu         muista-n  v-sgl  muistaa

muijaska  s poet  'bitter fluid'       muist=ele-mme  =v-pl 1  muis-
    cf muju, muikea                        tella
  muijaska-a    muijasko-i-ta
  muijaska-na   muijasko-i-den/         muist=el-la´  =v cont-1 inf
                tten/                       'to recall; cherish mem-
                muijaska-0-in               ories'  cf muistaa
  muijaska-ksi  muijasko-i-ksi            muist=ele-n   muist=el-i-n
  muijaska-an   muijasko-i-hin            muist=ele-e   muist=el-i-0
                                          muist=el-la-  muist=el-t-i-
muijasko-a  s poet stem-P  stand          an            in
    muijaskaa  muijaska
                                       muist=i  =s  'memory'  cf
muikea  a  'bitter, sour'                  muistaa     [pl not used]
  muikea-a      muike-i-ta                muist=i-a    ------
  muikea-na     muike-i-den/tten/         muist=i-na   ------
                muikea-0-in               muist=i-ksi  ------
  muikea-ksi    muike-i-ksi               muist=i-in   ------
  muikea-an     muike-i-hin
                                       muist-i-0  v-past-sg3  muistaa
mu-i-lle´  pron indef-Al  muu
                                       mu-i-ta  pron indef-pl-P  muu
```

```
muju   s [rare]   'snake poison;            mu-n   pron pers coll stem-dial
    bitter fluid; hot ash'                      Ac   stand minut   minä
  muju-a         muju-j-a
  muju-na        muju-j-en                  muna   s   'egg'
  muju-ksi       muju-i-ksi                   muna-a         mun-i-a
  muju-un        muju-i-hin                   muna-na        mun-i-en/
                                                             muna-0-in
muka-an   postp-Il with G   'ac-              muna-ksi       mun-i-ksi
    cording to; following; with'              muna-an        mun-i-in

muka-a-nsa   postp-Il-poss3                 muna-a   s-P   muna
    [muka-an   postp-Il]   'with
    himself'                                muna=nen =s dim egg   cf muna
                                              muna=s-ta      muna=s-i-a
muka-na   postp-Es with G   'with'            muna=se-na     muna=s-i-en/
                                                             muna=s-t-en
muka-na-si   postp-Es-poss2                   muna=se-ksi    muna=s-i-ksi
    'with you'                                muna=se-en     muna=s-i-in

mu-lla   pron pers coll stem-Ad             muna=se-n   =s-Ac   munanen
    stand minulla   minä
                                            muna-ssa   s-In   muna
mu-lle´   pron pers coll stem-Al
    stand minulle   minä                    mun=i-0  =v-past-sg3   munia

mummo   s   'grandmother, old               mun=i-a´ =v inst-1 inf   'to
    woman'                                      lay eggs'   cf muna
  mummo-a        mummo-j-a                    mun=i-n        mun=0-i-n
  mummo-na       mummo-j-en                   mun=i-i        mun=0-i-0
  mummo-ksi      mummo-i-ksi                  mun=i-ta-an    mun=i-tt-i-in
  mummo-on       mummo-i-hin
                                            murea   a   'crisp; tender'
mummo-a   s-P   mummo                         murea-a        mure-i-ta
                                              murea-na       mure-i-den/
mummo-i-lle´   s-pl-Al   mummo                               tten/
                                                             murea-0-in
mummo-ni   sN-poss1 'my grand-                murea-ksi      mure-i-ksi
    mother'   mummo                           murea-an       mure-i-hin

mummo-t-0   s-pl-N   mummo                  mure=nna-´ =v-imper sg2
                                                murentaa
mumm=u   =s   'grandma, old
    woman'   cf mummo                       mure=n=ta-a´ =v caus-1 inf 'to
  mumm=u-a       mumm=u-ja                      break to crumbs; crush'
  mumm=u-na      mumm=u-j-en                    cf mureta
  mumm=u-ksi     mumm=u-i-ksi                 mure=n=na-n    mure=ns-i-n
  mumm=u-un      mumm=u-i-hin                  mure=n=ta-a    mure=n=s-i-0
                                               mure=n=ne-    mure=n=ne-tt-
mumm=u+vainaja-ni   +sN-poss1                    ta-an         i-in
    'my late grandmother'   mummu
    see vainaja for decl                    mure=t-a´  =v refl-1 inf   'to
                                                crumble, disintegrate'
mu-n   pron pers coll stem-G                    cf murea
    stand minun   minä                        mure=ne-n      mure=n-i-n
```

```
   mure=ne-e      mure=n-i-0              muura=t-a´  =v-1 inf  'to lay
   mure=t-a-an    mure=t-t-i-in              bricks'  cf muuri
                                           muura=a-n     muura=s-i-n
mur=u  =s  'crumb'  cf murea,              muura=a-0     muura=s-i-0
   mureta                                  muura=t-a-an  muura=t-t-i-in
   mur=u-a        mur=u-j-a
   mur=u-na       mur=u-j-en            muuri  s  'stone wall; [here:]
   mur=u-ksi      mur=u-i-ksi              stove'
   mur=u-un       mur=u-i-hin              muuri-a       muure-j-a
                                           muuri-na      muuri-0-en
mur=u-ksi  =s-T  '[here:] for              muuri-ksi     muure-i-ksi
   a snack'  muru                          muuri-in      muure-i-hin

mur=u-i-ksi  =s-pl-T  'to pieces,       muuri-sta  s-El  muuri
   crumbs'  muru
                                        muu-t-0  pron indef-pl-N/Ac
musta  s  'black'                          muu
   musta-a        must-i-a
   musta-na       must-i-en/            muu-ta  pron indef-P  muu
                  musta-0-in
   musta-ksi      must-i-ksi            muutama-n  pron indef-G
   musta-an       must-i-in                muuan

mutta  con  'but'                       muu=tta-a´  =v fact-1 inf
                                           'to change; move'  cf muu
mutt+ei-0  con+neg  v-sg3  'but            muu=ta-n      muu=t-i-n
   not; not, however'                      muu=tta-a     muu=tt-i-0
                                           muu=te-ta-an  muu=te-tt-i-in
muu  pron indef  'other'
   muu-ta         mu-i-ta               muu=tt=u-a´  =v refl-1 inf
   muu-na         mu-i-den/tten            'to change; transform'
   muu-ksi        mu-i-ksi                 cf muuttaa
   muu-hun        mu-i-hin                 muu=t=u-n     muu=t=u-i-n
                                           muu=tt=u-u    muu=tt=u-i-0
muuan  pron indef  'a certain;             muu=t=u-ta-   muu=t=u-tt-i-
   some'                                      an            in
   muutama-a      muutam-i-a
   muutama-na     muutam-i-en/          muu=tt=u-e-n  =v-2 inf-Instr
                  muutama-0-in             muuttua
   muutama-ksi    muutam-i-ksi
   muutama-an     muutam-i-in           muu=tt=u-i-0  =v-past-sg3
                                           muuttua
muudan  pron indef  same as
   muuan                                muu=tt=u-i-vat  =v-past-pl3
                                           muuttua
muur=ari  =s  'mason'  cf muu-
   rata                                 mylly  s  'mill; grinder'
   muura=ri-a     muura=re-j-a             mylly-ä       mylly-j-ä
   muura=ri-na    muura=re-i-den/          mylly-nä      mylly-j-en
                  tten/                    mylly-ksi     mylly-i-ksi
                  muura=ri-0-en            mylly-yn      mylly-i-hin
   muura=ri-ksi   muura=re-i-ksi
   muura=ri-in    muura=re-i-hin        mylly-ä  s-P  mylly
```

```
mylv-i-0   v-past-sg3   mylviä

mylvi-mä-hän   v-3 inf-arch Il
    stand mylvimään  mylviä

mylvi-ne-vi   v-pot-arch sg3
    stand mylvinee  mylviä

mylvi-ä´   v-1 inf  'to bellow'
   mylvi-n        mylv-i-n
   mylvi-i        mylv-i-0
   mylvi-tä-än    mylvi-tt-i-in

myy-dä´   v-1 inf  'to sell'
   myy-n         my-i-n/ mö-i-n
   myy-0         my-i-0/ mö-i-0
   myy-dä-än     myy-t-i-in

myy=jä  =s  'seller, vendor,
    salesclerk'  cf myydä
   myy=jä-ä      myy=j-i-ä
   myy=jä-nä     myy=j-i-en/
                 myy=jä-0-in
   myy=jä-ksi    myy=j-i-ksi
   myy=jä-än     myy=j-i-in

myy=jä-lle´  =s-Al  myyjä

myy-t-i-in   v-pass-past-pass
    suffix  myydä

myyti=llinen  =a  'mythical'
    cf myytti
   myyti=llis-tä    myyti=llis-i-ä
   myyti=llise-nä   myyti=llis-i-
                    en/
                    myyti=llis-t-en
   myyti=llise-     myyti=llis-i-
     ksi             ksi
   myyti=llise-en   myyti=llis-i-in

myyti=llis-i-ä  =a-pl-P  myytil-
    linen

myytti   s  'myth'
   myytti-ä      myytte-j-ä
   myytti-nä     myytti-0-en
   myyti-ksi     myyte-i-ksi
   myytti-in     myytte-i-hin

myöhe-mm-i-n  -adv [a-comp-pl-
    Instr] 'later'  myöhempi

myöhe-mpi   a-comp  'later'  myöhä

myöhä  a  'late'  usually:
    myöhäinen [pl not used]
   myöhä-ä       ------
   myöhä-nä      ------
   myöhä-ksi     ------
   myöhä-än      ------
myöhä=inen  =a  'late'  cf
    myöhä
   myöhä=is-tä   myöhä=is-i-ä
   myöhä=ise-nä  myöhä=is-t-en/
                 myöhä=is-i-en
   myöhä=ise-    myöhä=is-i-
     ksi          ksi
   myöhä=ise-en  myöhä=is-i-in

myös  adv  'also, too'

myös-kin  adv-kin  'also,
    too'

myös-kään  adv-kään  'either'

myöten  postp with P  'along'
    ajoi Luoja tietä myöten
    'the Creator was driving
    along the road'

mä   pron pers coll  stand
    minä  'I'

mädä=nnehe-llä  =v-2 partic
    arch stem-Ad  stand mädän-
    neellä  mädännyt

mädä=n-nyt  =v-2 partic  'rot-
    ten, decayed'  mädätä

mädä=t-ä´  =v refl-1 inf  'to
    rot'  cf mätä
   mätä=ne-n      mätä=n-i-n
   mätä=ne-e      mätä=n-i-0
   mädä=t-ä-än    mädä=t-t-i-in

mäe-lle´   s-Al  mäki

mäe-llä   s-Ad  mäki

mäe-ltä   s-Abl  mäki

mäe-n   s-G  mäki

mäki  s  'hill'
   mäke-ä        mäk-i-ä
   mäke-nä       mäk-i-en
```

mäe-ksi mä-i-ksi
mäke-en mäk-i-in

männä-n s-Ac mäntä

mäntä s 'dasher'
  mäntä-ä mänt-i-ä
  mäntä-nä mänt-i-en/
    mäntä-0-in
  männä-ksi männ-i-ksi
  mäntä-än mänt-i-in

märkä a 'wet'
  märkä-ä märk-i-ä
  märkä-nä märk-i-en/
    märkä-0-in
  märä-ksi mär-i-ksi
  märkä-än märk-i-in

märkä-nä a-Es märkä

mättähä-ksi s arch stem-T stand mättääksi mätäs

mättähä-n s arch stem-Ac stand mättään mätäs

mätä a 'rotten, decayed'
  mätä-ä mät-i-ä
  mätä-nä mät-i-en/
    mätä-0-in
  mädä-ksi mäd-i-ksi
  mätä-än mät-i-in

mätäs s 'hummock, tuft'
  mätäs-tä mättä-i-tä
  mättää-nä mättä-i-den/tten/
    mätäs-t-en
  mättää-ksi mättä-i-ksi
  mättää-seen mättä-i-siin/hin

määrä s 'measure, given amount'
  määrä-ä määr-i-ä
  määrä-nä määr-i-en/
    määrä-0-in
  määrä-ksi määr-i-ksi
  määrä-än määr-i-in

määrä+ann=os =s 'fixed portion' määrä see annos for decl

määrä=t-ä´ =v fact-1 inf 'to determine; command' cf määrä
  määrä=ä-n määrä=s-i-n
  määrä=ä-0 määrä=s-i-0
  määrä=t-ä-än määrä=t-t-i-in

mö-i-0 v-past-sg3 myydä

mörrät-ä´ v-1 inf 'to growl'
  mörrää-n mörräs-i-n
  mörrää-0 mörräs-i-0
  mörrät-ä-än mörrät-t-i-in

mörrää-0 v-sg3 mörrätä

möykky s 'lump'
  möykky-ä möykky-j-ä
  möykky-nä möykky-j-en
  möyky-ksi möyky-i-ksi
  möykky-yn möykky-i-hin

möykky=rä =s 'bump' cf möykky
  möykky=rä-ä möykky=rö-i-tä
  möykky=rä-nä möykky=rö-i-den/tten/
    möykky=rä-0-in
  möykky=rä-ksi möykky=rö-i-ksi
  möykky=rä-än möykky=rö-i-hin

möykky=rä=inen =a 'uneven, full of bumps' cf möykkyrä
  möykky=rä=is-tä möykky=rä=is-i-ä
  möykky=rä=ise-nä möykky=rä=is-t-en/
    möykky=rä=is-i-en
  möykky=rä=ise-ksi möykky=rä=is-i-ksi
  möykky=rä=ise-en möykky=rä=is-i-in

möykky=rä=ise-ksi =a-T möykkyräinen

N

naapuri s 'neighbor'
  naapuri-a   naapure-j-a/
                  naapure-i-ta
  naapuri-na   naapuri-0-en/
                  naapure-i-den/
                  tten
  naapuri-ksi naapure-i-ksi
  naapuri-in   naapure-i-hin
naapuri+kylä +s 'neighboring
   village' naapuri see kylä
   for decl
naapuri+kylä-än +s-Il naapuri-
   kylä
naapuri-ssa s-In 'at the
   neighbor's' naapuri

nahka s 'skin, leather'
  nahka-a   nahko-j-a
  nahka-na   nahko-j-en/
              nahka-0-in
  naha-ksi   naho-i-ksi
  nahka-an   nahko-i-hin
nahka+lakki +s 'leather cap'
   nahka see lakki for decl

nahturi s dial 'crude painting
   brush'
  nahturi-a   nahture-j-a/
                   nahture-i-ta
  nahturi-na   nahturi-0-en/
                   nahture-i-den/
                   tten
  nahturi-ksi nahture-i-ksi
  nahturi-in   nahture-i-hin

nai-da´ v-1 inf 'to marry'
  nai-n   na-i-n
  nai-0   na-i-0
  nai-da-an nai-t-i-in

nai-n s-sg1 naida

nainen s 'woman'; arch 'wife'
  nais-ta   nais-i-a
  naise-na   nais-t-en/
              nais-i-en
  naise-ksi nais-i-ksi
  naise-en   nais-i-in

nai-ne-t v-pot-sg2 'you
   may marry; [here:] you
   would marry' naida

nai-n-pa v-sg1-*pa* naida

naise-ksi s-T nainen

naise-n s-Ac/G nainen

nais-ta s-P nainen

nais-ta-an s-P-poss3 nainen

nakat-a´ v-1 inf 'to throw'
  nakkaa-n   nakkas-i-n
  nakkaa-0   nakkas-i-0
  nakat-a-an nakat-t-i-in

napa s 'navel; center; hub;
   nave; pole'
  napa-a   napo-j-a
  napa-na   napo-j-en/
             napa-0-in
  nava-ksi navo-i-ksi
  napa-an   napo-i-hin
napa'a [sic]/napa-a s-P napa

nappi s 'button'
  nappi-a   nappe-j-a
  nappi-na nappi-0-en
  napi-ksi nape-i-ksi
  nappi-in nappe-i-hin

naru s 'string'
  naru-a   naru-j-a
  naru-na   naru-j-en
  naru-ksi naru-i-ksi
  naru-un   naru-i-hin

naru-a s-P naru

narra=s-i-0 =v-past-sg3
   narrata

narra=t-a´ =v fact-1 inf
   'to deceive, cheat, fool'
   cf narri
  narra=a-n   narra=s-i-n
  narra=a-0   narra=s-i-0
  narra=t-a-an narra=t-t-i-in

narri   s   'fool'
  narri-a   narre-j-a
  narri-na   narri-0-en
  narri-ksi   narre-i-ksi
  narri-in   narre-i-hin

nau   onom   'miaow'

naula   s   'pound; [mod more common:] nail'
  naula-a   naulo-j-a
  naula-na   naulo-j-en/
               naula-0-in
  naula-ksi   naulo-i-ksi
  naula-an   naulo-i-hin

naula-n   s-Ac   naula

naura-a´   v-1 inf   'to laugh'
  naura-n   nauro-i-n
  naura-a   nauro-i-0
  naure-ta-an naure-tt-i-in

naur=ahta-a´   =v mom-1 inf   'to laugh out shortly'   cf nauraa
  naur=ahda-n   naur=ahd-i-n
  naur=ahta-a   naur=aht-i-0
  naur=ahde-ta-an naur=ahde-tt-i-in

naur=ahta-vat   =v-pl3   naurahtaa

naura-ma-an   v-3 inf-Il   nauraa

nauro-i-0   v-past-sg3   nauraa

nauta   s   'head of cattle'
  nauta-a   nauto-j-a
  nauta-na   nauto-j-en/
               nauta-0-in
  nauda-ksi   naudo-i-ksi
  nauta-an   nauto-i-hin

naveta-sta   s-El   navetta

navetta   s   'cattle barn' [cf nauta]
  navetta-a   navetto-j-a
  navetta-na   navetto-j-en/
                 navetta-0-in
  naveta-ksi   naveto-i-ksi
  navetta-an   navetto-i-hin

navetta-an   s-Il   navetta

navetta+homma   +s   'work in the barn'   navetta see homma for decl

navetta+homm-i-in   +s-pl-Il   navettahomma

ne   pron dem pl N
  [for sg see se]
                 ni-i-tä
                 ni-i-den/tten
                 ni-i-ksi
                 ni-i-hin

neiti   s arch   'maiden'
  neit-tä   neit-i-ä
  neite-nä   neit-i-en
  neide-ksi   neid-i-ksi
  neite-en   neit-i-in

neiti   s   'Miss'
  neiti-ä   neite-j-ä
  neiti-nä   neiti-0-en
  neidi-ksi   neide-i-ksi
  neiti-in   neite-i-hin

neit=o   =s   'maiden'   cf neiti
  neit=o-a   neit=o-j-a
  neit=o-na   neit=o-j-en
  neid=o-ksi   neid=o-i-ksi
  neit=o-on   neit=o-i-hin

neit=o=nen   =s   'maiden, young girl'   cf neito
  neit=o=s-ta   neit=o=s-i-a
  neit=o=se-na   neit=o=s-t-en/
                 neit=o=s-i-en
  neit=o=se-ksi neit=o=s-i-ksi
  neit=o=se-en   neit=o=s-i-in

neit=o=se-n   =s-G   neitonen

neit=syt   =s   'maiden, virgin'   cf neiti
  neit=syt-tä   neit=sy-i-tä
  neit=sye-nä   neit=sy-i-den/tten
  neit=sye-ksi   neit=sy-i-ksi
  neit=sye-en   neit=sy-i-hin

neit-tä   s arch stem-P   neiti

nelikko   s   'firkin'
  nelikko-a   nelikko-j-a/
                 neliko-i-ta
  nelikko-na   nelikko-j-en/
                 neliko-i-den/tten
  neliko-ksi   nelikko-i-ksi
  nelikko-on   nelikko-i-hin

nelikko-on   s-Il   nelikko

nelj-i-n   num-pl-Instr   neljä

neljä   num   'four'
  neljä-ä   nelj-i-ä
  neljä-nä   nelj-i-en/
               neljä-0-in
  neljä-ksi   nelj-i-ksi
  neljä-än   nelj-i-in

neljä-llä   num-Ad   neljä
  neljällä jalalla   'on four feet'

neljä=s   =num ord   'fourth'   cf neljä
  neljät-tä   neljä=ns-i-ä
  neljä=nte-nä neljä=ns-i-en
  neljä=nne-ksi neljä=ns-i-ksi
  neljä=nte-en neljä=ns-i-in

nen-i-n   s-pl-Instr   nenä

nen-i-ssä   s-pl-In   nenä

nenä   s   'nose; tip'
  nenä-ä   nen-i-ä
  nenä-nä   nen-i-en/
              nenä-0-in
  nenä-ksi nen-i-ksi
  nenä-än   nen-i-in

nenä-hän   s-arch Il stand   nenään   nenä

nenä-ssä   s-In   nenä

nenä-stä   s-El   nenä

ne-pä   pron dem-*pä*

neula   s   'needle'

neula-a   neulo-j-a
neula-na   neulo-j-en/
            neula-0-in
neula-ksi   neulo-i-ksi
neula-an   neulo-i-hin

neula-a-nsa   s-Il-poss3   [neula-an s-Il]   neula

neula-n   s-G   neula

neulo-a´   v-1 inf   'to sew'   cf neula
  neulo-n   neulo-i-n
  neulo-o   neulo-i-0
  neulo-ta-an neulo-tt-i-in

neulo-ma-an   v-3 inf-Il   neuloa

neuvo   s   'advice; counsel, instruction; means'
  neuvo-a   neuvo-j-a
  neuvo-na   neuvo-j-en
  neuvo-ksi neuvo-i-ksi
  neuvo-on   neuvo-i-hin

neuvo-a   s-P   neuvo

neuvo-a´   v-1 inf   'to advise'   cf neuvo
  neuvo-n   neuvo-i-n
  neuvo-o   neuvo-i-0
  neuvo-ta-an neuvo-tt-i-in

neuvo-i-0   v-past-sg3   neuvoa

neuvo-i-t   v-past-sg2   neuvoa

neuvo-j-a   s-pl-P   neuvo

Nieme=lä   =s place/family name   cf niemi
  Nieme=lä-ä   Nieme=lö-i-tä
  Nieme=lä-nä Nieme=lö-i-den/tten/
                 Nieme=lä-0-in
  Nieme=lä-ksi Nieme=lö-i-ksi
  Nieme=lä-än   Nieme=lö-i-hin

Nieme=lä-n   =s-G   Niemelä

nieme-n   s-G   niemi

nieme-t-0 s-pl-N niemi

niemi s 'cape, point'
  nieme-ä/   niem-i-ä
  nien-tä
  nieme-nä   niem-i-en/
                nien-t-en
  nieme-ksi   niem-i-ksi
  nieme-en   niem-i-in

niemi+hauda-lla +s-Ad niemi-
  hauta

niemi+hauta +s 'pit on a cape'
  niemi see hauta for decl

nien-t-en s cons stem-pl-G
  stand niemien niemi

ni-i-den pron dem-pl-G ne

ni-i-llä pron dem-pl-Ad ne

niin adv [ni-i-n pron dem-pl-
  Instr] 'so' cf se
  niin että con 'so that'
  niin ikään adv 'likewise'
  niin kauan kuin 'as long as,
    until'
  niin kuin/niinkuin con 'like,
    as'

ni-i-stä pron dem-pl-El ne

niit-i-t v-past-poet pl3 stand
  niittivät niittää

niitt=y =s 'hay field' cf
  niittää
  niitt=y-ä   niitt=y-j-ä
  niitt=y-nä   niitt=y-j-en
  niit=y-ksi   niitt=y-i-ksi
  niitt=y-yn   niitt=y-i-hin

niitt=y-hyn =s-arch Il stand
  niittyyn niitty

niitt=y-nä =s-Es niitty

niitt=y-ä =s-P niitty

niittä-mä-än v-3 inf-Il niit-
  tää

niittä-v-i-nä-mme v-1 par-
  tic-pl-Es-poss pl 1
  niittää
  ollaan niittävinämme 'let's
    pretend to mow'

niittä-ä´ v-1 inf 'to mow'
  niitä-n   niit-i-n
  niittä-ä   niitt-i-0
  niite-tä-än niite-tt-i-in

niit=y-ksi =s-T niitty

niit=y-lle´ =s-Al niitty

niit=y-llä =s-Ad 'in the
  hay field' niitty

niit=y-t-0 =s-pl-N niitty

ni-i-tä pron dem-pl-P ne

Nikolai s man's first name
        [pl not used]
  Nikolai-ta ------
  Nikolai-na ------
  Nikolai-ksi ------
  Nikolai-hin ------

nime-ksi s-T nimi
  mikä lapselle nimeksi pannaan
    'what name should the child
    be given'

nime=ttömä-stä =a-El nimetön
  nimettömästä sormestansa
    'from her ring finger'

nime=tön =a 'nameless' cf
  nimi
  nime=tön-tä nime=ttöm-i-ä
  nime=ttömä-nä nime=ttöm-i-en/
                 nime=tön-t-en/
                 nime=ttömä-0-in
  nime=ttömä- nime=ttöm-i-
    ksi   ksi
  nime=ttömä- nime=ttöm-i-in
    än

nimi s 'name'
  nime-ä   nim-i-ä
  nime-nä   nim-i-en
  nime-ksi   nim-i-ksi
  nime-en   nim-i-in

nim=inen =a 'named, by name'
    cf nimi
  nim=is-tä   nim=is-i-ä
  nim=ise-nä   nim=is-t-en/
                 nim=is-i-en
  nim=ise-ksi   nim=is-i-ksi
  nim=ise-en   nim=is-i-in

nimis+miehe-lle´ +s-Al nimis-
    mies

nimis+miehe-nä +s-Es nimis-
    mies

nimis+mies +s 'rural chief of
    police' nimi see mies for
    decl

Niva=la =s place name
              [pl not used]
  Niva=la-a   ------
  Niva=la-na   ------
  Niva=la-ksi   ------
  Niva=la-an   ------

Niva=la-n =s-G Nivala

Niva=la-ssa =s-In 'at Nivala'
    Nivala

nivus+liha +s rare 'loin mus-
    cle' nivus see liha for
    decl

nivus+liho-i-sta +s-pl-El 'up
    to the groin' nivusliha

no interj 'well'

noin adv [no-i-n pron dem-pl-
    Instr] 'approximately; thus'
    cf tuo

no-i-na pron dem-pl-Es tuo

noita s 'witch; wizard'
  noita-a   noit-i-a
  noita-na   noit-i-en/
                 noita-0-in
  noida-ksi   noid-i-ksi
  noita-an   noit-i-in

no-i-ta pron dem-pl-P tuo

noit=uus =s 'magic' cf noita
  noit=uut-ta   noit=uuks-i-a
  noit=uute-na   noit=uuks-i-en
  noit=uude-   noit=uuks-i-
    ksi   ksi
  noit=uute-en   noit=uuks-i-in

noit=uude-sta =s-El noituus

noja+ 'support, rest, ground'

noja-han postpos-arch Il with
    G stand nojaan cf noja+
    miekkojen nojahan 'leaning
    on their swords'

nokka s 'tip, beak'
  nokka-a   nokk-i-a
  nokka-na   nokk-i-en/
                 nokka-0-in
  noka-ksi   nok-i-ksi
  nokka-an   nokk-i-in

nokka-an s-Il nokka

nopat-a´ v-1 inf 'to click,snap'
  noppaa-n   noppas-i-n
  noppaa-0   noppas-i-0
  nopat-a-an   nopat-t-i-in

noppa-a v-sg3 nopata

nosta-a´ v-1 inf 'to lift'
  nosta-n   nost-i-n
  nosta-a   nost-i-0
  noste-ta-an   noste-tt-i-in

nost-i-0 v-past-sg3 nostaa

nouse-´ v-imper sg2 nousta

nouse-e sg3 nousta

nouse-minen v-4 infN 'ris-
    ing' nousta
    *ei ole täältä nouseminen
    niin kuin sieltä toivomi-
    nen* 'it is not as easy
    to rise from here as it
    is to wish up there'

nouse-n v-sg1 nousta

nous-i-0 v-past-sg3 nousta

nous-ta´ v-1 inf 'to rise, arise'
  nouse-n   nous-i-n
  nouse-e   nous-i-0
  nous-ta-an nous-t-i-in

nuiva a 'crabby'
  nuiva-a   nuiv-i-a
  nuiva-na   nuiv-i-en/
              nuiva-0-in
  nuiva-ksi nuiv-i-ksi
  nuiva-an   nuiv-i-in

nuiva-n a-Ac nuiva

nukka s 'fleece, shag'
  nukka-a   nukk-i-a
  nukka-na   nukk-i-en/
              nukka-0-in
  nuka-ksi   nuk-i-ksi
  nukka-an   nukk-i-in

nukka+vieru +a 'threadbare, shabby'
  nukka+vieru-a nukka+vieru-j-a
  nukka+vieru-na nukka+vieru-j-en
  nukka+vieru-ksi nukka+vieru-i-ksi
  nukka+vieru-un nukka+vieru-i-hin

nukka+vieru-lla +a-Ad nukka-vieru

nukku-a´ v-1 inf 'to sleep; fall asleep'
  nuku-n   nuku-i-n
  nukku-u   nuku-i-0
  nuku-ta-an nuku-tt-i-in

nukku-e-ssa v-2 inf-In nukkua

nukku-i-0 v-past-sg3 nukkua

nukku-nut v-2 partic nukkua

nuku-´ v-imper nukkua

nuku=ta-n =v-sg1 nukuttaa

nuku=t=el-la´ =v cont-1 inf 'to put to sleep' cf nukuttaa
  nuku=tt=ele-n nuku=tt=el-i-n
  nuku=tt=ele-e nuku=tt=el-i-0
  nuku=t=el-la-an nuku=t=el-t-i-in

nuku=tta-a´ =v caus-1 inf 'to put to sleep; make sleepy' cf nukkua
  nuku=ta-n   nuku=t-i-n
  nuku=tta-a   nuku=tt-i-0
  nuku=te-ta-an nuku=te-tt-i-in

nuku=tt=ele-´ =v-imper sg2 nukutella

nuku=tt=el-i-0 =v-past-sg3 nukutella

nuo pron dem pl N/Ac tuo

nuole-t-0 s-pl-Ac nuoli

nuoli s 'arrow'
  nuol-ta   nuol-i-a
  nuole-na   nuol-i-en/
              nuol-t-en
  nuole-ksi nuol-i-ksi
  nuole-en   nuol-i-in

nuol-la´ v-1 inf 'to lick, lap'
  nuole-n   nuol-i-n
  nuole-e   nuol-i-0
  nuol-la-an nuol-t-i-in

nuol-te-n v-poet 2 inf-Instr stand nuollen nuolla

nuora s 'string'
  nuora-a   nuor-i-a
  nuora-na   nuor-i-en/
              nuora-0-in
  nuora-ksi nuor-i-ksi
  nuora-an   nuor-i-in

nuora-sta s-El nuora
talutti härkää nuorasta
  'led the bull by the rope'

nuore-n a-Ac/G nuori

nuore-t-0 a-pl-N/Ac nuori

nuori a 'young'; s 'young person'
  nuor-ta   nuor-i-a
  nuore-na   nuor-t-en/
                  nuor-i-en
  nuore-ksi   nuor-i-ksi
  nuore-en   nuor-i-in

nuor-in a-superl 'youngest' nuori
  nuor-in-ta   nuor-imp-i-a
  nuor-impa-na nuor-in-t-en/
                  nuor-imp-i-en/
                  nuor-impa-0-in
  nuor-imma-   nuor-imm-i-ksi
    ksi
  nuor-impa-an nuor-imp-i-in

nuor-in-ta a-superl-P nuorin

nuor=uus =s 'youth, young age' cf nuori [pl not used]
  nuor=uut-ta ------
  nuor=uute-na ------
  nuor=uude-ksi ------
  nuor=uute-en ------

nuota-t-0 s-pl-N nuotta

nuotta s 'fish net'
  nuotta-a   nuott-i-a
  nuotta-na   nuotta-0-in/
                 nuott-i-en
  nuota-ksi   nuot-i-ksi
  nuotta-an   nuott-i-in

nurkka s 'corner'
  nurkka-a   nurkk-i-a
  nurkka-na   nurkk-i-en/
                 nurkka-0-in
  nurka-ksi   nurk-i-ksi
  nurkka-an   nurkk-i-in

nurkka-an s-Il nurkka

nuttu s 'jacket'
  nuttu-a   nuttu-j-a
  nuttu-na   nuttu-j-en
  nutu-ksi   nutu-i-ksi
  nuttu-un   nuttu-i-hin

nutu-lla s-Ad nuttu

nyt adv 'now'

näe-´ v-neg nähdä

näet con 'for, namely' cf nähdä

näh-dä´ v-1 inf 'to see'
  näe-n   nä-i-n
  näke-e   näk-i-0
  näh-dä-än   näh-t-i-in

näh-nee-n v-2 partic-Ac nähdä

näh-nee-t-kään v-2 partic-pl- kään nähdä

näh-nyt v-2 partic nähdä

näh-t-i-in v-pass-past-pass suffix nähdä

näh-t-y´ v-pass 2 partic 'seen' nähdä

näh-tä-vä-ksi v-pass-1 partic-T nähdä
  isännän nähtäväksi 'for the farmer to see'

nä-i-n v-past-sg1 nähdä

näin adv [nä-i-n pron dem-pl-Instr] 'thus, in this manner' cf tämä

nä-i-stä pron dem-pl-El nämä

nä-i-t-kö v-past-sg2-inter nähdä

nä-i-tä pron dem-pl-P nämä

nä-i-tä-kään pron dem-pl-P-kään nämä

näke-e v-sg3 nähdä

näke-mä-ttä v-3 inf-Abe 'without seeing' nähdä
  kenenkään näkemättä 'without anyone seeing'

näk-i-0   v-past-sg3   nähdä

näk=y =s 'apparition; sight'
    cf nähdä
    näk=y-ä   näk=y-j-ä
    näk=y-nä   näk=y-j-en
    nä=y-ksi   nä=y-i-ksi
    näk=y-yn   näk=y-i-hin

näk=y-isi-0 =v-cond-sg3 näkyä

näk=y-i-vät =v-past-pl3 näkyä

näk=y=mä=ttöm-i-in =a-pl-Il
    näkymätön

näk=y=mä=tön =a 'invisible'
    cf näkyä
    näk=y=mä=   näk=y=mä=ttöm-i-
        tön-tä   ä
    näk=y=mä=   näk=y=mä=tön-t-
        ttömä-nä   en/
                     näk=y=mä=ttöm-i-
                          en/
                     näk=y=mä=ttömä-0-
                          in
    näk=y=mä=   näk=y=mättöm-i-
        ttömä-ksi   ksi
    näk=y=mä=   näk=y=mä=ttöm-i-
        ttömä-än   in

näk=y-nyt =v-2 partic näkyä

näk=y-y =v-sg3 näkyä

näk=y-ä´ =v refl-1 inf 'to
    show, be seen, be visible;
    seem' cf nähdä
    nä=y-n   nä=y-i-n
    näk=y-y   näk=y-i-0
    nä=y-tä-än   nä=y-tt-i-in

näk=ö =s 'appearance; eye-
    sight' cf nähdä
                    [pl not used]
    näk=ö-ä   ------
    näk=ö-nä   ------
    nä=ö-ksi   ------
    näk=ö-ön   ------

näk=ö=inen =a 'like' cf näkö
    näk=ö=is-tä   näk=ö=is-i-ä
    näk=ö=ise-nä   näk=ö=is-t-en/
                   näk=ö=is-i-en
    näk=ö=ise-   näk=ö=is-i-ksi
        ksi
    näk=ö=ise-en   näk=ö=is-i-in

nälkä s 'hunger'
                    [pl not used]
    nälkä-ä   ------
    nälkä-nä   ------
    nälä-ksi   ------
    nälkä-än   ------

nälkä=inen =a 'hungry' cf
    nälkä
    nälkä=is-tä   nälkä=is-i-ä
    nälkä=ise-nä   nälkä=is-t-en/
                   nälkä=is-i-en
    nälkä=ise-   nälkä=is-i-ksi
        ksi
    nälkä=ise-en   nälkä=is-i-in

nälkä=is-tä =a-P nälkäinen

nämä pron dem pl N tämä

näppi s coll 'finger'
    näppi-ä   näppe-j-ä
    näppi-nä   näppi-0-en
    näpi-ksi   näpe-i-ksi
    näppi-in   näppe-i-hin

näti-n a-G nätti

nätti a coll 'pretty'
    nätti-ä   nätte-j-ä
    nätti-nä   nätti-0-en
    näti-ksi   näte-i-ksi
    nätti-in   nätte-i-hin

nä=y-´ =v-neg näkyä

nä=y=t=el-lä´ =v freq/cont-1
    inf 'to keep showing;
    play, act' cf näyttää
    nä=y=tt=ele-   nä=y=tt=el-i-
        n   n
    nä=y=tt=ele-   nä=y=tt=el-i-
        e   0
    nä=y=t=el-   nä=y=t=el-t-
        lä-än   i-in

nä=y=tt-i-0 =v-past-sg3
    näyttää

```
nä=y=ttä-ä´  =v-1 inf '[caus:]         nöyre-mpi-kö  a-comp-inter
  to show'; [refl:] seem' cf             nöyrä
  näkyä
  nä=y=tä-n      nä=y=t-i-n            nöyrä  a  'humble, submissive'
  nä=y=ttä-ä     nä=y=tt-i-0             nöyrä-ä        nöyr-i-ä
  nä=y=te-tä-    nä=y=te-tt-i-in         nöyrä-nä       nöyr-i-en/
    än                                                  nöyrä-0-in
  se näytti hänestä tutulta               nöyrä-ksi      nöyr-i-ksi
    'it seemed familiar to him'           nöyrä-än       nöyr-i-in
```

O

```
o-´  v dial stem-neg  stand ole     ohja=t-a´  =v inst-1 inf  'to
  olla                                 guide'  cf ohja
                                       ohja=a-n       ohja=s-i-n
odotta-a´  v-1 inf  'to wait'          ohja=a-0       ohja=s-i-0
  odota-n      odot-i-n                ohja=t-a-an    ohja=tt-i-in
  odotta-a     odott-i-0
  odote-ta-an  odote-tt-i-in        ohra  s  'barley'
                                       ohra-a         ohr-i-a
odotta-nut  v-2 partic odottaa         ohra-na        ohr-i-en/
                                                      ohra-0-in
odott-i-0  v-past-sg3  odottaa         ohra-ksi       ohr-i-ksi
                                       ohra-an        ohr-i-in
ohi´  adv  'by'
                                    ohr-i-st  s-pl-poet El  stand
ohi=tse´  =adv  'by'  cf ohi           ohrista  ohra
  sattui kulkemaan ohitse kaksi
    mummoa  'two old women hap-    oi  interj  'oh'
    pened to pass by'                 oi voi  interj  'alas'

ohja  s  'bridle, rein'             oie=t-a´  =v refl-1 inf  'to
  ohja-a       ohj-i-a                 straighten, become straight'
  ohja-na      ohj-i-en/                cf oikea
               ohja-0-in               oike=ne-n/     oike=n-i-n/
  ohja-ksi     ohj-i-ksi               oike=a-n       oike=s-i-n
  ohja-an      ohj-i-in                oike=ne-e/     oike=n-i-0/
                                       oike=a-a       oike=s-i-0
ohja=kse-t-0  =s-pl-N/Ac 'reins'       oie=t-a-an     oie=t-t-i-in
  ohjas
                                    oikea  a  'right; real; cor-
ohja=ks-i-a  =s-pl-P  ohjas            rect'
                                       oikea-a        oike-i-ta
ohja=s  =s  'reins'  ohjata cf         oikea-na       oike-i-den/tten/
  ohja                                                oikea-0-in
  ohja=s-ta     ohja=ks-i-a            oikea-ksi      oike-i-ksi
  ohja=kse-na   ohja=s-t-en/           oikea-an       oike-i-hin
                ohja=ks-i-en
  ohja=kse-ksi  ohja=ks-i-ksi       oikea-lle´  -adv [a-A1]  'to
  ohja=kse-en   ohja=ks-i-in           the right'  cf oikea
```

oike-i-n -adv [a-pl-Instr]
    'really; indeed; right' cf
    oikea

o-is-0 v poet stem-poet cond-
    sg3 stand olisi olla

o-isi-n v poet stem-cond-sg1
    stand olisin olla

oja   s 'ditch'
  oja-a   oj-i-a
  oja-na   oj-i-en/
               oja-0-in
  oja-ksi   oj-i-ksi
  oja-an   oj-i-in

oja-sta s-El oja

oje=n=n=el-la´ =v freq/cont-1
    inf 'to stretch, keep
    stretching' cf ojentaa
  oje=n=t=ele- oje=n=t=el-i-n
    n
  oje=n=t=ele- oje=n=t=el-i-0
    e
  oje=n=n=el-   oje=n=n=el-t-i-
    la-an   in

oje=n=s-i-0 =v-past-sg3
    ojentaa

oje=n=ta-a´ =v caus-1 inf 'to
    extend; straighten' cf
    oieta
  oje=n=na-n   oje=n=s-i-n
  oje=n=ta-a   oje=n=s-i-0
  oje=n=ne-ta- oje=n=ne-tt-i-in
    an

oje=n=t=el-i-0 =v-past-sg3
    ojennella

oksa   s 'branch'
  oksa-a   oks-i-a
  oksa-na   oks-i-en/
               oksa-0-in
  oksa-ksi   oks-i-ksi
  oksa-an   oks-i-in

oksa-a s-P oksa

oksa=inen =a 'with many bran-
    ches' cf oksa

oksa=is-ta   oksa=is-i-a
oksa=ise-na   oksa=is-t-en/
              oksa=is-i-en
oksa=ise-ksi oksa=is-i-ksi
oksa=ise-en   oksa=is-i-in

oksa-lla s-Ad oksa

oksa-n s-Ac/G oksa

oksa-ssa s-In oksa

oks-i-a-nsa s-pl-P-poss3
    oksa

oks-i-en s-pl-G oksa

ola-lla s-Ad olka

ole-´ v-neg olla

ole-´-kaan v-neg-*kaan* olla

ole-n v-sg1 olla

ole-n-han v-sg1-*han* olla

ole-t v-sg2 olla

ole-t-kin v-sg2-*kin* olla
    mikä oletkin 'whatever
    you are'

ole-tte v-pl2 olla

ole-va v-1 partic olla

ole-va-a v-1 partic-P oleva

ole-va-an v-1 partic-Il
    oleva

ole-va-n v-1 partic-Ac
    oleva

ol-ev-i-na-an v-1 partic-
    pl-Es-poss3 oleva
    oli olevinaan 'pretended
    to be'

ol-i-0 v-past-sg3 olla

ol-i-0-han v-past-sg3-*han*
    olla

ol-i-0-kaan v-past-sg3-*kaan*
   olla

ol-i-0-kin v-past-sg3-*kin*
   olla
   hakkaaja olikin surma 'but the one who made the cutting noise was death'

ol-i-0-ko v-past-sg3-inter
   olla

ol-i-mme v-past-pl 1 olla

ol-i-n v-past-sg1 olla

ol-i-0-pa v-past-sg3-*pa* olla
   olipa kerran 'once upon a time there was'

ol-isi-0 v-cond-sg3 olla

ol-isi-n v-cond-sg1 olla

ol-isi-t v-cond-sg2 olla

ol-i-vat v-past-pl3 olla

olka s 'shoulder'
   olka-a   olk-i-a
   olka-na   olk-i-en/
                 olka-0-in
   ola-ksi   olk-i-ksi
   olka-an   olk-i-in

olka+pä-i=tse´ =postp rare/poet with G "prolative" 'passing by the shoulders' cf olkapää

olka+pää +s 'shoulder' olka see pää for decl

olki s 'straw'
   olke-a   olk-i-a
   olke-na   olk-i-en
   olje-ksi   olj-i-ksi
   olke-en   olk-i-in

olki+huone´ +s poet '["straw room"] barn' olki see huone for decl

olki+huonehe-ssa +s poet stem-In stand olkihuoneessa olkihuone

olki+katt=o =s 'thatched roof, straw roof' olki see katto for decl

ol-la´ v-1 inf 'to be'
   ole-n   ol-i-n
   o-n   ol-i-0
   ol-la-an   ol-t-i-in

ol-la-an v-pass-pass suffix
   olla

ol-la-kse-ni v-1 inf-T-poss1
   olla
   paha on täällä ollakseni 'I feel bad here'

ol-le-n-kaan -adv [v-2 inf-Ac-*kaan*] 'at all' cf olla

ol-lee-n v-2 partic-Ac olla
   olivat havainneet menijöitä olleen kolme 'had noticed that there were three [men] going'

ol-le-ssa-an v-2 inf-In-poss3 'while he/she is/was' olla

ol-le-ssa-ni v-2 inf-In-poss1 'while I am/was' olla

ol-le-ssa-si v-2 inf-In-poss2 'while you are/were' olla

ol-lu v-coll 2 partic stand ollut olla

ol-lut v-2 partic olla

ol=o =s 'being; condition; feeling' cf olla
   ol=o-a   ol=o-j-a
   ol=o-na   ol=o-j-en
   ol=o-ksi   ol=o-i-ksi
   ol=o-on   ol=o-i-hin

ol=o-0-nsa =s-Ac-poss3 [ol=o-n =s-Ac] olo
   tunsi olonsa tukalaksi 'felt uneasy'

ol-t-i-in v-pass-past-pass suffix olla

ol-t-u´ v-pass-2 partic olla

olue-n+hak=u+matka +s 'trip to fetch beer' olut haku see matka for decl

olue-n+hak=u+matka-lla +s-Ad 'getting the beer' oluenhakumatka

olut s 'beer; [pl:] bottles, drinks of beer'
  olut-ta   olu-i-ta
  olue-na   olu-i-den/tten
  olue-ksi olu-i-ksi
  olue-en   olu-i-hin

olut-ta s-P olut

olve-n s-Ac olvi

olvi s poet 'beer' cf olut [pl not used]
  olve-a   ------
  olve-na   ------
  olve-ksi ------
  olve-en   ------

oma a 'own; dear'
  oma-a   om-i-a
  oma-na   om-i-en/
              oma-0-in
  oma-ksi om-i-ksi
  oma-an   om-i-in

oma=inen =a [in compounds] 'pertaining [to G]';=s 'relative' cf oma
  oma=is-ta   oma=is-i-a
  oma=ise-na   oma=is-t-en/
                 oma=is-i-en
  oma=ise-ksi oma=is-i-ksi
  oma=ise-en   oma=is-i-in

oma-n a-Ac/G oma

omena s 'apple'
  omena-a   omen-i-a/
              omeno-i-ta
  omena-na   omen-i-en/
              omeno-i-den/tten/
              omena-0-in
  omena-ksi omen-i-ksi/
              omeno-i-ksi
  omena-an   omen-i-in/
              omeno-i-hin

omena-a s-P omena

omena-t-0 s-pl-N/Ac omena

omena+varkaa-t-0 +s-pl-N omenavaras

omena+varka-i-ssa +s-pl-In 'stealing apples' omenavaras

omena+varas +s 'apple thief' omena see varas for decl

omen-i-a s-pl-P omena

omen-i-a-an s-pl-P-poss3 omena

omen=ut =s dim 'little apple [used in a poem about a child]' cf omena
  ome=nut-ta   ome=nu-i-ta
  ome=nue-na   ome=nu-i-den/
                 tten
  ome=nue-ksi ome=nu-i-ksi
  ome=nue-en   ome=nu-i-hin

ome=nut-ta-ni =s-P-poss 1 omenut

ome=nut-ta-nsa =s-P-poss3 omenut

om-i-a a-pl-P oma

om-i-n a-pl-Instr oma

om=ista-a´ =v fact-1 inf 'to own' cf oma
  om=ista-n   om=ist-i-n
  om=ista-a   om=ist-i-0
  om=iste-ta-   om=iste-tt-i-
    an   in

om=ista=ja =s 'owner' cf omistaa
  om=ista=ja-a om=ista=j-i-a
  om=ista=ja-   om=ista=j-i-en/
    na   om=ista=ja-0-in

```
om=ista=ja-    om=ista=j-i-ksi
   ksi
om=ista=ja-    om=ista=j-i-in
   an

om=ista=ja-a    =s-P    omistaja

om=ista=ja-ta    =s-archP    stand
   omistajaa    omistaja

om=ituinen    =a    'strange, odd'
   cf oma
  om=ituis-ta    om=ituis-i-a
  om=ituise-na   om=ituis-t-en/
                 om=ituis-i-en
  om=ituise-     om=ituis-i-ksi
     ksi
  om=ituise-en   om=ituis-i-in

om=ituise=sti´    =adv    'strange-
   ly, oddly'    cf omituinen

ommel    s    'seam, [here:] stitch'
            [for pl see
            ompele]
  ommel-ta       ------
  ompele-na      ------
  ompele-ksi     ------
  ompele-en      ------

ommel-la´    v-1 inf    'to sew'
   cf ommel
  ompele-n       ompel-i-n
  ompele-e       ompel-i-0
  ommel-la-an    ommel-t-i-in

ommel-t-i-in    v-pass-past-pass
   suffix    ommella

ompele´    s    'seam'    cf ommel
  ompelet-ta     ompele-i-ta
  ompelee-na     ompele-i-den/tten
  ompelee-ksi    ompele-i-ksi
  ompelee-seen   ompele-i-siin/hin

ompelee-n    s-Ac    ompele

ompele-ma-an    v-3 inf-Il    om-
   mella

ompelet-ta    s-P    ompele

o-n    v-sg3    olla

o-n-han    v-sg3-han    olla

onki    s    'fishing rod, hook,
   and line'
  onke-a       onk-i-a
  onke-na      onk-i-en
  onge-ksi     ong-i-ksi
  onke-en      onk-i-in

onk-i-0    v-past-sg3    onkia

onki-a´    v-1 inf    'to fish
   [with hook and line];
   angle'    cf onki
  ongi-n       ong-i-n
  onki-i       onk-i-0
  ongi-ta-an   ongi-tt-i-in

onki=minen    =s    'line fishing'
   cf onkia
            [pl not used]
  onki=mis-ta      ------
  onki=mise-na     ------
  onki=mise-ksi    ------
  onki=mise-en     ------

o-n-ko    v-sg3-inter    olla

o-n-ko-han    v-sg3-inter-han
   olla

onni    s    'luck'
            [pl not used]
  onne-a       ------
  onne-na      ------
  onne-ksi     ------
  onne-en      ------

onni=sta-a´    =v    fact-1 inf 'to
   have luck'    cf onni sg3
   only
  onni=sta-a     onni=st-i-0
  ------         ------
  *minua onnistaa/onnisti*    'I
   have/had luck'

onni=st-u-a´    =v    refl-1 inf
   'to succeed'    cf onnistaa
  onni=st-u-n    onni=st-u-i-n
  onni=st-u-u    onni=st-u-i-0
  onni=st-u-     onni=st-u-tt-
     ta-an         i-in
```

onni=st=u-nut =v-2 partic
   onnistua

o-n-pa-s v-sg3-*pa-s* olla

oo-´ v coll stem-neg stand ole
   olla

oo-n v coll stem-sg1 stand olen
   olla

oo-t v coll stem-sg2 stand olet
   olla

ora s arch 'drill'
  ora-a   or-i-a
  ora-na   or-i-en/
               ora-0-in
  ora-ksi   or-i-ksi
  ora-an   or-i-in

ora'a [sic]/ora-a s-P ora

orhi s poet stand ori 'stallion'

ori´ s 'stallion'
  orit-ta   ori-i-ta
  orii-na   ori-i-den/tten
  orii-ksi   ori-i-ksi
  orii-seen ori-i-siin/hin

oria s dial stand orja
   'slave; [poet:] servant'

orihi-n s poet stem-Ac/G stand
   oriin ori

orit-ta s-P ori

Ori+vede-llä +s-Ad 'at Orivesi' Orivesi

Ori+vede-llä-kin +s-Ad-*kin*
   Orivesi

Ori+vesi +s place name see
   vesi for decl

orja s 'slave; [poet:] servant'
  orja-a   orj-i-a
  orja-na   orj-i-en/
                orja-0-in
  orja-ksi   orj-i-ksi
  orja-an   orj-i-in

orja-lle´ s-Al orja

orja-n s-G orja
   lupa orjan annettihin poet
   ["dative G" stand orjalle]
   'the servant was given permission'

orja-na s-Es orja

orj=uude-ssa =s-In orjuus

orj=uus =s 'slavery' cf
   orja
               [pl rarely used]
  orj=uut-ta   ------
  orj=uute-na ------
  orj=uude-ksi ------
  orj=uute-en ------

orko s dial/poet 'valley, grove' [stand laakso]
  orko-a   orko-j-a
  orko-na   orko-j-en
  oro-ksi   oro-i-ksi
  orko-on   orko-i-hin

orko-hon s-arch Il stand
   orkoon orko

or=o=nen =s 'stallion' cf
   ori
  or=o=s-ta   or=o=s-i-a
  or=o=se-na   or=o=s-t-en/
                   or=o=s-i-en
  or=o=se-ksi or=o=s-i-ksi
  or=o=se-en   or=o=s-i-in

or=o=s-i-sta-si =s-pl-El-
   poss2 oronen

orsi s 'beam'
  ort-ta   ors-i-a
  orte-na   ors-i-en/
                ort-t-en
  orre-ksi   ors-i-ksi
  orte-en   ors-i-in

ort-ta s-P orsi
   kaksi ortta kanasia 'two beams full of chickens'

osa   s   'part'
  osa-a   os-i-a
  osa-na   os-i-en/
                  osa-0-in
  osa-ksi   os-i-ksi
  osa-an   os-i-in

osaa-0   v-sg3   osata

osa-isi-0   v-cond-sg3   osata

osan-nee-t   v-2 partic-pl
  osata

osat-a´   v-1 inf   'to know how'
  osaa-n   osas-i-n
  osaa-0   osas-i-0
  osat-a-an   osat-t-i-in
  osata maaliin   'to hit the
    target'

osoi=tta-a´   =v caus-1 inf   'to
  point at; show'   cf osata
  osoi=ta-n   osoi=t-i-n
  osoi=tta-a   osoi=tt-i-0
  osoi=te-ta-   osoi=te-tt-i-in
    an

osoi=tta-a   =v-sg3   osoittaa

osoi=tt-i-0   =v-past-sg3   osoit-
  taa

osta-´   v-neg   ostaa

osta-a´   v-1 inf   'to buy'
  osta-n   ost-i-n
  osta-a   ost-i-0
  oste-ta-an   oste-tt-i-in

osta=ja   =s   'buyer'   cf ostaa
  osta=ja-a   osta=j-i-a
  osta=ja-na   osta=j-i-en/
                  osta=ja-0-in
  osta=ja-ksi   osta=j-i-ksi
  osta=ja-an   osta=j-i-in

osta=ja-a   =s-P   ostaja

osta=ja-lle´   =s-Al   ostaja

osta-ma-tta   v-3 inf-Abe   ostaa
  kun on ohjat ostamatta   'when
    the bridle has not bee
    bought'

osta-ne-n   v-pot-sg1   'I may
  buy; [poet:] should I
  buy'   ostaa

oste-tt-u´   v-pass-2 partic
  ostaa

oste-tt-u-na   v-pass-2 partic-
  Es   ostettu

ota-´   v-neg   ottaa

ota-´   v-imper sg2   ottaa

ota-n   v-sg1   ottaa

ota-t   v-sg2   ottaa

Otava   s   'Great Dipper, the
  seven principal stars in
  Ursa major'
                  [pl not used]
  Otava-a   ------
  Otava-na   ------
  Otava-ksi   ------
  Otava-an   ------

Otava=inen   =s poet   'Great
  Dipper'   cf Otava
                  [pl rarely used]
  Otava=is-ta   ------
  Otava=ise-na   ------
  Otava=ise-ksi   ------
  Otava=ise-en   ------

Otava=is-t-en   =s-pl-G   Ota-
  vainen

ote-ta-an   v-pass-pass suffix
  ottaa

ote-tta-ne-hen   v-pass-pot-
  arch pass suffix   stand
  otettaneen   ottaa

ote-tt-u´   v-pass-2 partic
  ottaa

otta-a   v-sg3   ottaa

otta-a´   v-1 inf   'to take'
  ota-n   ot-i-n
  otta-a   ott-i-0
  ote-ta-an   ote-tt-i-in
  ottaa kiinni   'catch'

otta-isi-0-ko v-cond-sg3-inter ottaa

otta-isi-n v-cond-sg1 ottaa

otta-kaa-0 v-imper-pl2 ottaa

otta-ma-an v-3 inf-Il ottaa

otta-ma-han v-3 inf-arch Il stand ottamaan ottaa

otta-nut v-2 partic ottaa

ott-i-0 v-past-sg3 ottaa

oudo-n a-G outo

outo a 'odd, strange'
  outo-a   outo-j-a
  outo-na   outo-j-en
  oudo-ksi oudo-i-ksi
  outo-on   outo-i-hin

outo+ääni=nen =a 'with a strange voice' outo cf ääni
  outo+ääni=s- outo+ääni=s-i-ä
  tä
  outo+ääni=   outo+ääni=s-t-en/
  se-nä   outo+ääni=s-i-en
  outo+ääni=   outo+ääni=s-i-
  se-ksi   ksi
  outo+ääni=   outo+ääni=s-i-in
  se-en

o-vat v-pl3 olla

ovela a 'sly'
  ovela-a   ovel-i-a
  ovela-na ovel-i-en/
              ovela-0-in
  ovela-ksi ovel-i-ksi
  ovela-an ovel-i-in

ove-lle´ s-Al ovi

ove-n s-G ovi

ove-n+suu +s '["the mouth of the door"] area in room closest to the door' ovi see suu for decl

ove-n+suu-hun +s-Il ovensuu

ovi s 'door'
  ove-a   ov-i-a
  ove-na   ov-i-en
  ove-ksi ov-i-ksi
  ove-en   ov-i-in

ovi+puole-en +s-Il

ovi+puoli +s 'the side of the room which is closest to the door' ovi see puoli for decl

P

-pa/-pä emph suffix '[in exclamations:] well, why; [often to be left untranslated]'

-pa-s see -pa see -s
  annapas 'why don't you give'

paade-t-0 s-pl-N/Ac paasi

paasi s 'stone, rock'
  paat-ta   paas-i-a
  paate-na paas-i-en/
             paat-t-en
  paade-ksi paas-i-ksi
  paate-en paas-i-in

Paavo s male name [Paul]
  Paavo-a   Paavo-j-a
  Paavo-na Paavo-j-en
  Paavo-ksi Paavo-i-ksi
  Paavo-on Paavo-i-hin

Paavo+nim=inen =a 'Paavo by

name' Paavo see niminen for decl

Paavo+nim=ise-lle´ =a-Al
   Paavo-niminen

pada-n s-G pata

pada-ssa s-In pata

pae=t-a´ =v-1 inf 'to flee'
  pake=ne-n   pake=n-i-n
  pake=ne-e   pake=n-i-0
  pae=t-a-an   pae=t-t-i-in

pah interj

paha a [N/Ac] 'bad'
  paha-a   paho-j-a
  paha-na   paho-j-en/
               paha-0-in
  paha-ksi   paho-i-ksi
  paha-an   paho-i-hin

paha-n a-Ac paha

Paha=nen =s poet stand paho-
   lainen 'devil' cf paha
  Paha=s-ta   Paha=s-i-a
  Paha=se-na   Paha=s-t-en/
                Paha=s-i-en
  Paha=se-ksi Paha=s-i-ksi
  Paha=se-en   Paha=s-i-in

Paha=se-lta =s-Abl Pahanen
  puhkesi vatsa Pahaselta 'the
   stomach of the devil busted
   open'

Paha=se-n =s-Ac/G Pahanen

Paha=se-sta =s-El Pahanen

pahe-mpi a-comp paha

paho-a a poet stem-P stand
   pahaa paha

paho-i-hin a-pl-Il paha

paho-i-lla a-pl-Ad paha
  pahoilla mielin 'sad'

paho-i-n -adv [a-pl-Instr]
  'badly' cf paha

paho=lainen =s 'devil' cf
  paha
  paho=lais-ta paho=lais-i-a
  paho=laise-   paho=lais-t-en/
    na   paho=lais-i-en
  paho=laise-   paho=lais-i-ksi
    ksi
  paho=laise-   paho=lais-i-in
    en

paho=laise-n =s-G paholainen

paida-lla-nsa s-Ad-poss3
  stand paitasillaan 'in
  his shirt only' paita

paika-lle-en s-Al-poss3 'to
  the point' paikka

paika-n s-G paikka

paika=t-a´ =v inst-1 inf
  'to patch' cf paikka
  paikka=a-n   paikka=s-i-n
  paikka=a-0   paikka=s-i-0
  paika=t-a-an paika=t-t-i-in

paika=t-t-u´ =v-pass-2 par-
  tic 'mended' paikata

paika=t-0-u-n =v-pass-2 par-
  tic-Ac paikattu

paikka s 'place, spot; patch'
  paikka-a   paikko-j-a
  paikka-na   paikko-j-en/
               paikka-0-in
  paika-ksi   paiko-i-ksi
  paikka-an   paikko-i-hin

paikka-an s-Il paikka
  kuoli siihen paikkaan 'died
  then and there'

paiko-i-lle-en s-pl-Al-poss3
  '[back] to its place'
  paikka

paina-a´ v-1 inf 'to press;
  weigh'

223

```
paina-n        paino-i-n
paina-a        paino-i-0
paine-ta-an    paine-tt-i-in

paina=ja  =s  'one who presses,
    [mod:] printer'
  paina=ja-a     paina=j-i-a
  paina=ja-na    paina=j-i-en/
                 paina=ja-0-in
  paina=ja-ksi   paina=j-i-ksi
  paina=ja-an    paina=j-i-in

paina=ja=inen  =s  'nightmare'
    cf painaja
  paina=ja=is-  paina=ja=is-i-a
    ta
  paina=ja=     paina=ja=is-t-en/
    ise-na      paina=ja=is-i-en
  paina=ja=     paina=ja=is-i-
    ise-ksi       ksi
  paina=ja=     paina=ja=is-i-in
    ise-en

paina=ja=ise-n  =s-G  paina-
    jainen

paina=ja=is-ta  =s-P  paina-
    jainen

pain=o  =s  'weight'  cf painaa
  pain=o-a     pain=o-j-a
  pain=o-na    pain=o-j-en
  pain=o-ksi   pain=o-i-ksi
  pain=o-on    pain=o-i-hin

paino-i-0  v-past-sg3  painaa

paiska=s-i-0  =v-past-sg3  pais-
    kata

paiska=t-a´  =v caus-1 inf  'to
    throw'
  paiska=a-n    paiska=s-i-n
  paiska=a-0    paiska=s-i-0
  paiska=t-a-   paiska=t-t-i-in
    an

paiska=t-t-u´ =v-pass-2 partic
    paiskata

paista-´  v-imper sg2  paistaa

paista-a  v-sg3  paistaa

paista-a´  v-1 inf  '[of sun,
    moon:] to shine; bake,
    fry'
  paista-n       paisto-i-n
  paista-a       paisto-i-0
  paiste-ta-an   paiste-tt-i-in

paista-ma-han  v-3 inf-arch Il
    stand paistamaan  paistaa

paista-ma-sta  v-3 inf-El
    paistaa

paist=e´  =s  'shine, glare;
    light; heat'  cf paistaa
              [pl not normal-
                ly used]
  paist=et-ta  ------
  paist=ee-na  ------
  paist=ee-ksi ------
  paist=ee-seen------

paist=i  =s  'steak'  cf pais-
    taa
  paist=i-a    paist=e-j-a
  paist=i-na   paist=i-0-en
  paist=i-ksi  paist=e-i-ksi
  paist=i-in   paist=e-i-hin

paist=i-na  =s-Es  'as a
    steak'  paisti

paisto-i-0  v-past-sg3  paistaa

paisu-a´  v-1 inf  'to grow,
    expand, swell'
  paisu-n       paisu-i-n
  paisu-u       paisu-i-0
  paisu-ta-an   paisu-tt-i-in

paisu-nut  v-2 partic  paisua

paita  s  'shirt'
  paita-a    paito-j-a
  paita-na   paito-j-en/
             paita-0-in
  paida-ksi  paido-i-ksi
  paita-an   paito-i-hin

pak=ahta-a´  =v mom-1 inf
    'to bust'  cf pakko
  pak=ahda-n    pak=ahd-i-n
  pak=ahta-a    pak=aht-i-0
```

225

pak=ahde-ta- pak=ahde-tt-i-
   an   in
   kivi kahtia pakahti 'the
      stone split in two'

pak=aht-i-0 =v-past-sg3 pak-
   ahtaa

pakana s 'pagan, heathen'
   pakana-a   pakano-i-ta
   pakana-na   pakano-i-den/
                      tten/
                   pakana-0-in
   pakana-ksi   pakano-i-ksi
   pakana-an   pakano-i-hin

pakana+maa +s 'heathen coun-
   try' pakana see maa for
   decl

pakana+maa-lla +s-Ad 'in a
   heathen country' pakanamaa

pakana-n s-G pakana

pake=ne-ma-an =v-3 inf-Il
   paeta

pake=ne-mis-ta-an =v-4 inf-P-
   poss3 paeta
   pakenivat pakenemistaan figura
      etymologica 'fled and fled'

pake=n-i-0 =v-past-sg3 paeta

pake=ni-ja =s 'one who flees,
   fugitive' cf paeta
   pake=ni-ja-a   pake=ni-jo-i-ta
   pake=ni-ja-   pake=ni-jo-i-den/
      na   tten/
                  pake=ni-ja-0-in
   pake=ni-ja-   pake=ni-jo-i-ksi
      ksi
   pake=ni-ja-   pake=ni-jo-i-hin
      an

pake=ni=ja-t-0 =s-pl-N/Ac pa-
   kenija

pake=ni=jo-i-ta =s-pl-P pake-
   nija

pake=n-i-vat =v-past-pl3 paeta

pakis-i-0 v-past-sg3 pakista

pakis-ta´ v-1 inf 'to talk;
   chat'
   pakise-n   pakis-i-n
   pakise-e   pakis-i-0
   pakis-ta-an   pakis-t-i-in

pakko s 'necessity'
                  [pl not normal-
                     ly used]
   pakko-a   ------
   pakko-na   ------
   pako-ksi   ------
   pakko-on   ------

pak=o =s 'flight' cf paeta
   pak=o-a   pak=o-j-a
   pak=o-na   pak=o-j-en
   pa =o-ksi   pa=o-i-ksi
   pak=o-on   pak=o-i-hin

pala s 'piece'
   pala-a   palo-j-a
   pala-na   palo-j-en/
                     pala-0-in
   pala-ksi   palo-i-ksi
   pala-an   palo-i-hin

palaa-´ v-imper sg2 palata

pala-a´ v-1 inf 'to burn'
   pala-n   palo-i-n
   pala-a   palo-i-0
   pale-ta-an   pale-tt-i-in

pala=nen =s [N/Ac] 'bit, piece'
   cf pala
   pala=s-ta   pala=s-i-a
   pala=se-na   pala=s-t-en/
                     pala=s-i-en
   pala=se-ksi   pala=s-i-ksi
   pala=se-en   pala=s-i-in

palan-neh-i-a v-arch 2 partic-
   pl-P stand palanneita
   palannut

palan-nut v-2 partic palata

palas-i-0 v-past-sg3 palata

palat-a´ v-1 inf 'to return'

```
palaa-n         palas-i-n              =s   'tot'  cf pallero
palaa-0         palas-i-0        palle=ro=      palle=ro=is-
palat-a-an      palat-t-i-in       is-ta          i-a
                                 palle=ro=      palle=ro=is-
palat-e-ssa-an  v-2 inf-In-poss3   ise-na         t-en/
  'when he returned'  palata                    palle=ro=is-
                                                  i-en
pala-va  v-1 partic  palaa       palle=ro=      palle=ro=is-
                                   ise-ksi        i-ksi
pala-va-n  v-1 partic-Ac  palava palle=ro=      palle=ro=is-
  luuli polvensa palavan           ise-en         i-in
  'thought his knee was burn-
  ing'                           palo-i-ksi  s-pl-T  pala

palja-i-n  a-pl-Instr  paljas    palv=el-i-0  =v-past-sg3
  paljain jaloin  'barefooted'     palvella

paljas  a  'bare, naked'         palv=eli=ja  =s  'servant'
  paljas-ta     palja-i-ta         cf palvella
  paljaa-na     palja-i-den/tten/ palv=eli=ja-  palv=eli=jo-
                paljas-t-en         a             i-ta
  paljaa-ksi    palja-i-ksi       palv=eli=ja-  palv=eli=jo-
  paljaa-seen   palja-i-siin/hin    na            i-den/tten/
                                                 palv=eli=ja-0-
paljo  a  'much'                                   in
  paljo-a       paljo-j-a         palv=eli=ja-  palv=eli=jo-
  paljo-na      paljo-j-en          ksi           i-ksi
  paljo-ksi     paljo-i-ksi       palv=eli=ja-  palv=eli=jo-
  paljo-on      paljo-i-hin         an            i-hin

paljo-n  a-G  paljo              palv=eli=jo-i-na-nsa  =s-pl-
                                   Es-arch poss3  stand
paljon  adv  'much'                palvelijoinaan  palvelija

palka-n  s-Ac  palkka            palv=el-i-n  =v-past-sg1
                                   palvella
palkka  s  [N/Ac]  'salary'
  palkka-a      palkko-j-a       palv=el-la´  =v cont-1 inf
  palkka-na     palkko-j-en/       'to serve'  cf palvoa
                palkka-0-in      palv=ele-n   palv=el-i-n
  palka-ksi     palko-i-ksi      palv=ele-e   palv=el-i-0
  palkka-an     palkko-i-hin     palv=el-la-  palv=el-t-i-in
                                   an
palle=ro  =s  'chunk; chubby
  child'  cf pallo               palvo-a´  v-1 inf  'to worship'
  palle=ro-a    palle=ro-i-ta/     palvo-n      palvo-i-n
                palle=ro-j-a       palvo-o      palvo-i-0
  palle=ro-na   palle=ro-i-den/    palvo-ta-an  palvo-tt-i-in
                  tten/
                palle=ro-j-en    pane-´  v-neg  panna
  palle=ro-ksi  palle=ro-i-ksi
  palle=ro-on   palle=ro-i-hin   pane-´  v-imper sg2  panna

palle=ro=inen  =a  'chubby';     pane-n-pa  v-sg1-pa  panna
```

pan-i-0 v-past-sg3 panna
  pani lapsen laavitsalle 'sat the child on the bench'
  pani maata matkamiehen 'put the traveler to bed'

pan-i-vat v-past-pl3 panna

pan-kaa-0 v-imper-pl2 panna

pan-na´ v-1 inf 'to put, set, place'
  pane-n   pan-i-n
  pane-e   pan-i-0
  pan-na-an   pan-t-i-in
  panna olutta 'brew beer'

pan-na-an v-pass-pass suffix panna
  pannaan kinkku evääksi 'a ham is given for lunch to take along'

pan-ne-n v-pot-sg1 'I might put' panna

pan-ne-ssa-an v-2 inf-In-poss3 panna

pan-nut v-2 partic panna
  jok' on ohrist olven pannut 'she who has brewn beer of barley'

pan-t-i-in v-pass-past-pass suffix panna
  nimeksi pantiin Nikolai 'the name Nikolai was given'

panu s arch 'fire' [stand tuli] [pl not used]
  panu-a   ------
  panu-na   ------
  panu-ksi   ------
  panu-un   ------

panu-n s-G panu

paperi s 'paper'
  paperi-a   papere-i-ta/
              papere-j-a
  paperi-na papere-i-den/
              tten/
              paperi-0-en
  paperi-ksi papere-i-ksi
  paperi-in   papere-i-hin

paperi-lle´ s-Al paperi

paperi-n s-Ac paperi

paperi+pala +s 'piece of paper' paperi see pala for decl

papi-lta s-Abl pappi

papi-n s-G pappi

pappa s coll 'father; old man'
  pappa-a   pappo-j-a
  pappa-na   pappo-j-en/
             pappa-0-in
  papa-ksi   papo-i-ksi
  pappa-an   pappo-i-hin

pappi s 'priest'
  pappi-a   pappe-j-a
  pappi-na   pappi-0-en
  papi-ksi   pape-i-ksi
  pappi-in   pappe-i-hin

pappi-a s-P pappi

pappi-kin sN-*kin* pappi

paraha-n a arch superl stem-Ac stand parhaan paras

parah-in a arch stem-superl stand parhain

para=ne-e =v-sg3 parata

para=n-i-0 =v-past-sg3 parata

para=n-i-0-kin =v-past-sg3-*kin* 'was indeed cured' parata

para=n-isi-0 =v-cond-sg3 'would become cured' parata

para=n=s-i-0 =v-past-sg3 parantaa

227

para=n=ta-a´ =v caus-1 inf 'to improve; heal, cure' cf parata
  para=n=na-n   para=n=s-i-n
  para=n=ta-a   para=n=s-i-0
  para=n=ne-ta-an para=n=ne-tt-i-in

para=n=ta-isi-vat =v-cond-pl3 parantaa

para=n=ta-minen =s 'the act of curing' cf parantaa
  para=n=ta=mis-ta para=n=ta=mis-i-a
  para=n=ta=mise-na para=n=ta=mis-t-en/
                      para=n=ta=mis-i-en
  para=n=ta=mise-ksi para=n=ta=mis-i-ksi
  para=n=ta=mise-en para=n=ta=mis-i-in

para=n=ta-nut =v-2 partic parantaa

paras a superl [N/Ac] 'best'
  paras-ta   parha-i-ta
  parhaa-na   parha-i-den/tten/paras-t-en
  parhaa-ksi parha-i-ksi
  parhaa-seen parha-i-siin/hin

paras-ta a superl-P paras

para=t-a´ =v refl-1 inf 'to recover' cf paras
  para=ne-n   para=n-i-n
  para=ne-e   para=n-i-0
  para=t-a-an para=t-t-i-in

pare-mma-n a-comp-Ac parempi

pare-mma-ssa a-comp-In parempi

pare-mma-t-0 a-comp-pl-N parempi

pare-mm-i-n -adv [a-comp-pl-Instr] 'better' cf parempi

pare-mpi a-comp 'better' [comp of hyvä] cf paras

parhaa-n a superl-Ac paras

parha-i-lla-an -adv [a superl-pl-Ad-poss3] 'at the moment, presently' cf paras

parha-in a-superl 'best' cf paras
  parha-in-ta parha-imp-i-a
  parha-impa-na parha-imp-i-en/parha-in-t-en/parha-impa-0-in
  parha-i-mma-ksi parha-imm-i-ksi
  parha-i-mpa-an parha-imp-i-in

pari s 'couple, pair'
  pari-a   pare-j-a
  pari-na   pari-0-en
  pari-ksi   pare-i-ksi
  pari-in   pare-i-hin

pari num 'a couple'
  pari muuta 'a couple of others'
  pari omenaa 'a couple of apples'

pari-ksi s-T pari

Parki-lle´ s-Al Parkki

Parki-n s-G Parkki

Parkki s family name
  Parkki-a   Parkke-j-a
  Parkki-na Parkki-0-en
  Parki-ksi Parkke-i-ksi
  Parkki-in Parkke-i-hin

Parkki-a s-P Parkki

parras s 'brink, verge; edge, rim'
  parras-ta parta-i-ta
  partaa-na parta-i-den/tten/parras-t-en
  partaa-ksi parta-i-ksi
  partaa-seen parta-i-siin/hin

parsi s 'beam'
  part-ta   pars-i-a

```
    parte-na      pars-i-en/poet
                  part-t-en
    parre-ksi     pars-i-ksi
    parte-en      pars-i-in

parta   s  'beard'
    parta-a       parto-j-a
    parta-na      parto-j-en/
                  parta-0-in
    parra-ksi     parro-i-ksi
    parta-an      parto-i-hin

partaha-lle´  s arch stem-Al
    stand partaalle  parras

parta+suu  +a 'bearded'  parta
    see suu for decl

parta+suu-n  +a-G  partasuu

part-t-en  s arch stem-pl-G
    stand parsien  parsi
    pysähteli partten päässä
    poet 'stopped under the
    [end of the] beams'

pata   s  'cooking pot'
    pata-a        pato-j-a
    pata-na       pato-j-en/
                  pata-0-in
    pada-ksi      pado-i-ksi
    pata-an       pato-i-hin

pata-0-si                  s-G-poss
    2 [pada-n s-G] pata

patja  s  'mattress'
    patja-a       patjo-j-a
    patja-na      patjo-j-en/
                  patja-0-in
    patja-ksi     patjo-i-ksi
    patja-an      patjo-i-hin

patja=nen  =s poet 'mattress'
    cf patja
    patja=s-ta    patja=s-i-a
    patja=se-na   patja=s-t-en/
                  patja=s-i-en
    patja=se-ksi  patja=s-i-ksi
    patja=se-en   patja=s-i-in

patja=s-i-lla   =s-pl-Ad  patja-
    nen
```

```
patsaa-n  s-G  patsas

patsas  s  'pillar; statue'
    patsas-ta     patsa-i-ta
    patsaa-na     patsa-i-den/
                  tten/
                  patsas-t-en
    patsaa-ksi    patsa-i-ksi
    patsaa-seen   patsa-i-siin/
                  hin

pehmeä  a  'soft'
    pehmeä-ä      pehme-i-tä
    pehmeä-nä     pehme-i-den/
                  tten/
                  pehmeä-0-in
    pehmeä-ksi    pehme-i-ksi
    pehmeä-än     pehme-i-hin

pehmo=inen [perhaps: pehm=oi-
    nen] =a  'soft'  cf
    pehmeä
    pehmo=is-ta   pehmo=is-i-a
    pehmo=ise-na  pehmo=is-t-en/
                  pehmo=is-i-en
    pehmo=ise-    pehmo=is-i-ksi
       ksi
    pehmo=ise-en  pehmo=is-i-in

pehmo=is-i-lla  =a-pl-Ad
    pehmoinen

peit=o-ksi  =s-T  peitto

peitt-i-0  v-past-sg3  peittää

peitt=o  =s  'cover'  cf peit-
    tää
    peitt=o-a     peitt=o-j-a
    peitt=o-na    peitt=o-j-en
    peit=o-ksi    peit=o-i-ksi
    peitt=o-on    peitt=o-i-hin

peittä-mä-hän  v-3 inf-arch
    Il  stand peittämään
    peittää

peittä-ä´  v-1 inf  'to cover'
    peitä-n       peit-i-n
    peittä-ä      peitt-i-0
    peite-tä-än   peite-tt-i-in

pelasta-a´  v-1 inf  'to res-
    cue'
```

229

pelasta-n   pelast-i-n
pelasta-a   pelast-i-0
pelaste-ta-   pelaste-tt-i-in
an

pelasta-n v-sg1 pelastaa

pelko s 'fear'
  pelko-a   pelko-j-a
  pelko-na   pelko-j-en
  pelo-ksi   pelo-i-ksi
  pelko-on   pelko-i-hin

pelto s '[cultivated] field'
  pelto-a   pelto-j-a
  pelto-na   pelto-j-en
  pello-ksi   pello-i-ksi
  pelto-on   pelto-i-hin

pelto-hon s-arch Il stand pel-
  toon pelto

pelä=sty-i-0 =v-past-sg3 pe-
  lästyä

pelä=sty-ä´ =v refl incohat-
  1 inf 'to become frightened'
  cf pelätä
  pelä=sty-n   pelä=sty-i-n
  pelä=sty-y   pelä=sty-i-0
  pelä=sty-tä- pelä=sty-tt-i-in
  än

pelä=t-ä´ =v-1 inf 'fear, be
  afraid' cf pelko
  pelkä=ä-n   pelk=ä-s-i-n
  pelkä=ä-0   pelkä=s-i-0
  pelä=t-ä-än   pelä=t-t-i-in

peni s arch 'dog'
  peni-ä   pene-j-ä
  peni-nä   peni-0-en
  peni-ksi   pene-i-ksi
  peni-in   pene-i-hin

peni-n+kulma +s 'mile [hist:
  the distance which a dog's
  bark can be heard]' peni
  see kulma for decl

peni-n+kulma-n +s-G peninkul-
  ma

perat-a´ v-1 inf 'to clear,
  clean; scale and cut a
  fish'
  perkaa-n   perkas-i-n
  perkaa-0   perkas-i-0
  perat-a-an   perat-t-i-in

perehe-ssä s arch stem-In
  stand perheessä perhe

perhe´ s 'nuclear family'
  perhet-tä   perhe-i-tä
  perhee-nä   perhe-i-den/
                tten
  perhee-ksi   perhe-i-ksi
  perhee-seen   perhe-i-siin/
                hin
  perhee-n s-G perhe

perhee-n+jäsen +s 'family
  member' perhe see jäsen
  for decl

perhee-n+jäsene-t-0 +s-pl-N
  perheenjäsen

perhee-ssä s-In perhe

perhet-tä-än s-P-poss3 perhe

per-i-lle´ adv-Al [s-pl-Al]
  'at the destination' cf
  perä

per-i-n s-pl-Instr perä
  perin peltohon sysäsi
  'thrust [the sword] into
  the earth with its handle
  ahead'

perkaa=ja =s 'one who clears'
  cf perata
  perkaa=ja-a   perkaa=j-i-a
  perkaa=j-na   perkaa=j-i-en/
                perkaa=ja-0-in
  perkaa=ja-   perkaa=j-i-ksi
  ksi
  perkaa=ja-an perkaa=j-i-in

pero=ita-´ =v arch stem-imper
  sg2 stand peruuta peroit-
  taa
  peroita pyhät sanasi 'take
  back your solemn ["holy"]
  words'

pero=itta-aˊ =v poet-1 inf stand peruuttaa 'to take back' cf perä

pero=itt-i-0 =v-past-sg3 peroittaa

Perttu=nen =s family name
  Perttu=s-ta Perttu=s-i-a
  Perttu=se-na Perttu=s-i-en/
               Perttu=s-t-en
  Perttu=se- Perttu=s-i-ksi
    ksi
  Perttu=se-en Perttu=s-i-in

Perttu=se-n =s-G Perttunen

peruu=tta-aˊ =v-1 inf 'to back up' cf perä
  peruu=ta-n peruu=t-i-n
  peruu=tta-a peruu=tt-i-0
  peruu=te-ta- peruu=te-tt-i-in
    an

perä s 'back part; bottom'
  perä-ä per-i-ä
  perä-nä per-i-en/
           perä-0-in
  perä-ksi per-i-ksi
  perä-än per-i-in

perä=kkäin =adv 'in a row' cf perä

perä-lleˊ s-A1 perä

perä-stä s-E1/postp with G 'after'
  kahden päivän perästä 'after two days'
  sen perästä 'after that'
  tämän päivyen perästä poet 'after this very day'

perä+vieri +s poet 'edge of the bottom' perä see vieri for decl

perä+vier-i-ä +s-pl-P perä-vieri

perä-ä s-P perä
  onko jutuissa perää 'are the stories true'

perä-än s-I1/postp-I1 with G 'after' cf perä

perä-ä-nsä postp-I1-poss3 [perä-än postp-I1] perä

pese-ˊ v-imper sg2 pestä

pese-mä-än v-3 inf-I1 pestä

pes-i-0 v-past-sg3 pestä
  pesi silmänsä 'washed his face'

pes-täˊ v-1 inf 'to wash'
  pese-n pes-i-n
  pese-e pes-i-0
  pes-tä-än pes-t-i-in

pesä s 'nest'
  pesä-ä pes-i-ä
  pesä-nä pes-i-en/
           pesä-0-in
  pesä-ksi pes-i-ksi
  pesä-än pes-i-in

pesä-n s-G pesä

pesä=nen =s dim 'little nest' cf pesä
  pesä=s-tä pesä=s-i-ä
  pesä=se-nä pesä=s-t-en/
              pesä=s-i-en
  pesä=se-ksi pesä=s-i-ksi
  pesä=se-en pesä=s-i-in

pesä-0-nsä s-Ac-poss3 [pesä-n s-Ac] pesä

pesä=se-n =s-Ac pesänen

pesä-ssä s-In pesä

pesä-ä s-P pesä

pet-i-t v-past-sg2 pettää

petku=tta-aˊ =v-1 inf 'to cheat, swindle, fool, dupe' cf pettää
  petku=t-i-n petku=t-i-n
  petku=tta-a petku=tt-i-0
  petku=te-ta- petku=te-tt-i-
    an   in

231

petku=tta-nee-t   =v-2 partic-
    pl   petkuttaa

pettä-ä´ v-1 inf 'to deceive'
    petä-n   pet-i-n
    pettä-ä   pett-i-0
    pete-tä-än   pete-tt-i-in

peukalo s 'thumb'
    peukalo-a   peukalo-i-ta/
                  peukalo-j-a
    peukalo-na   peukalo-i-den/
                  tten/
                  peukalo-j-en
    peukalo-ksi   peukalo-i-ksi
    peukalo-on   peukalo-i-hin

peukalo-n   s-G   peukalo

pia=n   =adv   'soon'   cf pika+

pid=el-lä´ =v cont-1 inf 'to
    hold' cf pitää
    pit=ele-n   pit=el-i-n
    pit=ele-e   pit=el-i-0
    pid=el-lä-än pid=el-t-i-in

pide-tt-y´ v-pass-2 partic
    pitää
    kesi kenkinä pidetty 'the
    hide worn as shoes'

pidä=tt-i-0   =v-past-sg3   pidät-
    tää

pidä=ttä-ä´ =v caus-1 inf 'to
    hold off; check, hinder'
    cf pitää
    pidä=tä-n   pidä=t-i-n
    pidä=ttä-ä   pidä=tt-i-0
    pidä=te-tä-   pidä=te-tt-i-in
    än

Piela+vede-llä +s-Ad 'at Pie-
    lavesi' Pielavesi

Piela+vesi +s place name see
    vesi for decl

piele-en s-Il pieli
    veräjän pieleen 'close to
    the gate'

pieli s 'side, edge; door/win-
    dow post'

piel-tä   piel-i-ä
piele-nä   piel-i-en/
               piel-t-en
piele-ksi   piel-i-ksi
piele-en   piel-i-in

piene-en   a-Il   pieni

piene-llä   s-Ad   pieni
    pienen pienellä kivellä
    'on a tiny rock'

piene-n   a-Ac/G   pieni

piene-t-0   a-pl-N   pieni

pieni a 'small, little'
    pien-tä   pien-i-ä
    piene-nä   pien-t-en/
                  pien-i-en
    piene-ksi   pien-i-ksi
    piene-en   pien-i-in

pieni+sorm=inen =a 'one
    with small fingers' pieni
    cf sormi
    pieni+sorm=   pieni+sorm=
    is-ta   is-i-a
    pieni+sorm=   pieni+sorm=
    ise-na   is-t-en/
                   is-i-en
    pieni+sorm=   pieni+sorm=
    ise-ksi   is-i-ksi
    pieni+sorm=   pieni+sorm=
    ise-en   is-i-in

pieni+sorm=ise-n =a-Ac/[here:]
    s-Ac   pienisorminen

pien-tä   a-P   pieni

Pietari   s   man's first name
    [Peter]   [pl not used]
    Pietari-a   ------
    Pietari-na   ------
    Pietari-ksi   ------
    Pietari-in   ------

Pietari-lta   s-Abl   Pietari

piha s 'yard, courtyard'
    piha-a   piho-j-a
    piha-na   piho-j-en/
                  piha-0-in

```
    piha-ksi      piho-i-ksi
    piha-an       piho-i-hin

piha-an  s-Il  'into the court-
    yard'  piha

piha-lle´  s-Al  'out to the
    yard'  piha

pihlaja  s  'mountain ash'
    pihlaja-a     pihlaj-i-a
    pihlaja-na    pihlaj-i-en/
                  pihlaja-0-in
    pihlaja-ksi   pihlaj-i-ksi
    pihlaja-an    pihlaj-i-in

pihlaja-n+marja  +s  'rowan
    berry'  pihlaja  see marja
    for decl

pihlaja-n+marjo-i-sta  +s-pl-El
    pihlajanmarja

piia-n  s-G  piika

piika  s  'maiden'
    piika-a       piiko-j-a
    piika-na      piiko-j-en/
                  piika-0-in
    piia-ksi      piio-i-ksi
    piika-an      piiko-i-hin

piika+huone´  +s poet  'the
    room of the birthgiving
    woman'  piika  see huone
    for decl

piika+huonehe-sen  +s poet stem-
    arch Il  stand piikahuonee-
    seen  'into the room of the
    birthgiving woman'  piika-
    huone

piil-le-n  v-2 inf-Instr  'hid-
    ing'  piillä

piil-lä´  v-1 inf  'to hide, be
    in hiding'
    piile-n       piil-i-n
    piile-e       piil-i-0
    piil-lä-än    piil-t-i-in

piil=o =s'hiding place'  cf piil-
    lä
```
```
    piil=o-a      piil=o-j-a
    piil=o-na     piil=o-j-en
    piil=o-ksi    piil=o-i-ksi
    piil=o-on     piil=o-i-hin

piil=o=t=el-la´  =v cont-1
    inf  'to hide'  cf piilot-
    taa
    piil=o=tt=    piil=o=tt=el-
      ele-n         i-n
    piil=o=tt=    piil=o=tt=el-
      ele-e         i-0
    piil=o=t=el-  piil=o=t=el-t-
      la-an         i-in

piil=o=tta-a´  =v fact-1 inf
    'to hide something'  cf
    piilo
    piil=o=ta-n   piil=o=t-i-n
    piil=o=tta-a  piil=o=tt-i-0
    piil=o=te-    piil=o=te-tt-
      ta-an         i-in

piil=o=tt=el-i-0  =v-past-sg3
    piilotella

piimä  s  'sour milk, yogurth;
    pl containers of yogurth'
    piimä-ä       piim-i-ä
    piimä-nä      piimä-0-in/
                  piim-i-en
    piimä-ksi     piim-i-ksi
    piimä-än      piim-i-in

piippo+lakki  +s  'pointed
    cap'  see lakki for decl

piippu  s  'pipe'
    piippu-a      piippu-j-a
    piippu-na     piippu-j-en
    piipu-ksi     piipu-i-ksi
    piippu-un     piippu-i-hin

pika+  'express, rapid'

pikka=rainen  =a  'tiny, wee'
    cf pikku
    pikka=rais-   pikka=rais-i-
      ta            a
    pikka=raise-  pikka=rais-t-
      na            en/
                  pikka=rais-i-
                    en
```

pikka=raise-ksi   pikka=rais-i-ksi
pikka=raise-en pikka=rais-i-in

pikka=raise-n =a-Ac pikkarain-en

pikku a indecl 'small, little'

pikku=inen =a 'small, tiny' cf pikku
  pikku=is-ta   pikku=is-i-a
  pikku=ise-na   pikku=is-i-en/
                  pikku=is-t-en
  pikku=ise-ksi   pikku=is-i-ksi
  pikku=ise-en   pikku=is-i-in

pikku=ise-n -adv [=a-Ac] 'a little' cf pikkuinen

pikku=ruinen =a 'wee' cf pikku
  pikku=ruis-ta   pikku=ruis-i-a
  pikku=ruise-na   pikku=ruis-t-en/
                   pikku=ruis-i-en
  pikku=ruise-ksi pikku=ruis-i-ksi
  pikku=ruise-en   pikku=ruis-i-in

pila s 'rare: harmful deed, thing; peril, evil; stand: joke'
  pila-a   pilo-j-a
  pila-na   pilo-j-en/
              pila-0-in
  pila-ksi   pilo-i-ksi
  pila-an   pilo-i-hin

pila=a=minen =s 'magic spoiling' cf pilata
  pila=a=mis-ta   pila=a=mis-i-a
  pila=a=mise-na   pila=a=mis-t-en/
                   pila=a=mis-i-en
  pila=a=mise-ksi pila=a=mis-i-ksi
  pila=a=mise-en   pila=a=mis-i-in

pila=t-a´ =v fact-1 inf 'to spoil' cf pila
  pila=a-n   pila=s-i-n
  pila=a-0   pila=s-i-0
  pila=t-a-an pila=t-t-i-in

pilkka s arch: 'dot'; stand: 'scorn, ridicule'
  pilkka-a   pilkko-j-a
  pilkka-na   pilkka-0-in/
              pilkko-j-en
  pilka-ksi   pilko-i-ksi
  pilkka-an   pilkko-i-hin

pilko=tta-a´ =v fact-1 inf 'to glimmer' cf pilkka
  pilko=ta-n   pilko=t-i-n
  pilko=tta-a   pilko=tt-i-0
  pilko=te-ta-an pilko=te-tt-i-in

pilkk=u =s 'dot' cf pilkka
  pilkk=u-a   pilkk=u-j-a
  pilkk=u-na   pilkk=u-j-en
  pilk=u-ksi   pilk=u-i-ksi
  pilkk=u-un   pilkk=u-i-hin

pilk=u-n =s-Ac pilkku

pilk=u-t-0 =s-pl-N pilkku

pill=ahta-a´ =v mom incohat-1 inf [no independent use]
  pill=ahda-n   pill=ahd-i-n
  pill=ahta-a   pill=aht-i-0
  pill=ahde-ta-an pill=ahde-tt-i-in
  pillahtaa itkuun/itkemään 'break into tears; burst out crying'

pill=aht-i-0 =v-past-sg3 pillahtaa

pilve-t-0 s-pl-Ac pilvi

pilvi s 'cloud'
  pilve-ä   pilv-i-ä
  pilve-nä   pilv-i-en
  pilve-ksi   pilv-i-ksi
  pilve-en   pilv-i-in

pilv-i-en s-pl-G pilvi

pilv=inen =a 'cloudy' cf pilvi
  pilv=is-tä   pilv=is-i-ä
  pilv=ise-nä   pilv=is-t-en/
                pilv=is-i-en
  pilv=ise-ksi pilv=is-i-ksi
  pilv=ise-en   pilv=is-i-in

pilv-i-ssä   s-pl-In   pilvi

pilv-i-ä   s-pl-P   pilvi

pimeä   a/s   'dark/darkness [of the night]'
  pimeä-ä   pime-i-tä
  pimeä-nä   pime-i-den/
                 tten/
                 pimeä-0-in
  pimeä-ksi   pime-i-ksi
  pimeä-än   pime-i-hin

pimeä-n   s-G   pimeä
  pimeän tultua   'after dark'

pimeä-ssä   s-In   'in the dark' pimeä

piru   s   'devil'
  piru-a   piru-j-a
  piru-na   piru-j-en
  piru-ksi   piru-i-ksi
  piru-un   piru-i-hin

piru-a   s-P   piru

piru-kin   s-*kin*   'the devil, too'

piru-mpi   s-comp   'more devilish, more of a devil' piru
  piru-mpa-a   piru-mp-i-a
  piru-mpa-na   piru-mp-i-en/
                 piru-mpa-0-in
  piru-mma-ksi piru-mm-i-ksi
  piru-mpa-an   piru-mp-i-in

piru-n   s-G   piru

pisara   s   'drop'
  pisara-a   pisaro-i-ta
  pisara-na   pisaro-i-den/
                 tten/
                 pisara-0-in
  pisara-ksi   pisaro-i-ksi
  pisara-an   pisaro-i-hin

pisara-a   s-P   pisara

pist=o   =s   'sting; stitch'   cf pistää
  pist=o-a   pist=o-j-a
  pist=o-na   pist=o-j-en
  pist=o-ksi   pist=o-i-ksi
  pist=o-on   pist=o-i-hin

pist=o-i-n   =s-pl-Instr   'with stings'   pisto

pist=okse-n   =s-G   pistos

pist=oks-i-sta   =s-pl-El   pistos

pist=os   =s   'sting [folkl disease explanation]; mod: injection'   cf pistää
  pist=os-ta   pist=oks-i-a
  pist=okse-na pist=oks-i-en/
                pist=os-t-en
  pist=okse-ksi pist=oks-i-ksi
  pist=okse-en pist=oks-i-in

pistä-´   v-imper sg2   pistää

pistä-n   v-sg1   pistää

pistä-t   v-sg2   pistää

pistä-ä´   v-1 inf   'to sting; dip; put'
  pistä-n   pist-i-n
  pistä-ä   pist-i-0
  piste-tä-än piste-tt-i-in

pit=ele-´   =v-imper sg2   pidellä

pit=ele-mä-ssä   =v-3 inf-In   pidellä

pit=el-i-0   =v-past-sg3   pidellä

pite-mmä-llä   a-comp-Ad/adv   pitempi
  pitemmällä kyynärällä   'with a longer measuring stick ["ell"]'
  riippui pitemmällä   'was hanging farther out'

pite-mpi   a-comp   pitkä
  pite-mpä-ä   pite-mp-i-ä
  pite-mpä-nä pite-mp-i-en/
                 pite-mpä-0-in

235

pite-mmä-ksi   pite-mm-i-ksi
pite-mpä-än   pite-mp-i-in

pit-i-0 v-past-sg3 pitää
   tämä piti lukea kolmeen kertaan 'one had to recite this three times'
   piti saarnan 'gave a sermon'
   piti silmällä 'watched'

pit-i-0-kin v-past-sg3-*kin* pitää
   vaikka työtä pitikin tehdä kovasti 'though one, indeed, had to work hard'

pitk-i-n -postp with G [a-pl-Instr] 'along'
   maantietä pitkin 'down the highway, along the highway'

pitkä a 'long'
  pitkä-ä   pitk-i-ä
  pitkä-nä   pitkä-0-in/
                 pitk-i-en
  pitkä-ksi   pitk-i-ksi
  pitkä-än   pitk-i-in

pitkä+karva=inen =a 'long-haired' pitkä see karvainen for decl

pitkä-llä a-Ad/adv 'reaching far' pitkä

pitkä=lti´ =adv 'far' cf pitkä
   pitkälti lankaa 'a long stretch of thread'

pitkä-n a-Ac/adv pitkä
   pitkän aikaa 'a long time'
   pitkän matkaa 'a long distance'

pitkä-n+oma=inen =a 'longish' pitkä see omainen for decl

pitkä-t-0 a-pl-N/Ac pitkä

pitsi s 'lace'
  pitsi-ä   pitse-j-ä
  pitsi-nä   pitsi-0-en
  pitsi-ksi   pitse-i-ksi
  pitsi-in   pitse-i-hin

pitsi+lakana +s 'bedsheet decorated with lace'
   pitsi see lakana for decl

pitsi+lakana-t-0 +s-pl-N
   pitsilakana

pitu=inen =a 'as long [as G]' cf pitkä
  pitu=is-ta   pitu=is-i-a
  pitu=ise-na pitu=is-t-en/
                 pitu=is-i-en
  pitu=ise-ksi pitu=is-i-ksi
  pitu=ise-en pitu=is-i-in
   pystyn peukalon pituinen 'as tall as a thumb held up'

pitä-isi-0 v-cond-sg3 pitää

pitä-isi-0-hän v-cond-sg3-*hän* pitää

pitäjä s 'parish; county; community'
  pitäjä-ä   pitäj-i-ä
  pitäjä-nä   pitäj-i-en/
                pitäjä-0-in
  pitäjä-ksi   pitäj-i-ksi
  pitäjä-än   pitäj-i-in

pitäjä-n s-G pitäjä

pitä-nyt v-2 partic pitää

pitä-s-0 v-coll cond-sg3 stand pitäisi pitää
   minun pitäs olla nöyrä 'I should be humble'

pitä-ä´ v-1 inf 'to keep, hold; wear'
  pidä-n   pid-i-n
  pitä-ä   pit-i-0
  pide-tä-än pide-tt-i-in
  pitää messu 'sing a mass'
  pitää saarna 'give a sermon'

pitä-ä´ v-1 inf 'must, to have to' [sg3 only]
  ------   ------
  pitä-ä   pit-i-0
  ------   ------
  nyt pitää isän heti lähteä kotiin 'now father must

237

    leave for home at once'
sen pitää tukkeutua 'it has
to be stopped'

piukka a 'tight'
  piukka-a   piukko-j-a
  piukka-na   piukka-0-in/
                 piukko-j-en
  piuka-ksi   piuko-i-ksi
  piukka-an   piukko-i-hin

piukka-an a-Il/adv 'fast'
  piukka

pivo s 'hollow of the hand'
  pivo-a   pivo-j-a
  pivo-na   pivo-j-en
  pivo-ksi   pivo-i-ksi
  pivo-on   pivo-i-hin

pivo-ssa s-In 'in hand' pivo
*parempi pyy pivossa kuin kym-
menen oksalla* proverb'[lit:]
a partridge in hand is bet-
ter than ten on the branch'

plumps onom 'splash'

plumps=ahta-aʹ =v mom-1 inf
'to splash [into water],
fall causing a splash' cf
plumps
  plumps=ahda-n   plumps=ahd-i-n
  plumps=ahta-a   plumps=aht-i-0
  plumps=ahde-   plumps=ahde-tt-
    ta-an   i-in

plumps=aht-i-0 =v-past-sg3
  plumpsahtaa

pohja s 'bottom, ground;
north'
  pohja-a   pohj-i-a
  pohja-na   pohj-i-en/
                pohja-0-in
  pohja-ksi   pohj-i-ksi
  pohja-an   pohj-i-in

pohja-ssa s-In 'on the bottom'
  pohja

pohja-sta s-El 'from the bot-
tom' pohja

pohja+tuuli +s 'north wind'
  pohja see tuuli for decl

pohjo=inen =a 'northern';
=s 'north' cf pohja
  pohjo=is-ta   pohjo=is-i-a
  pohjo=ise-na   pohjo=is-t-en/
                  pohjo=is-i-en
  pohjo=ise-   pohjo=is-i-
    ksi   ksi
  pohjo=ise-en   pohjo=is-i-in

pohjo=ise-hen =s-arch Il
  stand pohjoiseen pohjoinen

pohjo=ise-lla =a-Ad pohjoinen

pohjo=ise-ssa-kin =s-In-*kin*
'also in the north' poh-
joinen

Pohjo=la =s place name
'North' cf pohja
            [pl not used]
  Pohjo=la-a   ------
  Pohjo=la-na   ------
  Pohjo=la-ksi   ------
  Pohjo=la-an   ------

Pohjo=la-an =s-Il Pohjola

Pohjo=la-n =s-G Pohjola

Pohjo=la-ssa =s-In 'in the
North' Pohjola

poia-n s dial stem-Ac/G
  stand pojan poika

poika s 'boy; son'
  poika-a   poik-i-a
  poika-na   poik-i-en/
                 poika-0-in
  poja-ksi   poj-i-ksi
  poika-an   poik-i-in

poika-a s-P poika

poika-s sN-poet poss sg2
  stand poikasi poika

poika-0-si s-Ac-poss sg2
  [poja-n s-Ac] poika

poik=0-i-0   v-past-sg3   poikia

poik=i-a´ =v-1 inf 'to calve; cub; whelp' cf poika
  poi=i-n   poi=0-i-n
  poik=i-i   poik=0-i-0
  poi=i-ta-an   poi=i-tt-i-in

poik-i-en   s-pl-G   poika

poikin adv 'across' cf poikki

poikki´ postp with G/[poet:] prep with G/El 'across; all along'
  joen poikki 'across the river'
  poikki Tuonelan joesta 'across the river of Death'
  poikki polveni halasin 'I have wished all my life'

poikki´ adv 'in two'
  hakkasi joenportaan poikki 'cut the footbridge in two'

poimi-a´ v-1 inf 'to pick'
  poimi-n   poim-i-n
  poimi-i   poim-i-0
  poimi-ta-an   poimi-tt-i-in

poimi-nee-t   v-2 partic-pl   poimia

pois adv 'off, away'

poissa adv 'away, absent'

pois=ta-a´ =v fact-1 inf 'to remove' cf pois
  pois=ta-n   pois=t-i-n
  pois=ta-a   pois=t-i-0
  pois=te-ta-an pois=te-tt-i-in

pois=t=u-a´ =v refl-1 inf 'to leave' cf poistaa
  pois=t=u-n   pois=t=u-i-n
  pois=t=u-u   pois=t=u-i-0
  pois=t=u-ta-an pois=t=u=tt-i-in

pois=t=u-u =v-sg3 poistua

poi=ut =s poet 'little boy' cf poika
  poi=ut-ta   poik=u-i-ta
  poik=ue-na poik=u-i-den/tten/
              poi=ut-t-en
  poik=ue-ksi poik=u-i-ksi
  poik=ue-en poik=u-i-hin

poi=ut-ta-ni =s-P-poss1 poiut

poi=ut-ta-nsa =s-P-poss3 poiut

pojall' [sic]/poja-l s-coll Ad stand pojalla poika

poja-lla s-Ad poika

poja-lle´ s-Al poika

poja-n s-G/Ac poika

poja-t-0 s-pl-N poika

polke-a´ v-1 inf 'to trample'
  polje-n   polj-i-n
  polke-e   polk-i-0
  polje-ta-an polje-tt-i-in

polk=u =s 'path' cf polkea
  polk=u-a   polk=u-j-a
  polk=u-na polk=u-j-en
  pol=u-ksi pol=u-i-ksi
  polk=u-un polk=u-i-hin

polk=u-j-a =s-pl-P polku
  metsän polkuja kulkeissani 'while I was walking along the wood paths'

polo a poet 'pitiable'
  polo-a   polo-j-a
  polo-na   polo-j-en
  polo-ksi polo-i-ksi
  polo-on   polo-i-hin

polo=inen =a 'pitiable' cf polo
  polo=is-ta polo=is-i-a
  polo=ise-na polo=is-t-en/polo=is-i-en

polo=ise-ksi   polo=is-i-ksi
polo=ise-en   polo=is-i-in

polo=ise-n   =a-G   poloinen

pol=tta-a´ =v caus-1 inf 'to
   burn [something]' cf palaa
  pol=ta-n   pol=t-i-n
  pol=tta-a   pol=tt-i-0
  pol=te-ta-an   pol=te-tt-i-in

pol=tta-ma-ssa =v-3 inf-In
   polttaa

pol=tta-m-i-hin =v- agent par-
   tic -pl-arch Il   stand
   polttamiin   polttaa
   tulen tuiki polttamihin 'into
   those [areas] which the fire
   has entirely burned'

pol=tt-i-0 =v-past-sg3 polttaa

polve-a-nsa s-P-poss3   polvi

polve-n   s-G   polvi

polve-0-ni   s-G-poss 1 [polve-n
   s-G] 'my generation, my
   age'   polvi

polve-0-nsa s-Ac/G-poss 3
   [polve-n s-G/Ac] polvi

polve-si s-perhaps "terminative"
   'up to the knee'   polvi
   juokse polvesi merehen 'run
   into the sea up to your
   knee'

polvi s 'knee; generation'
  polve-a   polv-i-a
  polve-na   polv-i-en
  polve-ksi   polv-i-ksi
  polve-en   polv-i-in

polv-i-lta-nsa s-pl-Abl-poss3
   polvi

porras s 'step; stair; plank'
  porras-ta   porta-i-ta
  portaa-na   porta-i-den/
                   tten/
                porras-t-en
  portaa-ksi   porta-i-ksi

portaa-seen   porta-i-siin/
                 hin

porsaa-t-0   s-pl-N   porsas

porsas   s   'young pig; shoat'
  porsas-ta   porsa-i-ta
  porsaa-na   porsa-i-den/
                   tten/
                porsas-t-en
  porsaa-ksi   porsa-i-ksi
  porsaa-seen   porsa-i-siin/
                   hin

porstua s 'entrance room
   [of a rural house]'
  porstua-a   porstuo-i-ta
  porstua-na   porstuo-i-den/
                   tten/
                porstua-0-in
  porstua-ksi   porstuo-i-ksi
  porstua-an   porstuo-i-hin

porstua-n   s-G   porstua

porstua-ssa   s-In   porstua

portaa-t-0   s-pl-N   'door-
   steps'   porras

porta-i-den   s-pl-G   porras

porta-i-lta   s-pl-Abl   porras

porti-n   s-G   portti

portti s 'gate'
  portti-a   portte-j-a
  portti-na   portti-0-en
  porti-ksi   porte-i-ksi
  portti-in   portte-i-hin

posti s 'mail'
  posti-a   poste-j-a
  posti-na   posti-0-en
  posti-ksi   poste-i-ksi
  posti-in   poste-i-hin

posti-n+kulje=tta=ja   =s
   'mailman'   posti see
   kuljettaja for decl

potk=ais-i-0   =v-past-sg3
   potkaista

potk=ais-ta´ =v mom-1 inf 'to give a kick' cf potkia
  potk=aise-n   potk=ais-i-n
  potk=aise-e   potk=ais-i-0
  potk=ais-ta-an potk=ais-t-i-in

potk=i-a´ =v cont-1 inf 'to kick'
  potk=i-n   potk=0-i-n
  potk=i-i   potk=0-i-0
  potk=i-ta-an potk=i-tt-i-in

potk=u =s 'kick' cf potkia
  potk=u-a   potk=u-j-a
  potk=u-na   potk=u-j-en
  potk=u-ksi   potk=u-i-ksi
  potk=u-un   potk=u-i-hin

pove-sta s-El povi

povi s 'bosom'
  pove-a   pov-i-a
  pove-na   pov-i-en
  pove-ksi   pov-i-ksi
  pove-en   pov-i-in

pudot-a´ v-1 inf 'to fall down, drop'
  putoa-n   putos-i-n
  putoa-a   putos-i-0
  pudot-a-an   pudot-t-i-in

pue-´ v-imper sg2 pukea
  pue (päällesi) verkainen hamonen 'put on a skirt of fine wool'

puh nonce in children's rhymes

puhdas a 'clean, pure'
  puhdas-ta   puhta-i-ta
  puhtaa-na   puhta-i-den/tten/
               puhdas-t-en
  puhtaa-ksi   puhta-i-ksi
  puhtaa-seen puhta-i-siin/hin

puhde´ s 'evening; gray of the morning'
  puhdet-ta   puhte-i-ta
  puhtee-na   puhte-i-den/tten
  puhtee-ksi   puhte-i-ksi
  puhtee-seen puhte-i-siin/hin

puh=el-i-0 =v-past-sg3 puhella

puh=el-la´ =v cont-1 inf 'to talk, chat' cf puhua
  puh=ele-n   puh=el-i-n
  puh=ele-e   puh=el-i-0
  puh=el-la-an puh=el-t-i-in

puh=el-lee-t =v-2 particpl puhella

puhje=t-a´ =v refl-1 inf 'to break, bust' cf puhki
  puhke=a-n   puhke=s-i-n
  puhke=a-a   puhke=s-i-0
  puhje=t-a-an puhje=t-t-i-in

puhke=s-i-0 =v-past-sg3 puhjeta

puhki´ adv 'busted, broken'

puhtaa-n a-Ac/G puhdas

puhu-a´ v-1 inf 'to speak, say'
  puhu-n   puhu-i-n
  puhu-u   puhu-i-0
  puhu-ta-an   puhu-tt-i-in

puhu-i-0 v-past-sg3 puhua

puhu-nut v-2 partic puhua

puhu-vi v-arch sg3 stand puhuu puhua

pui-da´ v-1 inf 'to thresh'
  pui-n   pu-i-n
  pui-0   pu-i-0
  pui-da-an   pui-t-i-in

pu-i-den s-pl-G puu

pu=ikko =s 'stick; pin; skewer' cf puu
  pu=ikko-a   pu=ikko-j-a

pu=ikko-na   pu=ikko-j-en
pu=iko-ksi   pu=iko-i-ksi
pu=ikko-on   pu=ikko-i-hin

pu-i-ksi s-pl-T puu

pui-ma-ssa v-3 inf-In puida

pujo=t=el-la´ =v cont-1 inf
  'to thread; keep putting
  through' cf pujottaa
  pujo=tt=ele-n   pujo=tt=el-i-n
  pujo=tt=ele-e   pujo=tt=el-i-0
  pujo=t=el-la-   pujo=t=el-t-i-
     an   in

pujo=tta-a´ =v-1 inf 'to
  thread'
  pujo=ta-n   pujo=t-i-n
  pujo=tta-a   pujo=tt-i-0
  pujo=te-ta-an   pujo=te-tt-i-in

puke-a´ v-1 inf 'to dress'
  pue-n   pu-i-n
  puke-e   puk-i-0
  pue-ta-an   pue-tt-i-in
  pukea päälleen 'to get dressed'

puke-e v-sg3 pukea

puk-i-en v-2 inf-Instr pukea
  pään pukien poet 'fixing her
  hair, dressing, decorating
  her hair'

pullea a 'plump, bulging'
  pullea-a   pulle-i-ta
  pullea-na   pulle-i-den/
                   tten/
                 pullea-0-in
  pullea-ksi   pulle-i-ksi
  pullea-an   pulle-i-hin

pulle=ro =s 'plump person'
  cf pullea
  pulle=ro-a   pulle=ro-i-ta
  pulle=ro-na   pulle=ro-i-den/
                   tten/
                 pulle=ro-j-en
  pulle=ro-ksi   pulle=ro-i-ksi
  pulle=ro-on   pulle=ro-i-hin

pulle=ro=inen =a 'roundish, chubby'; =s 'chubby person' cf pullero
  pulle=ro=is-   pulle=ro=is-i-
     ta   a
  pulle=ro=   pulle=ro=is-t-
     ise-na   en/pulle=ro=
                     is-i-en
  pulle=ro=   pulle=ro=is-i-
     ise-ksi   ksi
  pulle=ro=   pulle=ro=is-
     ise-en   i-in
  puolen markan pulleroinen
    in mocking rhymes: 'a
    chunk worth of half a
    penny'

puna s 'red color'
  puna-a   pun-i-a
  puna-na   pun-i-en/
                   puna-0-in
  puna-ksi   pun-i-ksi
  puna-an   pun-i-in

puna=inen =a 'red' cf puna
  puna=is-ta   puna=is-i-a
  puna=ise-na   puna=is-t-en/
                   puna=is-i-en
  puna=ise-ksi   puna=is-i-ksi
  puna=ise-en   puna=is-i-in

puna=ise-t-0 =a-pl-N/Ac punainen

puna+kukka=nen =s poet
  'red flower' puna see
  kukkanen for decl

puna+kukka=se-t-0 =s-pl-Ac
  punakukkanen

puna=nen =a dial stand
  punainen cf puna

puole-en s-Il puoli
  Viipurin puoleen 'to the
  area of Viipuri'

puole-n s-G puoli

puole=ntu-a´ =v refl poet-1
  inf 'to decrease to a half'
  cf puoli
  puole=nnu-n   puole=nnu-i-n

```
    puole=ntu-u      puole=ntu-i-0          purje=hti-i   purje=ht-i-0
    puole=nnu-ta-    puole=nnu-tt-          purje=hdi-    purje=hdi-tt-
      an               i-in                   ta-an         i-in

  puole-sta-an   s-El-poss3   'for         purje=hti-vi  =v-arch sg3
    his part'  puoli                         stand purjehtii  purjehtia

  puoli   s   'half'                       purka-a´  v-1 inf  'to undo'
    puol-ta         puol-i-a                 pura-n       pur-i-n
    puole-na        puol-t-en/               purka-a      purk-i-0
                    puol-i-en                pure-ta-an   pure-tt-i-in
    puole-ksi       puol-i-ksi
    puole-en        puol-i-in              purka=ja  =s  'one who undoes'
                                             cf purkaa
  puoli+tie  +s  'midway'  puoli             purka=ja-a    purka=j-i-a
    see tie for decl                         purka=ja-na   purka=j-i-en/
                                                           purka=ja-0-in
  puoli+tie-stä  +s-El  'from the            purka=ja-ksi  purka=j-i-ksi
    middle of the distance'                  purka=ja-an   purka=j-i-in
    puolitie
                                           purka=ja-ta  =s-arch P  stand
  puoli+yö  +s  'midnight'  puoli            purkajaa  purkaja
    see yö for decl
                                           purka-ma-an  v-3 inf-Il
  puoli+yö-hön  +s-Il  'until mid-           purkaa
    night'  puoliyö
                                           purnu  s  'bin, box'
  puoli+yö-stä  +s-El  'from mid-            purnu-a       purnu-j-a
    night on'  puoliyö                       purnu-na      purnu-j-en
                                             purnu-ksi     purnu-i-ksi
  puol-ta  s-P  puoli                        purnu-un      purnu-i-hin

  puol-ta-kaan  s-P-kaan  'even            puro  s  'brook'
    a half'  puoli                           puro-a        puro-j-a
                                             puro-na       puro-j-en
  pur=aise-´  =v-imper sg2  pur-             puro-ksi      puro-i-ksi
    aista                                    puro-on       puro-i-hin

  pur=ais-ta´  =v mom-1 inf  'to           puro-lle´  s-Al  puro
    bite'  cf purra
    pur=aise-n      pur=ais-i-n           puro-n  s-G  puro
    pur=aise-e      pur=ais-i-0
    pur=ais-ta-an   pur=ais-t-i-in        pur-ra´  v-1 inf  'to bite'
                                             pure-n        pur-i-n
  purje´  s  'sail'                          pure-e        pur-i-0
    purjet-ta       purje - i-ta             pur-ra-an     pur-t-i-in
    purjee-na       purje-i-den/
                    tten                   pussi  s  'bag'
    purjee-ksi      purje-i-ksi              pussi-a       pusse-j-a
    purjee-seen     purje-i-siin/            pussi-na      pussi-0-en
                    hin                      pussi-ksi     pusse-i-ksi
  purje=hti-a´  =v inst-1 inf  'to           pussi-in      pusse-i-hin
    sail'  cf purje
    purje=hdi-n     purje=hd-i-n          pussi-in  s-Il  pussi
```

pussi-lla   s-Ad   pussi

pussi-n   s-G/Ac   pussi

pussi-ssa   s-In   pussi

pussi-sta   s-El   pussi

putoa-´   v-neg   pudota

putoa-a   v-sg3   pudota

putos-0-0   v-coll past-sg3 stand putosi   pudota

putos-i-0   v-past-sg3   pudota

puu   s   'tree; wood'
  puu-ta   pu-i-ta
  puu-na   pu-i-den/tten
  puu-ksi   pu-i-ksi
  puu-hun   pu-i-hin

puu-hun   s-Il   puu
ukko vastasi hirttävänsä itsensä tien vieressä olevaan puuhun 'the old man answered he was going to hang himself on the tree near the road'

puu=kko   =s   'Finnish hunting and carving knife'   cf puu
  puu=kko-a   puu=kko-j-a
  puu=kko-na   puu=kko-j-en
  puu=ko-ksi   puu=ko-i-ksi
  puu=kko-on   puu=kko-i-hin

puu=ko-lla   =s-Ad   puukko

puu+korko+kengä-t-0   +s-pl-Ac/N 'pair of shoes with wooden heels' puu korko see kenkä for decl

puu-n   s-Ac/G   puu

puu+pala=nen   =s   'piece of wood' puu see palanen for decl

puu+pala=se-n   =s-Ac   puupalanen

puuro   s   'porrige'
  puuro-a   puuro-j-a
  puuro-na   puuro-j-en
  puuro-ksi   puuro-i-ksi
  puuro-on   puuro-i-hin

puuro-a   s-P   puuro

puu-ssa   s-In   puu

puu-sta   s-El   puu

puu-t-0   s-pl-N/Ac   puu

puu-ta   s-P   puu

puut=e´   =s   'lack; want'
  puut=et-ta   puutt=e-i-ta
  puutt=ee-na   puutt=e-i-den/tten
  puutt=ee-ksi   puutt=e-i-ksi
  puutt=ee-seen   puutt=e-i-siin/hin

puut=o-n   =s-G   puutto

puut=os   =s   'lack; shortcoming'   cf puuttua
  puut=os-ta   puut=oks-i-a
  puut=okse-na   puut=os-t-en/puut=oks-i-en
  puut=okse-ksi   puut=oks-i-ksi
  puut=okse-en   puut=oks-i-in

puutt=o   =s   'lack' stand puutos, puute   cf puuttua
  puutt=o-a   puutt=o-j-a
  puutt=o-na   puutt=o-j-en
  puutt=o-ksi   puutt=o-i-ksi
  puutt=o-on   puutt=o-i-hin

puutt=u-a´   =v refl-1 inf 'to lack, to be absent'
  puutt=u-n   puutt=u-i-n
  puutt=u-u   puutt=u-i-0
  puutt=u-ta-an   puutt=u-tt-i-in

puutt=u-u   =v-sg3   puuttua

pyhi=mys   =s   'saint'   cf pyhä
  pyhi=mys-tä   pyhi=myks-i-ä
  pyhi=mykse-nä   pyhi=mys-t-en/pyhi=myks-i-en
  pyhi=mykse-ksi   pyhi=myks-i-ksi
  pyhi=mykse-en   pyhi=myks-i-in

pyhä a 'sacred, holy'; s
    'Sunday; religious holiday'
  pyhä-ä   pyh-i-ä
  pyhä-nä   pyh-i-en/
                  pyhä-0-in
  pyhä-ksi   pyh-i-ksi
  pyhä-än   pyh-i-in

pyhä=inen =a 'holy; Sunday-
    like; of Sunday' cf pyhä
  pyhä=is-tä   pyhä=is-i-ä
  pyhä=ise-nä   pyhä=is-t-en/
                  pyhä=is-i-en
  pyhä=ise-ksi   pyhä=is-i-ksi
  pyhä=ise-en   pyhä=is-i-in

pyhä=ise-n =a-Ac pyhäinen

Pyhä+järve-llä +s-Ad 'at Pyhä-
    järvi' Pyhäjärvi

Pyhä+järvi +s place name pyhä
    see järvi for decl

pyhä-nä s-Es 'on a holiday'
    pyhä

pyhä-t-0 a-pl-N/Ac pyhä

pysty a 'upright; erect; ver-
    tical'
  pysty-ä   pysty-j-ä
  pysty-nä   pysty-j-en
  pysty-ksi   pysty-i-ksi
  pysty-yn   pysty-i-hin

pysty-n a-G pysty

pysy-ä´ v-1 inf 'to stay,
    stand, hold'
  pysy-n   pysy-i-n
  pysy-y   pysy-i-0
  pysy-tä-än   pysy-tt-i-in

pys=ähd=el-lä´ =v freq-1 inf
    'to pause, keep pausing' cf
    pysähtyä
  pys=äht=ele-n   pys=äht=el-i-n
  pys=äht=ele-e   pys=äht=el-i-0
  pys=ähd=el-lä- pys=ähd=el-t-i-
    än   in

pys=äht=el-i-0 =v-past-sg3
    pysähdellä

pys=äht=y-i-0 =v-past-sg3
    pysähtyä

pys=äht=y-nyt =v-2 partic
    pysähtyä

pys=äht=y-ä´ =v refl incohat
    1 inf 'to stop, come into
    a halt' cf pysyä
  pys=ähd=y-n   pys=ähd=y-i-n
  pys=äht=y-y   pys=äht=y-i-0
  pys=ähd=y-   pys=ähd=y-tt-
    tä-än   i-in

pys=äy=ttä-ä´ =v caus-1 inf
    'to stop, make stop, halt'
    cf pysähtyä
  pys=äy=tä-n   pys=äy=t-i-n
  pys=äy=ttä-ä   pys=äy=tt-i-0
  pys=äy=te-   pys=äy=te-tt-
    tä-än   i-in

pyy s 'partridge'
  pyy-tä   py-i-tä
  pyy-nä   py-i-den/tten
  pyy-ksi   py-i-ksi
  pyy-hyn   py-i-hin

pyyde-tt-i-in v-pass-past-
    pass suffix pyytää

pyyh-i-n v-past-sg1 pyyhkiä

pyyhk-i-0 v-past-sg3 pyyh-
    kiä

pyyhki-ä´ v-1 inf 'to wipe,
    wipe off, dry'
  pyyhi-n   pyyh-i-n
  pyyhki-i   pyyhk-i-0
  pyyhi-tä-än   pyyhi-tt-i-in

pyyki-ssä s-In 'in the
    laundry' pyykki

pyykki s 'washing, wash,
    clothes to be washed'
  pyykki-ä   pyykke-j-ä
  pyykki-nä   pyykki-0-en
  pyyki-ksi   pyyke-i-ksi
  pyykki-in   pyykke-i-hin

pyys-i-0 v-past-sg3 pyytää

pyytä-mä-än v-3 inf-I1 pyytää
pyytä-ä´ v-1 inf 'to ask; invite'
  pyydä-n   pyys-i-n
  pyytä-ä   pyys-i-0
  pyyde-tä-än   pyyde-tt-i-in

pyör=eä =a 'round' cf pyörä
  pyör=eä-ä/tä   pyör=e-i-tä
  pyör=eä-nä   pyör=e-i-den/tten/
                     pyör=eä-0-in
  pyör=eä-ksi   pyör=e-i-ksi
  pyör=eä-än   pyör=e-i-hin

pyör=eä-t-0 =a-pl-N pyöreä

pyör=i=t=el-lä´ =v cont/freq-1 inf 'to turn, keep turning' cf pyörittää
  pyör=i=tt=ele-n   pyör=i=tt=el-i-n
  pyör=i=tt=ele-e   pyör=i=tt=el-i-0
  pyör=i=t=el-lä-än pyör=i=t=el-t-i-in

pyör=i=tt=ele-mä-än =v-3 inf-I1 pyöritellä

pyör=i=ttä-ä´ =v caus-1 inf 'to make spin, turn' cf pyöriä
  pyör=i=tä-n   pyör=i=t-i-n
  pyör=i=ttä-ä   pyör=i=tt-i-0
  pyör=i=te-tä-än pyör=i=te-tt-i-in

pyör=i-ä´ =v refl-1 inf 'to spin, turn, rotate' cf pyörä
  pyör=i-n   pyör=0-i-n
  pyör=i-i   pyör=0-i-0
  pyör=i-tä-än   pyör=i=tt-i-in

pyörä s 'wheel'
  pyörä-ä   pyör-i-ä
  pyörä-nä   pyör-i-en/pyörä-0-in
  pyörä-ksi   pyör-i-ksi
  pyörä-än   pyör-i-in

pyör=äht-i-0 =v-past-sg3 pyörähtää

pyör=ähtä-ä´ =v mom-1 inf 'to turn suddenly' cf pyörä
  pyör=ähdä-n   pyör=ähd-i-n
  pyör=ähtä-ä   pyör=äht-i-0
  pyör=ähde-tä-än pyör=ähde-tt-i-in

pyörä-stä s-El pyörä

-pä see -pa

Päijänne´ s lake in South Central Finland [pl not used]
  Päijännet-tä ------
  Päijäntee-nä ------
  Päijäntee-ksi ------
  Päijäntee-seen ------

Päijäntee-stä s-El Päijänne

päin adv [pä-i-n s-pl-Instr] cf pää
    kotiin päin 'homewards'

päiv=ye-n =s-G päivyt

päiv=yt =s poet 'day, sun' cf päivä
  päiv=yt-tä   päiv=y-i-tä
  päiv=ye-nä   päiv=y-i-den/tten/
                 päiv=yt-t-en
  päiv=ye-ksi   päiv=y-i-ksi
  päiv=ye-en   päiv=y-i-hin

päivä [s N/Ac] 'sun; day'
  päivä-ä   päiv-i-ä
  päivä-nä   päiv-i-en/päivä-0-in
  päivä-ksi   päiv-i-ksi
  päivä-än   päiv-i-in
  maattiin koko päivä 'they slept all day'

päivä-ksi s-T päivä
  se päiväksi paistamahan 'that [part was made] to shine as the sun'

päivä-lle´ s-Al päivä

päivä-n s-G päivä

päivä-n s-Ac 'all day long; during the day' päivä

päivä-n+paist=e´ =s 'sunshine'
   päivä see paiste for decl

päivä-ssä s-In 'in the course of a day' päivä

päivä-t-0 s-pl-N päivä

päivä-ä s-P päivä

päivä-än s-Il päivä
   seuraavaan päivään asti 'until the next day'

pälvi s 'a spot where the snow has melted'
   pälve-ä   pälv-i-ä
   pälve-nä   pälv-i-en
   pälve-ksi   pälv-i-ksi
   pälve-en   pälv-i-in

pälv-i-ä s-pl-P pälvi

pää s 'head; end'
   pää-tä   pä-i-tä
   pää-nä   pä-i-den/tten
   pää-ksi   pä-i-ksi
   pää-hän   pä-i-hin

pää-hän s-Il pää

pää-lle´ postp-Al with G [s-Al] 'to the top of, onto' cf pää

pää-lle-nsä postp-Al-poss3 'on' cf pää

pää-lle-si postp-Al-poss2 'on yourself' cf pää
   pane päällesi parasta 'put some of your best clothes on'

pää-llä postp-Ad with G [s-Ad] 'above, on top of'; adv 'above; on' cf pää
   paikan päällä 'on the spot'

pää-ltä adv-Abl [s-Abl] 'from above' cf pää

pää-n s-G/Ac pää

pää-0-ni s-Ac-poss1 [pää-n s-Ac] pää

pää-nä s-Es pää

pääs-i-0 v-past-sg3 päästä
   isältäkin pääsi itku 'father, too, burst into tears'
   pääsi karkuun 'escaped'
   pääsi kellariin 'got into the cellar'
   pääsi ohi 'managed to pass'
   pääsi pistoksista 'the sting disease was over'
   pääsi saarnastansa 'finished his sermon'
   pääsi viimeinkin ylitse 'at last got over [the rocks]'

pääs-i-0-kin v-past-sg3-*kin* päästä

pääs-isi-mme v-cond-pl 1 päästä

pääs-i-vät v-past-pl3 päästä

pääs-syt v-2 partic päästä
   ei päässyt kävelemään 'was not able to walk'
   ei päässyt mihinkään 'could not move'
   ei päässyt Pahanen lävitse 'the Devil did not get through'

pää-ssä s-In pää
   päässä saaren terhenisen 'at the tip of the misty island'

pääs=t=ele-mä-än =v-3 inf-Il päästellä

pääs=t=el-lä´ =v cont-1 inf 'to unfasten' cf päästää
   pääs=t=ele-n   pääs=t=el-i-n
   pääs=t=ele-e   pääs=t=el-i-0
   pääs=t=ele-lä-än   pääs=t=el-t-i-in

pääs-t-i-in v-pass-past-pass suffix päästä

pääs-t-y-ä-ni v-pass-2 partic-P-
  poss1   päästä
  päästyäni purolle 'after I
  had reached the creek'

pääs-t-y-ä-nsä v-pass-2 partic-
  P-poss3 päästä
  mäen päälle päästyänsä 'having reached the top of the
  hill'

pää-stä postp-El [s-El] with
  G 'from the distance' cf
  pää
  vähän matkan päästä 'from a
  short distance'

pääs-tä´ v-1 inf 'to get
  [somewhere]'
  pääse-n   pääs-i-n
  pääse-e   pääs-i-0
  pääs-tä-än   pääs-t-i-in

pääs-tä-kse-ni v-1 inf-T-poss1
  päästä
  joen poikki päästäkseni 'in
  order that I get across the
  river'

pääs-tä-kse-nsä v-1 inf-T-poss3
  'in order to get' päästä

pääs=tä-n =v-sg1 päästää

pääs=tä-ä´ =v caus-1 inf 'to
  let out, in' cf päästä
  pääs=tä-n   pääs=t-i-n
  pääs=tä-ä   pääs=t-i-0
  pääs=te-tä-än   pääs=te-tt-i-in

pää=tt-i-0 =v-past-sg3 päättää

pää=tt-i-vät =v-past-pl3
  päättää

pää=ttä-nee-t =v-2 partic-
  pl   päättänyt

pää=ttä-nyt =v-2 partic
  'decided' päättää

pää=ttä-ä´ =v fact-1 inf
  'to decide' cf pää
  pää=tä-n   pää=t-i-n
  pää=ttä-ä   pää=tt-i-0
  pää=te-tä-än   pää=te-tt-i-in

pää-tä s-P pää

pää-tä-nsä s-P-poss3 pää

pää=tön =a 'headless' cf
  pää
  pää-tön-tä   pää=ttöm-i-ä
  pää=ttömä-nä   pää=ttöm-i-en/
  pää-tön-t-en/
  pää=ttömä-0-in
  pää=ttömä-   pää=ttöm-i-ksi
  ksi
  pää=ttömä-än   pää=ttöm-i-in

pää=tön-nä =a arch cons stem-
  Es stand päättömänä
  päätön

pöydä-n s-G pöytä

pöytä s 'table'
  pöytä-ä   pöyt-i-ä
  pöytä-nä   pöyt-i-en/
                  pöytä-0-in
  pöydä-ksi   pöyd-i-ksi
  pöytä-än   pöyt-i-in

247

R

rada-lla s-Ad rata

raha s 'money, coin'
  raha-a   raho-j-a
  raha-na   raho-j-en/
                  raha-0-in
  raha-ksi   raho-i-ksi
  raha-an   raho-i-hin

raha+kukkaro +sN/Ac 'purse'
  raha see kukkaro for decl
  onko sinulla rahakukkaro

'you have a purse, don't you'

raha+kukkaro-a +s-P rahakukkaro

raha+kukkaro-n +s-Ac rahakukkaro

raha-lla-an s-Ad-poss3 'with his money' raha

raha-n s-G/Ac raha

raha-0-0-ni s-pl-Ac-poss1 [raha-t-0 s-pl-Ac] raha

raha-t-0 s-pl-N/Ac 'money' raha

rahe´ s dial stem stand rahje 'trace'

rahje´ s 'trace'
  rahjet-ta   rahke-i-ta
  rahkee-na   rahke-i-den/tten
  rahkee-ksi rahke-i-ksi
  rahkee-seen rahke-i-siin/hin

rahkehe-n s arch stem-G stand rahkeen rahe

rahkehe-sen s arch stem-arch Il stand rahkeeseen rahe

Rahko=nen =s family name
  Rahko=s-ta   Rahko=s-i-a
  Rahko=se-na Rahko=s-t-en/
               Rahko=s-i-en
  Rahko=se-ksi Rahko=s-i-ksi
  Ráhko=se-en Rahko=s-i-in

Rahko=nen-pa =s_N-*pa* Rahkonen

rahna s poet 'cut, wound'
  rahna-a   rahno-j-a
  rahna-na rahno-j-en/
          rahna-0-in
  rahna-ksi rahno-i-ksi
  rahna-an rahno-i-hin

rahno-i-hin s-pl-Il rahna

rahti s 'freight'
  rahti-a   rahte-j-a
  rahti-na rahti-0-en
  rahdi-ksi rahde-i-ksi
  rahti-in rahte-i-hin

rahti+miehe-lle´ +s-Al rahtimies

rahti+miehe-ltä +s-Abl rahtimies

rahti+miehe-n +s-G rahtimies

rahti+mies +s arch '"freight man", man driving freight from post to post' rahti see mies for decl

raita s 'great sallow'
  raita-a   raito-j-a
  raita-na raito-j-en/
          raita-0-in
  raida-ksi raido-i-ksi
  raita-an raito-i-hin

rakas a 'dear'
  rakas-ta   rakka-i-ta
  rakkaa-na rakka-i-den/tten/
           rakas-t-en
  rakkaa-ksi rakka-i-ksi
  rakkaa-seen rakka-i-siin/hin

rakas=ta-a´ =v fact-1 inf 'to love' cf rakas
  rakas=ta-n rakas=t-i-n
  rakas=ta-a rakas=t-i-0
  rakas=te-ta- rakas=te-tt-i-
   an   in

rakas=ta-nut =v-2 partic rakastaa

rakka=ude-n =s-G rakkaus

rakka=us =s 'love' cf rakas
  rakka=ut-ta rakka=uks-i-a
  rakka=ute-na rakka=uks-i-en
  rakka=ude-   rakka=uks-i-
   ksi   ksi
  rakka=ute-en rakka=uks-i-in

rakka=ut-ta =s-P rakkaus

rako s 'crack; crevice; cleft,
    split, slit'
  rako-a   rako-j-a
  rako-na   rako-j-en
  rao-ksi   rao-i-ksi
  rako-on   rako-i-hin

ralialalei nonce used in the
    lilting refrain of ring
    dance songs

ranna-lla s-Ad 'on the shore'
    ranta

ranna-lle´ s-Al 'to the shore'
    ranta

ranne´ s 'wrist'
  rannet-ta   rante-i-ta
  rantee-na   rante-i-den/
                     tten
  rantee-ksi   rante-i-ksi
  rantee-seen   rante-i-siin/
                     hin

ranne+valti=mo =s 'wrist ar-
    tery' ranne see valtimo
    for decl

ranne+valti=mo-0-nsa =s-Ac-
    poss3 [ranne+ valti=mo-n
    =s-Ac] rannevaltimo

ranta s 'shore'
  ranta-a   ranto-j-a
  ranta-na   ranto-j-en/
                     ranta-0-in
  ranna-ksi   ranno-i-ksi
  ranta-an   ranto-i-hin

ranta-an s-Il ranta

rao-ssa s-In/postp-In with G
    'between' rako

rapis-sut v-2 partic rapista

rapis-ta´ v-1 inf 'to rattle;
    rustle'
  rapise-n   rapis-i-n
  rapise-e   rapis-i-0
  rapis-ta-an   rapis-t-i-in

rapu s 'crawfish; crab'
  rapu-a   rapu-j-a
  rapu-na   rapu-j-en

  ravu-ksi   ravu-i-ksi
  rapu-un   rapu-i-hin

rasti s 'cross-shaped mark'
  rasti-a   raste-j-a
  rasti-na   rasti-0-en
  rasti-ksi   raste-i-ksi
  rasti-in   raste-i-hin

rasti-in s-Il rasti

rasva s 'fat, grease; pl
    portions, containers of
    fat'
  rasva-a   rasvo-j-a
  rasva-na   rasvo-j-en/
                     rasva-0-in
  rasva-ksi   rasvo-i-ksi
  rasva-an   rasvo-i-hin

rasva+höyry-hän +s-*hän* 'greasy
    steam' rasva see höyry
    for decl

rata s 'track; course; line'
  rata-a   rato-j-a
  rata-na   rato-j-en/
                     rata-0-in
  rada-ksi   rado-i-ksi
  rata-an   rato-i-hin

rata+osa +s 'railroad divi-
    sion' rata see osa for
    decl

rata+osa-lla +s-Ad rataosa

rata+osa-n +s-Ac rataosa

ratas s 'wheel'
  ratas-ta   ratta-i-ta
  rattaa-na   ratta-i-den/
                     tten/
                 ratas-t-en
  rattaa-ksi   ratta-i-ksi
  rattaa-seen   ratta-i-siin/

ratk=ais=u =s 'solution'
    cf ratkaista
  ratk=ais=u-a ratk=ais=u-j-a
  ratk=ais=u-   ratk=ais=u-j-
    na   en
  ratk=ais=u-   ratk=ais=u-i-
    ksi   ksi

ratk=ais=u-un ratk=ais=u-i-hin

ratk=ais-sut =v-2 partic rat-kaista

ratk=ais-ta =v fact-1 inf 'to resolve; give a solution' cf ratki
  ratk=aise-n ratk=ais-i-n
  ratk=aise-e ratk=ais-i-0
  ratk=ais-ta-an ratk=ais-t-i-in

ratki´ adv 'apart; entirely'

ratsahin adv arch stand ratsain 'on horseback'

rattaa-t-0 s-pl-N pl only 'carriage' ratas

ratta-i-lle-en s-pl-Al-poss3 rattaat

ratta-i-lta s-pl-Abl rattaat

ratta-i-lta-an s-pl-Abl-poss3 rattaat

ratta-i-tte-nsa s-pl-G-poss3 [ratta-i-tten s-pl-G] rattaat

raua-n s dial stem-G stand raudan rauta

rauda-n s-G rauta

rauda=ton =a 'ironless' cf rauta
  rauda=ton-ta rauda=ttom-i-a
  rauda=ttoma-na rauda=ton-t-en/
                rauda=ttom-i-en/
                rauda=ttoma-0-in
  rauda=ttoma-ksi rauda=ttom-i-ksi
  rauda=ttoma-an rauda=ttom-i-in

rauda=ton-ta =a-P raudaton

Raudu-n s-G Rautu

Raudu-ssa s-In 'at Rautu' Rautu

rauha s 'peace'
  rauha-a rauho-j-a
  rauha-na rauho-j-en/
            rauha-0-in
  rauha-ksi rauho-i-ksi
  rauha-an rauho-i-hin

rauha-a s-P rauha

rauha-ssa s-In rauha

rauka-n s-G raukka

raukka s 'poor thing'
  raukka-a raukko-j-a
  raukka-na raukko-j-en/
            raukka-0-in
  rauka-ksi rauko-i-ksi
  raukka-an raukko-i-hin
  orja raukka 'the poor slave' [decl like a compound]

rauta s 'iron'
  rauta-a rauto-j-a
  rauta-na rauto-j-en/
            rauta-0-in
  rauda-ksi raudo-i-ksi
  rauta-an rauto-i-hin

rauta=inen =a 'of iron' cf rauta
  rauta=is-ta rauta=is-i-a
  rauta=ise-na rauta=is-t-en/
                rauta=is-i-en
  rauta=ise-ksi rauta=is-i-ksi
  rauta=ise-en rauta=is-i-in

rauta=is-na =a cons stem-Es stand rautaisena rautainen

rauta=is-ta =a-P rautainen

rauta+kihla-t-0 +s-pl-N 'betrothal presents of iron' rauta see kihlat for decl

rauta+kintaha-t-0 +s arch stem-pl-N stand rautakintaat 'iron mittens' rauta see kinnas for decl

```
rauta+miehe-n  +s-G  rautamies

rauta+mies  +s  'iron man, man
    of iron'  rauta  see mies
    for decl

Rauta=nen  =s place name; family
    name  cf rauta
  Rauta=s-ta      Rauta=s-i-a
  Rauta=se-na     Rauta=s-t-en/
                  Rauta=s-i-en
  Rauta=se-ksi    Rauta=s-i-ksi
  Rauta=se-en     Rauta=s-i-in

rauta+näppi  +a  'iron-fingered'
    rauta  see näppi for decl

rauta+rihma  +s  'iron wire'
    rauta  see rihma  for decl

rauta+rihma-n  +s-Ac  rautarihma

Rauta=se-lla  =s-Ad  Rautanen

rauta+sormi  +a  'iron-fingered'
    rauta  see sormi for decl

rauta+verkko  +s  'iron net'
    rauta  see verkko for decl

rauta+verkko-j-a  +s-pl-P  rauta-
    verkko

Rautu  s  place name
              [pl not used]
  Rautu-a         ------
  Rautu-na        ------
  Raudu-ksi       ------
  Rautu-un        ------

ree-n  s-Ac  reki

ree-ssä  s-In  reki

ree-stä  s-El  reki

rehe=llinen  =a  'honest'  cf
    rehti
  rehe=llis-tä    rehe=llis-i-ä
  rehe=llise-nä   rehe=llis-t-en/
                  rehe=llis-i-en
  rehe=llise-ksi  rehe=llis-i-ksi
  rehe=llise-en   rehe=llis-i-in
```
```
rehti  a  'fair, open, honest,
    square'
  rehti-ä       rehte-j-ä
  rehti-nä      rehti-0-en
  rehdi-ksi     rehde-i-ksi
  rehti-in      rehte-i-hin

reke-ä  s-P  reki

reki  s  'sleigh'
  reke-ä        rek-i-ä
  reke-nä       rek-i-en
  ree-ksi       re-i-ksi
  reke-en       rek-i-in

renge-i-ltä  s-pl-Abl  renki

rengi-lle´  s-Al  renki

rengi-lle-en  s-Al-poss3
    renki

rengi-t-0  s-pl-N/Ac  renki

renki  s  'hired hand'
  renki-ä       renke-j-ä
  renki-nä      renki-0-en
  rengi-ksi     renge-i-ksi
  renki-in      renke-i-hin

renki-0-en  s-pl-G  renki

renki-0-nsä  s-Ac-poss3
    [rengi-n  s-Ac]  renki

reservi  s  'military reserves;
    resource'
  reservi-ä     reserve-j-ä
  reservi-nä    reservi-0-en
  reservi-ksi   reserve-i-ksi
  reservi-in    reserve-i-hin

reservi+kasarmi  +s  'military
    barracks'  reservi  see
    kasarmi for decl

reservi+kasarmi-lta  +s-Abl
    'from the camp for the
    reserves'  reservikasarmi

riemu  s  'joy, delight'
  riemu-a       riemu-j-a
  riemu-na      riemu-j-en
```

251

riemu-ksi   riemu-i-ksi
riemu-un   riemu-i-hin
riemu-i-ssa-an   s-pl-In-poss3
   'delighted'   riemu

rihma   s 'string, thread'
   rihma-a   rihmo-j-a
   rihma-na   rihmo-j-en/
                 rihma-0-in
   rihma-ksi   rihmo-i-ksi
   rihma-an   rihmo-i-hin

riida-n   s-Ac   riita

riihe-n   s-G   riihi

riihe-ssä   s-In   riihi

riihi   s 'threshing house'
   riih-tä   riih-i-ä
   riihe-nä   riih-i-en/
                 riih-t-en
   riihe-ksi   riih-i-ksi
   riihe-en   riih-i-in

riih-tä   s-P   riihi

Riiko   s   place name
                 [pl not used]
   Riiko-a   ------
   Riiko-na   ------
   Riio-ksi   ------
   Riiko-on   ------

Riio-n   s-G   Riiko

riippa   s rare 'weight [esp in
   fishing]' stand paino
   riippa-a   riippo-j-a
   riippa-na   riippo-j-en/
                 riippa-0-in
   riipa-ksi   riipo-i-ksi
   riippa-an   riippo-i-hin

riipp=u-a´ =v refl-1 inf 'to
   hang, be suspended; depend'
   riip=u-n   riipp=u-i-n
   riipp=u-u   riipp=u-i-0
   riip=u-ta-an riip=u-tt-i-in

riipp=u-i-0   v-past-sg3   riippua

riita   s 'quarrel'

riita-a   riito-j-a
riita-na   riito-j-en/
              riita-0-in
riida-ksi   riido-i-ksi
riita-an   riito-i-hin

rikas   a 'rich'
   rikas-ta   rikka-i-ta
   rikkaa-na   rikka-i-den/
                 tten/
                 rikas-t-en
   rikkaa-ksi   rikka-i-ksi
   rikkaa-seen   rikka-i-siin/
                 hin
   rikkaa-mpa-a   a-comp-P rik-
       kaampi

rikkaa-mpi   a-comp 'richer'
   rikkaa-mpa-a   rikkaa-mp-i-a
   rikkaa-mpa-   rikkaa-mp-i-
      na   en/
                 rikkaa-mpa-0-
                    in
   rikkaa-mma-   rikkaa-mm-i-
      ksi   ksi
   rikkaa-mpa-   rikkaa-mp-i-in
      an

rikkaa-n   a-Ac   rikas

rikko-a´   v-1 inf 'to break'
   riko-n   rikc-i-n
   rikko-o   rikko-i-0
   riko-ta-an   riko-tt-i-in

rikko-i-hen   v-past-poet
   refl sg3 'broke by it-
   self' stand rikkoutui
   rikkoa

rikko=utu-a´ =v refl-1 inf
   'to break' cf rikkoa
   rikko=udu-n   rikko=udu-i-n
   rikko=utu-u   rikko=utu-i-0
   rikko=udu-   rikko=udu-tt-
      ta-an   i-in

rikko=utu-i-0   =v-past-sg3
   rikkoutua

rimus-i-n   v-past-sg1   rimuta

rimut-a´   v poet-1 inf 'to
   struggle, work hard'

```
rimua-n          rimus-i-n
rimua-a          rimus-i-0
rimut-a-an       rimut-t-i-in
```

rinna=kkain =adv 'abreast,
   next to each other' cf
   rinta

rinta s 'breast, chest'
```
   rinta-a        rinto-j-a
   rinta-na       rinto-j-en/
                  rinta-0-in
   rinna-ksi      rinno-i-ksi
   rinta-an       rinto-i-hin
```

riski a coll 'strong, healthy'
```
   riski-ä        riske-j-ä
   riski-nä       riski-0-en
   riski-ksi      riske-i-ksi
   riski-in       riske-i-hin
```

risti s 'cross'
```
   risti-ä        riste-j-ä
   risti-nä       risti-0-en
   risti-ksi      riste-i-ksi
   risti-in       riste-i-hin
```

risti-in s-Il risti
   ristiin rastiin 'criss-
      cross'

risti-stä s-El risti

rivi s 'row, line'
```
   rivi-ä         rive-jä
   rivi-nä        rivi-0-en
   rivi-ksi       rive-i-ksi
   rivi-in        rive-i-hin
```

rivi-n s-G rivi

rodu-kse-ni s-T-poss 1 'to be
   of my race, kin' rotu

rohkea a 'brave, daring'
```
   rohkea-a       rohke-i-ta
   rohkea-na      rohke-i-den/
                  tten/
                  rohkea-0-in
   rohkea-ksi     rohke-i-ksi
   rohkea-an      rohke-i-hin
```

rohkea-ta a-P rohkea

rohke'ista [sic]/rohke-i-sta
   a-pl-El rohkea

roiska-a´ v poet-1 inf 'to
   splash, whack' stand
   roiskua
```
   roiska-n       roisk-i-n
   roiska-a       roisk-i-0
   roiske-ta-an   roiske-tt-i-in
```

roiska-ma-han v-3 inf-arch
   Il stand roiskamaan
   roiskaa

roisk=u-a´ =v refl-1 inf
   'to splash' cf roiskaa
```
   roisk=u-n      roisk=u-i-n
   roisk=u-u      roisk=u-i-0
   roisk=u-ta-    roisk=u-tt-i-
      an             in
```

rosvo s 'robber'
```
   rosvo-a        rosvo-j-a
   rosvo-na       rosvo-j-en
   rosvo-ksi      rosvo-i-ksi
   rosvo-on       rosvo-i-hin
```

rotu s 'race'
```
   rotu-a         rotu-j-a
   rotu-na        rotu-j-en
   rodu-ksi       rodu-i-ksi
   rotu-un        rotu-i-hin
```

ruhtinaa=llinen =a 'princely,
   royal' cf ruhtinas
```
   ruhtinaa=      ruhtinaa=
      llis-ta        llis-i-a
   ruhtinaa=      ruhtinaa=
      llise-na       llis-t-en/
                  ruhtinaa=
                     llis-i-en
   ruhtinaa=      ruhtinaa=
      llise-ksi      llis-i-ksi
   ruhtinaa=      ruhtinaa=
      llise-en       llis-i-in
```

ruhtinas s 'prince'
```
   ruhtinas-ta    ruhtina-i-ta
   ruhtinaa-na    ruhtina-i-den/
                  tten/
                  ruhtinas-t-en
   ruhtinaa-ksi   ruhtina-i-ksi
   ruhtinaa-      ruhtina-i-siin/
      seen           hin
```

ruikutta-a´ v-1 inf 'to whimper; cry; moan'
  ruikuta-n   ruikut-i-n
  ruikutta-a   ruikutt-i-0
  ruikute-ta-an ruikute-tt-i-in

ruikutt-i-0 v-past-sg3 ruikuttaa

rukka s 'poor thing'
  rukka-a   rukk-i-a
  rukka-na   rukk-i-en/
                rukka-0-in
  ruka-ksi   ruk-i-ksi
  rukka-an   rukk-i-in
  orja rukka 'poor slave'
  [decl like a compound]

rukki s 'spinning wheel'
  rukki-a   rukke-j-a
  rukki-na   rukki-0-en
  ruki-ksi   ruke-i-ksi
  rukki-in   rukke-i-hin

rukki-a s-P rukki

ruko s 'hay cock'
  ruko-a   ruko-j-a
  ruko-na   ruko-j-en
  ruo-ksi   ruo-i-ksi
  ruko-on   ruko-i-hin

runo s 'poem; epic poem; arch bard'
  runo-a   runo-j-a
  runo-na   runo-j-en
  runo-ksi   runo-i-ksi
  runo-on   runo-i-hin

runo-lta s-Abl runo
  rikkoihen reki runolta 'the bard broke his sleigh'

ruoa-lle´ s-Al ruoka
  käy ruoalle 'take your place at the table'

ruoa-lta-nsa a-Abl-poss3 'from his meal' ruoka

ruoa-n s-G ruoka

ruoh=ikko =s '[patch of] grass' cf ruoho
  ruoh=ikko-a   ruoh=ikko-j-a
  ruoh=ikko-na ruoh=ikko-j-en
  ruoh=iko-ksi ruoh=iko-i-ksi
  ruoh=ikko-on ruoh=ikko-i-hin

ruoh=iko-ssa =s-In 'in the grass' ruohikko

ruoho s '[blade of] grass'
  ruoho-a   ruoho-j-a
  ruoho-na   ruoho-j-en
  ruoho-ksi   ruoho-i-ksi
  ruoho-on   ruoho-i-hin

ruoka s 'food; pl foods, dishes, courses of food'
  ruoka-a   ruok-i-a
  ruoka-na   ruok-i-en/
                ruoka-0-in
  ruoa-ksi   ruo-i-ksi
  ruoka-an   ruok-i-in

ruoka-a s-P ruoka

ruoka+pöytä +s 'dinner table' ruoka see pöytä for decl

ruoka+pöytä-än +s-Il ruokapöytä

ruoki-´ v-neg ruokkia

ruokk-i-0 v-past-sg3 ruokkia

ruokk=i-a´ =v inst-1 inf 'to feed' cf ruoka
  ruok=i-n   ruok=0-i-n
  ruokk=i-i   ruokk=0-i-0
  ruok=i-ta-an ruok=i-tt-i-in

ruoko s 'reed'
  ruoko-a   ruoko-j-a
  ruoko-na   ruoko-j-en
  ruo'o-ksi   ruo'o-i-ksi
  ruoko-on   ruoko-i-hin

ruoko=nen =s 'reed' cf ruoko
  ruoko=s-ta   ruoko=s-i-a
  ruoko=se-na ruoko=s-t-en/
                ruoko=s-i-en
  ruoko=se-ksi ruoko=s-i-ksi
  ruoko=se-en ruoko=s-i-in

```
ruoko=se-ksi  =s-T  ruokonen

ru'o-lle´  s poet stem-Al  stand
    ruolle  ruko

ruopos-i-t  v-past-arch pl3
    stand  ruoposivat
        ruovota

ruoska  s  'whip'
  ruoska-a         ruosk-i-a
  ruoska-na        ruosk-i-en/
                   ruoska-0-in
  ruoska-ksi       ruosk-i-ksi
  ruoska-an        ruosk-i-in

ruoska-a  s-P  ruoska

ruoska-n  s-Ac/G  ruoska

Ruotsi  s  place name  'Sweden'
                       [pl not used]
  Ruotsi-a         ------
  Ruotsi-na        ------
  Ruotsi-ksi       ------
  Ruotsi-in        ------

Ruotsi-in  s-Il  'to Sweden'
    Ruotsi

Ruotsi-ssa  s-In  'in Sweden'
    Ruotsi

Ruotsi-sta  s-El  'from Sweden'
    Ruotsi

Ruotukse-n  s-G  Ruotus

Ruotukse-sta  s-El  Ruotus

Ruotus  s  folkl  personal name
    'Herod'          [pl not used]
  Ruotus-ta        ------
  Ruotukse-na      ------
  Ruotukse-ksi     ------
  Ruotukse-en      ------

ruovot-a´  v rare-l inf  'to
    rake'
  ruopoa-n         ruopos-i-n
  ruopoa-a         ruopos-i-0
  ruovot-a-an      ruovot-t-i-in

rupea-´  v-imper sg2  ruveta
```

rupea sinä hongaksi tähän
'transform yourself into
a pinetree here'

rupea-n v-sgl ruveta
minä rupean kuuseksi 'I'll
transform myself into a
spruce tree'

rupeis [sic] v poet past sg3
stand rupesi ruveta

rupes-i-0 v-past-sg3 ruveta
rupesi itkemään 'started
to cry'
rupesi tekemään 'started
to make; started working'

rupes-i-vat v-past-pl3 ruveta
rupesivat suurukselle
'started their meal'

```
rusk=ea  =a  'brown'  cf rusko
  rusk=ea-a        rusk=e-i-ta
  rusk=ea-na       rusk=e-i-den/
                   tten/
                   rusk=ea-0-in
  rusk=ea-ksi      rusk=e-i-ksi
  rusk=ea-an       rusk=e-i-hin

rusko  s  'red sky'
  rusko-a          rusko-j-a
  rusko-na         rusko-j-en
  rusko-ksi        rusko-i-ksi
  rusko-on         rusko-i-hin

rusku=ainen  =s  'yolk'  cf
    ruskea, rusko
  rusku=ais-ta     rusku=ais-i-a
  rusku=aise-      rusku=ais-t-
    na               en/
                   rusku=ais-i-
                     en
  rusku=aise-      rusku=ais-i-
    ksi              ksi
  rusku=aise-      rusku=ais-i-
    en               in

rusku=ais-ta  =s-P  ruskuainen

rutimo+raida-n  +s-G  ruti-
    moraita

rutimo+raita  +s poet  'great
    tree; oak'  see raita for
    decl
```

ruumene-t-0   s-pl-N   'chaff'
               [pl only]
------   ruumen-i-a
------   ruumen-i-en
------   ruumen-i-ksi
------   ruumen-i-in

ruumen=inen   =a rare   'mixed
   with chaff'   cf ruumenet
   ruumen=is-ta   ruumen=is-i-a
   ruumen=ise-na   ruumen=is-t-en/
                    ruumen=is-i-en
   ruumen=ise-ksi   ruumen=is-i-ksi
   ruumen=ise-en   ruumen=is-i-in

   ruumen=is-i-lla   =a-pl-Ad   ruume-
      ninen

ruumis   s   'body'
   ruumis-ta   ruumi-i-ta
   ruumii-na   ruumi-i-den/
                tten
   ruumii-ksi   ruumi-i-ksi
   ruumii-seen   ruumi-i-siin/
                  hin
ruumis+arkku   +s   'coffin'
   ruumis   see arkku for decl

ruusu   s   'rose'
   ruusu-a   ruusu-j-a
   ruusu-na   ruusu-j-en
   ruusu-ksi   ruusu-i-ksi
   ruusu-un   ruusu-i-hin

ruusu-n   s-Ac   ruusu

ruven-nut   v-2 partic   ruveta

ruvet-a´   v-1 inf   'to start'

rupea-n   rupes-i-n
rupea-a   rupes-i-0
ruvet-a-an   ruvet-t-i-in
tahtoi ruveta isännöimään
   'wanted to rule'

ruvet-t-i-in   v-pass-past-pass
   suffix   ruveta

ryssä   s coll   'Russian'   [stand
   venäläinen]
   ryssä-ä   ryss-i-ä
   ryssä-nä   ryss-i-en/
               ryssä-0-in
   ryssä-ksi   ryss-i-ksi
   ryssä-än   ryss-i-in

ryssä-n   s-G   ryssä

räystäs   s   'eaves'
   räystäs-tä   räystä-i-tä
   räystää-nä   räystä-i-den/
                 tten/
                 räystäs-t-en
   räystää-ksi   räystä-i-ksi
   räystää-seen   räystä-i-siin/
                   hin
räystää-ssä   s-In   'at the
   eaves'   räystäs

räätäli   s   'tailor'
   räätäli-ä   räätäle-j-ä/
                räätäle-i-tä
   räätäli-nä   räätäli-0-en/
                 räätäle-i-den/
                 tten
   räätäli-ksi   räätäle-i-ksi
   räätäli-in   räätäle-i-hin

räätäli-n   s-G   räätäli

S

-s   suffix giving a colloquial
   connotation

saa-0   v-sg3   saada
   saa tehdä pojalle housut
      'has to make pants for the
      boy'

saa-´   v-neg   saada
   ei saa rauhaa nukkuessa
      'one cannot sleep peace-
      fully'
   ilmaiseksi ei saa mitään
      'one cannot have anything
      for nothing'

ei saa tukaduttaa 'one must not extinguish'

saa-da´ v-1 inf 'to get, receive'; with 1 inf 'may'; with pass 2 partic T 'manage to, succeed in'
  saa-n   sa-i-n
  saa-0   sa-i-0
  saa-da-an   saa-t-i-in
  saada kuormaan mahtumaan 'squeeze into the load'

saa-da´ v-pass neg saada

saa-da-kse-en v-1 inf-T-poss3 'in order to get' saada

saa-da-kse-ni v-1 inf-T-poss sg1 'in order that I get' saada

saa=ja =s 'one who receives' cf saada
  saa=ja-a   saa=j-i-a
  saa=ja-na   saa=j-i-en/
                   saa=ja-0-in
  saa=ja-ksi   saa=j-i-ksi
  saa=ja-an   saa=j-i-in

saa=ja=inen =s poet 'one who gets/has' cf saaja
  saa=ja=is-ta   saa=ja=is-i-a
  saa=ja=ise-na   saa=ja=is-t-en/
                     saa=ja=is-i-en
  saa=ja=ise-ksi saa=ja=is-i-ksi
  saa=ja=ise-en saa=ja=is-i-in

saakka adv 'since'
  joulusta saakka 'ever since Christmas'

saa=lihi-0-0-ni =s poet stem-pl-Ac-poss1 stand saaliini saalis

saa=lii-0-0-ni =s-pl-Ac-poss1 [saa=lii-t-0 =s-pl-Ac]

saa=lis =s 'booty, prey, catch' cf saada
  saa=lis-ta   saa=li-i-ta
  saa=lii-na   saa=li-i-den/
                    tten/
                    saa=lis-t-en

  saa=lii-ksi   saa=li-i-ksi
  saa=lii-seen saa=li-i-siin/
                    hin

saa=lis-ta-an =s-P-poss3 saalis

saa-ma-an v-3 inf-Il saada

saa-ma-tta v-3 inf-Abe 'without getting' saada

saa-n v-sg1 saada

saa-nut v-2 partic saada
  onpas mies saanut akkansa jo tekemään 'indeed, the man has managed to make his wife work'

saa-nut-kaan v-2 partic-*kaan* saada
  ei saanutkaan tuoduksi 'could, however, not manage to bring'

saapas s 'boot'
  saapas-ta   saappa-i-ta
  saappaa-na   saappa-i-den/
                    tten/
                    saapas-t-en
  saappaa-ksi saappa-i-ksi
  saappaa-seen saappa-i-siin/
                    hin

saappah-i-ssa s poet stem-pl-In stand saappaissa saapas

saa=pu-a´ =v refl-1 inf 'to arrive' cf saada
  saa=vu-n   saa=vu-i-n
  saa=pu-u   saa=pu-i-0
  saa=vu-ta-an saa=vu-tt-i-in

saa=pu-i-0 =v-past-sg3 saapua

saare-n s-G saari

saari s 'island'
  saar-ta   saar-i-a
  saare-na   saar-t-en/
                  saar-i-en
  saare-ksi   saar-i-ksi
  saare-en   saar-i-in

saar-i-a s-pl-P saari

Saari+järve-llä +s-Ad 'at
    Saarijärvi' Saarijärvi

Saari+järve-n +s-G Saarijärvi

Saari+järvi +s place name
    saari see järvi for decl

saarna s 'sermon'
    saarna-a   saarno-j-a
    saarna-na   saarno-j-en/
                     saarna-0-in
    saarna-ksi   saarno-i-ksi
    saarna-an   saarno-i-hin

saarna-n s-Ac saarna

saarna-sta-nsa s-El-poss3
    saarna

saa-t v-sg2 saada
    saat olla 'you may be'

saa=t=el-la´ =v freq/cont-1 inf
    'to accompany, follow' cf
    saattaa
    saa=tt=ele-n   saa=tt=el-i-n
    saa=tt=ele-e   saa=tt=el-i-0
    saa=t=el-la-an saa=t=el-t-i-in

saa-t-i-in v-pass-past-pass
    suffix saada

saa=to-i-t =v-past-arch pl3
    stand saattoivat saattaa

saa=tta-a´ =v caus-1 inf 'to
    lead/take [someone somewhere];
    accompany; induce' cf
    saada
    saa=ta-n   saa=to-i-n
    saa=tta-a   saa=tto-i-0/
                    saa=tt-i-0 arch
    saa=te-ta-an   saa=te-tt-i-in
    tauti on aiottu saattaa häneen
    'he is the intended victim
    of the disease'

saa=tta=ja =s 'one who accom-
    panies' cf saattaa
    saa=tta=ja-a   saa=tta=j-i-a
    saa=tta=ja-na   saa=tta=j-i-en/
                    saa=tta=ja-0-in
    saa=tta=ja-   saa=tta=j-i-ksi
     ksi
    saa=tta-ja-   saa=tta=j-i-in
     an

saa=tt=ele-vi =v-arch sg3
    stand saattelee saatella

saa=tt-i-0 =v arch stem-past-
    sg3 stand saattoi saattaa

saa=tto-i-0 =v-past-sg3 saat-
    taa

saa=vu=tta-a´ =v caus-1 inf
    'to reach' cf saapua
    saa=vu=ta-n   saa=vu=t-i-n
    saa=vu=tta-a   saa=vu=tt-i-0
    saa=vu=te-   saa=vu=te-tt-
     ta-an   i-in

saa=vu=tta-a-kse-nsa =v-1
    inf-T-poss3 'in order to
    reach' saavuttaa

sad=e´ =s 'rain' cf sataa
    sad=et-ta   sat=e-i-ta
    sat=ee-na   sat=e-i-den/
                    tten
    sat=ee-ksi   sat=e-i-ksi
    sat=ee-seen   sat=e-i-siin/
                    hin

sad=e´+pilvi +s 'rain cloud'
    sade see pilvi for decl

sad=e´+päivä +s 'rainy day'
    sade see päivä for decl

saha s 'saw; sawmill'
    saha-a   saho-j-a
    saha-na   saho-j-en/
                    saha-0-in
    saha-ksi   saho-i-ksi
    saha-an   saho-i-hin

saha-a s-P saha

sa-i-0 v-past-sg3 saada
    *renki sai tuoda kotiin kaikki
    hevoset* 'the hired man had
    to bring home all the horses'

välillä sai henkäistä 'in between one was allowed to draw a breath'
sai lapsen 'had a child; gave birth'

sa-i-0-kin v-past-sg3-*kin* saada
  saikin juosta 'indeed, had to run'
  saikin järven tyhjäksi 'indeed, succeeded in emptying the lake'

sairaa-ksi a-T sairas
  tuli sairaaksi 'became ill'

sairaa-n s-G sairas

saira-i-ta s-pl-P sairas

sairas a 'sick'; s 'patient'
  sairas-ta   saira-i-ta
  sairaa-na   saira-i-den/tten/
                 sairas-t-en
  sairaa-ksi saira-i-ksi
  sairaa-seen saira-i-siin/hin

sairas-ta s-P sairas

sairas=ta-a´ =v-1 inf 'to be sick, be ill' cf sairas
  sairas=ta-n   sairas=t-i-n
  sairas=ta-a   sairas=t-i-0
  sairas=te-ta-an sairas=te-tt-i-in

sairas=t=u-a´ =v refl-1 inf 'to become ill' cf sairastaa
  sairas=t=u-n sairas=t=u-i-n
  sairas=t=u-u sairas=t=u-i-0
  sairas=t=u-ta-an sairas=t=u-tt-i-in

sairas=t=u-i-0 =v-past-sg3 sairastua
  hän sairastui kerran vaikeasti 'once he became seriously ill'

sairas=t=u-nut =v-2 partic sairastua

sa-isi-0 v-cond-sg3 saada

sa-isi-0-ko v-cond-sg3-inter saada

sa-isi-n v-cond-sg1 saada

sa-isi-vat v-cond-pl3 saada

sa-i-t v-past-sg2 saada
  sait pitää miehen kukkaroa kädessäsi 'you were allowed to hold the man's purse in your hand'
  kyllin sait jo seisoakin 'you had to stand long enough'

sa-i-vat v-past-pl3 saada
  saivat vuodon asettumaan 'managed to stop the flow'

Saksa s place name 'Germany'
  Saksa-a   Sakso-j-a
  Saksa-na   Sakso-j-en/Saksa-0-in
  Saksa-ksi Sakso-i-ksi
  Saksa-an   Sakso-i-hin

Saksa-an s-Il 'to Germany' Saksa

Saksa-ssa s-In 'in Germany' Saksa

Saksa-sta s-El 'from Germany' Saksa

sala+ 'secret'

sala+sana-t-0 +s-pl-N 'secret magic formula' sala+ see sana pl for decl

salo-a arch stem-P stand
  salaa 'secretly' sala+

sala+sano-i-tta +s-pl-Abe 'without a secret magic formula' salasanat

salme-n s-G salmi

salmi s 'sound, strait'
  salme-a   salm-i-a
  salme-na   salm-i-en
  salme-ksi   salm-i-ksi
  salme-en   salm-i-in

sama pron indef 'the same'
  sama-a   samo-j-a
  sama-na   samo-j-en/
                    sama-0-in
  sama-ksi   samo-i-ksi
  sama-an   samo-i-hin

sama-an pron indef-Il sama
  samaan aikaan 'at the same time'

sama-ksi pron indef-T sama

sama-lla -adv [pron indef-Ad] 'at the same time' cf sama

sama-na pron indef-Es sama
  samana yönä 'during the same night'

sama-n+lai=nen =a 'identical sama cf laji
  sama-n+lai=s-   sama-n+lai=s-
    ta   i-a
  sama-n+lai=se- sama-n+lai=s-
    na   t-en/
                      sama-n+lai=s-
                        i-en
  sama-n+lai=se- sama-n+lai=s-
    ksi   i-ksi
  sama-n+lai=se- sama-n+lai=s-
    en   i-in

sama-ssa pron indef-In sama
  samassa kohti 'in the same place, on the same spot'

sama-t-0 pron indef-pl-N sama

sammakko s 'frog'
  sammakko-a   sammako-i-ta/
                    sammakko-j-a
  sammakko-na   sammako-i-den/
                    tten/
                    sammakko-j-en
  sammako-ksi   sammako-i-ksi
  sammakko-on   sammakko-i-hin

sammakko-a s-P sammakko

sammako-i-ta s-pl-P sammakko

sammal s 'moss' [also sammale]
  sammal-ta   sammal-i-a
  sammale-na   sammal-i-en/
                  sammal-t-en
  sammale-ksi   sammal-i-ksi
  sammale-en   sammal-i-in

sammal-i-lla s-pl-Ad 'on the moss' sammal

sammu-a´ v refl-1 inf 'to go out [of fire, light]'
  sammu-n   sammu-i-n
  sammu-u   sammu-i-0
  sammu-ta-an   sammu-tt-i-in

sammu-nut v-2 partic sammua

sammu-nee-t v-2 partic-pl sammunut

sammu=tta-a =v-sg3 sammuttaa

sammu=tta-a´ =v caus-1 inf 'to extinguish, quench' cf sammua
  sammu=ta-n   sammu=t-i-n
  sammu=tta-a   sammu=tt-i-0
  sammu=te-ta- sammu=te-tt-i-in
    an

samo-i-n -adv [pron indef-pl-Instr] 'in the same way; equally well' sama

sana [sN/Ac] 'word; message'
  sana-a   sano-j-a
  sana-na   sano-j-en/
                  sana-0-in
  sana-ksi   sano-i-ksi
  sana-an   sano-i-hin

sana-n s-Ac/G sana

sana-n+parsi +s 'proverb' sana see parsi for decl

sana-n+pars-i-a +s-pl-P sananparsi

```
sana-0-0-nsa  s-pl-Ac-poss3           sano-n           sano-i-n
   [sana-t-0  s-pl-Ac]  sana          sano-o           sano-i-0
sana-n+saa=tta=ja  =s  'messen-       sano-ta-an       sano-tt-i-in
   ger'  sana  see saattaja
   for decl                           sano-e-n  v-2 inf-Instr
                                         'saying'  sanoa
sana-0-0-si  s-pl-Ac-poss sg2
   [sana-t-0  s-pl-Ac]  sana          sano-i-0  v-past-sg3  sanoa

sana-sta  s-El  sana                  sano-i-ksi  s-pl-T  sana
   sanasta miestä  proverb
   'take a man by his word'           sano-i-n  v-past-sg1  sanoa

sana=sto  =s  'glossary'  cf          sano-i-t  v-past-sg2  sanoa
   sana
   sana=sto-a       sana=sto-j-a      sano-i-tte  v-past-pl2
   sana=sto-na      sana=sto-j-en        sanoa
   sana=sto-ksi     sana=sto-i-ksi
   sana=sto-on      sana=sto-i-hin    sano-i-vat  v-past-pl3  sanoa

sana-t-0  s-pl-N  'words; magic       sano-ma-an  v-3 inf-Il  sanoa
   formula'  sana                        itsehän sinä neuvoit siten
                                         sanomaan  'you yourself
san=ele-´  =v-neg  sanella               told me to say so'

san=ele-n  =v-sg1  sanella            sano-n  v-sg1  sanoa

san=el-la´  =vcont-1 inf  poet:       sano-nut  v-2 partic  sanoa
   'to say; stand: dictate'
   cf sanoa                           sano-nut-kaan  v-2 partic-kaan
   san=ele-n       san=el-i-n            sanoa
   san=ele-e       san=el-i-0
   san=el-la-an    san=el-t-i-in      sano-o  v-sg3  sanoa

sanka+piel=inen  =s rare  'frame      sano-ta-han  v-pass-arch pass
   of a haystack'  cf pieli              suffix  stand sanotaan
   sanka+piel=is-  sanka+piel=is-        sanoa
      tä              i-ä
   sanka+piel=      sanka+piel=is-    sano-tta-ne-hen  v-pass-pot-
      ise-nä          t-en/             arch pass suffix  stand
                   sanka+piel=is-       sanottaneen  sanoa
                      i-en
   sanka+piel=     sanka+piel=is-    sano-tt-u´  v-pass -2 partic
      ise-ksi         i-ksi              sanoa
   sanka+piel=     sanka+piel=is-
      ise-en          i-in             sano-vi  v-arch sg3  stand
                                         sanoo  sanoa
sanka+piel=is-i-hin  =s-pl-arch
   Il  stand sankapielisiin           santti  s arch [mod: pyhimys]
   sankapielinen                         'saint'
                                         santti-a       santte-j-a
sano-´  v-imper sg2  sanoa               santti-na      santti-0-en
                                         santi-ksi      sante-i-ksi
sano-a´  v-1 inf  'to say'               santti-in      santte-i-hin
```

261

```
santti-a    s-P    santti                              sata-0-in
                                      sada-ksi        sado-i-ksi
sarajas   s  arch  'ocean; Arctic     sata-an         sato-i-hin
   Ocean; River of Death'
   [stand meri] [pl not used]        sata-a   v-sg3  'it rains'
   sarajas-ta      ------                sataa
   sarajaa-na      ------
   sarajaa-ksi     ------             sata-a´  v-1 inf 'to rain'
   sarajaa-seen    ------                [sg3 only]
                                        ------         ------
sarajaha-sen  s arch stem-arch         sata-a          sato-i-0
   Il stand sarajaaseen                ------         ------
   sarajas
                                      sata-nut  v-2 partic sataa
sara-lla  s-Ad  sarka
                                      sata-nut-kaan  v-2 partic-
sarana  s  'hinge'                       kaan  sataa
   sarana-a      sarano-i-ta/
                 sarano-j-a           sata-va-n  v-1 partic-Ac
   sarana-na     sarano-i-den/           isäntä luuli satavan
                 tten/                    'the farmer thought it
                 sarana-0-in/             was raining'
                 sarano-j-en
   sarana-ksi    sarano-i-ksi         sattu-a´  v-1 inf 'to happen;
   sarana-an    sarano-i-hin             occur; hit'
                                         satu-n         satu-i-n
sarana-n  s-G  sarana                    sattu-u        sattu-i-0
                                         satu-ta-an    satu-tt-i-in
sarka  s  'coarse wool cloth'
   sarka-a       sarko-j-a            sattu-i-0  v-past-sg3  sattua
   sarka-na      sarko-j-en/             ohitse sattui kulkemaan
                 sarka-0-in              kaksi mummoa  'two old
   sara-ksi      saro-i-ksi              women happened to be pas-
   sarka-an      sarko-i-hin             sing by'

sarve-n  s-Ac  sarvi                  sattu-i-0-pa  v-past-sg3-pa
                                         sattua
sarve-sta  s-El  sarvi
   sarvesta härkää  'you take a       sattu-i-vat  v-past-pl3  sattua
   bull by its horns'
                                      sattu=ma  =s  'incidence, coin-
sarve-t-0  s-pl-N  sarvi                 cidence; fate'  cf sattua
                                         sattu=ma-a     sattu=mo-i-ta/
sarvi  s  'horn'                                        sattu=m-i-a
   sarve-a       sarv-i-a               sattu=ma-na    sattu=mo-i-den/
   sarve-na      sarv-i-en                              tten/
   sarve-ksi     sarv-i-ksi                             sattu=m-i-en/
   sarve-en      sarv-i-in                              sattu=ma-0-in
                                         sattu=ma-ksi  sattu=mo-i-ksi/
sarv-i-sta  s-pl-El  'by the                            sattu=m-i-ksi
   horns'  sarvi                         sattu=ma-an   sattu=mo-i-hin/
                                                        sattu=m-i-in
sata  num [N/Ac]  '100'
   sata-a        sato-j-a             sattu=ma-lta  =s-Abl  'by
   sata-na       sato-j-en/              chance'  sattuma
```

sattu-nut v-2 partic sattua
  mitä pimeässä on käteen sattunut 'what one happened to find in the dark'
  hänelle oli sattunut hyvin järkevä mies kyytimieheksi 'he had by chance got a very sensible man as his driver'
  sellainen tapaus oli sattunut 'such an incidence had taken place'

satu s 'fairytale, wondertale, märchen'
  satu-a   satu-j-a
  satu-na   satu-j-en
  sadu-ksi   sadu-i-ksi
  satu-un   satu-i-hin

satula s 'saddle'
  satula-a   satulo-i-ta/
                  satulo-j-a
  satula-na   satulo-i-den/
                  tten/
                  satula-0-in/
                  satulo-j-en
  satula-ksi satulo-i-ksi
  satula-an   satulo-i-hin

satula-n s-Ac satula

sauma s 'seam'
  sauma-a   saumo-j-a
  sauma-na   saumo-j-en/
                sauma-0-in
  sauma-ksi   saumo-i-ksi
  sauma-an   saumo-i-hin

sauma-a s-P sauma

sauna s 'sauna, Finnish bath'
  sauna-a   sauno-j-a
  sauna-na   sauno-j-en/
                sauna-0-in
  sauna-ksi   sauno-i-ksi
  sauna-an   sauno-i-hin

sauna-han s-arch Il stand
  saunaan sauna

sauna-n s-Ac sauna

save-a s-P savi

savi s 'clay'
  save-a   sav-i-a
  save-na   sav-i-en
  save-ksi   sav-i-ksi
  save-en   sav-i-in

se pron dem 'it; that; coll: he, she'
  N/Ac se G/Ac se-n P si-tä Es si-nä T si-ksi In sii-nä El sii-tä Il sii-hen Ad si-llä Abl si-ltä Al si-lle´ Abe si-ttä Instr se-n
  pl: N/Ac ne P ni-i-tä G ni-i-d-en/tt-en T ni-i-ksi Il ni-i-hin
  se jolle se kuuluu 'he whom it belongs'

seika-n s-Ac seikka

seikka s 'matter'
  seikka-a   seikko-j-a
  seikka-na   seikko-j-en/
                 seikka-0-in
  seika-ksi   seiko-i-ksi
  seikka-an   seikko-i-hin

seilaa-0 v-sg3 seilata

seilat-a´ v coll-1 inf 'to sail'
  seilaa-n   seilas-i-n
  seilaa-0   seilas-i-0
  seilat-a-an seilat-t-i-in

seinä s 'wall'
  seinä-ä   sein-i-ä
  seinä-nä   sein-i-en/
                seinä-0-in
  seinä-ksi   sein-i-ksi
  seinä-än   sein-i-in

seinä-llä s-Ad 'on the wall' seinä

seinä-n s-G seinä

seinä-stä s-El 'from the wall' seinä

seinä-än s-Il 'onto the wall' seinä

seipää-n   s-G   seiväs

seis=ahd=el-la´   =v freq-1 inf
  'to stop, keep stopping'
  cf seisahtaa
  seis=aht=ele-n   seis=aht=el-i-n
  seis=aht=ele-e   seis=aht=el-i-0
  seis=ahd=el-   seis=ahd=el-t-
    la-an   i-in

seis=ahta-a´   =v mom-1 inf   'to
  stop [for a moment]'   cf
  seisoa
  seis=ahda-n   seis=ahd-i-n
  seis=ahta-a   seis=aht-i-0
  seis=ahde-ta-   seis=ahde-tt-i-
    an   in

seis=aht=el-i-0   =v-past-sg3
  seisahdella

seis=aht=u-a´   =v refl-1 inf
  'to stop'   cf seisoa
  seis=ahd=u-n   seis=ahd=u-i-n
  seis=aht=u-u   seis=aht=u-i-0
  seis=ahd=u-ta-   seis=ahd=u-tt-
    an   i-in

seis=aht=u-i-0   =v-past-sg3
  seisahtua

seis=a=u=tta-a´   =v caus-1 inf
  'to stop'   cf seisahtua
  seis=a=u=ta-n   seis=a=u=t-i-n
  seis=a=u=tta-a   seis=a=u=tt-i-0
  seis=a=u=te-   seis=a=u=te-tt-
    ta-an   i-in

seis=a=u=tt-i-0   =v-past-sg3
  seisauttaa

seiso-a´   v-1 inf   'to stand'
  [also: seistä]
  seiso-n   seiso-i-n
  seiso-o   seiso-i-0
  seiso-ta-an/   seiso-tt-i-in/
  seis-tä-än   seis-t-i-in
seiso-a´-kin   v-1 inf-*kin*
  seisoa

seiso-i-0   v-past-sg3   seisoa

seiso-minen   v-4 inf   seisoa
  senpä tiellä seisominen   'he
  may stand on the road'

seiso-o   v-sg3   seisoa

seiso=tta-a´   =v caus-1 inf
  'to halt, make stand'   cf
  seisoa
  seiso=ta-n   seiso=t-i-n
  seiso=tta-a   seiso=tt-i-0
  seiso=te-ta-   seiso=te-tt-i-
    an   in

seiso=tta-nee-t   =v-2 partic-
  pl   seisottaa

seiso=t=us   =s   'stopping'   cf
  seisottaa
  seiso=t=us-   seiso=t=uks-i-a
    ta
  seiso=t=   seiso=t=uks-i-
    ukse-na   en
  seiso=t=   seiso=t=uks-i-
    ukse-ksi   ksi
  seiso=t=   seiso=t=uks-i-
    ukse-en   in

seitsem-i-n   num-pl-Instr
  seitsemän

seitsemän   num   'seven'
  seitsemä-ä   seitsem-i-ä
  seitsemä-nä   seitsem-i-en
  seitsemä-ksi   seitsem-i-ksi
  seitsemä-än   seitsem-i-in

seitsemä=s   =num ord   'seventh'
  cf seitsemän
  seitsemä=t-   seitsemä=ns-i-ä
    tä
  seitsemä=   seitsemä=ns-i-
    nte-nä   en
  seitsemä=   seitsemä=ns-i-
    nne-ksi   ks-i
  seitsemä=   seitsemä=ns-i-
    nte-en   in

seiväs   s   'pole; stake, picket'
  seiväs-tä   seipä-i-tä
  seipää-nä   seipä-i-den/tten/
                    seiväs-t-en
  seipää-ksi   seipä-i-ksi
  seipää-seen   seipä-i-siin/hin

seka+   'mixed'

seka-han   adv-arch Il   stand
  sekaan   '[to be] among;

into the midst' seka+

se-kin pron dem-*kin* se

sekä con 'and'

sekä . . . että con 'both
. . . and'

sekä . . . jotta con poet
[caused by alliteration]
'both . . . and'

seli=tt-i-0 =v-sg3 selittää

sel=it=tä-ä´ =v fact-1 inf 'to
explain' cf selvitä
  sel=it=ä-n   sel=it=0-i-n
  sel=it=tä-ä   sel=it-t-i-0
  sel=it=e-tä-än sel=it=e-tt-i-in

selkä s 'back'
  selkä-ä   selk-i-ä
  selkä-nä   selk-i-en/
               selkä-0-in
  selä-ksi   selj-i-ksi
  selkä-än   selk-i-in
  meren selkä 'open sea, high
    seas'

selkä-hän s-arch I1 stand sel-
  kään selkä
  nousi selkähän orihin 'moun-
  ted the stallion'

selkä+naha-lla-an +s-Ad-poss3
  selkänahka

selkä+nahka +s 'skin of the
  back' selkä see nahka for
  decl

selkä-än s-I1 selkä

se-l+lai=nen [se-n+laji=nen]
  =a 'such' cf se laji
  se-l+lai=s-ta se-l+lai=s-i-a
  se-l+lai=se-na se-l+lai=s-t-
                   en/
                  se-l+lai=s-i-en
  se-l+lai=se-   se-l+lai=s-i-
    ksi   ksi
  se-l+lai=se-en se-l+lais=i-in

se-l+lai=se-n =a-G sellainen

selv=it-ä´ =v refl-1 inf 'to
  clear out' cf selvä
  selv=iä-n   selv=is-i-n
  selv=iä-ä   selv=is-i-0
  selv=it-ä-än selv=it-t-i-in

selvä a 'clear'
  selvä-ä   selv-i-ä
  selvä-nä   selv-i-en/
               selvä-0-in
  selvä-ksi   selv-i-ksi
  selvä-än   selv-i-in

selvä-llä a-Ad selvä

selvä=sti´ =adv 'clearly'
  cf selvä

selvä-t-0 a-pl-N selvä

selä-llä s-Ad selkä
  selvällä meren selällä poet
  'over the open ocean'

se-m+moinen [se-n+moinen] +a
  'such' cf se
  se-m+mois-ta se-m+mois-i-a
  se-m+moise- se-m+mois-t-en/
                  se-m+mois-i-en
  se-m+moise- se-m+mois-i-ksi
    ksi
  se-m+moise- se-m+mois-i-in
    en

se-n pron dem-Ac/G se
  sen jälkeen adv 'thereaf-
  ter, after that'

se-n-pä pron dem-G-*pä* se

sen-pä+tähden +adv 'there-
  fore'

sentään adv 'however'
  oi voi sentään 'goodness
  gracious'

seppä s 'smith, blacksmith'
  seppä-ä   sepp-i-ä
  seppä-nä   sepp-i-en/
               seppä-0-in

```
sepä-ksi         sep-i-ksi
seppä-än         sepp-i-in

seppä-nä  s-Es  seppä

seppä-ä   s-P   seppä

serkku    s    'cousin'
  serkku-a        serkku-j-a
  serkku-na       serkku-j-en
  serku-ksi       serkku-i-ksi
  serkku-un       serkku-i-hin
serkku-0-0-ni  s-pl-N-possl
  [serku-t-0  s-pl-N]  serkku

seula    s    'sieve'
  seula-a         seulo-j-a
  seula-na        seulo-j-en/
                  seula-0-in
  seula-ksi       seulo-i-ksi
  seula-an        seulo-i-hin

seula-n  s-G  seula

seulo-a´  v-1 inf  'to sift'
  cf seula
  seulo-n         seulo-i-n
  seulo-o         seulo-i-0
  seulo-ta-an     seulo-tt-i-in

seulo-tta-va  v-pass-1 partic
  'to be sifted'  seuloa

seulo-tta-va-n  v-pass-1 partic-
  G  seulottava

seura   s   'club, society; com-
  pany'
  seura-a         seuro-j-a
  seura-na        seuro-j-en/
                  seura-0-in
  seura-ksi       seuro-i-ksi
  seura-an        seuro-i-hin

seura=a-va  =v-1 partic  seura-
  ta

seura=a-va-an  =v-1 partic-Il
  seuraava

seura=a-va-lla  =v-1 partic-Ad
  seuraava
```

```
seura=a-va-na  =v-1 partic-Es
  seuraava
  seuraavana keväänä  'during
  the next spring'

seura-n  s-G  seura

seura=s-i-0  =v-past-sg3
  seurata

seura-ssa  postp-In with G
  [s-In]  'in the company'
  cf seura
  jonkun toisen henkilön
  seurassa  'with some other
  person'

seura=t-a´  =v fact-1 inf  'to
  follow'  cf seura
  seura=a-n       seura=s-i-n
  seura=a-0       seura=s-i-0
  seura=t-a-an  seura=t-t-i-in

-si  -poss sg2  'yours; your'

sia-n+kinkku  +s [N/Ac]  'ham'
  sika  see kinkku for decl

sia-n+kinku-sta  +s-El  sian-
  kinkku

sia-t-0  s-pl-N  sika

siell'  adv  stand siella

siellä  adv  [Ad]  'there'
  cf se

sieltä  adv  [Abl]  'from
  there'  cf se

sielu  s [N/Ac]  'soul'
  sielu-a         sielu-j-a
  sielu-na        sielu-j-en
  sielu-ksi       sielu-i-ksi
  sielu-un        sielu-i-hin

sielu-j-a  s-pl-P  sielu

sielu-j-en  s-pl-G  sielu

siem=ais-i-0  =v-past-sg3
  siemaista
```

siem=ais-ta´ =v mom-1 inf 'to gulp down; swallow'
  siem=aise-n   siem=ais-i-n
  siem=aise-e   siem=ais-i-0
  siem=ais-ta-an siem=ais-t-i-in

siemen s 'seed'
  sieme-tä   siemen-i-ä
  siemene-nä   siemen-i-en/
                  siemen-t-en
  siemene-ksi   siemen-i-ksi
  siemene-en   siemen-i-in

Sievi s place name
                [pl not used]
  Sievi-ä   ------
  Sievi-nä   ------
  Sievi-ksi   ------
  Sievi-in   ------

Sievi-ssä s-In 'at Sievi' Sievi

Sievi-stä s-El Sievi

sievä a 'pretty'
  sievä-ä   siev-i-ä
  sievä-nä   siev-i-en/
                sievä-0-in
  sievä-ksi   siev-i-ksi
  sievä-än   siev-i-in

sievä-än -adv [a-Il] 'fast' cf sievä

sii-hen pron dem-Il 'to that point; to it; for it' se
  tyytyi siihen 'contended himself with it'

sii-nä pron dem-In 'there' se
  siinä kymmenkunta 'ten or thereabouts'

sii-nä-hän dem pron-In-*hän* 'exactly there' se

sii-nä-pä pron dem-In-*pä* 'exactly there; that's where'

siipe-0-si s-Ac-poss2 [siipi-0 s-Ac] siipi

siipi s 'wing'
  siipe-ä   siip-i-ä
  siipe-nä   siip-i-en
  siive-ksi   siiv-i-ksi
  siipe-en   siip-i-in

siirr=y-´ =v-imper sg2 'move yourself' siirtyä

siirt=y-minen =v-4 infN 'moving' siirtyä
  sen on tieltä siirtyminen 'he has to move away from the road'

siirt=y-ä´ =v refl-1 inf 'to move [oneself]' cf siirtää
  siirr=y-n   siirr=y-i-n
  siirt=y-y   siirt=y-i-0
  siirr=y-tä-än siirr=y-tt-i-in

siirtä-ä´ v trans-1 inf 'to move [something]'
  siirrä-n   siirs-i-n
  siirtä-ä   siirs-i-0
  siirre-tä-än siirre-tt-i-in

siis con 'thus'

sii-tä pron dem-Abl 'from that; by that; of it; about it' se

siive-ssä-si s-In-poss2 siipi

siive=ttömä-n =a-Ac siivetön

siive=tön =a 'wingless' cf siipi
  siive=tön-tä siive=ttöm-i-ä
  siive=ttömä-nä siive=tön-t-en/
                   siive=ttöm-i-en
  siive-ttömä-ksi siive=ttöm-i-ksi
  siive-ttömä-än siive=ttöm-i-in

siive=tön-nä =a arch cons stem-Es stand siivettömänä siivetön

sija s 'space, room, place, position; bed; seat'

```
sija-a         sijo-j-a
sija-na        sijo-j-en/
               sija-0-in
sija-ksi       sijo-i-ksi
sija-an        sijo-i-hin

sija'a [sic]/sija-a  s-P  sija

sija-lle-si  s-Al-poss2  sija

sika  s[N/Ac]  'hog, pig; swine'
  sika-a       siko-j-a
  sika-na      siko-j-en/
               sika-0-in
  sia-ksi      sio-i-ksi
  sika-an      siko-i-hin

sike-impä-än-kin  a superl-Il-
  kin  sikein

sike-in  a-superl  sikeä

sikeä  a  '[of sleep:] sound,
  deep'
  sikeä-ä       sike-i-tä
  sikeä-nä      sike-i-den/
                tten
  sikeä-ksi     sike-i-ksi
  sikeä-än      sike-i-hin

sikeä=sti  =adv '[of sleep]deeply,
  soundly'  cf sikeä

si-ksi  adv-T [pron dem-T]
  'therefore'  cf se

silakka  s  'Baltic herring'
  silakka-a     silako-i-ta/
                silakko-j-a
  silakka-na    silako-i-den/
                tten/
                silakko-j-en/
                silakka-0-in
  silaka-ksi    silako-i-ksi
  silakka-an    silakko-i-hin

silakka-a  s-P  silakka

silla-ksi  s-T  'to form a
  bridge'  silta

silla-lle´  s-Al  silta

silla-n  s-G  silta

si-lle´  dem pron-Al  se

si=lloin  =adv  'then'  cf
  se

si-llä  pron dem-Ad  'with it'
  se
  sillä aikaa  'in the meantime'
  sillä kertaa  'at that time'
  ei sillä tehnyt mitään  'it/
  she was good for nothing'

sillä  con  'for; since; be-
  cause'

silm-i-in  s-pl-Il  silmä

silm-i-n  s-pl-Instr  silmä

silm-i-stä  s-pl-El  silmä

silm-i-ä  s-pl-P  silmä

silmä  s  'eye'
  silmä-ä       silm-i-ä
  silmä-nä      silm-i-en/
                silmä-0-in
  silmä-ksi     silm-i-ksi
  silmä-än      silm-i-in

silmä-llä  s-Ad  silmä
  piti silmällä  'watched'

silmä-0-0-nsä s-pl-Ac-poss3
  [silmä-t-0   s-pl-Ac]
  silmä

silmä-stä  s-El  silmä

silmä-än  s-Il  silmä

silta  s  'bridge'
  silta-a       silto-j-a
  silta-na      silto-j-en/
                silta-0-in
  silla-ksi     sillo-i-ksi
  silta-an      silto-i-hin

sima  s  '[here:] honey;
  mead; [pl:] bottles, con-
  tainers of mead'
  sima-a        simo-j-a
  sima-na       simo-j-en/
                sima-0-in
```

sima-ksi   simo-i-ksi
sima-an   simo-i-hin

sima-han   s-arch Il   stand
    simaan   sima

simo-a   s poet stem -P stand
    simaa   sima

sin'   pron pers   sg2 poet
    stand   sinä

sini   s   'blue color'

　　sine-ä   sin-i-ä
　　sine-nä   sin-i-en
　　sine-ksi   sin-i-ksi
　　sine-en   sin-i-in

sini+sukka +a 'with blue socks'
    sini   see sukka for decl

si=nne´ =adv 'there; into that
    direction' cf se
    *kun sinne kaikki isännekin
    ovat kuolleet* 'since all
    your ancestors have died
    there'

sinu-lla   pron pers   sg2-Ad
    sinä

sinu-n   pron pers   sg2-G   sinä

sinu-t   pron pers   sg2-Ac   sinä

sinä   pron pers   sg2   'you [fami-
    liar], thou' [Ac sinut]
    sinu-a
    sinu-na   pl see te
    sinu-ksi
    sinu-un

si-nä   pron dem-Es   se

sirku=tta-a´ =v-1 inf 'to
    chirp'
    sirku=ta-n   sirku=t-i-n
    sirku=tta-a   sirku=tt-i-0
    sirku=te-ta-an   sirku=te-tt-i-
                         in

sirku=tt-i-0 =v-past-sg3 sir-
    kuttaa

sisar   s   'sister'
    sisar-ta   sisar-i-a
    sisare-na   sisar-t-en/
                      sisar-i-en
    sisare-ksi   sisar-i-ksi
    sisare-en   sisar-i-in

sisare-n   s-Ac   sisar

sisä+   'inner'

sisä+huone´   +s   'inner room'
    sisä   see huone for decl

sisä+huonee-ssa +s-In 'in
    an/the inner room' sisä-
    huone

sisä-lle´ adv-Al '[to] in-
    doors' sisä+

sisä-ssä postp-In with G
    'within, in' sisä+

si=ten =adv 'thus' cf se

sitii   nonce word [used as a
    criterion of the superna-
    tural]

sito-a´ v-1 inf 'to bind,
    tie'
    sido-n   sido-i-n
    sito-o   sito-i-0
    sido-ta-an   sido-tt-i-in

sito-i-0   v-past-sg3   sitoa

si=tte=mmin   =adv 'subsequent-
    ly; afterwards; later on'
    cf sitten

si=tten   =adv   'then'   cf se

si=tten-kin =adv 'however,
    anyhow, nevertheless' cf
    sitten

si-tä   pron dem-P   se

si-tä-kin   pron dem-P-*kin*   se

siunas-i-0   v-past-sg3   siunata

269

siunat-a´ v-1 inf 'to bless;
    give a blessing'
  siunaa-n   siunas-i-n
  siunaa-0   siunas-i-0
  siunat-a-an   siunat-t-i-in

siuvo=t=el-la´ =v cont-1 inf
    poet 'to glide'
  siuvo=tt=ele-n   siuvo=tt=el-i-n
  siuvo=tt=ele-e   siuvo=tt=el-i-0
  siuvo=t=el-la-   siuvo=t=el-t-
    an   i-in

siuvo=tt=ele-´ =v-imper sg2
    siuvotella

siuvo=tt=el-i-0 =v-past-sg3
    siuvotella

sivu s 'side; page'
  sivu-a   sivu-j-a
  sivu-na   sivu-j-en
  sivu-ksi   sivu-i-ksi
  sivu-un   sivu-i-hin

sivu-i-0 v poet stem-past-sg3
    stand sivusi sivuta

sivu=t-a´ =v fact-1 inf 'to
    touch lightly; be tangent
    to' cf sivu
  sivu=a-n   sivu=s-i-n
  sivu=a-a   sivu=s-i-0
  sivu=ta-an   sivu=t-t-i-in

soda-n s-G sota

soima s 'blame'
                [pl not used]
  soima-a   ------
  soima-na   ------
  soima-ksi   ------
  soima-an   ------

soima=a-0 =v-sg3 soimata

soima=t-a´ =v inst-1 inf 'to
    blame' cf soima
  soima=a-n   soima=s-i-n
  soima=a-0   soima=s-i-0
  soima=t-a-an   soima=t-t-i-in

sokea a 'blind; s 'blind
    person'

  sokea-a   soke-i-ta
  sokea-na   soke-i-den/
                tten/
              sokea-0-in
  sokea-ksi   soke-i-ksi
  sokea-an   soke-i-hin

sokea-kin sN-*kin* 'also a
    blind man' sokea

sokea-n a-Ac sokea

soma a 'pretty, cozy'
  soma-a   som-i-a
  soma-na   som-i-en/
              soma-0-in
  soma-ksi   som-i-ksi
  soma-an   som-i-in

somero s 'gravel'
  somero-a   somero-j-a/
              somero-i-ta
  somero-na   somero-j-en/
              somero-i-den/
              tten
  somero-ksi somero-i-ksi
  somero-on   somero-i-hin

Somero s place name see
    somero for decl

Somero-lla s-Ad 'at Somero'
    Somero

Somero-lle´ s-Al 'to Somero'
    Somero

somero-t-0 s-pl-N somero

som=ista-a´ =v fact-1 inf
    'to decorate' cf soma
  som=ista-n   som=ist-i-n
  som=ista-a   som=ist-i-0
  som=iste-ta-   som=iste-tt-i-
    an   in

som=ista-nut =v-2 partic
    somistaa

sonni s 'bull; ox'
  sonni-a   sonne-j-a
  sonni-na   sonni-0-en
  sonni-ksi   sonne-i-ksi
  sonni-in   sonne-i-hin

```
sonta    s  'dung'                      soria    a dial stand sorea,
   sonta-a        sont-i-a                 sorja 'graceful; fair;
   sonta-na       sont-i-en/                slender'
                  sonta-0-in
   sonna-ksi      sonn-i-ksi            sorja    a  'graceful; fair;
   sonta-an       sont-i-in                slender'

   sont=i-a´ =v inst-1 inf 'to          sorme-lla-an  s-Ad-poss3
      defecate [used of animals]'          'with his finger' sormi
      cf sonta
   ------          ------               sorme-lla-nsa  s-Ad-poss3
      sont=i-i    sont=0-i-0               sormi
   ------          ------
                                        sorme-0-nsa   s-Ac-poss3
sont=i=ainen  =s  'dung beetle'            [sorme-n   s-Ac]   sormi
   cf sontia
   sont=i=ais-ta  sont=i=ais-i-a        sorme-sta-nsa  s-El-poss3
   sont=i=aise-na sont=i=ais-t-            sormi
                     en/
                  sont=i=ais-i-en       sorme-t-0   s-pl-N   sormi
   sont=i=aise-   sont=i=ais-i-
       ksi           ksi                sormi   s  'finger'
   sont=i=aise-en sont=i=ais-i-in          sorme-a        sorm-i-a
                                           sorme-na       sorm-i-en
sop-i-0   v-past-sg3   sopia              sorme-ksi      sorm-i-ksi
   sopi viimeinkin kulkemaan              sorme-en       sorm-i-in
      'at last had enough room to
      pass'                             sorm=us   =s   'ring'  cf
                                           sormi
sopi-a´  v-1 inf   'to suit, fit;         sorm=us-ta     sorm=uks-i-a
   agree'                                 sorm=ukse-na   sorm=uks-i-en/
   sovi-n         sov-i-n                                sorm=us-t-en
   sopi-i         sop-i-0                 sorm=ukse-     sorm=uks-i-
   sovi-ta-an     sovi-tt-i-in               ksi            ksi
                                           sorm=ukse-en  sorm=uks-i-in
sop-i-0-kin  v-past-sg3-kin   sopia
                                        sorra-´  v-imper sg2   sortaa
sopi-nut  v-2 partic   sopia
                                        sorr=u=t=el-la´  =v cont/freq
soppaa   nonce word [caused by             poet-1 inf  stand sortaa
   alliteration and rhyming                '[here:]to fell' cf sorruttaa
   as in 'soutaa soppaa, airot-            sorr=u=tt=     sorr=u=tt=el-
   kin noppaa']                               ele-n          i-n
                                           sorr=u=tt=     sorr=u=tt=el-
sorea  a  'graceful; fair;                    el-e-e         i-0
   slender'                                sorr=u=t=el-   sorr=u=t=el-
   sorea-a        sore-i-ta                  la-an          t-i-in
   sorea-na       sore-i-den/
                     tten/                sorr=u=tta-a´  =v caus-1 inf
                  sorea-0-in                 poet  'to cause collapsing'
   sorea-ksi      sore-i-ksi                 cf sortua
   sorea-an       sore-i-hin                 sorr=u=ta-n    sorr=u=t-i-n
                                             sorr=u=tta-a   sorr=u=tt-i-0
sorea-n   s-Ac   sorea                      sorr=u=te-     sorr=u=te-tt-
                                                ta-an           i-in
```

sorsa s 'wild duck; *anas*'
  sorsa-a   sors-i-a
  sorsa-na   sors-i-en/
                    sorsa-0-in
  sorsa-ksi   sors-i-ksi
  sorsa-an   sors-i-in

sorsa-ksi s-T sorsa

sorsa-n+poika +s 'duckling'
  sorsa see poika for decl

sorta-a´ v-1 inf 'to trample; oppress'
  sorra-n   sorr-i-n
  sorta-a   sort-i-0
  sorre-ta-an   sorre-tt-i-in

sort=u-a´ =v refl-1 inf 'to collapse' cf sortaa
  sorr=u-n   sorr=u-i-n
  sort=u-u   sort=u-i-0
  sorr=u-ta-an sorr=u-tt-i-in

sota s 'war'
  sota-a   sot-i-a
  sota-na   sot-i-en/
                   sota-0-in
  soda-ksi   sod-i-ksi
  sota-an   sot-i-in

sota+joukko +s 'army' sota see joukko for decl

sota+joukko-j-en +s-pl-G sota-joukko

sota+miehe-lle´ +s-Al sotamies

sota+mies +s 'soldier; private' sota see mies for decl

sota+väke-ä +s-P sotaväki

sota+väki +s 'troops; army' sota see väki for decl

sot-i-a s-pl-P sota

sot=i-a´ =v-1 inf 'to make war, fight' cf sota
  sod=i-n   sod=0-i-n
  sot=i-i   sot=0-i-0
  sod=i-ta-an sod=i-tt-i-in

sot=i=las =s 'soldier' cf sotia
  sot=i=las-ta   sot=i=la-i-ta
  sot=i=laa-na   sot=i=la-i-den/tten/
                        sot=i=las-t-en
  sot=i=laa-ksi   sot=i=la-i-ksi
  sot=i=laa-seen sot=i=la-i-siin/hin

sot=i=las+laul=u =s 'military song' sotilas see laulu for decl

sot=i=las+leiri +s 'military camp' sotilas see leiri for decl

sot=i=las+leiri-llä +s-Ad sotilasleiri

sot=i=las+lähe=tt=i =s '[military] orderly' sotilas see lähetti for decl

soti=las+lääk=äri =s 'army physician' sotilas see lääkäri for decl

sot=i=las+manööveri-t-0 +s arch-pl-N sotilas see pl of manööveri for decl

sotka s 'scamp duck; redhead; *fuligula trangula*'
  sotka-a   sotk-i-a
  sotka-na   sotk-i-en/
                    sotka-0-in
  sotka-ksi   sotk-i-ksi
  sotka-an   sotk-i-in

sotke-a´ v-1 inf 'to mix, blend, mingle; mess'
  sotke-n   sotk-i-n
  sotke-e   sotk-i-0
  sotke-ta-an   sotke-tt-i-in

sotke-tt-u´ v-pass-2 partic 'mixed' sotkea

soud=u-lta =s-Abl 'as far as rowing is concerned' soutu *soudulta kepeä* 'light to row' souta-a   v-sg3   soutaa

souta-a´   v-1 inf   'to row'
  souda-n   soud-i-n/
                     sous-i-n
  souta-a   sous-i-0/
                     sout-i-0
  soude-ta-an   soude-tt-i-in

souta=ja   =s   'rower, oarsman'
  cf soutaa
  souta=ja-a   souta=j-i-a
  souta=ja-na   souta=j-i-en/
                     souta=ja-0-in
  souta=ja-ksi   souta=j-i-ksi
  souta=ja-an   souta=j-i-in

sout=u   =s   'rowing'   cf soutaa
  sout=u-a   sout=u-j-a
  sout=u-na   sout=u-j-en
  soud=u-ksi   soud=u-i-ksi
  sout=u-un   sout=u-i-hin

su-a   pron pers coll stem-P
  stand   sinua   sinä

sude-n   s-G   susi

suikat-a´   v-1 inf   here: *suika-ta suuta*   'to kiss'
  suikkaa-n   suikkas-i-n
  suikkaa-0   suikkas-i-0
  suikat-a-an   suikat-t-i-in

suikkaja-isi-n   v arch stem-cond-sg1   stand suikkaisin suikata
  sille suuta suikkajaisin   'I would kiss him'

su-i-n   s-pl-Instr   'with his mouth'   suu
  suistui suin lumehen   poet   'fell, collapsed in the snow'

su-i-n-kaan   -adv   [s-pl-Instr-*kaan*]   'by any means'   cf suu

suista-a´   v-1 inf   'to hurl down'
  suista-n   suist-i-n
  suista-a   suist-i-0
  suiste-ta-an   suiste-tt-i-in

suist=u-a´   =v refl-1 inf   'to tumble down'   cf suistaa
  suist=u-n   suist=u-i-n
  suist=u-u   suist=u-i-0
  suist=u-ta-an   suist=u-tt-i-in

suist=u-i-0   =v-past-sg3   suistua

suka   s   'brush'
  suka-a   suk-i-a
  suka-na   suk-i-en/
                     suka-0-in
  sua-ksi   su-i-ksi
  suka-an   suk-i-in

suka-t-0   s-pl-N/Ac   'pair of stockings/socks'   sukka

sukels-i-0   v-past-sg3   sukeltaa

sukelta-a´   v-1 inf   'to dive'
  sukella-n   sukels-i-n
  sukelta-a   sukels-i-0
  sukelle-ta-an   sukelle-tt-i-in

sukelta-e-ssa   v-2 inf-In   'while diving'   sukeltaa

sukelta-vat   v-pl3   sukeltaa

suk=i-a´   =v inst-1 inf   'to brush'   cf suka
  su=i-n   su=0-i-n
  suk=i-i   suk=0-i-0
  su=i-ta-an   su=it-t-i-in

suk=i-en   =v-2 inf-Instr   'brushing; tidying'   cf sukia
  suun sukien   'tidying her mouth'

sukka   s   'stocking; sock'
  sukka-a   sukk-i-a
  sukka-na   sukk-i-en/
                     sukka-0-in
  suka-ksi   suk-i-ksi
  sukka-an   sukk-i-in

suku   s   'kin group; extended family'
  suku-a   suku-j-a

```
suku-na         suku-j-en          sulka-a         sulk-i-a
suvu-ksi        suvu-i-ksi         sulka-na        sulk-i-en/
suku-un         suku-i-hin                         sulka-0-in
                                   sula-ksi        sul-i-ksi
sula-a´ v   refl -1 inf  'to       sulka-an        sulk-i-in
   melt'
   sula-n          sul-i-n         sulke-a´ v-1 inf 'to shut'
   sula-a          sul-i-0            sulje-n         sulj-i-n
   sule-ta-an      sule-tt-i-in       sulke-e         sulk-i-0
                                      sulje-ta-an     sulje-tt-i-in
sula-isi-0 v-cond-sg3  sulaa
                                   sulke-ma-an  v-3 inf-I1
sula=ta-´ =v-imper sg2  sulat-        sulkea
   taa
                                   sulki=ja  =s  'one who closes'
sula=tta-a´ =v caus-1 inf  'to        cf sulkea
   melt'  cf sulaa                    sulki=ja-a      sulki=jo-i-ta
   sula=ta-n       sula=t-i-n         sulki=ja-na     sulki=jo-i-den/
   sula=tta-a      sula=tt-i-0                          tten/
   sula=te-ta-an   sula=te-tt-i-in                     sulki=ja-0-in
                                      sulki=ja-ksi    sulki=jo-i-ksi
sula=tta-nut  =v-2 partic             sulki=ja-an     sulki=jo-i-hin
   sulattaa
                                   su-lle´ pron pers sg2-Al
sulha=nen  =s  'bridegroom'           stand sinulle  sinä
   sulha=s-ta      sulha=s-i-a
   sulha=se-na     sulha=s-t-en/   sulo  s  'grace, charm'
                   sulha=s-i-en       sulo-a          sulo-j-a
   sulha=se-ksi    sulha=s-i-ksi      sulo-na         sulo-j-en
   sulha=se-en     sulha=s-i-in       sulo-ksi        sulo-i-ksi
                                      sulo-on         sulo-i-hin
sulha=se-lle´ =s-Al  sulhanen
                                   sulo+sana=inen  =a  'one with
sulha=se-n  =s-G  sulhanen            sweet words'  sulo  see
                                      sanainen for decl
sulha=se-t-0  =s-pl-N/Ac  sul-
   hanen                           sulo+sana=is-ta  =a-P  sulo-
                                      sanainen
sulha=s-i-a  =s-pl-P  sulhanen
   sulhasia tuli  'there were     su-n  pron pers coll stem-G
   suitors coming; some suitors      stand sinun  sinä
   came; a suitor came'
                                   su-n  pron pers coll stem-Ac
sulh=o  =s  poet  'bridegroom'        stand sinut  sinä
   cf sulhanen
   sulh=o-a        sulh=o-j-a      suo  s  'swamp'
   sulh=o-na       sulh=o-j-en        suo-ta          so-i-ta
   sulh=o-ksi      sulh=o-i-ksi       suo-na          so-i-den/tten
   sulh=o-on       sulh=o-i-hin       suo-ksi         so-i-ksi
                                      suo-hon         so-i-hin
sulh=o-a  =s-P  sulho
                                   suo-da´ v-1 inf  'to grant,
sul-i-0  v-past-sg3  sulaa            allow'
                                      suo-n           so-i-n
sulka  s  'feather; pencil, pen'      suo-0           so-i-0
                                      suo-da-an       suo-t-i-in
```

suo-hon   s-Il   'into the swamp'
    suo

suoja   s   'shelter'
  suoja-a   suo-j-i-a
  suoja-na   suoj-i-en/
                  suoja-0-in
  suoja-ksi   suoj-i-ksi
  suoja-an   suoj-i-in

suoja-n   s-Ac   suoja

suola   s   'salt; grain of salt'
  suola-a   suolo-j-a
  suola-na   suolo-j-en/
                  suola-0-in
  suola-ksi   suolo-i-ksi
  suola-an   suolo-i-hin

suola-ksi   s-T   suola
  kivet suolaksi sulata   'melt
    the rocks to become salt'

suoli   s   'intestine; bowel;
    gut'
  suol-ta   suol-i-a
  suole-na   suol-i-en/
                  suol-t-en
  suole-ksi   suol-i-ksi
  suole-en   suol-i-in

suoli+vyö   +s   poet   'waist'
  suoli   see vyö for decl

suoli+vyö-stä   +s-El   poet 'up
  to his waist'   suolivyö

suoma=lainen   =a   'Finnish'; =s
  'Finn'   cf suomi
  suoma=lais-ta   suoma=lais-i-a
  suoma=laise-na   suoma=lais-t-
                     en/
                   suoma=lais-i-en
  suoma=laise-   suoma=lais-i-
    ksi   ksi
  suoma=laise-   suoma=lais-i-
    en   in

suoma=laise-n   =a-G   suomalainen

suoma=lais-ta   =a-P   suomalainen

suoma=lais-t-en   =s-pl-G   suoma-
  lainen

Suome-n   s-G   'Finnish; of
  Finland'   Suomi
  Suomen sotaväki   'Finnish
    army'

Suome-n+maa   +s   place name
  'Finland'   Suomi see maa
  for decl

Suome-n+maa-ssa   +s-In   'in
  Finland'   Suomenmaa

Suome-ssa   s-In   'in Finland'
  Suomi

Suomi   s   'Finland'
                   [pl not used]
  Suome-a   ------
  Suome-na   ------
  Suome-ksi   ------
  Suome-en   ------

suomi   s rare   'Finnish person'

suora   a   'straight, direct'
  suora-a   suor-i-a
  suora-na   suor-i-en/
                   suora-0-in
  suora-ksi   suor-i-ksi
  suora-an   suor-i-in

suora-n   a-Ac   suora

suor=uus   =s   'directness;
  straightness'   cf suora
  suor=uut-ta   suor=uuks-i-a
  suor=uute-na   suor=uuks-i-en
  suor=uude-   suor=uuks-i-
    ksi   ksi
  suor=uute-en   suor=uuks-i-in

suor=uut-ta   =s-P   suoruus

suo-sta   s-El   suo

suo-ta   s-P   suo
  suota myöten   'along the
    swamp'

suotta   adv   'without reason'

suotta-kin   -adv   'to be sure;
  anyway'   suotta

suo-t-u⁀ v-pass-2 partic suoda

surma s 'death'
  surma-a   surm-i-a
  surma-na   surm-i-en/
                    surma-0-in
  surma-ksi   surm-i-ksi
  surma-an   surm-i-in

Surma s '[personified] Death'
  see surma for decl

suru s 'sorrow, distress'
  suru-a   suru-j-a
  suru-na   suru-j-en
  suru-ksi   suru-i-ksi
  suru-un   suru-i-hin

suru-n s-G suru
  voi surun aikoja näitä 'alas, these sad times'

susi s 'wolf'
  sut-ta   sus-i-a
  sute-na   sus-i-en
  sude-ksi   sus-i-ksi
  sute-en   sus-i-in

suu s 'mouth'
  suu-ta   su-i-ta
  suu-na   su-i-den/tten
  suu-ksi   su-i-ksi
  suu-hun   su-i-hin

suu-hun s-Il suu

suu-lle⁀ s-Al suu

suu-n s-Ac/G suu

suu-na s-Es suu

suu+piele-e-nsä +s-Il-poss3
  [suu+piele-en +s-Il] suu-pieli
  varasti suupieleensä 'stole in his mouth'

suu+pieli +s 'the corner of the mouth' suu see pieli for decl

suu+piel-i-in +s-pl-Il suu-pieli

suu+piel-i-stä +s-pl-El suupieli

suure-hen a-arch Il stand
  suureen suuri

suure-mma-lla a-comp-Ad
  suurempi

suure-mpi a-comp 'greater; bigger' cf suuri
  suure-mpa-a   suure-mp-i-a
  suure-mpa-na suure-mp-i-en/
                      suure-mpa-0-in
  suure-mma-   suure-mm-i-
    ksi   ksi
  suure-mpa-an suure-mp-i-in

suure-n a-Ac/G suuri

suure-t-0 s-pl-N/Ac suuri

suuri a 'big; great'
  suur-ta   suur-i-a
  suure-na   suur-t-en/
                  suur-i-en
  suure-ksi   suur-i-ksi
  suure-en   suur-i-in

suur-i-ssa a-pl-In suuri

suur-ta a-P suuri

suurukse-lle⁀ s-Al suurus

suurus s rare 'breakfast; meal; thickening of a sauce'
  suurus-ta   suuruks-i-a
  suurukse-na   suurus-t-en/
                      suuruks-i-en
  suurukse-ksi suuruks-i-ksi
  suurukse-en suuruks-i-in

suu-ssa s-In suu

suu-sta s-El 'from the mouth' suu

suu-ta s-P suu

suu=ton =a 'mouthless' cf suu

```
suu=ton-ta      suu=ttom-i-a
suu=ttoma-na    suu=ttom-i-en/
                suu=ton-t-en/
                suu=ttoma-0-in
suu=ttoma-ksi   suu=ttom-i-ksi
suu=ttoma-an    suu=ttom-i-in
```

suu=ton-na =a arch cons stem-Es stand suuttomana suuton

suuttu-a´ v-1 inf 'to become angry; [with Il with a person]
```
suutu-n         suutu-i-n
suuttu-u        suuttu-i-0
suutu-ta-an     suuttu-tt-i-in
```

suuttu-i-0 v-past-sg3 suuttua
mies viimein suuttui akkaansa
'finally the man got fed up with his wife'

suve-hen s-arch Il stand suveen '[poet:] towards the south, southwards' suvi

suvi s dial/poet 'summer; [here:] south'
```
suve-a          suv-i-a
suve-na         suv-i-en
suve-ksi        suv-i-ksi
suve-en         suv-i-in
```

suvu-kse-ni s-T-poss1 'to be my kinsman' suku

suvu-ssa s-In 'in the [extended] family' suku

sydäme-stä s-El 'whole-heartedly' sydän

sydän s 'heart'
```
sydän-tä        sydäm-i-ä
sydäme-nä       sydän-t-en/
[pronounce:     sydäm-i-en
 -mm-]
sydäme-ksi      sydäm-i-ksi
sydäme-en       sydäm-i-in
```

sydän-tä s-P sydän

syksy s 'fall, autumn'
```
syksy-ä         syksy-j-ä
syksy-nä        syksy-j-en
syksy-ksi       syksy-i-ksi
syksy-yn        syksy-i-hin
```

syksy-nä s-Es syksy

syle-n s-G syli

syli s 'fathom'
```
syl-tä          syl-i-ä
syle-nä         syl-i-en
syle-ksi        syl-i-ksi
syle-en         syl-i-in
```

synt=inen =a 'sinful'; =s 'sinner' cf synti
```
synt=is-tä      synt=is-i-ä
synt=ise-nä     synt=is-t-en/
                synt=is-i-en
synt=ise-ksi    synt=is-i-ksi
synt=ise-en     synt=is-i-in
```

synt=is-tä =a-P syntinen

synty s 'birth; origin'
```
synty-ä         synty-j-ä
synty-nä        synty-j-en
synny-ksi       synny-i-ksi
synty-yn        synty-i-hin
```

synty-i-0 s-past-sg3 syntyä

synty-nee-lle´ v-2 partic-Al syntynyt

synty-nyt v-2 partic syntyä

synty-y v-sg3 syntyä

synty-ä´ v refl-1 inf 'to be born; issue; ensue'
```
synny-n         synny-i-n
synty-y         synty-i-0
synny-tä-än     synny-tt-i-in
```

sysi s 'charcoal'
```
syt-tä          sys-i-ä
syte-nä         sys-i-en/
                syt-t-en
syde-ksi        sys-i-ksi
syte-en         sys-i-in
```

sysi+hauta +s 'charcoal pit' sysi see hauta for decl

sysi+hauta-a +s-P sysihauta

sysäs-i-0 v-past-sg3 sysätä

sysät-ä´ v-1 inf 'to thrust'
  sysää-n   sysäs-i-n
  sysää-0   sysäs-i-0
  sysät-ä-än   sysät-t-i-in

syvä a 'deep; profound'
  syvä-ä   syv-i-ä
  syvä-nä   syv-i-en/
                  syvä-0-in
  syvä-ksi   syv-i-ksi
  syvä-än   syv-i-in

syvä-hän a-arch I1 stand syvään syvä
  syvähän sukeltaessa 'when diving deep'

syvä-ksi a-T syvä

syö-0 v-sg3 syödä

syö-´ v-neg syödä

syöd-e-ssä v-2 inf-In 'while eating' syödä

syö-dä´ v-1 inf 'to eat'
  syö-n   sö-i-n
  syö-0   sö-i-0
  syö-dä-än   syö-t-i-in

syö-dä-´-kään v-pass-neg-*kään* syödä

syöks=y-vi =v-arch sg3 stand syöksyy syöksyä

syöks=y-ä´ =v refl-1 inf 'to rush; throw oneself' cf syöstä
  syöks=y-n   syöks=y-i-n
  syöks=y-y   syöks=y-i-0
  syöks=y-tä-än syöks=y-tt-i-in

syö-mis-tä-än v-4 inf-P-poss3 syödä
  syö syömistään figura etymologica 'eats endlessly'

syö-mä-än v-3 inf-I1 syödä

ruveta syömään 'to start eating'
tulkaa syömään 'come to eat [please]'

syö-pi v-arch sg3 stand syö syödä

syös-tä´ v-1 inf 'to hurl, thrust'
  syökse-n   syöks-i-n
  syökse-e   syöks-i-0
  syös-tä-än   syös-t-i-in

syö-t-kö v-sg2-inter syödä

syö=tt-i-0 =v-past-sg3 syöttää

syö=ttä-nee-t =v-2 partic-pl syöttää

syö=ttä-ä´ =v caus-1 inf 'to feed' cf syödä
  syö=tä-n   syö=t-i-n
  syö=ttä-ä   syö=tt-i-0
  syö=te-tä-än syö=te-tt-i-in

syö-t-y´ v-pass-2 partic 'eaten' syödä

syö=tä-´ =v-imper sg2 syöttää

syö-v-i-nä-mme v-1 partic-pl-Es-poss pl 1] syödä
  ollaan syövinämme 'let us pretend to eat'

sä pers pron coll stand sinä 'you; thou'

särje-lle´ s-Al särki

särje-n s-Ac särki

särke-ä´ v-1 inf 'to break; ache'
  särje-n   särj-i-n
  särke-e   särk-i-0
  särje-tä-än   särje-tt-i-in

särki s 'dace fish, *leuciscus rutilus*'

```
särke-ä         särk-i-ä                läis-tä        läis-i-ä
särke-nä        särk-i-en               sääminki=      sääminki=
särje-ksi       särj-i-ksi                läise-nä       läis-t-en/
särke-en        särk-i-in                              sääminki=
                                                         läis-i-en
särk=y  =s  'ache'  cf särkeä           sääminki=      sääminki=
  särk=y-ä        särk=y-j-ä              läise-ksi     läis-i-ksi
  särk=y-nä       särk=y-j-en           sääminki=      sääminki=
  sär=y-ksi       sär=y-i-ksi             läise-en      läis-i-in
  särk=y-yn       särk=y-i-hin
                                        sääminki=läis-i-ä =s-pl-P
Säämingi-ssä  s-In Sääminki               sääminkiläinen

Säämingi-stä  s-El 'from Sääm-          sääri  s  'leg'
  inki'  Sääminki                         säär-tä        säär-i-ä
                                          sääre-nä       säär-i-en/
Sääminki  s  place name                                    säär-t-en
          [pl not used]                   sääre-ksi      säär-i-ksi
  Sääminki-ä      ------                  sääre-en       säär-i-in
  Sääminki-nä     ------
  Säämingi-ksi    ------                sö-i-0  v-past-sg3  syödä
  Sääminki-in     ------
                                        sö-isi-0  v-cond-sg3  syödä
sääminki=läinen  =s   'person
  from Sääminki'/=a 'of Sääminki'       sö-is-0-kö-s  v dial cond-sg3-
  cf Sääminki                             inter-stand söisikö syödä
  sääminki=       sääminki=


                              T


taaja  a  'dense; frequent'             ta'a=tse´  =postp with G ["pro-
  taaja-a       taajo-j-a                 lative"]  'passing behind'
  taaja-na      taajo-j-en/              cf taka+
                taaja-0-in
  taaja-ksi     taajo-i-ksi             tahto  s  'will, determination'
  taaja-an      taajo-i-hin               tahto-a        tahto-j-a
                                          tahto-na       tahto-j-en
Taani=la  =s place name                   tahdo-ksi      tahto-i-ksi
          [pl not used]                   tahto-on       tahto-i-hin
  Taani=la-a      ------
  Taani=la-na     ------                tahto-a´ v-1 inf 'to want,
  Taani=la-ksi    ------                  wish'  cf tahto
  Taani=la-an     ------                  tahdo-n        tahdo-i-n
                                          tahto-o        tahto-i-0
Taani=la-ssa  =s-In  'in Taani-           tahdo-ta-an    tahdo-tt-i-in
  la'  Taanila
                                        tahto-a-an  s-P-poss3  tahto
taa=s  =adv  'again'  cf taka+
                                        tahto-i-0  v-past-sg3  tahtoa
taa=sen  =adv  'again'  cf
  taka+                                 tahto-nut  v-2 partic  tahtoa
```

tai   nonce word used in chil-
    dren's rhymes [also arch
    same as tämä]

taika   s 'magic action; charm,
    spell'
    taika-a   taiko-j-a
    taika-na   taiko-j-en/
                     taika-0-in
    taia-ksi   taio-i-ksi
    taika-an   taiko-i-hin

taika+mahdi-sta   +s-El   taika-
    mahti

taika+mahti   +s 'magic power'
    taika   see mahti for decl

taiko-a´   v-1 inf 'to work
    magic; cast a spell' cf
    taika
    taio-n   taio-i-n
    taiko-o   taiko-i-0
    taio-ta-an   taio-tt-i-in

taiko-j-a   s-pl-P   taika

taiko-j-a-an   s-pl-P-poss3
    taika

taik=uri =s 'magician' cf
    taikoa
    taik=uri-a   taik=ure-i-ta/
                     taik=ure-j-a
    taik=uri-na   taik=ure-i-den/
                     tten/
                     taik=uri-0-en
    taik=uri-ksi   taik=ure-i-ksi
    taik=uri-in   taik=ure-i-hin

taipale´   s 'distance between
    two places; travel by tradi-
    tional means'
    taipalet-ta   taipale-i-ta
    taipalee-na   taipale-i-den/
                     tten
    taipalee-ksi   taipale-i-ksi
    taipalee-seen   taipale-i-siin/
                     hin

Taipale´   s place name see
    taipale for decl

Taipalee-n   s-G   Taipale

tais-i-0   v-past-sg3   taitaa

taita-a   v-sg3   taitaa

taita-a´   v-1 inf 'to know
    how to; be skilled, able;
    may'
    taida-n   tais-i-n
    taita-a   tais-i-0
    taide-ta-an   taide-tt-i-in

taita-a-pi   v-sg3-arch/poet
    sg3 stand taitaa   taitaa

taita-pi   v-arch sg3 stand
    taitaa   'may, might'
    taitaa

taita-va   v-1 partic 'knowing
    how to'; -a 'skilled,
    skillful' taitaa
    taita-va-a   taita-v-i-a
    taita-va-na   taita-v-i-en/
                     taita-va-0-in
    taita-va-ksi   taita-v-i-ksi
    taita-va-an   taita-v-i-in

ta=itse´ =postp with G ["pro-
    lative"] 'passing behind'
    cf taka+

taitta-a´   v-1 inf 'to break;
    bend; fold'
    taita-n   taito-i-n
    taitta-a   taitto-i-0
    taite-ta-an   taite-tt-i-in

taitta-nee-t   v-2 partic-pl
    taittaa

taitta-nut   v-2 partic   taittaa

taitto-i-0   v-past-sg3   taittaa

taitt=u-a´ =v refl-1 inf 'to
    break' cf taittaa
    tait=u-n   tait=u-i-n
    taitt=u-u   taitt=u-i-0
    tait=u-ta-an   tait=u-tt-i-in

taitt=u-i-0   =v-past-sg3   taittua

taivaa-lla   s-Ad 'in the sky'
    taivas

taivaha-lla   s arch stem-Ad
    stand taivaalla   taivas

taivaha-lle´   s arch stem-Al
    stand taivaalle   taivas

taivaha-n   s arch stem-G
    stand taivaan   taivas

taival   s   same as taipale
    taival-ta   taipal-i-a
    taipale-na   taipal-i-en/
                   taival-t-en
    taipale-ksi   taipal-i-ksi
    taipale-en   taipal-i-in

taivas   s   'heaven; sky'
    taivas-ta   taiva-i-ta
    taivaa-na   taiva-i-den/
                   tten/
                   taivas-t-en
    taivaa-ksi   taiva-i-ksi
    taivaa-seen   taiva-i-siin/
                   hin

taiv=o   =s poet dim   'heaven;
    sky'   cf taivas
    taiv=o-a   taiv=o-j-a
    taiv=o-na   taiv=o-j-en
    taiv=o-ksi   taiv=o-i-ksi
    taiv=o-on   taiv=o-i-hin

taiv=o-n   =s-G   taivo

taiv=o=nen   =s poet dim
    'heaven; sky'   cf taivo
    taiv=o=s-ta   taiv=o=s-i-a
    taiv=o=se-na   taiv=o=s-i-en/
                   taiv=o=s-t-en
    taiv=o=se-ksi taiv=o=s-i-ksi
    taiv=o=se-en   taiv=o=s-i-in

taiv=o=s-i-ksi   =s-pl-T   taivonen

taka+   'back, hind'

taka-a   postp-P with G   'from
    the back of'   taka+
    mäen takaa   'from behind the
        hill'
    ikkunan takaa   'through the
        window'

taka=inen   =a   'what is in the
    back [of G]'   cf taka
    taka=is-ta   taka=is-i-a
    taka=ise-na   taka=is-t-en/
                   taka=is-i-en
    taka=ise-ksi   taka=is-i-ksi
    taka=ise-en   taka=is-i-in

taka=is-i-n   -adv [=a-pl-
    Instr]'back'   cf takainen

taka-na   postp-Es with G
    'behind'   cf taka+

takia   postp with G   'because
    of'

takki   s   'coat'
    takki-a   takke-j-a
    takki-na   takki-0-en
    taki-ksi   take-i-ksi
    takki-in   takke-i-hin

tallan   nonce word used in
    children's rhymes

talle-lla   adv-Ad   'safe'

tallero=inen   =a folk   'roun-
    dish; chubby'; =s   'chubby
    person'   cf *pojan pallero,
    tytön tyllerö*
    tallero=is-   tallero=is-i-a
      ta
    tallero=ise-   tallero=is-t-
      na   en/
                   tallero=is-i-en
    tallero=ise-   tallero=is-i-
      ksi   ksi
    tallero=iṡe-   tallero=is-i-
      en   in

talle-ssa   s-In   'safely kept'
    paremmassa tallessa   'safer'

talli   s   'stable'
    talli-a   talle-j-a
    talli-na   talli-0-en
    talli-ksi   talle-i-ksi
    talli-in   talle-i-hin

talli+renki   +s   'stable groom'
    talli   see renki for decl

talo   s   'house; farmhouse'

```
talo-a          talo-j-a             talvi+tie-tä  +s-P  talvitie
talo-na         talo-j-en
talo-ksi        talo-i-ksi           tamme-n  s-Ac  tammi
talo-on         talo-i-hin
                                     tamme-sta  s-El  tammi
talo-n  s-G  talo
                                     tammi  s  'oak'
talo-n+poika  +s  'peasant,            tamme-a         tamm-i-a
   farmer; farmer's son'  talo        tamme-na        tamm-i-en
   see poika for decl                  tamme-ksi       tamm-i-ksi
                                       tamme-en        tamm-i-in
talo-n+tyttö  +s  'farmer's
   daughter' talo see tyttö         tanhua  s  'farmyard; barnyard;
   for decl                            cattle yard'
                                       tanhua-a        tanhuo-i-ta
talo-on  s-Il  talo                    tanhua-na       tanhuo-i-den/
                                                         tten/
talo-ssa  s-In  talo                                   tanhua-0-in
                                       tanhua-ksi      tanhuo-i-ksi
talo-sta  s-El  talo                   tanhua-an       tanhuo-i-hin

talutta-a´  v-1 inf  'to lead[El     tanhua=inen  =s poet  'farmyard;
   by the hand, by a rope,              yard'  cf tanhua
   etc.]'                               tanhua=is-ta tanhua=is-i-a
   taluta-n        talut-i-n            tanhua=ise-    tanhua=is-i-en/
   talutta-a       talutt-i-0             na            tanhua=is-t-en
   talute-ta-an    talute-tt-i-in       tanhua=ise-    tanhua=is-i-
                                          ksi            ksi
talutta=ja  =s  'one who leads'        tanhua=ise-    tanhua=is-i-in
   cf taluttaa                            en
   talutta=ja-a    talutta=j-i-a
   talutta=ja-na   talutta=j-i-en/    tanhua=ise-t-0  =s-pl-N  tan-
                   talutta=ja-0-in       huainen
   talutta=ja-ksi  talutta=j-i-ksi
   talutta=ja-an   talutta=j-i-in     tannin  nonce word used in
                                         children's rhyme [to rhyme
talutt-i-0  v-past-sg3  taluttaa        with Annin]

talve-lla  s-Ad  'in the winter-     tanssi  s  'dance'
   time'  talvi                         tanssi-a        tansse-j-a
                                        tanssi-na       tanssi-0-en
talve-na  s-Es  talvi                   tanssi-ksi      tansse-i-ksi
   eräänä talvena  '[during] one        tanssi-in       tansse-i-hin
   winter'
                                     tanssi-a´  v-1 inf  'to dance'
talvi  s  'winter'                      tanssi-n        tanss-i-n
   talve-a         talv-i-a             tanssi-i        tanss-i-0
   talve-na        talv-i-en             tanssi-ta-an   tanssi-tt-i-in
   talve-ksi       talv-i-ksi
   talve-en        talv-i-in         tanssi-ma-han  v-3 inf-arch Il
                                        stand tanssimaan  tanssia
talvi+tie  +s  'winter road
   [opened on snow or ice]'         tanssi-´-pa-s  v-imper sg2-pa-s
   talvi  see tie for decl             'why don't you dance'
                                       tanssia
```

tanssi-ssa s-In tanssi

tapa s 'custom; habit; manner'
  tapa-a   tapo-j-a
  tapa-na   tapo-j-en/
                  tapa-0-in
  tava-ksi   tavo-i-ksi
  tapa-an   tapo-i-hin

tapahtu-a´ v-1 inf 'to take place, occur, happen' sg3 only
  ------   ------
  tapahtu-u   tapahtu-i-0
  ------   ------

tapahtu-i-0 v-past-sg3 tapahtua

tapahtu-u v-sg3 tapahtua

tapa-n v-sg1 tappaa

tapa-na s-Es tapa

Tapani s personal name [Stephen]
  Tapani-a   Tapane-i-ta
  Tapani-na   Tapani-0-en
  Tapani-ksi   Tapane-i-ksi
  Tapani-in   Tapane-i-hin

Tapanin päivä [often: tapani, tapaninpäivä] 'Stephen's Day [Boxing Day, Dec. 26th]'

Tapani-n s-G Tapani

tapa-n-ko v-sg1-inter 'will I kill?' tappaa

tapa+turma +s 'accident'
  tapa see turma for decl

tapa+turma=inen =a 'accidental' cf tapaturma
  tapa+turma=is-ta   tapa+turma=is-i-a
  tapa+turma=ise-na   tapa+turma=is-t-en/
                      tapa+turma=is-i-en
  tapa+turma=ise-ksi tapa+turma=is-i-ksi
  tapa+turma=ise-en   tapa+turma=is-i-in

tapa+turma=ise=sti´ =adv 'accidentally; in an accident' cf tapaturmainen

tapa=us =s 'event' cf tapahtua
  tapa=us-ta   tapa=uks-i-a
  tapa=ukse-na   tapa=us-t-en/
                   tapa=uks-i-en
  tapa=ukse-ksi   tapa=uks-i-ksi
  tapa=ukse-en   tapa=uks-i-in

tappa-a´ v-1 inf 'to kill'
  tapa-n   tapo-i-n
  tappa-a   tappo-i-0
  tape-ta-an   tape-tt-i-in

tappo-i-0 v-past-sg3 tappaa

tarina s 'legend'
  tarina-a   tarino-i-ta
  tarina-na   tarino-i-den/
                   tten/
                   tarina-0-in
  tarina-ksi   tarino-i-ksi
  tarina-an   tarino-i-hin

tarino-i-ta s-pl-P tarina

tarjot-a´ v-1 inf 'to offer; serve'
  tarjoa-n   tarjos-i-n
  tarjoa-a   tarjos-i-0
  tarjot-a-an   tarjot-t-i-in

tarjot-a-an v-pass-pass suffix tarjota

tarjo=utu-a´ =v refl-1 inf 'to offer oneself' cf tarjota
  tarjo=udu-n   tarjo=udu-i-n
  tarjo=utu-u   tarjo=utu-i-0
  tarjo=udu-ta-an tarjo=udu-tt-i-in

tarjo=utu-u =v-sg3 tarjoutua

tarka=sta-a´ =v fact-1 inf 'to inspect' cf tarkka
  tarka=sta-n   tarka=st-i-n
  tarka=sta-a   tarka=st-i-0
  tarka=ste-ta-an tarka=ste-tt-i-in

tarka=sta-ma-an =v-3 inf-Il
    tarkastaa

tarka=st-i-0 =v-past-sg3
    tarkastaa

tarka=st=us =s 'inspection'
    cf tarkastaa
    tarka=st=us-ta tarka=st=uks-i-a
    tarka=st=ukse-na tarka=st=us-t-en/
                      tarka=st=uks-i-en
    tarka=st=ukse-ksi tarka=st=uks-i-ksi
    tarka=st=ukse-en tarka=st=uks-i-in

tarka=st=us+matka +s 'inspection tour' tarkastus see matka for decl

tarka=st=us+matka-lla +s-Ad 'on an inspection tour' tarkastusmatka

tarkka a 'exact'
    tarkka-a   tarkko-j-a
    tarkka-na   tarkko-j-en/
                 tarkka-0-in
    tarka-ksi   tarko-i-ksi
    tarkka-an   tarkko-i-hin

tarko-i-n -adv [a-pl-Instr] 'to the last bit' cf tarkka

tarko=itta-a´ =v fact-1 inf 'to aim; mean' cf tarkka
    tarko=ita-n   tarko=it-i-n
    tarko=itta-a   tarko=itt-i-0
    tarko=ite-ta-an tarko=ite-tt-i-in

tarko=it=ukse-ssa =s-In tarkoitus
    siinä tarkoituksessa 'with that intention; for that purpose'

tarko=it=us =s 'significance, meaning; aim, intention' cf tarkoittaa
    tarko=it=us-ta tarko=it=uks-i-a
    tarko=it=ukse-na tarko=it=uks-i-en/
                      tarko=it=us-t-en
    tarko=it=ukse-ksi tarko=it=uks-i-ksi
    tarko=it=ukse-en tarko=it=uks-i-in

tarpas-i-0 v-past-sg3 tarvata

tarttu-a´ v-1 inf 'to grasp, grip, seize, take hold of; tackle; be contagious; get stuck'
    tartu-n   tartu-i-n
    tarttu-u   tarttu-i-0
    tartu-ta-an   tartu-tt-i-in

tarttu-i-0 v-past-sg3 tarttua

tarttu-i-0-kin v-past-sg3-*kin* tarttua

tarttu-u-kin v-sg3-*kin* tarttua

taru s 'myth'
    taru-a   taru-j-a
    taru-na   taru-j-en
    taru-ksi taru-i-ksi
    taru-un   taru-i-hin

tarvat-a´ v arch-1 inf 'to beat, hit, strike'
    tarpaa-n   tarpas-i-n
    tarpaa-0   tarpas-i-0
    tarvat-a-an   tarvat-t-i-in

tarve´ s 'need'
    tarvet-ta   tarpe-i-ta
    tarpee-na   tarpe-i-den/tten
    tarpee-ksi   tarpe-i-ksi
    tarpee-seen tarpe-i-siin/hin

tarv=in-nut =v-2 partic tarvita

tarv=it-a´ =v fact-1 inf 'to need' cf tarve
    tarv=itse-n   tarv=its-i-n
    tarv=itse-e   tarv=its-i-0
    tarv=it-a-an   tarv=it-t-i-in

tarv=it-a-´ =v-pass neg   tarvita

tarv=it-a-´kaan =v-pass-neg-kaan   tarvita

tarv=itse-´ =v-neg   tarvita

tarv=its-isi-0 =v-cond-sg3
    tarvita

tasa+   'even'

tasa=a-va-n =v-1 partic-Ac
    tasata

tasa=inen =a 'even' cf tasa+
  tasa=is-ta   tasa=is-i-a
  tasa=ise-na   tasa=is-t-en/
                  tasa=is-i-en
  tasa=ise-ksi   tasa=is-i-ksi
  tasa=ise-en   tasa=is-i-in

tasa=t-a´ =v fact-1 inf 'to
    divide evenly' cf tasa+
  tasa=a-n   tasa=s-i-n
  tasa=a-0   tasa=s-i-0
  tasa=t-a-an   tasa=t-t-i-in

tasa+terä +s 'smooth-edged;
    [periphrastic:] axe' tasa
    see terä for decl

tasa+terä-llä +s-Ac 'with the
    axe' tasaterä

tauti s 'disease; sickness'
  tauti-a   taute-j-a
  tauti-na   tauti-0-en
  taudi-ksi   taude-i-ksi
  tauti-in   taute-i-hin

Tauti s 'disease demon; per-
    sonified disease' see
    tauti for decl

tauti=nen =a 'sickly' cf
    tauti
  tauti=s-ta   tauti=s-i-a
  tauti=se-na   tauti=s-i-en/
                  tauti=s-t-en
  tauti=se-ksi   tauti=s-i-ksi
  tauti=se-en   tauti=s-i-in

tava-lla s-Ad   tapa

sillä tavalla 'in that way'
seuraavalla tavalla 'in the
    following way; thus'

tava=llinen =a 'customary,
    usual, common' cf tapa
  tava=llis-ta   tava=llis-i-a
  tava=llise-   tava=llis-t-en/
    na   tava=llis-i-en
  tava=llise-   tavallis-i-
    ksi   ksi
  tava=llise-   tava=llis-i-
    en   in

tava=llise-ssa =a-In tavallinen

tava-n s-G tapa
vanhan tavan mukaan 'following
    an old custom'

tava-t-0 s-pl-N/Ac 'manners'
    tapa

tava=t-a´ =v-1 inf 'to meet,
    hit upon'
  tapa=a-n   tapa=s-i-n
  tapa=a-0   tapa=s-i-0
  tava=t-a-an   tava=t-t-i-in

tavo-i-n s-pl-Instr tapa
kaikella tavoin 'in every
    way'

tavo=ita-´ =v-neg tavoittaa

tavo=itta-a´ =v caus-1 inf
    'to reach' tavata
  tavo=ita-n   tavo=it-i-n
  tavo=itta-a   tavo=itt-i-0
  tavo=ite-ta-   tavo=ite-tt-i-in
    an

tavo=itt-i-0 =v-past-sg3
    tavoittaa

te pron pers pl2 'you' [Ac
    teidät]

tee-n v-sg1 tehdä

tee-´ v-imper sg2 tehdä

tee=ttä=jä =s 'one who has
    [something G] made' cf
    teettää

```
    tee=ttä=jä-ä      tee=ttä=j-i-ä
    tee=ttä=jä-nä     tee=ttä=j-i-en/
                      tee=ttä=jä-0-in
    tee=ttä=jä-ksi    tee=ttä=j-i-ksi
    tee=ttä=jä-än     tee=ttä=j-i-in

tee=ttä-ä´  =v caus-1 inf  'to
   have made'  cf tehdä
    tee=tä-n          tee=t-i-n
    tee=ttä-ä         tee=tt-i-0
    tee=te-tä-än      tee=te-tt-i-in

teh-dä´  v-1 inf  'to do, make'
    tee-n             te-i-n
    teke-e            tek-i-0
    teh-dä-än         teh-t-i-in

teh-nyt  v-2 partic  tehdä

teh-t-y´  v-pass-2 partic  tehdä
    kivistä tehty  'made of
       stones'

teh-tä-vä  v-pass-1 partic
    tehdä
    mitä olisi tehtävä  'what
       should be done'

te-hän  pers pron p12-hän  te

te-i-dän  pers pron p12-p1-G
    'yours'  te

te-i-n  v-past-sg1  tehdä

teine-i-stä  s-p1-E1  teini

teini  s  '[arch:] wandering
    student; [mod:] senior high
    student'
    teini-ä           teine-j-ä
    teini-nä          teini-0-en
    teini-ksi         teine-i-ksi
    teini-in          teine-i-hin

teini-t-0  s-p1-N  teini

teini-ä  s-P  teini

te-i-tä  pers pron p12-p1-P  te

teke-mä-än  v-3 inf-I1  tehdä
    rupesi tekemään  'started
       doing/making'

    rupesi takemään taikojaan
       'started working her magic'

teke-vät  v-p13  tehdä

tek-i-0  v-past-sg3  tehdä

teki=jä  =s  'maker; author'
    cf tehdä
    teki=jä-ä         teki=jö-i-tä
    teki=jä-nä        teki=jö-i-den/
                         tten/
                      teki=jä-0-in
    teki=jä-ksi       teki=jö-i-ksi
    teki=jä-än        teki=jö-i-hin

tek-i-vät  v-past-p13  tehdä

tek=o  =s  'doing; making;
    deed'  cf tehdä
    tek=o-a           tek=o-j-a
    tek=o-na          tek=o-j-en
    te=o-ksi          te=o-i-ksi
    teko=on           tek=o-i-hin

temppu  s  'trick'
    temppu-a          temppu-j-a
    temppu-na         temppu-j-en
    tempu-ksi         tempu-i-ksi
    temppu-un         temppu-i-hin

tempu-n  s-Ac  temppu

terhen  s  poet  'mist'
    terhen-tä         terhen-i-ä
    terhene-nä        terhen-i-en/
                         terhen-t-en
    terhene-ksi       terhen-i-ksi
    terhene-en        terhen-i-in

terhen=inen  =a  'misty'  cf
    terhen
    terhen=is-tä      terhen=is-i-ä
    terhen=ise-       terhen=is-t-en/
       nä                terhen=is-i-en
    terhen=ise-       terhen=is-i-
       ksi               ksi
    terhen=ise-       terhen=is-i-
       en                in

terhen=ise-n  =a-G  terheninen

terva  s  'tar; pl barrels of
    tar'
```

```
    terva-a            tervo-j-a          tiedu=st=el-i-0   =v-
    terva-na           tervo-j-en/           past-sg3  tiedustella
                       terva-0-in
    terva-ksi          tervo-i-ksi        tiedu=st-el-la´   =v freq/cont-
    terva-an           tervo-i-hin           1 inf  'to inquire'  cf
                                             tiedustaa
terva+hauda-lla  +s-Ad  terva-            tiedu=st=     tiedu=st=el-
   hauta                                    ele-n          i-n
                                          tiedu=st=     tiedu=st=el-
terva+hauta  +s  'tar pit'                  ele-e          i-0
   terva see  hauta  for decl             tiedu=st=el-  tiedu=st=el-
                                             la-an         t-i-in
terva+hauta-a  +s-P  tervahauta
                                         tiedä-´   v-neg  tietää
terva+kappa  +s  'container/
   barrel of tar'  terva see              tiedä-n   v-sg1  tietää
   kappa for decl
                                          tiedä-t   v-sg2  tietää
terva+kapa-n  +s-G  tervakappa
                                          tie=hyt  =s  '[poet:] small
terva=t-a´   =v inst-1 inf  'to             road; [stand:] vein'  cf
   [smear with] tar'  cf terva             tie
   terva=a-n          terva=s-i-n         tie=hyt-tä     tie=hy-i-tä
   terva=a-0          terva=s-i-0         tie=hye-nä     tie=hy-i-den/
   terva=t-a-an       terva=t-t-i-in                        tten
                                          tie=hye-ksi    tie=hy-i-ksi
terve´  a  'healthy'                      tie=hye-en     tie=hy-i-hin
   tervet-tä          terve-i-tä
   tervee-nä          terve-i-den/        tie-lle´   s-Al   'to the road'
                         tten                tie
   tervee-ksi         terve-i-ksi         kuoli tielle orja raukka
   tervee-seen        terve-i-siin/hin      'the poor servant died on
                                              the road'
terä  s  'edge, blade; cutter'
   terä-ä             ter-i-ä             tie-llä   s-Ad   'on the road'
   terä-nä            ter-i-en/              tie
                        terä-0-in
   terä-ksi           ter-i-ksi           tie-ltä   s-Abl  'from the road'
   terä-än            ter-i-in               tie

terä-n   s-Ac  terä                       tie-n  s-G   tie

tie  s  'road'                            tien-ne-vi  v-pot-arch sg3
   tie-tä             te-i-tä                stand tiennee  'might know'
   tie-nä             te-i-den/tten          tietää
   tie-ksi            te-i-ksi
   tie-en             te-i-hin            tie+puole-en  +s-Il  'to the
                                             roadside'  tiepuoli
tied=usta-a´   =v fact-1 inf
   'to ask, inquire'  cf tietää          tie+puole-ssa  +s-In  'on the
   tied=usta-n        tied=ust-i-n          roadside'  tiepuoli
   tied=usta-a        tied=ust-i-0
   tied=uste-ta-      tied=uste-tt-       ties-i-0  v-past-sg3  tietää
      an                 i-in                sotia se tiesi  'it foretold
                                             war'
```

ties-i-vat   v-past-pl3   tietää
tiet=o   =s   'message; knowledge;
   news'   cf tietää
   tiet=o-a   tiet=o-j-a
   tiet=o-na   tiet=o-j-en
   tied=o-ksi   tied=o-i-ksi
   tiet=o-on   tiet=o-i-hin

tiet=o-a   =s-P   tieto

tiet=o=us   =s   '[sum of] know-
   ledge; lore'   cf tieto
                [pl not used]
   tiet=o=ut-ta   ------
   tiet=o=ute-na   ------
   tiet=o=ude-ksi   ------
   tiet=o=ute-en   ------

tie-tä   s-P   'along the road'
   tie

tietä-isi-n   v-cond-sg1   tietää

tietä=jä   =s   'seer; sage'   cf
   tietää
   tietä=jä-ä   tietä=j-i-ä
   tietä=jä-nä   tietä=j-i-en/
                    tietä=jä-0-in
   tietä=jä-ksi   tietä=j-i-ksi
   tietä=jä-än   tietä=j-i-in

tietä-nyt   v-2 partic [same as
   tiennyt]   tietää

tietä-ä   v-sg3   tietää

tietä-ä´   v-1 inf   'to know'
   tiedä-n   ties-i-n
   tietä-ä   ties-i-0
   tiede-tä-än   tiede-tt-i-in

tiili   s   'brick'
   tiil-tä   tiil-i-ä
   tiile-nä   tiil-i-en
   tiile-ksi   tiil-i-ksi
   tiile-en   tiil-i-in

tiil-i-ä   s-pl-P   tiili

Tiiva-n   s-G   Tiiva

Tiiva   s folkl personal name
   'Herodias'

              [pl not used]
Tiiva-a   ------
Tiiva-na   ------
Tiiva-ksi   ------
Tiiva-an   ------

tika+puu-t   +s-pl-N [pl
   only] 'ladder'   see puu
   for decl

tikku   s   '[dry] stick'
   tikku-a   tikku-j-a
   tikku-na   tikku-j-en
   tiku-ksi   tiku-i-ksi
   tikku-un   tikku-i-hin

tikku-un   s-Il   tikku

tiku-i-sta   s-pl-El   tikku

tila   s   'state, condition;
   space, room'
   tila-a   tilo-j-a
   tila-na   tilo-j-en/
                   tila-0-in
   tila-ksi   tilo-i-ksi
   tila-an   tilo-i-hin

tilais=uus   =s   'occasion;
   opportunity'   cf tila
   tilais=uut-   tilais=uuks-i-a
      ta
   tilais=uute-   tilais=uuks-
      na   i-en
   tilais=uude-   tilais=uuks-
      ksi   i-ksi
   tilais=uute-   tilais=uuks-
      en   i-in

tippa   s   'drop'
   tippa-a   tippo-j-a
   tippa-na   tippo-j-en/
                   tippa-0-in
   tipa-ksi   tipo-i-ksi
   tippa-an   tippo-i-hin

tipp=u-a´   =v refl-1 inf 'to
   drip'   cf tippa sg3
   ------   ------
   tipp=u-u   tipp=u-i-0
   ------   ------

tipp=u-i-0   =v-past-sg3   tippua

tipp=u-u =v-sg3 tippua

tiski s 'counter; desk'
  tiski-ä   tiske-j-ä
  tiski-na   tiski-0-en
  tiski-ksi   tiske-i-ksi
  tiski-in   tiske-i-hin

tiski-llä s-Ad 'on the counter' tiski

tissun nonce word used in children's rhymes

tode-ksi a-T tosi

tode=t-a´ =v fact-1 inf 'to verify; prove; state' cf tosi
  tote=a-n   tote=s-i-n
  tote=a-a   tote=s-i-0
  tode=t-a-an tode=t-t-i-in

tode-t-0-ki a-pl-Ac-coll kin tosi
  toki ma sanon todetki 'I will finally tell the truth'

tohdi-tte v-pl2 tohtia

toht-i-0 v-past-sg3 tohtia

tohti-a´ v-1 inf 'to dare'
  tohdi-n   tohd-i-n
  tohti-i   toht-i-0
  tohdi-ta-an tohdi-tt-i-in

tohti-nut v-2 partic tohtia

to-i-0 v-past-sg3 tuoda

to=inen =num ord 'second'; =pron indef 'another, other' cf tuo
  to=is-ta   to=is-i-a
  to=ise-na   to=is-t-en/
               to=is-i-en
  to=ise-ksi   to=is-i-ksi
  to=ise-en   to=is-i-in
  toinen . . . toinen 'the one . . . the other'
  toinen ei toistansa tavoita 'one does not reach the other'

to=ise-en =num ord-Il toinen

to=ise-ksi =pron indef-T toinen

to=ise-lla =num ord-Ad toinen

to=ise-lle´ =num ord/=pron indef-Al toinen

to=ise-n =num ord/=pron indef-Ac/G toinen
  toisen kainalossa 'under someone else's arm; with someone else'

to=ise-ssa =num ord/=pron indef-In toinen

to=ise-t-0 =num ord/=pron indef-pl-N toinen

to=ise-t-0-kaan =pron indef-pl-N-kaan toinen

to-isi-0 v-cond-sg3 tuoda

to=is-i-n [=pron indef-pl-Instr]-adv 'otherwise' cf toinen

to=is=into =s 'variant' cf toistaa
  to=is=into-a to=is=into-j-a
  to=is=into-na to=is=into-j-en
  to=is=inno-ksi to=is=inno-i-ksi
  to=is=into-on to=is=into-i-hin

to=is-ta =num ord/=pron indef-P toinen

to=is=ta-a´ =v fact-1 inf 'to repeat' cf toinen
  to=is=ta-n to=is=t-i-n
  to=is=ta-a to=is=t-i-0
  to=is=te-ta-an to=is=te-tt-i-in

to=is-ta-an =pron indef-P-poss3 toinen

to=is-ta-nsa =pron indef-P-poss 3 toinen
paasi on toistansa parempi 'one rock is [even] better than another'

toivo-a´ v-1 inf 'to wish, hope'
  toivo-n   toivo-i-n
  toivo-o   toivo-i-0
  toivo-ta-an toivo-tt-i-in

toivo-i-0 v-past-sg3 toivoa

toivo-i-n v-past-sg1 toivoa

toivo-minen v-4 infN 'hoping; wishing' toivoa

toivo-n v-sg1 toivoa

toki adv 'however; though; nevertheless' cf German 'doch'

tora s 'quarrel'
  tora-a   tor-i-a
  tora-na   tor-i-en/
               tora-0-in
  tora-ksi   tor-i-ksi
  tora-an   tor-i-in

torakka s 'roach; cockroach'
  torakka-a   torako-i-ta/
                torakko-j-a
  torakka-na torako-i-den/
                 tten/
                torakko-j-en
  toraka-ksi torako-i-ksi
  torakka-an torakko-i-hin

torpa-n s-G torppa

torpa-sta s-El torppa

torppa s 'tenant farm; tenant farmer's cottage'
  torppa-a   torpp-i-a
  torppa-na   torpp-i-en/
               torppa-0-in
  torpa-ksi   torp-i-ksi
  torppa-an   torpp-i-in

tor=u-a´ =v inst-1 inf 'scold; rebuke' cf tora

tor=u-n   tor=u-i-n
tor=u-u   tor=u-i-0
tor=u-ta-an tor=u-tt-i-in

tor=u-i-0 =v-past-sg3 torua

tor=u-vi =v-arch sg3 stand toruu torua

tosi a 'true'
  tot-ta   tos-i-a
  tote-na   tos-i-en
  tode-ksi tos-i-ksi
  tote-en   tos-i-in

tossun nonce word used in children's rhymes

tot-ta a-P tosi
anna tuopin totta tehdä 'let the drink have its effect'
tämä on totta 'this is true'

toveri s 'friend, companion, pal'
  toveri-a   tovere-i-ta/
               tovere-j-a
  toveri-na   tovere-i-den/
               toveri-0-en
  toveri-ksi tovere-i-ksi
  toveri-in   tovere-i-hin

toveri-a-nsa s-P-poss3 toveri

toveri-lle-en s-Al-poss3 toveri

toveri-na-an s-Es-poss3 toveri

toveri-ni sN-poss1 toveri

tuhans-i-a num-pl-P tuhat

tuhans-i-n num-pl-Instr tuhat
tuhansin hevosin 'with a thousand horses'

tuhat num 'thousand'
  tuhat-ta   tuhans-i-a
  tuhante-na   tuhans-i-en/
               tuhan-t-en
  tuhanne-ksi tuhans-i-ksi
  tuhante-en   tuhans-i-in

```
tuhat+kahdeksan+sata-a+yhdeksän+
   kymmen-tä+yhdeksän +num
   '1899'
 sg
  tuhat-ta+kahdeksa-a+sata-a+
     yhdeksä-ä+kymmen-tä+yhdeksä-
     ä
  tuhante-na+kahdeksa-na+sata-
     na+kymmene-nä+yhdeksä-nä
  tuhanne-ksi+kahdeksa-ksi+sada-
     ksi+yhdeksä-ksi+kymmene-ksi
     yhdeksä-ksi
  tuhante-en+kahdeksa-an+sata-
     an+yhdeksä-än+kymmene-en+
     yhdeksä-än

 pl
  tuhans-i-a+kahdeks-i-a+sato-
     j-a+yhdeks-i-ä+kymmen-i-ä+
     yhdeks-i-ä
  tuhans-i-en+kahdeks-i-en+sato-
     j-en+yhdeks-i-en+kymmen-i-
     en+yhdeks-i-en
  tuhans-i-ksi+kahdeks-i-ksi+
     sado-i-ksi+yhdeks-i-ksi+
     kymmen-i-ksi+yhdeks-i-ksi
  tuhans-i-in+kahdeks-i-in+sato-
     i-hin+yhdeks-i-in+kymmen-i-
     in+yhdeks-i-in

tuhka   s   'ash'
  tuhka-a           tuhk-i-a
  tuhka-na          tuhk-i-en/
  tuhka-ksi/        tuhk-0-in
  tuha-ksi          tuhk-i-ksi
  tuhka-an          tuhk-i-in

tuhk-i-a  s-pl-P  tuhka

tuiki  adv  'altogether; thor-
   oughly'

tuisk=i-0  =v-past-sg3  tuiskia

tuisk=i-a´ =v freq-1 inf 'to
   sparkle'
  tuisk=i-n         tuisk=0-i-n
  tuisk=i-i         tuisk=0-i-0
  tuisk=i-ta-an     tuisk=i-tt-i-in

tuk=ahdu=tta-a´ =v caus-1 inf
   'to smother'  cf tukahtua
  tuk=ahdu=ta-n    tuk=ahdu=t-i-n
  tuk=ahdu=tta-a   tuk=ahdu=tt-i-0

tuk=ahdu=te-  tuk=ahdu=te-
   ta-an       tt-i-in

tuk=ahtu-a´ =v refl-1 inf 'to
   die down, get extinguished'
   ?cf tukala
  tuk=ahdu-n       tuk=ahdu-i-n
  tuk=ahtu-u       tuk=ahtu-i-0
  tuk=ahdu-ta-    tuk=ahdu-tt-i-
     an             in

tuka=la  =a  'uncomfortable'
  tuka=la-a        tuka=l-i-a
  tuka=la-na       tuka=l-i-en/
                    tuka=la-0-in
  tuka=la-ksi      tuka=l-i-ksi
  tuka=la-an       tuka=l-i-in

tuka=la-ksi  =a-T  tukala
  tunsi olonsa tukalaksi  'felt
  uncomfortable'

tuke=va+oksa=inen  =a  'with
   solid branches'  tukeva
   see oksainen for decl

tuke=va+oksa=ise-n  =a-G
   tukevaoksainen

tukke=utu=a´ =v refl-1 inf
   'to be/become stopped,
   clogged up'
  tukke=udu=n      tukke=udu-i-n
  tukke=utu=u      tukke=utu=i-0
  tukke=udu=       tukke=udu=tt-
     ta-an           i-in

tukki  s  'log; timber'
  tukki-a         tukke-j-a
  tukki-na        tukki-0-en
  tuki-ksi        tuke-i-ksi
  tukki-in        tukke-i-hin

tukki+työ  +s  'logging'
   tukki  see työ for decl

tukki+tö-i-ssa  +s-pl-In
   tukkityö

tule-´  v-imper sg2  tulla

tule-e  v-sg3  tulla

tule-e-ko  v-sg3-inter  tulla
```

tule-hen s-arch Il stand tu-
    leen tuli

tule-lla s-Ad 'cooking' tuli

tule-ma-an v-3 inf-Il tulla

tule-ma-n v-3 inf-Instr tulla
    mitä tuleman piti 'what was
    to come'

tule-n s-G tuli

tule-va v-1 partic 'coming'
    tulla

tule-va-n v-1 partic-Ac tule-
    va

tule-vat v-pl3 tulla

tule-vi v-arch sg3 stand tu-
    lee tulla

tuli s 'fire'
  tul-ta   tul-i-a
  tule-na   tul-i-en/
                   tul-t-en
  tule-ksi   tul-i-ksi
  tule-en   tul-i-in

tul-i-0 v-past-sg3 tulla

tul=ija =s 'one who comes;
    newcomer' cf tulla
  tul=ija-a   tul=ijo-i-ta
  tul=ija-na   tul=ijo-i-den/
                     tten/
                     tul=ija-0-in
  tul=ija-ksi   tul=ijo-i-ksi
  tul=ija-an   tul=ijo-i-hin

tul-i-0-kin v-past-sg3-*kin*
    'came, indeed' tulla

tuli+kipinä +s 'spark of fire'
    tuli see kipinä for decl

tul-i-mme v-past-pl 1 tulla

tul-i-n s-pl-Instr tuli
    tulin vaattehet valuisi poet
    'the clothes would be drip-
    ping with fire; would show
    marks of fire'

tuli=nen =a 'fiery' cf tuli
  tuli=s-ta   tuli=s-i-a
  tuli=se-na   tuli=s-t-en/
                   tuli=s-i-en
  tuli=se-ksi   tuli=s-i-ksi
  tuli=se-en   tuli=s-i-in

tul-i-0-pa v-past-sg3-*pa*
    tulla

tuli+pada-ssa +s-In tuli
    see pata for decl

tul-isi-0 v-cond-sg3 tulla

tuli=s-i-lla =a-pl-Ad tulinen

tul-i-vat v-past-pl3 tulla

tul-kaa-0 v-imper – pl2 tulla

tul-la´ v-1 inf 'to come;
    become'
  tule-n   tul-i-n
  tule-e   tul-i-0
  tul-la-an   tul-t-i-in
    tulla vastaan 'meet, encoun-
    ter'

tul-la-an v-pass-pass suffix
    tulla

tul-le-e-kaan v-pot-sg3-*kaan*
    tulla

tul-lee-n v-2 partic-Ac tullut

tul-lee-0-nsa v-2 partic-Ac-
    poss3 [tul-lee-n v-2 par-
    tic-Ac] tulla tullut
    hän kertoi tulleensa 'he
    told he had come/had been
    coming'

tul-lee -t v-2 partic-pl
    tulla

tul-le-i-lta v-2 partic-pl-
    Abl tulla

tul-l-e-ssa-an v-2 inf-In-
    poss3 'while coming'
    tulla

tul-l-e-ssa-han v-2 inf-In-
    arch poss3 stand tullessaan
    tulla

tul-lu   v-coll 2 partic   stand
   tullut   tulla

tul-lut   v-2 partic   tulla

tul=o   =s   'arrival; coming; in-
   come'   cf tulla
   tul=o-a   tul=o-j-a
   tul=o-na   tul=o-j-en
   tul=o-ksi   tul=o-i-ksi
   tul=o-on   tul=o-i-hin

tul=o-ssa   =s-In   'coming'   tule

tul-t-i-in   v-pass-past-pass
   suffix   tulla

tul-t-u-a   v-pass-2 partic-P
   tulla
   aamun tultua   'after dawn'
   pimeän tultua   'after night-
   fall'

tul-t-u-a-an   v-pass-2 partic-P-
   poss3   tulla

tul-t-u-a-ni   v-pass-2 partic-P-
   poss1   tulla

tul-t-u-a-nsa   v-pass-2 partic-
   P-poss3   tulla

tumma   a 'dark'
   tumma-a   tumm-i-a
   tumma-na   tumm-i-en/
                   tumma-0-in
   tumma-ksi   tumm-i-ksi
   tumma-an   tumm-i-in

tumma=inen   =a poet   'swarthy'
   cf tumma
   tumma=is-ta   tumma=is-i-a
   tumma=ise-na   tumma=is-t-en
   tumma=ise-ksi   tumma=is-i-ksi
   tumma=ise-en   tumma=is-i-in

tumma=ise-n   =a-G   tummainen

tumma=ise-ssa   =a-In   tummainen

tumma=is-ta-ni   =a-P-poss 1
   tummainen

tunke-a´   v-1 inf   'to push,
   force; shove; crowd'

tunge-n   tung-i-n
tunke-e   tunk-i-0
tunge-ta-an   tunge-tt-i-in

tunk-i-0   v-past-sg3   tunkea

tunne-´   v-neg   tuntea

tunne-n   v-sg1   tuntea

tunne-t   v-sg2   tuntea

tunni-n   s-G   tunti

tunni-t-0   s-pl-N   tunti

tuns-i-0   v-past-sg3   tuntea

tunte-a´   v-1 inf   'to know;
   recognize; feel'
   tunne-n   tuns-i-n
   tunte-e   tuns-i-0
   tunne-ta-an   tunne-tt-i-in

tunti   s   'hour'
   tunti-a   tunte-j-a
   tunti-na   tunti-0-en
   tunni-ksi   tunne-i-ksi
   tunti-in   tunte-i-hin

tunti-a   s-P   tunti

tunti+kaupalla   +s-Ad   'hours
   on end'   tunti

tuo   pron dem   'that'
   tuo-ta   no-i-ta
   tuo-na   no-i-den/tten
   tuo-ksi   no-i-ksi
   tuo-hon   no-i-hin

tuo-´   v-imper sg2   tuoda

tuo-da´   v-1 inf   'to bring'
   tuo-n   to-i-n
   tuo-0   to-i-0
   tuo-da-an   tuo-t-i-in

tuo-da´   v-pass neg   tuoda

tuo-d-u-ksi   v-pass 2 partic-T
   tuotu

tuo-hon   pron dem-Il; adv-Il
   'there [to that spot]'   cf
   tuo

tuo=ja =s 'one who brings
    [something G]' cf tuoda
    tuo=ja-a   tuo=j-i-a
    tuo=ja-na   tuo=j-i-en/
                     tuo=ja-0-in
    tuo=ja-ksi   tuo=j-i-ksi
    tuo=ja-an   tuo=j-i-in

tuoli s 'chair'
    tuoli-a   tuole-j-a
    tuoli-na   tuoli-0-en
    tuoli-ksi   tuole-i-ksi
    tuoli-in   tuole-i-hin

tuo-lla pron dem-Ad; adv
    'yonder' tuo

tuo-lta pron dem-Abl; adv
    'from there' cf tuo

tuo-lta-pa adv-Abl-*pa* tuolta

tuo-ma-an v-3 inf-Il tuoda

tuomari s 'judge'
    tuomari-a   tuomare-i-ta
    tuomari-na   tuomare-i-den/
                        tten/
                     tuomari-0-en
    tuomari-ksi   tuomare-i-ksi
    tuomari-in   tuomare-i-hin

tuomari-a s-P tuomari

tuomari-lle´ s-Al tuomari

tuomari-n s-G tuomari

tuome-n+marja +s 'chockecherry
    berry' tuomi see marja for
    decl

tuomi s 'chockecherry tree,
    prunus padus'
    tuome-a   tuom-i-a
    tuome-na   tuom-i-en
    tuome-ksi   tuom-i-ksi
    tuome-en   tuom-i-in

tuo-n pron dem-Ac tuo
    tuon ikäni 'all my life'

Tuone=la =s 'Hades' cf Tuoni
    [pl not used]
    Tuone=la-a   ------
    Tuone=la-na   ------
    Tuone=la-ksi   ------
    Tuone=la-an   ------

Tuone=la-n =s-G Tuonela

Tuone-la-n+matka +s 'trip
    to the realm of death'
    Tuonela see matka for decl

Tuone-lta s-Abl Tuoni

Tuone-n s-G Tuoni

Tuoni s 'death [often per-
    sonified]'
    [pl not used]
    Tuon-ta   ------
    Tuone-na   ------
    Tuone-ksi   ------
    Tuone-en   ------

tuo-n-ko pron dem-Ac inter
    tuo

tuo=nne´ =adv 'there; to
    that direction' cf tuo

tuo-nut v-2 partic tuoda

tuo'os [sic] v imper sg2 poet
    stand tuo tuoda

tuop [sic] tuo-´-pa v-imper
    sg2-*pa* tuoda

tuop' [sic]/tuo-pa dem pron-*pa*
    tuo

tuo-pa pron dem-*pa* tuo

tuo-´-pa v-imper sg2-*pa* tuoda

tuopi-lla s-Ad tuoppi

tuopi-n s-G tuoppi

tuoppi sN/Ac   'mug'
    tuoppi-a   tuoppe-j-a
    tuoppi-na   tuoppi-0-en
    tuopi-ksi   tuope-i-ksi
    tuoppi-in   tuoppe-i-hin

295

tuore´ a 'fresh'
  tuoret-ta   tuore-i-ta
  tuoree-na   tuore-i-den/
                        tten
  tuoree-ksi   tuore-i-ksi
  tuoree-seen   tuore-i-siin/
                        hin
tuorehe-ksi a arch stem-T
   stand tuoreeksi tuore

tuoret-ta a-P tuore

tuo-ss´ pron dem-poet In tuo

tuo-ssa pron dem-In 'right
   there' tuo

tuo-ssa-pa -adv; dem pron-In-*pa*
   'look, there' tuo
   tuossapa on nätti tyttö
   'isn't that a pretty girl'

tuo-sta pron dem-El; adv 'from
   there' tuo
tuo-ta pron dem-P tuo

tuo=ta-´ =v-neg tuottaa

tuo-ta-ne-hen v-pass-pot-pass
   suffix stand tuotaneen
   'they may bring; it might be
   brought' tuoda

tuo=ta-n-pa =v-sgl-*pa* tuottaa

tuo-t-i-hin v-pass-past-arch
   pass suffix stand tuotiin
   tuoda

tuo=tta-a´ =v caus-1 inf 'to
   have brought; send for;
   order; import' cf tuoda
  tuo=ta-n   tuo=t-i-n
  tuo=tta-a   tuo=tt-i-0
  tuo=te-ta-an   tuo=te-tt-i-in

tuo-t-u´ v-pass-2 partic tuoda

tupa s 'hut, cabin, cottage;
   house; living room [of a
   farmhouse]'
  tupa-a   tup-i-a
  tupa-na   tup-i-en/
                      tupa-0-in
  tuva-ksi   tuv-i-ksi
  tupa-an   tup-i-in

tupa-an s-Il tupa

tupa-han s-arch Il stand
   tupaan tupa

tupe-ssa s-In tuppi

tuppelo s 'sheath' cf tuppi
  tuppelo-a   tuppelo-i-ta/
                    tuppelo-j-a
  tuppelo-na   tuppelo-i-den/
                      tten/
                      tuppelo-j-en
  tuppelo-ksi   tuppelo-i-ksi
  tuppelo-on   tuppelo-i-hin

tuppelo-lle´ s-Al tuppelo

tuppi s 'sheath'
  tuppe-a   tupp-i-a
  tuppe-na   tupp-i-en
  tupe-ksi   tup-i-ksi
  tuppe-en   tupp-i-in

Turki-n s-G Turkki

Turki-ssa s-In 'in Turkey'
   Turkki

Turkki s place name 'Turkey'
        [pl not used]
  Turkki-a   ------
  Turkki-na   ------
  Turki-ksi   ------
  Turkki-in   ------

turma s 'death'
  turma-a   turm-i-a
  turma-na   turm-i-en/
                      turma-0-in
  turma-ksi   turm-i-ksi
  turma-an   turm-i-in

turpehe-ksi s arch stem-T
   stand turpeeksi turve

tursas s folkl 'monster'
  tursas-ta   tursa-i-ta
  tursaa-na   tursa-i-den/
                    tten/
                    tursas-t-en

```
    tursaa-ksi      tursa-i-ksi          tuska  s  'pain, labor'
    tursaa-seen     tursa-i-siin/          tuska-a       tusk-i-a
                      hin                  tuska-na      tusk-i-en/
Tursas  see tursas for decl                              tuska-0-in
                                           tuska-ksi    tusk-i-ksi
turva  s  'protection; support'            tuska-an     tusk-i-in
             [pl not used
              except:]                 tuskin  adv  'hardly'  [tusk-
    turva-a         pl-In:                 i-n s-pl-Instr]  cf tuska
    turva-na          turv-i-ssa
    turva-ksi       pl-El:             tusk-i-ssa-nsa  s-pl-In-poss3
    turva-an          turv-i-sta          'in his pain'  tuska
                    pl-Il:
                      turv-i-in        tut-a´  v cons stem-1 inf
                    pl-Instr:              stand  tuntea  'to know,
                      turv-i-n             feel'

turva-ksi  s-T  'to be the sup-        tutisi=ja  =s  'one who trem-
    port; for the protection'             bles'  cf tutista
    turva                                 tutisi=ja-a    tutisi=jo-i-ta
                                          tutisi=ja-na   tutisi=jo-i-den/
turva=llinen  =a  'protected,                              tten/
    safe, secure'  cf turva                                tutisi=ja-0-in
    turva=llis-ta   turva=llis-i-a        tutisi=ja-     tutisi=jo-i-
    turva=llise-na  turva=llis-t-           ksi            ksi
                      en/                 tutisi=ja-an  tutisi=jo-i-hin
                    turva=llis-i-en
    turva=llise-    turva=llis-i-     tutisi=ja-lle´  =s-Al  tutisija
      ksi             ksi
    turva=llise-en  turva=llis-i-in   tutis-ta´  v-1 inf  'to tremble'
                                          tutise-n      tutis-i-n
turva=llise-n  =a-Ac  turvallin-           tutise-e     tutis-i-0
    en                                     tutis-ta-an  tutis-t-i-in

turva=ton  =a  'shelterless;           tu-tt-u [v-pass 2 partic]  -s
    unprotected; helpless'  cf            'friend; acquaintance';-a
    turva                                 'familiar,  known'  cf
    turva=ton-ta    turva=ttom-i-a        tuta
    turva=ttoma-na  turva=ton-t-en/       tu-tt-u-a      tu-tt-u-j-a
                    turva=ttom-i-         tu-tt-u-na     tu-tt-u-j-en
                      en/                 tu-t-u-ksi     tu-t-u-i-ksi
                    turva=ttoma-0-        tu-tt-u-un     tu-tt-u-i-hin
                      in
    turva=ttoma-    turva=ttom-i-     tu-tt-u-ni  -sN-poss1  tuttu
      ksi             ksi
    turva=ttoma-an  turva=ttom-i-in  tu-t-u-lta  -a-Abl  tuttu

turva=ttoma-n  =a-Ac  turvaton        tuule-lla  s-Ad  'when it's
                                          windy'  tuuli
turve´  s  'turf, sward, peat'
    turvet-ta       turpe-i-ta        tuuli  s  'wind'
    turpee-na       turpe-i-den/          tuul-ta       tuul-i-a
                      tten                tuule-na      tuul-t-en/
    turpee-ksi      turpe-i-ksi                          tuul-i-en
    turpee-seen     turpe-i-siin/         tuule-ksi     tuul-i-ksi
                      hin                 tuule-en      tuul-i-in
```

```
tuuma=il-i-0  =v-past-sg3
    tuumailla

tuuma=il-la´  =v freq/cont-1
    inf 'to muse'  cf tuuma,
    tuumata
  tuuma=ile-n      tuuma=il-i-n
  tuuma=ile-e      tuuma=il-i-0
  tuuma=il-la-an  tuuma=il-t-i-in

tuum=i-a´  =v-1 inf  'to think;
    opinionate'  cf tuuma
  tuum=i-n        tuum=0-i-n
  tuum=i-i        tuum=0-i-0
  tuum=i-ta-an    tuum=i-tt-i-in

tuum=i-nut  =v-2 partic  tuumia

tuum=0-i-vat  =v-past-pl3  tuumia

tuuti  'hushaby [my baby]'

tuuti-a´  v-1 inf  'to rock [a
    child to sleep]'  cf tuuti
  tuudi-n         tuud-i-n
  tuuti-i         tuut-i-0
  tuudi-ta-an     tuudi-tt-i-in

tuut=u  =s  'cradle'  cf tuutia
  tuut=u-a        tuut=u-j-a
  tuut=u-na       tuut=u-j-en
  tuud=u-ksi      tuud=u-i-ksi
  tuut=u-un       tuut=u-i-hin

tuut=u-hun  =s-arch Il  stand
    tuutuun  tuutu

tuut=u=nen  =s dim  'small
    cradle'  cf tuutu
  tuut=u=s-ta     tuut=u=s-i-a
  tuut=u=se-na    tuut=u=s-i-en/
                  tuut=u=s-t-en
  tuut=u=se-ksi   tuut=u=s-i-ksi
  tuut=u=se-en    tuut=u=s-i-in

tuut=u=se-ssa  =s-In  tuutunen

tuva-n  s-G  tupa

tuva-ssa  s-In  'in the [rural]
    living room'  tupa

tyhjä a  'empty'
  tyhjä-ä         tyhj-i-ä
  tyhjä-nä        tyhj-i-en/
                  tyhjä-0-in
  tyhjä-ksi       tyhj-i-ksi
  tyhjä-än        tyhj-i-in

tyhjä-ksi  a-T  tyhjä

tyhjä-nä  a-Es  tyhjä

tyhmä a  'stupid'
  tyhmä-ä         tyhm-i-ä
  tyhmä-nä        tyhm-i-en/
                  tyhmä-0-in
  tyhmä-ksi       tyhm-i-ksi
  tyhmä-än        tyhm-i-in

tyhmä=sti  =adv  'stupidly'
    cf tyhmä

typerä a  'stupid'
  typerä-ä        typer-i-ä
  typerä-nä       typer-i-en/
                  typerä-0-in
  typerä-ksi      typer-i-ksi
  typerä-än       typer-i-in

tyre=hdy=ttä-nyt  =v-2 partic
    tyrehdyttää

tyre=hdy=ttä-ä´  =v caus-1 inf
    'to stop'  cf tyrehtyä
  tyre=hdy=tä-    tyre=hdy=t-i-
    n               n
  tyre=hdy=       tyre=hdy=tt-i-
    ttä-ä           0
  tyre=hdy=te-    tyre=hdy=te-tt-
    tä-än           i-in

tyre=hty-ä´  =v refl-1 inf
    'to dry out, stop [of flow]'
  tyre=hdy-n      tyre=hdy-i-n
  tyre=hty-y      tyre=hty-i-0
  tyre=hdy-tä-    tyre=hdy-tt-i-
    än              in

tyttäre-ltä  s-Abl  tytär

tyttäre-ni  s-poss1  tytär

tyttäre-nsä  s-poss3  tytär
    hänen tyttärensä  'his/her
    daughter'

tyttäre-0-nsä  s-Ac-poss3
    [tyttäre-n  s-Ac] tytär

tyttäre-0-si  s-Ac-poss2
    [tyttäre-n  s-Ac] tytär
```

tyttäre-stä   s-El   tytär

tyttö   s   'girl'
   tyttö-ä   tyttö-j-ä
   tyttö-nä   tyttö-j-en
   tytö-ksi   tytö-i-ksi
   tyttö-ön   tyttö-i-hin

tyttö-i-n   s-pl-G   tyttö

tyttö-j-ä   s-pl-P   tyttö

tyttö=nen   =s dim   'little girl'
   cf tyttö
   tyttö=s-tä   tyttö=s-i-ä
   tyttö=se-nä   tyttö=s-t-en/
                      tyttö=s-i-en
   tyttö=se-ksi   tyttö=s-i-ksi
   tyttö=se-en   tyttö=s-i-in

tyttö-nsä   sN-poss3   tyttö

tyttö-ä   s-P   tyttö

tyttö-ä-än   s-P-poss3   tyttö

tytär   s   'daughter'
   tytär-tä   tyttär-i-ä
   tyttäre-nä   tytär-t-en/
                      tyttär-i-en
   tyttäre-ksi   tyttär-i-ksi
   tyttäre-en   tyttär-i-in

tytär-tä   s-P   tytär

tytär-tä-än   s-P-poss3   tytär

tytö-lle´   s-Al   tyttö

tytö-n   s-Ac/G   tyttö

tytö-n-ki   s-Ac-coll   *kin*   tyttö

tyven   a/s   'calm'
   tyven-tä   tyven-i-ä
   tyvene-nä   tyven-i-en/
                      tyven-t-en
   tyvene-ksi   tyven-i-ksi
   tyvene-en   tyven-i-in

tyvene-ssä   s-In   tyven

tyvi   s   'lower part of trunk'
   tyve-ä   tyv-i-ä
   tyve-nä   tyv-i-en
   tyve-ksi   tyv-i-ksi
   tyve-en   tyv-i-in

tyvi+puoli   +s   'lower part of trunk'   tyvi see puoli for decl

tyvi+puol-i-n   +s-pl-Instr   'with the root end'   tyvi-puoli

tyyty-i-0   v-past-sg3   tyytyä

tyyty-ä´   v-l inf   'to content oneself [with Il]'
   tyydy-n   tyydy-i-n
   tyyty-y   tyyty-i-0
   tyydy-tä-än   tyydy-tt-i-in

työ   s   'work'
   työ-tä   tö-i-tä
   työ-nä   tö-i-den/tten
   työ-ksi   tö-i-ksi
   työ-hön   tö-i-hin

työ+maa   +s   'working place [in the open air]'   työ see maa for decl

työ+maa-lla   +s-Ad   työmaa

työ+maa-lle´   +s-Al   työmaa

työ-tä   s-P   työ

työ+väe-lle´   +s-Al   työväki

työ+väki   +s   'workers'   työ see väki for decl

tähde´   s   'remnant'
   tähdet-tä   tähte-i-tä
   tähtee-nä   tähte-i-den/
                      tten
   tähtee-ksi   tähte-i-ksi
   tähtee-seen   tähte-i-siin/hin

tähde-n   s-Ac/G   tähti

tähden   postp with G   'because of'

tähde-t-0   s-pl-Ac   tähti

tähd-i-ksi   s-pl-T   tähti

tähtee-t-0   s-pl-N/Ac   'rem-
    nants'   tähde

tähti   s   'star'
    tähte-ä   täht-i-ä
    tähte-nä   täht-i-en
    tähde-ksi   tähd-i-ksi
    tähte-en   täht-i-in

täht-i-en   s-pl-G   tähti

tä-hän   dem pron-Il   tämä

tä-lle´   pron dem-Al   tämä

tä-llä   pron dem-Ad   tämä

tällöin   adv   'at that time'
    cf tämä

tämä   pron dem   'this'
    tä-tä   nä-i-tä
    tä-nä   nä-i-den/tten
    tä-ksi   nä-i-ksi
    tä-hän   nä-i-hin

tämä-n   pron dem-G   tämä

tämä-n-kin   pron dem-Ac-*kin*
    tämä

tämä-pä   pron dem-*pä*   tämä

tä=nne´   =adv   'here [in this
    direction]'   cf tämä

tä-ssä   pron dem-In-adv   'right
    here'   tämä

täst' [sic]/tä-st   pron dem-poet El
    stand tästä   tämä
    täst' on kulta kulkenunna
    '[my] sweetheart has wan-
    dered through here'

tä-stä   pron dem-El   tämä
    hyvä tästä tulee   'this will
    end well'

täyn-nä   -adv [a cons stem-Es]
    'full'   cf täysi

täysi   a   'full'; here s
    'fill, fullness; contents'
    täyt-tä   täys-i-ä
    täyte-nä   täys-i-en
    täyde-ksi   täys-i-ksi
    täyte-en   täys-i-in
    vatsan täysi   'the stomach's
    fill'

täyte-en   a   s-Il   täysi

täyt-tä   a-P   täysi

täyt=tä-ä´   =v   fact-l inf
    'to fill'   cf täysi
    täyt=ä-n   täyt=0-i-n
    täyt=tä-ä   täyt=t-i-0
    täyt=e-tä-än   täyt=e-tt-i-in

täyt=y-i-0   =v-past=sg3   täytyä
    *niitylle täytyi viedä eväät
    mukana*   'one had to take
    lunch along to the hay field'
    paholaisen täytyi juosta   'the
    devil had to run'

täyt=y-y   =v-sg3   täytyä
    hänen täytyy palata takaisin
    'he must turn back'

täyt=y-y-hän   =v-sg3-*hän*   täytyä

täyt=y-ä´=v-1 inf 'must' sg3 only
------   ------
    täyt=y-y   täyt=y-i-0
------   ------

täyt=ä-´   =v-neg   täyttää
    *ei koskaan viittä viikkoa
    täytä*   'never reaches the
    age of five weeks'

tää-llä   adv-Ad   'here'   cf tämä

tää-ltä   adv-Abl   'from here'
    cf tämä

tö-i-lle-si   s-pl-Al-poss2
    työ

tö-i-ssä   s-pl-In   'at work'
    työ

U

udel-la´ v-1 inf 'to ask [im-
  pertinent] questions'
  utele-n   utel-i-n
  utele-e   utel-i-0
  udel-la-an   udel-t-i-in

uha=t-a´ =v fact-1 inf 'to
  threaten' cf uhka
  uhka=a-n   uhka=s-i-n
  uhka=a-0   uhka=s-i-0
  uha=t-a-an   uha=t-t-i-in

uhka s 'threat'
                    [pl not used]
  uhka-a   ------
  uhka-ṇa   ------
  uha-ksi   ------
  uhka-an   ------

ui-da´ v-1 inf 'to swim'
  ui-n   u-i-n
  ui-0   u-i-0
  ui-da-an   ui-t-i-in

ui-de-ssa v-2 inf-In 'while
  swimming' uida

ui-ma-an v-3 inf-Il uida

ui=skennel-la´ =v cont-1 inf
  'to swim about' cf uida
  ui=skentele-n ui=skentel-i-n
  ui=skentele-e ui=skentel-i-0
  ui=skennel-la- ui=skennel-t-
    an   i-in

ui=skentel-i-0 =v-past-sg3
  uiskennella

ukko s 'old man; arch/coll
  husband'
  ukko-a   ukko-j-a
  ukko-na   ukko-j-en
  uko-ksi   uko-i-ksi
  ukko-on   ukko-i-hin

Ukko s 'thunder god' see
  ukko for decl

uko-lta s-Abl ukko

uko-t-0 s-pl-N ukko

ukse-n s-G uksi

uksi s poet 'door' [stand
  ovi]
  ukse-a/us-ta uks-i-a
  ukse-na   uks-i-en/
                   us-t-en
  ukse-ksi   uks-i-ksi
  ukse-en   uks-i-in

ulapa-lla s-Ad ulappa

ulappa s 'open sea, high
  seas'
  ulappa-a   ulapo-i-ta
  ulappa-na   ulapo-i-den/
                   tten/
                   ulappa-0-in
  ulapa-ksi   ulapo-i-ksi
  ulappa-an   ulappo-i-hin

ulko+ 'outer'

ulko-na adv-Es 'outdoors'
  ulko+

ulko+puole-lta +s-Abl 'from
  the outside' ulkopuoli

ulko+puoli +s 'outside, ex-
  terior' ulko see puoli
  for decl

ulo=s =adv 'out' cf ulko+

ulvo-a´ v-1 inf 'to howl;
  [here, of the door:]
  creak'
  ulvo-n   ulvo-i-n
  ulvo-0   ulvo-i-0
  ulvo-ta-an   ulvo-tt-i-in

ulvo-ma-tta v-3 inf-Abe ulvoa
  ilman uksen ulvomatta
  'without the door creaking'

une-en s-Il uni

une-sta-nsa s-El-poss3 uni

```
uni     s   'sleep; dream'              use-i-n   -adv [a-pl-Instr]
   un-ta           un-i-a                  'often'  cf usea
   une-na          un-t-en/
                   un-i-en               use-i-ta  pron indef-pl-P
   une-ksi         un-i-ksi                 usea
   une-en          un-i-in
                                         uskalta-aˊ  v-1 inf 'to dare'
un-i-ssa   s-pl-In  'in a dream'            uskalla-n        uskals-i-n
   uni                                      uskalta-a        uskals-i-0
                                            uskalle-ta-      uskalle-tt-i-in
un=onen  =s  dim  'sleep'  cf               an
   uni              [pl not used]
   un=os-ta         ------                uskalta-nee-t  v-2 partic-pl
   un=ose-na        ------                   uskaltaa
   un=ose-ksi       ------
   un=ose-en        ------                usko    s  'faith'
                                             usko-a           usko-j-a
urho    s    'hero'                          usko-na          usko-j-en
   urho-a          urho-j-a                  usko-ksi         usko-i-ksi
   urho-na         urho-j-en                 usko-on          usko-i-hin
   urho-ksi        urho-i-ksi
   urho-on         urho-i-hin             usko-ˊ   v-neg  uskoa

uroho-n  s arch stem-G stand             usko-aˊ   v-1 inf  'to believe'
   uroon   uros                             cf usko
                                             usko-n           usko-i-n
uros   s arch  'hero' [mod urho]             usko-o           usko-i-0
   uros-ta         uro-i-ta                  usko-ta-an       usko-tt-i-in
   uroo-na         uro-i-den/tten/
                   uros-t-en             usko=llinen  =a  'faithful'
   uroo-ksi        uro-i-ksi                cf usko
   uroo-seen       uro-i-siin/hin            usko=llis-ta    usko=llis-i-a
                                             usko=llise-     usko=llis-t-
usea    pron indef  'many; sever-              na              en/
   al'                                                       usko=llis-i-
   usea-a          use-i-ta                                    en
   usea-na         use-i-den/tten/           usko=llise-     usko=llis-i-
                   usea-0-in                   ksi             ksi
   usea-ksi        use-i-ksi                 usko=llise-     usko=llis-i-
   usea-an         use-i-hin                   en              in

usea-mpi  pron indef-comp                usko-n   v-sgl  uskoa
   'more; more frequent; sev-
   eral'  usea                           usko-n   s-Ac   usko
   usea-mpa-a      usea-mp-i-a
   usea-mpa-na     usea-mp-i-en/         utel=iaa-ksi  =a-T  utelias
                   usea-mpa-0-in
   usea-mma-ksi    usea-mm-i-ksi         utel=ias  =a  'curious' cf
   usea-mpa-an     usea-mp-i-in             udella
                                             utel=ias-ta     utel=ia-i-ta
usea-mp-i-a  pron indef-comp-pl-            utel=iaa-na     utel=ia-i-den/
   P  useampi                                                 tten
                                             utel=iaa-ksi    utel=ia-i-ksi
                                             utel=iaa-       utel=ia-i-siin/
                                               seen            hin
```

utu   s   'mist'
  utu-a   utu-j-a
  utu-na   utu-j-en
  udu-ksi   udu-i-ksi
  utu-un   utu-i-hin

utu=inen   =a   'misty, hazy'   cf utu
  utu=is-ta   utu=is-i-a
  utu=ise-na   utu=is-i-en/
                      utu=is-t-en
  utu=ise-ksi   utu=is-i-ksi
  utu=ise-en   utu=is-i-in

utu=ise-n   =a-G   utuinen

uude-lle-en   -adv   [a-Al-poss3]   'again'   cf uusi

uude-lle-nsa   -adv   [a-pl-poss3]   stand uudelleen   'again'   cf uusi

uude-n   a-G   uusi

uude-sta-nsa   -adv   [a-El-poss3]   'anew'   cf uusi

uuni   s   'oven; stove; furnace; kiln'
  uuni-a   uune-j-a
  uuni-na   uuni-0-en
  uuni-ksi   uune-i-ksi
  uuni-in   uune-i-hin

uuni-n   s-G   uuni

uusi   a   'new'
  uut-ta   uus-i-a
  uute-na   uus-i-en
  uude-ksi   uus-i-ksi
  uute-en   uus-i-in

uus-i-a   a-pl-P   uusi

uute-na   a-Es   uusi
  uutena vuotena   'during the new year'

Uvanto=lainen   =s   [epithet for Väinämöinen]   [pl not used]
  Uvanto=lais-ta   ------
  Uvanto=laise-na ------
  Uvanto=laise-ksi------
  Uvanto=laise-en ------

Uvanto=laise-n   =s-G   Uvantolainen

V

vaahde-ksi   s-T   vaahti

vaahdo-sta   s-El   vaahto
  hevonen oli varsin valkoinen vaahdosta   'the horse was quite white with sweat'

vaahti   s coll/poet   'foam'
  vaahte-a   vaaht-i-a
  vaahte-na   vaaht-i-en
  vaahde-ksi   vaahd-i-ksi
  vaahte-en   vaaht-i-in

vaahto   s   'foam'   cf vaahti
  vaahto-a   vaahto-j-a
  vaahto-na   vaahto-j-en
  vaahdo-ksi   vaahdo-i-ksi
  vaahto-on   vaahto-i-hin

vaali-a´   v-1 inf   'to cherish; take care of'
  vaali-n   vaal-i-n
  vaali-i   vaal-i-0
  vaali-ta-an   vaali-tt-i-in

vaali-ma-han   v-3 inf-arch Il   stand vaalimaan   vaalia

vaan   adv dial   'only'   stand vain

vaan   con   'but'

```
vaapp=u-a´   =v refl-1 inf  'to          vaati=mukse-n  =s-Ac  vaati-
   rock, sway, oscillate'                   mus
   vaap=u-n        vaap=u-i-n
   vaap=u-u        vaapp=u-i-0           vaati=mus  =s  'demand'  cf
   vaap=u-ta-an    vaap=u-tt-i-in           vaatia
                                             vaati=mus-ta   vaati=muks-i-a
vaapp=u-e-ssa  =v-2 inf-In                   vaati=mukse-   vaati=mus-t-en/
   'while swaying'  vaappua                    na           vaati=muks-i-en
                                             vaati=mukse-   vaati=muks-i-
vaara  s  'danger'                             ksi             ksi
   vaara-a         vaaro-j-a                 vaati=mukse-   vaati=muks-i-in
   vaara-na        vaaro-j-en/                 en
                   vaara-0-in
   vaara-ksi       vaaro-i-ksi             vaattehe-t-0  s  arch stem-pl-N
   vaara-an        vaaro-i-hin                stand vaatteet 'clothing'
                                             vaate
vaara-t-0  s-pl-N  vaara
                                          vadi-ssa   s-In  'in the bowl'
vaari  s  'grandpa'                          vati
   vaari-a         vaare-j-a
   vaari-na        vaari-0-en              vaels-i-0  v-past-sg3  vaeltaa
   vaari-ksi       vaare-i-ksi
   vaari-in        vaare-i-hin             vaelta-a  v-sg3  vaeltaa

Vaasa  s  place name, city in             vaelta-a´  v-1 inf  'to wander,
   Southern Ostrobothnia; mem-                ramble, stroll'
   ber of Wasa royal family                  vaella-n       vaels-i-n
                                             vaelta-a       vaels-i-0
   Vaasa-a         Vaaso-j-a                 vaelle-ta-an   vaelle-tt-i-in
   Vaasa-na        Vaaso-j-en/Vaasa-0-in
   Vaasa-ksi       Vaaso-i-ksi             vaha  s  rare  'big, free-stan-
   Vaasa-an        Vaaso-i-hin                ding rock', stand 'wax'
                                             vaha-a         vaho-j-a
Vaasa-n  s-G  Vaasa                          vaha-na        vaho-j-en/
                                                            vaha-0-in
Vaasa-ssa  s-In  'in Vaasa'                  vaha-ksi       vaho-i-ksi
   Vaasa                                     vaha-an        vaho-i-hin

vaate´  s  'fabric; piece of              vaha-lla  s-Ad  vaha
   clothing'
   vaatet-ta       vaatte-i-ta             vahti-a´  v-1 inf  'to watch,
   vaattee-na      vaatte-i-den/              keep an eye on'
                   tten                      vahdi-n        vahd-i-n
   vaattee-ksi     vaatte-i-ksi              vahti-i        vaht-i-0
   vaattee-seen    vaatte-i-siin/            vahdi-ta-an    vahdi-tt-i-in
                   hin
                                          vahti-e-n  v-2 inf-Instr
vaat-i-0  v-past-sg3  vaatia                 'watching'  vahtia

vaati-a´  v-1 inf  'to demand'            vahva  a  'strong'
   vaadi-n         vaad-i-n                  vahva-a        vahvo-j-a
   vaati-i         vaat-i-0                  vahva-na       vahvo-j-en/
   vaadi-ta-an     vaadi-tt-i-in                            vahvo-0-in
```

```
vahva-ksi        vahvo-i-ksi        vaimo-kse-en  s-T-poss3
vahva-an         vahvo-i-hin           vaimo

vaikea  a  'difficult'                vaimo-lla  s-Ad  vaimo
   vaikea-a/ta   vaike-i-ta
   vaikea-na     vaike-i-den/         vaimo-loi-sta  s-dial pl-El
                    tten/                stand vaimoista  vaimo
                 vaikea-0-in
   vaikea-ksi    vaike-i-ksi          vaimo-n  s-G  vaimo
   vaikea-an     vaike-i-hin
                                      vaimo-na  s-Es  'as a wife'
vaikea-han  a-arch Il  stand             vaimo
   vaikeaan  vaikea
                                      vaimo-0-nsa  s-G/Ac-poss3
vaikea-ksi  a-T  vaikea                  [vaimo-n  s-G/Ac]  vaimo

vaikea=sti´  =adv  'in a diffi-       vain  adv  'only'
   cult way; seriously'  cf
   vaikea                             vainaja  s  'deceased person'
                                         vainaja-a    vainaj-i-a
vaikk' [sic] con poet  stand             vainaja-na   vainaj-i-en/
   vaikka                                             vainaja-0-in
                                         vainaja-ksi  vainaj-i-ksi
vaikka  con  'although'                  vainaja-an   vainaj-i-in
   vaikka olisi kuinka satanut
   'however hard it rained'           vainaja-n  s-G  vainaja
   vaikka sattumalta  'if even
   by chance'                         vainu  s  'scent [by which an
                                         animal finds something];
vaikk+ei  con+neg v sg3  'al-            sense of smell of a dog,
   though not'  vaikka  ei              cat, etc.'
                                         vainu-a      vainu-j-a
vaikk+ei-vät  con+neg v-pl3              vainu-na     vainu-j-en
   'although they . . . not'             vainu-ksi    vainu-i-ksi
   vaikka  eivät                         vainu-un     vainu-i-hin

vaikuta-´  v-neg  vaikuttaa           vainu-a  s-P  vainu
   taika ei vaikuta  'the magic
   does not work'                     vaipu-a´  v-1 inf  'to sink,
                                         sag; decline'
vaikutta-a´  v-1 inf  'to in-            vaivu-n      vaivu-i-n
   fluence; have effect, be              vaipu-u      vaipu-i-0
   effective'                            vaivu-ta-an  vaivu-tt-i-in
   vaikuta-n     vaikut-i-n
   vaikutta-a    vaikutt-i-0          vaiva  s  'trouble, bother,
   vaikute-ta-an vaikute-tt-i-in         pain, worry, care'
                                         vaiva-a      vaivo-j-a
vaimo  s  'wife; [dial:] woman'          vaiva-na     vaivo-j-en/
   vaimo-a       vaimo-j-a                            vaiva-0-in
   vaimo-na      vaimo-j-en              vaiva-ksi    vaivo-i-ksi
   vaimo-ksi     vaimo-i-ksi             vaiva-an     vaivo-i-hin
   vaimo-on      vaimo-i-hin
                                      vaiva=inen  =a  'miserable,
vaimo-a-an  s-P-poss3  vaimo             wretched'  cf vaiva
```

```
vaiva=is-ta      vaiva=is-i-a         vakaa-na      vaka-i-den/
vaiva=ise-na     vaiva=is-t-en/                     tten
                 vaiva=is-i-en        vakaa-ksi     vaka-i-ksi
vaiva=ise-ksi    vaiva=is-i-ksi       vakaa-seen    vaka-i-siin/hin
vaiva=ise-en     vaiva=is-i-in
                                      vakaha=inen  =a/=s poet 'baby'
vaiva=is-ta  =a-P  vaivainen           vakaha=is-ta  vakaha=is-i-a
                                       vakaha=ise-   vakaha=is-t-en/
vaiva=stu-a´ =v refl poet-1              na            vakaha=is-i-en
    inf  'to become troubled'          vakaha=ise-   vakaha=is-i-
    cf vaiva                             ksi            ksi
    vaiva=stu-n    vaiva=stu-i-n       vakaha=ise-   vakaha=is-i-in
    vaiva=stu-u    vaiva=stu-i-0         en
    vaiva=stu-ta-  vaiva=stu-tt-i-
       an             in                vakaha=is-ta  =a/=s-P  vaka-
                                           hainen
vaiva=stu-vi =v-arch sg3  stand
    vaivastuu  vaivastua                vakka  s  'bushel, basket'
                                         vakka-a    vakko-j-a
vaivu=t=el-la´  =v cont/freq-1           vakka-na   vakko-j-en/
    inf  'to put to sleep magi-                     vakka-0-in
    cally' cf vaivuttaa                  vaka-ksi   vako-i-ksi
    vaivu=tt=ele-n  vaivu=tt=el-i-n      vakka-an   vakko-i-hin
    vaivu=tt=ele-e  vaivu=tt=el-i-0
    vaivu=t=el-la-  vaivu=t=el-t-i-    vak=uus  =s  'guarantee'  cf
       an              in                 vakaa
                                          vak=uut-ta    vak=uuks-i-a
vaivu=tta-a´ =v caus-1 inf  'to         vak=uute-na   vak=uuks-i-en
    cause to sink' cf vaipua             vak=uude-ksi vak=uuks-i-ksi
    vaivu=ta-  n    vaivu=t-i-n         vak=uute-en   vak=uuks-i-in
    vaivu=tta-a     vaivu=tt-i-0
    vaivu=te-ta-an  vaivu=te-tt-i-    vak=uut=ta-a´ =v caus-1 inf
                       in                 'to affirm, assure; insure'
                                          cf vakuus
vaivu=tt=ele-´ =v-imper sg2               vak=uu-ta-n   vak=uu-t-i-n
    vaivutella                            vak=uu-tta-a  vak=uu-tt-i-0
                                          vak=uu-te-    vak=uu-te-tt-
vaivu=tt=el-i-0 =v-past-sg3                 ta-an         i-in
    vaivutella
                                       vak=uut=t-i-0  =v-past-sg3
vaja  s  'shed'
    vaja-a         vajo-j-a            vala-a´ v-1 inf 'to pour,
    vaja-na        vajo-j-en/              cast'
                   vaja-0-in              vala-n       valo-i-n
    vaja-ksi       vajo-i-ksi             vala-a       valo-i-0
    vaja-an        vajo-i-hin             vale-ta-an   vale-tt-i-in

vaka  a  poet  'steadfast'             vala-vi  v-arch sg3  stand valaa
    [epithet for Väinämöinen]              valaa
    in decl
                                       vale´  s dial stand valhe
vakaa  a  'firm, steadfast,
    staunch; constant, steady'         valeh=d=el-la´ =v cont-1 inf
    vakaa-ta       vaka-i-ta               'to lie, tell lies'  cf
```

vale, valhe
valeh=t=ele-n   valeh=t=el-i-n
valeh=t=ele-e   valeh=t=el-i-0
valeh=d=el-la-   valeh=d=el-t-i-
  an   in

valeh=d=el-lut   =v-2 partic
  valehdella

valeh=t=eli=ja   =s 'liar' cf
  valehdella
valeh=t=eli=   valeh=t=eli=
  ja-a   jo-i-ta
        valeh=t=eli=jo-i-den/tten
valeh=t=eli=   /valeh=t=eli=
  ja-na   ja-0-in
valeh=t=eli=   valeh=t=eli=
  ja-ksi   jo-i-ksi
valeh=t=eli=   valeh=t=eli=
  ja-an   jo-i-hin

valeh=t=eli=ja-n =s-Ac valeh-
  telija

valeh=t=el-i-n-ki =v-past-sg1-
  ki(n) valehdella

valikoi-da´ v-1 inf 'to se-
  lect' cf valita
  valikoi-n   valiko-i-n
  valikoi-0   valiko-i-0
  valikoi-da-an   valikoi-t-i-in

valikoi=ma =s 'selection' cf
  valikoida
  valikoi=ma-a   valikoi=m-i-a
  valikoi=ma-na   valikoi=m-i-en/
                  valikoi=ma-0-in
  valikoi=ma-ksi valikoi=m-i-ksi
  valikoi=ma-an   valikoi=m-i-in

valit-a´ v-1 inf 'to choose'
  valitse-n   valits-i-n
  valitse-e   valits-i-0
  valit-a-an   valit-t-i-in

valit=el-la´ =v freq/cont-1
  inf 'to keep complaining'
  cf valittaa
  valitt=ele-n   valitt=el-i-n
  valitt=ele-e   valitt=el-i-0
  valit=el-la-an valit=el-t-i-in

valitse-´ v-imp sg2 valita

valitta-a´ v-1 inf 'to com-
  plain'
  valita-n   valit-i-n
  valitta-a   valitt-i-0
  valite-ta-an   valite-tt-i-in

valitta-ma-an v-3 inf-I1
  valittaa

valitta-mis-ta v-4 inf-P
  valittaa
  onko (sota)miehillä mitään
  valittamista 'do the sol-
  diers have anything to
  complain about'

valitt=el-i-0 =v-past-sg3
  valitella

valjaa-t-0 s-pl-N 'harness'
  [pl only]
  ------   valja-i-ta
  ------   valja-i-den/
                    tten/
                  valjas-t-en
  ------   valja-i-ksi
  ------   valja-i-siin/
                    hin

valjaha-t-0 s arch stem-pl-N
  'harness' stand valjaat

valje=t-a´ =v-1 inf 'to clear,
  dawn' sg3 only cf valkea
  ------   ------
  valke=ne-e   valke=n-i-0
  ------   ------

valje=t-e-ssa =v-2 inf-In
  valjeta
  päivän valjetessa 'at dawn'

valkea a 'white'
  valkea-a   valke-i-ta
  valkea-na   valke-i-den/
                    tten/
                  valkea-0-in
  valkea-ksi   valke-i-ksi
  valkea-an   valke-i-hin

valkea-ksi a-T valkea

valkia a dial stand valkea

valko+ 'white'

valko=inen =a 'white' cf
    valko+
  valko=is-ta   valko=is-i-a
  valko=ise-na   valko=is-t-en/
                      valko=is-i-en
  valko=ise-ksi   valko=is-i-ksi
  valko=ise-en   valko=is-i-in

valku=ainen =s 'white (of
    egg, eye)' cf valko+,
    valkea
  valku=ais-ta   valku=ais-i-a
  valku=aise-na   valku=ais-t-en/
                      valku=ais-i-en
  valku=aise-ksi   valku=ais-i-ksi
  valku=aise-en   valku=ais-i-in

valku=ais-ta =s-P valkuainen

valla-n s-Ac valta

valla=ton =a 'unruly, coltish,
    unrestrained' cf valta
  valla=ton-ta   valla=ttom-i-a
  valla=ttoma-na   valla=ttom-i-
                         en/
                      valla=ton-t-en/
                      valla=ttoma-0-
                         in
  valla=ttoma-   valla=ttom-i-
     ksi   ksi
  valla=ttoma-an   valla=ttom-i-in

valla=ton-na =a cons stem-Es
    stand vallattomana vallaton

vallesmanni s 'chief of police
    in a rural community' mod
    nimismies
  vallesmanni-a   vallesmanne-j-a
  vallesmanni-na   vallesmanni-0-
                         en
  vallesmanni-   vallesmanne-i-
     ksi   ksi
  vallesmanni-in   vallesmanne-i-
                         hin

vallesmanni-a s-P vallesmanni

vallesmanni-lle´ s-Al valles-
    manni

valmii-na a-Es valmis

valmis a 'ready'
  valmis-ta   valmi-i-ta
  valmii-na   valmi-i-den/
                         tten/
                      valmis-t-en
  valmii-ksi   valmi-i-ksi
  valmii-seen   valmi-i-siin/
                         hin

valo s 'light'
  valo-a   valo-j-a
  valo-na   valo-j-en
  valo-ksi   valo-i-ksi
  valo-on   valo-i-hin

valo-i-0 v-past-sg3 valaa

valo-t-0 s-pl-N valo

valta s 'power; rule; might;
    control'
  valta-a   valto-j-a
  valta-na   valto-j-en/
                      valta-0-in
  valla-ksi   vallo-i-ksi
  valta-an   valto-i-hin

valta-a-nsa s-Il-poss3 'into
    his power' [valta-an s-Il]
    valta

valta+herra +s poet 'ruling
    lord' valta see herra
    for decl

valti=mo =s 'artery' cf
    valta
  valti=mo-a   valti=mo-j-a/
                      valti=mo-i-ta
  valti=mo-na   valti=mo-j-en/
                      valti=mo-i-den/
                         tten
  valti=mo-ksi   valti=mo-i-ksi
  valti=mo-on   valti=mo-i-hin

val=u-a´ =v refl-1 inf 'to
    flow, run' cf valaa
  val=u-n   val=u-i-n
  val=u-u   val=u-i-0
  val=u-ta-an   val=u-tt-i-in

val=u-isi-0 =v-cond-sg3 valua

val=u=ta-´ =v-imper sg2 valut-
    taa

```
val=u=tta-a´  =v caus-1 inf
    'to make flow'  cf valua
  val=u=ta-n       val=u=t-i-n
  val=u=tta-a      val=u=tt-i-0
  val=u=te-ta-an val=u=te-tt-i-
                     in

valve+  'waking'

valve-i-lla  s-pl-Ad  'awake'
  cf valve+, valvoa

valvo-a´  v-1 inf  'to wake,
    keep awake; watch, guard'
    cf valve+
  valvo-n         valvo-i-n
  valvo-o         valvo-i-0
  valvo-ta-an     valvo-tt-i-in

valvo-e-ssa-an  v-2 inf-In-poss3
    'while he [subject of the
    sentence] was awake'
    hänen valvoessaan  'while he
    [other than subject] was
    awake'

valvo-i-0  v-past-sg3   valvoa

vangi-n  s-G [here: "dative"
    stand vangille]  vanki

vanha  a  'old'
  vanha-a         vanho-j-a
  vanha-na        vanho-j-en/
                  vanha-0-in
  vanha-ksi       vanho-i-ksi
  vanha-an        vanho-i-hin

vanha-a  a-P  vanha

vanha-an  a-Il  vanha
    ennen vanhaan (aikaan)  'in
    olden times'

vanha-ksi  a-T  vanha
    kahden vuoden vanhaksi elä-
    mään  'to live two years'

vanha-n  a-G/Ac  vanha

vanha+piika  +s  'old maid,
    spinster'
  vanha-a+piika-  vanho-j-a+
     a              piiko-j-a
```

```
vanha-na+       vanho-j-en+
  piika-na        piiko-j-en/
                vanha-0-in+
                  piika-0-in
vanha-ksi+      vanho-i-ksi+
  piia-ksi        piio-i-ksi
vanha-an+       vanho-i-hin+
  piika-an        piiko-i-hin

vanha-t-0  a/[here:] s-pl-N/Ac
    'old people'  vanha

vanhe=ne-vat  =v-pl3  vanheta

vanhe=t-a´  =v refl-1 inf  'to
    grow older, age'  cf vanha
  vanhe=ne-n    vanhe=n-i-n
  vanhe=ne-e    vanhe=n-i-0
  vanhe=t-a-an  vanhe=t-t-i-in

vanh-in  a-super1  'oldest'
  vanh-in-ta    vanh-imp-i-a
  vanh-impa-na  vanh-imp-i-en/
                vanh-impa-0-in
  vanh-imma-    vanh-imm-i-
    ksi           ksi
  vanh-impa-an  vanh-imp-i-in

vanh=uus  =s  'old age'  cf
    vanha       [pl not used]
  vanh=uut-ta   ------
  vanh=uute-na  ------
  vanh=uude-ksi ------
  vanh=uute-en  ------

vanki  s  'prisoner'
  vanki-a       vanke-j-a
  vanki-na      vanki-0-en
  vangi-ksi     vange-i-ksi
  vanki-in      vanke-i-hin

vapaa  a  'free'
  vapaa-ta      vapa-i-ta
  vapaa-na      vapa-i-den/tten
  vapaa-ksi     vapa-i-ksi
  vapaa-seen    vapa-i-siin/hin

vapaa-aika [sic]/vapaa+aika  +s
    'leisure'  vapaa  see aika
    for decl

vapise-e  v-sg3  vapista

vapis-ta´  v-1 inf  'to tremble'
```

```
vapise-n          vapis-i-n
vapise-e          vapis-i-0
vapis-ta-an       vapis-t-i-in

vara  s  'supply, reserve; fi-
   nancial means'
   vara-a         varo-j-a
   vara-na        varo-j-en/
                  vara-0-in
   vara-ksi       varo-i-ksi
   vara-an        varo-i-hin

vara-ksi  s-T  vara

varas  s  'thief'
   varas-ta       varka-i-ta
   varkaa-na      varka-i-den/
                      tten/
                  varas-t-en
   varkaa-ksi     varka-i-ksi
   varkaa-seen    varka-i-siin/
                      hin

varas=ta-´  =v-neg  varastaa

varas=ta-a´  =v-1 inf  'to
   steal'  cf varas
   varas=ta-n     varas=t-i-n
   varas=ta-a     varas=t-i-0
   varas=te-ta-an varas=te-tt-i-
                      in

varas=ta-ma-an  =v-3 inf-I1
   varastaa

varas=t-i-0  =v-past-sg3  varas-
   taa

varjo  s  'shadow'
   varjo-a        varjo-j-a
   varjo-na       varjo-j-en
   varjo-ksi      varjo-i-ksi
   varjo-on       varjo-i-hin

varjo-n  s-Ac  varjo

varkaha-ksi  s arch stem-T
   stand varkaaksi  varas

varma  a  'certain, sure'
   varma-a        varmo-j-a
   varma-na       varmo-j-en/
                  varma-0-in
   varma-ksi      varmo-i-ksi
   varma-an       varmo-i-hin
```

```
varmaan  adv  [varma-an a-I1]
   'certainly; probably'  cf
   varma

varo-a´  v-1 inf  'to be care-
   ful, take care'  cf vara
   varo-n         varo-i-n
   varo-o         varo-i-0
   varo-ta-an     varo-tt-i-in

varo=itta-a´  =v-1 inf  'to
   warn'  cf vara
   varo=ita-n     varo=it-i-n
   varo=itta-a    varo=itt-i-0
   varo=ite-ta-   varo=ite-tt-i-
       an             in

varo=itt-i-0  =v-past-sg3
   varoittaa

varo=tta-a´  =v-1 inf  'to
   warn'  cf varoa
   varo=ta-n      varo=t-i-n
   varo=tta-a     varo=tt-i-0
   varo=te-ta-    varo=te-tt-i-
       an             in

varo=tt-i-0  =v-past-sg3

varpu  s  'twig'
   varpu-a        varpu-j-a
   varpu-na       varpu-j-en
   varvu-ksi      varvu-i-ksi
   varpu-un       varpu-i-hin

varpu=nen  =s  'sparrow'
   cf varpu
   varpu=s-ta     varpu=s-i-a
   varpu=se-na    varpu=s-t-en/
                  varpu=s-i-en
   varpu=se-ksi   varpu=s-i-ksi
   varpu=se-en    varpu=s-i-in

varpu=se-lla  =s-Ad  varpunen

varre-lla  s-Ad  'with the
   handle'  varsi

varre-n  s-Ac  'here: figure,
   body'  [stand vartalon]
   varsi

varro-ta-han  v-pass-arch pass
   suffix  [stand varrotaan]
   vartoa
```

varsa   s   'foal'
  varsa-a   varso-j-a
  varsa-na   varso-j-en/
                     varsa-0-in
  varsa-ksi   varso-i-ksi
  varsa-an   varso-i-hin

varsa-lle-nsa   a-Al-poss3
   varsa

varsi   s   'handle; stalk, stem;
   stature, figure, body'
  vart-ta   vars-i-a
  varte-na   vars-i-en
  varre-ksi   vars-i-ksi
  varte-en   vars-i-in

varsin   adv   'quite, rather'

varten   postp with P   'for'

vartija   s   'guardian'
  vartija-a   vartijo-i-ta
  vartija-na   vartijo-i-den/
                        tten/
                     vartija-0-in
  vartija-ksi   vartijo-i-ksi
  vartija-an   vartijo-i-hin

varto-a´   v-1 inf   'to await'
  varro-n   varro-i-n
  varto-o   varto-i-0
  varro-ta-an   varro-tt-i-in

varu-i-lla-nsa   -adv   [-pl-Ad-
   poss3]   'prepared, ready,
   on the lookout'   stand
   varuillaan   cf vara

var=us   =s   'equipment'   cf
   varata
  var=us-ta   var=uks-i-a
  var=ukse-na   var=us-t-en/
                     var=uks-i-en
  var=ukse-ksi   var=uks-i-ksi
  var=ukse-en   var=uks-i-in

var=us=ta-a´   =v inst-1 inf
   'to equip, provide, obtain'
   cf varus
  var=us=ta-n   var=us=t-i-n
  var=us=ta-a   var=us=t-i-0
  var=us=te-ta-   var=us=te-tt-
     an   i-in

var=us=ta-ma-tta   =v-3 inf-Abe
   varustaa
   valjahat varustamatta   'the
   harness not obtained'

var=us=te-tt-u´   =v-pass-2 partic
   varustaa

var=us=te-tt-u-na   =v-pass-2 par-
   tic-Es   varustettu

varvu-n   s-G   varpu

vasemma-lle´   a-Al   'to the
   left'   vasen

vasen   a   'left'
  vasen-ta/   vasemp-i-a
  vasempa-a
  vasempa-na   vasemp-i-en/
                     vasempa-0-in
  vasemma-ksi   vasemm-i-ksi
  vasempa-an   vasemp-i-in

vasika-lle´   s-Al   vasikka

vasika-lta   s-Abl   vasikka
   katkaisi vasikalta hännän
   'broke the tail of the
   calf'

vasika-n   s-G/Ac   vasikka

vasika-n+para=nta=mis+juttu
   +s   'the story about the
   curing of the calf'   vasikka
   parantaminen   see juttu for
   decl

vasika-n+para=nta=mis+jutu-n
   +s-Ac   vasikanparantamis-
   juttu

vasikka   s   'calf'   [cf vasa
   'reindeer/deer calf']
  vasikka-a   vasiko-i-ta/
                     vasikko-j-a
  vasikka-na   vasiko-i-den/
                        tten/
                     vasikko-j-en/
                     vasikka-0-in
  vasika-ksi   vasiko-i-ksi
  vasikka-an   vasikko-i-hin

vasikka-nsa sN-poss3 vasikka

vaski s 'copper; bronze; brass; pl objects/defined amounts of copper, bronze, or brass'
  vaske-a   vask-i-a
  vaske-na   vask-i-en
  vaske-ksi   vask-i-ksi
  vaske-en   vask-i-in

vaski+kihla-t-0 +s-pl-N 'betrothal presents of copper' vaski see kihlat for decl

vaski+kintaha-t-0 +s arch stem-pl-N stand vaskikintaat 'a pair of copper mittens' vaski see kinnas for decl

vaski+lanka +s 'copper thread, wire' vaski see lanka for decl

vaski+lanko-j-a +s-pl-P vaski-lanka

vaski+miehe-n +s-G vaskimies

vaski+mies +s 'man of/with copper' vaski see mies for decl

vaski=nen =a 'copper' cf vaski
  vaski=s-ta   vaski=s-i-a
  vaski=se-na   vaski=s-t-en/
                 vaski=s-i-en
  vaski=se-ksi   vaski=s-i-ksi
  vaski=se-en   vaski=s-i-in

vaski=se-n =a-Ac vaskinen

vaski+varsi +s 'copper handle' vaski see varsi for decl

vaski+verkko +s 'copper net' vaski see varkko for decl

vaski+verkko-j-a +s-pl-P vaskiverkko

vasta adv 'only; in the future; newly'

vasta tehty maa 'the newly created earth'

vasta+ 'opposite'

vasta-an postp-Il with P 'against' vasta+
ajoi häntä vastaan 'met him driving'

vasta-an+päin +adv 'against'

vasta-an+tuli=ja =s 'somebody on the road going into the opposite direction' vastaan see tulija for decl

vasta-an+tuli=ja-n =s-G vastaantulija

vasta+hako=inen =a 'obstinate, headstrong, perverse' cf vasta+
  vasta+hako=   vasta+hako=
    is-ta   is-i-a
  vasta+hako=   vasta+hako=
    ise-na   is-t-en/
                vasta+hako=
                  is-i-en
  vasta+hako=   vasta+hako=
    ise-ksi   is-i-ksi
  vasta+hako=   vasta+hako=is-
    ise-en   i-in

vasta-han adv-poet Il stand vastaan 'against' vasta+
tiehyt vastahan tulevi 'she meets a road'
tiehyt vastahan sanovi 'the road answers'

vastais [sic] v past sg3 poet stand vastasi vastata

vasta=kkain =adv 'facing each other' cf vasta+

vasta=s-i-0 =v-past-sg3 vastata

vasta=s-i-vat =v-past-pl3 vastata

vasta=t-a´ =v fact-1 inf 'to

    answer' cf vasta+
  vasta=a-n   vasta=s-i-n
  vasta=a-0   vasta=s-i-0
  vasta=t-a-an   vasta=t-t-i-in

  vasta=t-t-i-in =v-pass-past-
    pass suffix vastata

  vasta=tusten =adv 'against
    each other' cf vasta+

  vasta+virra-sta +s-El 'from
    the upstream' vastavirta

  vasta+virta +s 'direction
    against the current' vasta+
    see virta for decl

  vasten postp with P 'against'
    cf vasta+
    puun juurta vasten 'against
    the root of the tree'

  vati s 'bowl'
    vati-a   vate-j-a
    vati-na   vati-0-en
    vadi-ksi   vade-i-ksi
    vati-in   vate-i-hin

  vatsa s 'stomach'; poet 'womb'
    vatsa-a   vatso-j-a
    vatsa-na   vatso-j-en/
                   vatsa-0-in
    vatsa-ksi   vatso-i-ksi
    vatsa-an   vatso-i-hin

  vatsa-n s-G vatsa

  vatsa-0-nsa s-G-poss3 [vatsa-n
    s-G] vatsa
  vede-ksi s-T vesi

  ved=el-lä´ =v freq/cont-1 inf
    'to draw slowly, smoothly,
    lightly' cf vetää
    vet=ele-n   vet=el-i-n
    vet=ele-e   vet=el-i-0
    ved=el-lä-än   ved=el-t-i-in

  vede-llä s-Ad 'with water'
    vesi

  vede-n s-G vesi

  vede-ss' s-poet In stand
    vedessä vesi

  vede-ssä s-In vesi

  vede-t-0 s-pl-N 'waters;
    tears' vesi

  vede-tt-*y*´ v-pass-2 partic
    'drawn' vetää

  vede-tt-*y*-ä-än v-pass-2 partic-
    P-poss3 'after having
    pulled' vetää

  vee-ssä s dial stem-In stand
    vedessä vesi

  vehje´ s 'tool; piece of
    equipment'
    vehjet-tä   vehke-i-tä
    vehkee-nä   vehke-i-den/
                   tten
    vehkee-ksi   vehke-i-ksi
    vehkee-seen   vehke-i-siin/
                   hin

  ve-i-0 v-past-sg3 viedä

  veija=ri =s 'rascal' cf
    veijata
    veija=ri-a   veija=re-i-ta/
                   veija=re-j-a
    veija=ri-na   veija=re-i-den/
                   tten/
                   veija=ri-0-en
    veija-ri-ksi   veija=re-i-ksi
    veija=ri-in   veija=re-i-hin

  veija=t-a´ =v-1 inf rare 'to
    swindle'
    veija=a-n   veija=s-i-n
    veija=a-0   veija=s-i-0
    veija=t-a-an   veija=t-t-i-in

  veiju nonce word used in ring
    dance songs to suggest swing-
    ing motion

  vei=kko =s 'brother; fellow,
    guy' cf veli
    vei=kko-a   vei=kko-j-a
    vei=kko-na   vei=kko-j-en

```
vei=ko-ksi         vei=ko-i-ksi      vela-ksi          velo-i-ksi
vei=kko-on         vei=kko-i-hin     velka-an          velko-i-hin

vei=kko=nen  =s dim 'brother;        velvo=llinen  =a 'duty bound'
    fellow'  cf veikko                   cf velka
  vei=kko=s-ta     vei=kko=s-i-a       velvo=llis-ta  velvo=llis-i-a
  vei=kko=se-na    vei=kko=s-t-en/     velvo=llise-   velvo=llis-t-en/
                   vei=kko=s-i-en         na          velvo=llis-i-en
  vei=kko=se-ksi   vei=kko=s-i-ksi     velvo=llise-   velvo=llis-i-
  vei=kko=se-en    vei=kko=s-i-in         ksi            ksi
                                       velvo=llise-   velvo=llis-i-in
vei=kko=se-t-0   =s-pl-N  veik-           en
    konen
                                     vemmel  s  'horse collar'
Veitika-n   s-G   Veitikka              vemmel-tä    vempel-i-ä
                                        vempele-nä   vemmel-t-en/
veitikka   s   'rascal'                              vempel-i-en
  veitikka-a       veitiko-i-ta/       vempele-ksi   vempel-i-ksi
                   veitikko-j-a        vempele-en    vempel-i-in
  veitikka-na      veitiko-i-den/
                       tten/           vempele-hen  s-arch Il  stand
                   veitikko-j-en/         vempeleen  vemmel
                   veitikka-0-in
  veitika-ksi      veitiko -i-ksi      vempele-stä  s-El  vemmel
  veitikka-an      veitikko-i-hin
                                     vene´  sN/Ac  'boat'
Veitikka  s  folkl male name            venet-tä     vene-i-tä
                                        venee-nä     vene-i-den/tten
veitse-n+pää  +s  'handle of a          venee-ksi    vene-i-ksi
    knife'  veitsi  see pää for         venee-seen   vene-i-siin/hin
    decl
                                     venehe-n  s arch stem-Ac stand
veitsi   s  'knife'                     veneen  vene
  veis-tä          veits-i-ä
  veitse-nä        veits-i-en/        venehe-t-0  s arch stem-pl-N
                   veis-t-en              stand  veneet  vene
  veitse-ksi       veits-i-ksi
  veitse-en        veits-i-in         venet-tä  s-P  vene

vela-t-0  s-pl-N  velka               venne  nonce word used in song,
    nyt on velat vastakkain  'now         caused by alliteration
    the debts cancel each other'         (veikkoset) and rhyme (ennen)

veli    s  'brother'                 ven=o  =s dim 'boat'  cf vene
  velje-ä          velj-i-ä             ven=o-a         ven=o-j-a
  velje-nä         velj-i-en            ven=o-na        ven=o-j-en
  velje-ksi        velj-i-ksi           ven=o-ksi       ven=o-i-ksi
  velje-en         velj-i-in            ven=o-on        ven=o-i-hin

velje-nsä   sN-poss 3   veli         ven=o=nen  =s dim 'boat'  cf
                                         veno
velka   s  'debt'                       ven=o=s-ta      ven=o=s-i-a
  velka-a          velko-j-a            ven=o=se-na     ven=o=s-t-en/
  velka-na         velko-j-en/                          ven=o=s-i-en
                   velka-0-in
```

```
ven=o=se-ksi     ven=o=s-i-ksi        vaikk' ois suu suden veressä
ven=o=se-en      ven=o=s-i-in          'even if his mouth were
                                        smeared with wolf's blood'
ven=o=s-i-sta-si   =s-pl-El-poss2
   venonen                             vere-stä   s-El   veri

Venäjä  s  place name 'Russia'         veri    s   'blood'
                 [pl not used]            ver-ta       ver-i-ä
   Venäjä-ä     ------                    vere-nä      ver-i-en/
   Venäjä-nä    ------                                 ver-t-en
   Venäjä-ksi   ------                    vere-ksi     ver-i-ksi
   Venäjä-än    ------                    vere-en      ver-i-in

Venäjä-llä   s-Ad   'in Russia'        ver-i-in  s-pl-Il  'until it
   Venäjä                                  bleeds'  veri

Venäjä-n   s-G   Venäjä                ver-i-n   s-pl-Instr  'with
                                           blood'  veri
venä=läinen  =a/=s  'Russian'
   cf Venäjä                           veri=nen  =a  'bloody'  cf
   venä=läis-tä    venä=läis-i-ä          veri
   venä=läise-nä   venä=läis-t-en/        veri=s-tä     veri=s-i-ä
                   venä=läis-i-en         veri=se-nä    veri=s-t-en/
   venä=läise-ksi  venä=läis-i-ksi                      veri=s-i-en
   venä=läise-en   venä=läis-i-in         veri=se-ksi   veri=s-i-ksi
                                          veri=se-en    veri=s-i-in
venä=läis-tä   =a-P   venäläinen
                                       veri+pisara  +s  'drop of blood'
vere-n+seiso=t=ukse-ssa  =s-In            veri  see pisara for decl
   'in bloodstopping'  veren-
   seisotus                            veri+puna=inen  =a  'blood
                                          red, crimson'  veri  see
vere-n+seiso=t=us   =s  'blood-           punainen for decl
   stopping'  veri  see seiso-
   tus for decl                        verka  s  'thin felt-like wool'
                                          verka-a      verko-j-a
vere-n+sulki=ja   =s  'blood-             verka-na     verko-j-en/
   stopper'  veri  see sulkija                         verka-0-in
   for decl                               vera-ksi     vero-i-ksi
                                          verka-an     verko-i-hin
vere-n+sulki=jo-i-ta   =s-pl-P
   verensulkija                        verka=inen  =a  'of thin felt-
                                          like wool'  cf verka
vere-n+vuod=o-n   =s-Ac   veren-          verka=is-ta    verka=is-i-a
   vuoto                                  verka=ise-na   verka=is-t-en/
                                                         verka=is-i-en
vere-n+vuot=o   =sN/Ac  'flow of          verka=ise-     verka=is-i-ksi
   blood'  veri  see vuoto for            ksi
   decl                                   verka=ise-en   verka=is-i-in

vere-n+vuot=o-a   =s-P   verenvuo-     verka=ise-n   =a-G   verkainen
   to
                                       verkko  s  N/Ac  'net'
vere-ssä   s-In   veri                    verkko-a     verkko-j-a
```

vävy-ä   vävy-j-ä   vääntä-ä´ v-1 inf 'to twist,
vävy-nä   vävy-j-en   force'
vävy-ksi   vävy-i-ksi   väännä-n   vääns-i-n
vävy-yn   vävy-i-hin   vääntä-ä   vääns-i-0/
                                                      väänt-i-0
vävy-kse-ni s-T-poss sg1   vävy   väänne-tä-   väänne-tt-i-in
                                        än
vävy-n s-G vävy
                                     väär-i-n -adv [a-p1-Instr]
väänt=iö =s 'auger, drill'   'wrong(ly)' cf väärä
    cf vääntää
    väänt=iö-tä   väänt=iö-tä   väärä a 'wrong'
    väänt=iö-nä   väänt=iö-i-den/   väärä-ä   väär-i-ä
                        tten   väärä-nä   väär-i-en/
                                                      väärä-0-in
    väänt=iö-ksi   väänt=iö-i-ksi   väärä-ksi   väär-i-ksi
    väänt=iö-ön   väänt=iö-i-hin   väärä-än   väär-i-in

    väänt=iö-tä =s-P vääntiö

Y

yhdeksän num 'nine'   yhte-en num-Il yksi
  yhdeksä-ä   yhdeks-i-ä
  yhdeksä-nä   yhdeks-i-en/   yhte-e-nsä -adv [num-Il-
                  yhdeksä-0-in   poss3] 'altogether' cf
  yhdeksä-ksi   yhdeks-i-ksi   yksi
  yhdeksä-än   yhdeks-i-in
                                     yh-tä num-P yksi
yhdeksä-n num-G yhdeksän   yhtä kaikki 'nevertheless'
  kello yhdeksän aikaan 'nine   yhtä kyytiä 'without a stop'
      o'clock'
  yhdeksän sylen syväksi 'to   yhtä+aikaa +adv 'simultaneously'
      be nine fathoms deep'   more often: yhtaikaa cf
                                         yksi aika
yhdeksä=s =num ord 'ninth'
    cf yhdeksän   yht'äkkiä +adv 'all of a sudden'
  yhdeksä=t-tä   yhdeksä=ns-i-ä   cf yksi äkkiä
  yhdeksä=nte-nä   yhdeksä=ns-i-
                     en/   yh —tä-än -adv [num-P-kään]
                   yhdeksä=n-t-en   'at all' cf yksi
  yhdeksä=nne-   yhdeksä=ns-i-   ei mennyt yhtään eteenpäin
     ksi   ksi   'did not move ahead at all'
  yhdeksä=nte-en   yhdeksä=ns-i-in
                                     yhä´ adv 'still'
yhde-n num-Ac yksi
                                     yks num poet/coll 'one' stand
yhde-ssä -adv [num-In] 'toge-   yksi
    ther' cf yksi
                                     yksi num 'one'
yheks-i-n num dial stem-pl-   yh-tä   yks-i-ä
    Instr stand yhdeksin yhdeks-   yhte-nä   yks-i-en
    än

verkko-na   verkko-j-en
verko-ksi   verko-i-ksi
verkko-on   verkko-i-hin

verkko=nen =s dim 'net' cf
    verkko
  verkko=s-ta   verkko=s-i-a
  verkko=se-na   verkko=s-t-en/
                 verkko=s-i-en
  verkko=se-ksi ver-ko=s-i-ksi
  verkko=se-en   verkko=s-i-in

verkko=s-i-sta =s-pl-El verk-
    konen

verta s 'extent; measure'
  verta-a   verto-j-a
  verta-na   verto-j-en/
               verta-0-in
  verra-ksi   verro-i-ksi
  verta-an   verto-i-hin
  sen verta sitä 'that's all'

ver-ta s-P veri

verta=inen =a 'equal'; =s
    'peer' cf verta
  verta=is-ta   verta=is-i-a
  verta=ise-na   verta=is-t-en/
                 verta=is-i-en
  verta=ise-ksi verta=is-i-ksi
  verta=ise-en   verta=is-i-in

verta=ise-0-nsa =s-Ac-poss3
    [verta=ise-n =s-Ac] vertainen

veräjä s 'gate'
  veräjä-ä   veräj-i-ä
  veräjä-nä   veräj-i-en/
                veräjä-0-in
  veräjä-ksi   veräj-i-ksi
  veräjä-än   veräj-i-in

veräjä-ksi s-T veräjä

veräjä-lle´ s-Al veräjä

veräjä-n s-G veräjä

veräjä-nä s-Es veräjä

veräjä-tä s-rare P stand
    veräjää veräjä

vesa s 'sprout'
  vesa-a   veso-j-a
  vesa-na   veso-j-en/
              vesa-0-in
  vesa-ksi   veso-i-ksi
  vesa-an   veso-i-hin

vesa-lta s-Abl vesa

vesi s 'water'
  vet-tä   ves-i-ä
  vete-nä   ves-i-en/
              vet-t-en
  vede-ksi   ves-i-ksi
  vete-en   ves-i-in

vesi+astia +s 'water con-
    tainer' vesi see astia
    for decl

vesi+astia-n +s-Ac vesiastia

ves-i-en s-pl-G vesi

vesi+hako +s dial 'rotten
    trunk of tree under water'
    vesi see hako for decl

vesi+hako-hon +s-arch Il
    stand vesihakoon vesihako

vesi+hao-ssa +s-In vesihako

vesi+kuppi +s 'water cup; cup
    of water' vesi see kuppi
    for decl

vesi+kuppi-a +s-P vesikuppi

vesi+lintu +s 'water bird'
    vesi see lintu for decl

ves-i-lle´ s-pl-Al vesi
    *venehet (taitavat) vesille
    jäädä* 'boats might not be
    taken in [for winter]'

ves-i-n s-pl-Instr 'with
    water' vesi

ves-i-ssä s-pl-In vesi
    vesissä silmin 'with tears
    in [his] eyes'

veso-aˊ v-1 inf 'to sprout'
    cf vesa
   veso-n   veso-i-n
   veso-o   veso-i-0
   veso-ta-an   veso-tt-i-in

veso-i-0 v-past-sg3 vesoa
   vesoi viideltä vesalta poet
   'sprouted with five sprouts'

veso-vi v-arch sg3 stand vesoo
   vesoa

vete-en s-Il vesi
   minun on sanottu kuolevan ve-
   teen 'it has been said that
   I will die in water; it has
   been predicted that I will
   be drowned'

vete-hen s-arch Il stand ve-
   teen vesi

vet=ele-n =v-sgl vedellä

vet-i-0 v-past-sg3 vetää

vet-tä s-P vesi
   pitkin vettä, poikin vettä,
   vieläkin vitahan vettä
   'along the water (current),
   across the water, and even
   aslant the water'

vet=uri =s 'engine, locomotive'
   cf vetää
   vet=uri-a   vet=ure-i-ta/
                    vet=ure-j-a
   vet=uri-na   vet=ure-i-den/
                    tten/
                    vet=uri-0-en
   vet=uri-ksi   vet=ure-i-ksi
   vet=uri-in   vet=ure-i-hin

vet=uri-n+kulje=tta=ja =s
   'railroad engineer' veturi
   see kuljettaja for decl

vet=uri-n+kulje=tta=ja-n =s-G
   veturinkuljettaja

vetä-isi-0 v-cond-sg3 'would
   draw' vetää

vetä-mä-än v-3 inf-Il vetää

vetä-vi v-arch sg3 stand
   vetää vetää

vetä-ä v-sg3 vetää

vetä-äˊ v-1 inf 'to draw,
   pull, haul'
   vedä-n   ved-i-n
   vetä-ä   vet-i-0
   vede-tä-än   vede-tt-i-in

vie-0 v-sg3 viedä

vie-ˊ v-imper sg2 viedä

vie-dä v-1 inf 'to take
   [someone or something
   somewhere]'
   vie-n   ve-i-n
   vie-0   ve-i-0
   vie-dä-än   vie-t-i-in

vie-kä-teˊ v-imper-arch pl2
   stand viekää viedä

vielä adv 'still'

vielä-kin adv-*kin* vielä

vielä-kö adv-inter vielä
   vieläkö sataa? 'is it still
   raining?'
   vieläkö hän elää? 'is he
   still alive?'

vieno a 'mild, gentle, soft'
   vieno-a   vieno-j-a
   vieno-na   vieno-j-en
   vieno-ksi   vieno-i-ksi
   vieno-on   vieno-i-hin

vieno-mma-lla-ki a-comp-Ad-
   ki(n) vieno

vieno-mpi a-comp vieno

vieraa-ksi a/s-T vieras

vieraa-n a/s-G vieras

vieraha-ssa a arch stem-In
   stand vieraassa

viera-i-tten   s-pl-G   vieras

vieras   a   'strange, unknown';
    s   'guest [; stranger]'
  vieras-ta   viera-i-ta
  vieraa-na   viera-i-den/
                     tten/
                   vieras-t-en
  vieraa-ksi   viera-i-ksi
  vieraa-seen   viera-i-siin/
                     hin

viere-ssä   postp-In   with G
    'beside'   cf vieri
    tien vieressä   'on the road-
    side; near the road'

vieri   s   'edge'
  vier-tä   vier-i-ä
  viere-nä   vier-i-en/
                   vier-t-en
  viere-ksi   vier-i-ksi
  viere-en   vier-i-in

vieri-i   v-sg3   vieriä

vieri-vi   v-arch sg3   stand
    vierii vieriä

vieri-ä´   v-1 inf   'to roll;
    poet: wander'
  vieri-n   vier-i-n
  vieri-i   vier-i-0
  vieri-tä-än   vieri-tt-i-in

viet-i-n   v-past-sg1   viettää
    sillan alla vietin yötä   'I
    spent the night under the
    bridge'

viettä-ä´   v-1 inf   'to spend
    [time]'
  vietä-n   viet-i-n
  viettä-ä   viett-i-0
  viete-tä-än   viete-tt-i-in

viha   s   'hate'
  viha-a   viho-j-a
  viha-na   viho-j-en/
                   viha-0-in
  viha-ksi   viho-i-ksi
  viha-an   viho-i-hin

viha+miehe-en   +s-Il   vihamies

viha+mies   +s   'enemy'   viha
    see mies for decl

vihanna-ksi   a-T   vihanta

vihanta   a   'green, verdant,
    fresh'
  vihanta-a   vihant-i-a/
                   vihanto-j-a
  vihanta-na   vihant-i-en/
                   vihanto-j-en
                   vihanno-i-den/
                     tten/
                   vihanta-0-in
  vihanna-ksi   vihann-i-ksi/
                   vihanno-i-ksi
  vihanta-an   vihant-i-in/
                   vihanto-i-hin

vihdoin   adv   'finally'

viheltä'ä [sic]/viheltä-ä´
    v-1 inf   'whistle'
  vihellä-n   vihels-i-n
  viheltä-ä   vihels-i-0/
                   vihelt-i-0
  vihelle-tä-   vihelle-tt-i-
    än   in
  viheltä'ä viuahutti   poet
    'gave a shrill whistle'

vihi-lle´   s-Al   vihki+
    mennä vihille   'get married'
    tule, Kirstinä, vihille   poet
    'Kirstinä, marry me'

vihki+   'marriage'

vihki-ä´   v-1 inf   'to wed,
    perform the marriage cere-
    mony'   cf vihki+
  vihi-n   vih-i-n
  vihki-i   vihk-i-0
  vihi-tä-än   vihi-tt-i-in

viho-i-ssa-an   s-pl-In-poss3
    'angry'   viha

viide-ltä   num-Abl   viisi

viide=s   =num ord   'fifth'
    cf viisi
  viide=t-tä   viide=ns-i-ä
  viide=nte-nä   viide=ns-i-en
  viide=nne-   viide=ns-i-
    ksi   ksi

viide-ssä   num-In   viisi
   viidessä kuudessa   'in five
    or six'

viide-stä   num-El   viisi

viikate´   s   'scythe'
   viikatet-ta   viikatte-i-ta
   viikattee-na   viikatte-i-den/
                      tten
   viikattee-ksi viikatte-i-ksi
   viikattee-seen viikatte-i-
                      siin/hin

viikattee-sta-an   s-El-poss3
   viikate

viikko   s   'week'
   viikko-a   viikko-j-a
   viikko-na   viikko-j-en
   viiko-ksi   viiko-i-ksi
   viikko-on   viikko-i-hin

viikko-a   s-P   viikko

viiko-lla   s-Ad   'during last
   week'   viikko

viiko-t-0   s-pl-N   viikko

viime   a   indecl   'last'
   viime kerralla   'last time'
   viime viikolla   'last week'

viime=in   =adv   'finally'   cf
   viime

viime=inen   =a   'last'   cf
   viime
   viime=is-tä   viime=is-i-ä
   viime=ise-nä   viime=is-t-en/
                      viime=is-i-en
   viime=ise-ksi viime=is-i-ksi
   viime=ise-en   viime=is-i-in

viime=in-kin   =adv-*kin*   viimein

viime=ise-n   =a-G   viimeinen

viime=is-tä   =a-P   viimeinen

viime-kin   a-*kin*   viime
   viimekin yönä   'even last
    night, also last night'

viina   s   'spirits, liquor,
   alcohol'
   viina-a   viino-j-a
   viina-na   viino-j-en/
                viina-0-in
   viina-ksi   viino-i-ksi
   viina-an   viino-i-hin

viina-a   s-P   viina

Viipuri   s   place name, city
   in Karelia [pl not used]
   Viipuri-a   ------
   Viipuri-na ------
   Viipuri-ksi ------
   Viipuri-in ------

Viipuri-n   s-G   Viipuri

Viipuri-ssa   s-In   'in Vii-
   puri'   Viipuri

viip=y-i-0   =v-past-sg3
   viipyä

viip=y-ä´   =v refl-1 inf   'to
   delay, tarry, linger, lag,
   loiter, be delayed'
   viiv=y-n   viiv=y-i-n
   viip=y-y   viip=y-i-0
   viiv=y-tä-än viiv=y-tt-i-in

viisaa-mpi   a-comp   viisas

viisaha-ksi   a arch stem-T
   stand   viisaaksi   viisas

viisa-i-ta   a-pl-P   viisas

viisas   a   'wise, clever'
   viisas-ta   viisa-i-ta
   viisaa-na   viisa-i-den/
                   tten/
                   viisas-t-en
   viisaa-ksi   viisa-i-ksi
   viisaa-seen viisa-i-siin/
                    hin

viisa=us   'wisdom; pl: witti-
   cisms'   cf viisas
   viisa=ut-ta viisa=uks-i-a
   viisa=ute-na viisa=uks-i-en
   viisa=ude-   viisa=uks-i-
    ksi   ksi
   viisa=ute-en viisa=uks-i-in

```
viisi   num   'five'
  viit-tä         viis-i-ä
  viite-nä        viis-i-en/
                  viit-t-en
  viide-ksi       viis-i-ksi
  viite-en        viis-i-in

viis    num  coll/dial  viisi

viisi+kymmen-tä   +num  'fifty'
     viisi   kymmen
  viit-tä+        viis-i-ä+
   kymmen-tä       kymmen-i-ä
  viite-nä+       viis-i-en+
   kymmene-nä      kymmen-i-en
  viide-ksi+      viis-i-ksi+
   kymmene-ksi     kymmen-i-ksi
  viite-en+       viis-i-in+
   kymmene-en      kymmen-i-in

viis-i-n   num-pl-Instr   viisi

viita   s   'forest; grove'
  viita-a         viit-o-ja
  viita-na        viito-j-en/
                  viita-0-in
  viida-ksi       viido-i-ksi
  viita-an        viito-i-hin

viit-tä   num-P   viisi
  lehto viittä leppeämpi   poet
  'the grove five times more
   tender than before'

vika   s   'fault'; folkl 'magic
   spoiling'
  vika-a          viko-j-a
  vika-na         viko-j-en/
                  vika-0-in
  via-ksi         vio-i-ksi
  vika-an         viko-i-hin

vika'a [sic]/vika-a  s-P  vika
  maan vika  'magic spoiling
   caused by the soil'

vilu   a[here]/s [stand]  'cold,
   chill'
  vilu-a          vilu-j-a
  vilu-na         vilu-j-en
  vilu-ksi        vilu-i-ksi
  vilu-un         vilu-i-hin

vilu-a   a-P   vilu
```

```
vilu-mpi   a-comp   'colder'
   vilu

vireä   a   'quick, alert'
  vireä-ä         vire-i-tä
  vireä-nä        vire-i-den/
                   tten/
                  vireä-0-in
  vireä-ksi       vire-i-ksi
  vireä-än        vire-i-hin

vireä-ksi   a-T   vireä

virka   s   'office, job, work'
  virka-a         virko-j-a
  virka-na        virko-j-en/
                  virka-0-in
  vira-ksi        viro-i-ksi
  virka-an        virko-i-hin

virka+miehe-n   +s-G   virka-
                         mies

virka+mies   +s   'official'
  virka   see mies for decl

virka-0-nsa   s-Ac-poss3
  [vira-n s-Ac]   virka

virkka-a´   v-1 inf   'to utter,
   say'
  virka-n         virko-i-n/
                  virk-i-n
  virkka-a        virkko-i-0/
                  virkk-i-0
  virke-tä-än     virke-tt-i-in

virkk-i-0   v-past-sg3   stand
   virkkoi   virkkaa

virkko-a´   v poet stem-1 inf
   stand   virkkaa

virkko-i-0   v-past-sg3   virkkaa

virkko-i-vat   v-past-pl3
   virkkaa

Viro   s   place name   'Estonia'
                [pl not used]
  Viro-a          ------
  Viro-na         ------
  Viro-ksi        ------
  Viro-on         ------
```

```
Viro-n    s-G   Viro

Viro-ssa   s-In   'in Estonia'
    Viro

virpi    s    'rod; birch; switch'
   virpe-ä         virp-i-ä
   virpe-nä        virp-i-en
   virve-ksi       virv-i-ksi
   virpe-en        virp-i-in

virra-n   s-G   virta

virra=t-a´  =v fact-1 inf 'to
    stream, flow, run' cf
    virta
   virta=a-n       virta=s-i-n
   virta=a-0       virta=s-i-0
   virra=t-a-an    virra=t-t-i-in

virsi    s   !arch:epic song; mod:
    religious hymn'
   virt-tä         virs-i-ä
   virte-nä        virs-i-en/
                   virt-t-en
   virre-ksi       virs-i-ksi
   virte-en        virs-i-in

virta    s    'stream'
   virta-a         virto-j-a
   virta-na        virto-j-en/
                   virta-0-in
   virra-ksi       virro-i-ksi
   virta-an        virto-i-hin

virta=s-i-0   =v-past-sg3  vir-
    rata

viskas-i-0   v-past-sg3   viskata

viskat-a´   v-1 inf   'to throw'
   viskaa-n        viskas-i-n
   viskaa-0        viskas-i-0
   viskat-a-an     viskat-t-i-in

vitahan  adv arch   'aslant'

viti   a   'new snow'
                       [pl not used]
   viti-ä          ------
   viti-nä         ------
   vidi-ksi        ------
   viti-in         ------

viti-hin   s-arch Il  stand
    vitiin   viti

viti=kko   =s   'bushes'   ?cf
    viita
   viti=kko-a      viti=kko-j-a/
                   viti=ko-i-ta
   viti=kko-na     viti=kko-j-en/
                   viti=ko-i-den/
                   tten
   viti=ko-ksi     viti=ko-i-ksi
   viti=kko-on     viti=kko-i-hin

viti=kko-on   =s-Il   vitikko

vitsa   s   'twig, switch, rod'
   vitsa-a         vitso-j-a
   vitsa-na        vitso-j-en/
                   vitsa-0-in
   vitsa-ksi       vitso-i-ksi
   vitsa-an        vitso-i-hin

viuahutt-i-0  v poet-past-sg3
    stand viuhautti viuhauttaa

viuh   interj onom   'whizzing
    sound'

viuh=autta-a´   =v mom-1 inf
    'to give a whizzing sound'
    cf viuh
   viuh=auta-n     viuh=aut-i-n
   viuh=autta-a    viuh=autt-i-0
   viuh=aute-      viuh=aute-tt-
    ta-an           i-in

voi   s   'butter, pl: containers
    of butter'
   voi-ta          vo-i-ta
   voi-na          vo-i-den/tten
   voi-ksi         vo-i-ksi
   voi-hin         vo-i-hin

voi   interj   'alas'
    *voi teitä*   'poor you; woe with
    you'


voi-´   v-neg   voida

voia-n   v poet stem-sg1   stand
    voidan   voitaa
```

```
voi-da´    v-1 inf  'to be able
   to'
   voi-n            vo-i-n
   voi-0            vo-i-0
   voi-da-an        voi-t-i-in
voi=d=el-la´   =v cont-1 inf
   'to smear, grease'  cf
   voitaa
   voi=t=ele-n      voi=t=el-i-n
   voi=t=ele-e      voi=t=el-i-0
   voi=d=el-la-an  voi=d=el-t-i-in
voima   s  'strength'
   voima-a          voim-i-a
   voima-na         voim-i-en/
                    voima-0-in
   voima-ksi        voim-i-ksi
   voima-an         voim-i-in
voima=kas   =a  'strong'  cf
   voima
   voima=kas-ta     voima=kka-i-ta
   voima=kkaa-na    voima=kka-i-
                    den/tten/
                    voima=kas-t-en
   voima=kkaa-ksi  voima=kka-i-ksi
   voima=kkaa-      voima=kka-i-
     seen             siin/hin
voima=kka-i-n   =a-pl-Instr
   voimakas

voima-lla   s-Ad   voima

voim-i-n   s-pl-Instr   voima
   omin voimin  'unaided'

voi-n   v-sg1   voida

voi-n+haki=ja  =s  'one who
   goes for butter'  voi  see
   hakija for decl

voi-n+haki=ja-n  =s-Ac  voin-
   hakija

voi-n+osta=ja  =sN/Ac  'butter-
   buyer'  voi  see ostaja for
   decl

voi-n+osta=ja-t-0  =s-pl-N
   voinostaja

voi=ta   s-P   voi
voi=ta-a´  =v arch-1 inf  'to
   grease, oil, rub'  mod
   voidella  cf voi
   voi=da-n         voi=d-i-n
   voi=ta-a         voi=t-i-0
   voi=de-ta-an     voi=de-tt-i-in
voi-tta    s-Abe  'without butter'
   voi
voitta-a´   v-1 inf  'to win'
   voita-n          voit-i-n
   voitta-a         voitt-i-0
   voite-ta-an      voite-tt-i-in

voitta-a   v-sg3   voittaa

vuode´   s  'bed'
   vuodet-ta        vuote-i-ta
   vuotee-na        vuote-i-den/
                    tten
   vuotee-ksi       vuote-i-ksi
   vuotee-seen      vuote-i-siin/
                    hin
vuode-lla   s-Ad   vuosi
   *kolmannella vuodella oleva
   tyttö*  'a girl who was in
   her third year [two but
   not three years old]'

vuode-n   s-G   vuosi

vuod=o-n   =s-Ac   vuoto

vuole=skel-la´   =v freq/dur-1
   inf  'to chip, carve'  cf
   vuolla
   vuole=skele-     vuole=skel-i-n
     n
   vuole=skele-     vuole=skel-i-0
     e
   vuole=skel-      vuole=skel-t-
     la-an            i-in
vuole=skel-t-u´  =v-pass-2
   partic  vuoleskella

vuol-i-0   v-past-sg3   vuolla

vuol-la´   v-1 inf  'to carve,
```

321

cut, chip'
vuole-n   vuol-i-n
vuole-e   vuol-i-0
vuol-la-an   vuol-t-i-in

vuol-te-n v-poet2 inf-Instr
  stand vuollen vuolla

vuon-na s cons stem-Es 'in
  the year' vuosi

vuore-t-0 s-pl-N vuori

vuori s 'mountain'
  vuor-ta   vuor-i-a
  vuore-na   vuor-t-en/
                vuor-i-en
  vuore-ksi   vuor-i-ksi
  vuore-en   vuor-i-in

vuoro s 'turn'
  vuoro-a   vuoro-j-a
  vuoro-na   vuoro-j-en
  vuoro-ksi   vuoro-i-ksi
  vuoro-on   vuoro-i-hin

vuoro-i-n -adv [s-pl-Instr]
  'alternating' cf vuoro

vuoro+kaude-n +s-Ac vuoro-
  kausi

vuoro+kausi +s '24 hours'
  vuoro see kausi for decl

vuoro+kaut-ta +s-P vuorokausi

vuosi s 'year'
  vuot-ta   vuos-i-a
  vuote-na/   vuos-i-en/
  vuon-na   vuot-t-en
  vuode-ksi   vuos-i-ksi
  vuote-en   vuos-i-in

vuos-i-a s-pl-P vuosi

vuosi+kirja +s 'year book'
  vuosi see kirja for decl

vuota-a v-sg3 vuotaa

vuota-a´ v-1 inf 'to flow,
  run; leak'
  vuoda-n   vuod-i-n/
                vuos-i-n

vuota-a   vuot-i-0/
              vuos-i-0
vuode-ta-an   vuode-tt-i-in

vuota-ma-sta v-3 inf-El
  vuotaa
  maito herkesi vuotamasta
  'the milk ceased to run'

vuota-va v-1 partic 'leaking'
  vuotaa

vuotee-lle-nne s-Al-poss p12
  vuode

vuotee-lle-nsa s-Al-poss3
  vuode

vuotee-lta-nsa s-Abl-poss3
  vuode

vuoteh-i-lla s arch stem-pl-
  Ad stand vuoteilla vuode

vuote-na s-Es vuosi

vuot=o =s 'flow' cf vuotaa
  vuot=o-a   vuot=o-j-a
  vuot=o-na   vuot=o-j-en
  vuod=o-ksi   vuod=o-i-ksi
  vuot=o-on   vuot=o-i-hin

vuot-ta s-P vuosi
  noin vuotta ennen 'about
  a year earlier'

vyö s 'belt'
  vyö-tä   vö-i-tä
  vyö-nä   vö-i-den/tten
  vyö-ksi   vö-i-ksi
  vyö-hön   vö-i-hin

vyö=hyt =sN/Ac poet 'belt'
  cf vyö
  vyö=hyt-tä   vyö=hy-i-tä
  vyö=hye-nä   vyö=hy-i-den/
                  tten/
                vyö=hyt-t-en
  vyö=hye-ksi   vyö=hy-i-ksi
  vyö=hye-en   vyö=hy-i-hin

vyö-llä s-Ad vyö
  miekka vyöllä 'carrying a
  sword'

väe-lle´ s-Al väki

väe-t-0 s-pl-N väki

vähe-mmä-n -adv [a-comp-Ac] 'less' vähempi

vähe-mpi a-comp vähä

vähe=n-i-vät =v-past-pl3 vähetä

vähe=nnä-´ =v-neg vähentää

vähe=n=tä-ä´ =v caus-1 inf 'to decrease, lower' cf vähetä
  vähe=n=nä-n   vähe=n=s-i-n
  vähe=n=tä-ä   vähe=n=s-i-0
  vähe=n=ne-tä-   vähe=n=ne-tt-
    än   i-in

vähe=t-ä´ =v refl-1 inf 'to decrease, diminish' cf vähä
  vähe=ne-n   vähe=n-i-n
  vähe=ne-e   vähe=n-i-0
  vähe=t-ä-än   vähe=t-t-i-in

väh-i-in a-pl-Il
  vesi meni näin vähiin 'the water almost disappeared like that'

vähä a 'little, scanty'
  vähä-ä   väh-i-ä
  vähä-nä   väh-i-en/
               vähä-0-in
  vähä-ksi   väh-i-ksi
  vähä-än   väh-i-in

vähä=inen =a 'small, tiny' cf vähä
  vähä=is-tä   vähä=is-i-ä
  vähä=ise-nä   vähä=is-t-en/
                vähä=is-i-en
  vähä=ise-ksi vähä=is-i-ksi
  vähä=ise-en vähä=is-i-in

vähä=ise-n =a-G vähäinen

vähä-llä -adv [a-Ad] 'almost, nearly' cf vähä
  oli vähällä mennä 'all but went'

vähä-n a-G vähä
  vähän matkan päästä 'after a short distance'

vähä-n -adv [a-Ac] 'little; a little' cf vähä
  vähän aikaa 'a short while'
  vähän maata 'a bit of earth'
  vähän matkaa 'a short distance'
  vähän pilvinen päivä 'a cloudish day'

vähä=se-n -adv [=a-Ac] 'a little' cf vähäinen
  vähäsen puuta, kiveä ja vettä 'a little wood, stone and water'
  tuli tuhkia vähäsen poet 'a little ash issued'

Väinämö s folkl male name
  Väinämö-ä   Väinämö-i-tä
  Väinämö-nä Väinämö-i-den/
              tten
  Väinämö-ksi Väinämö-i-ksi
  Väinämö-ön Väinämö-i-hin

Väinämö=inen =s folkl name of a hero (leader, sage, seer, and bard)'
  Väinämö=is- Väinämö=is-i-ä
    tä
  Väinämö=ise- Väinämö=is-t-en/
    nä   Väinämö=is-i-en
  Väinämö=ise- Väinämö=is-i-
    ksi   ksi
  Väinämö=ise- Väinämö=is-i-in
    en

Väinämö=ise-n =s-G Väinämöinen

Väinämö=is-tä =s-P Väinämöinen

Väinämö-n s-G Väinämö

väist=y-´ =v-neg väistyä

väist=y-nyt =v-2 partic väistyä

väist=y-ä´ =v refl-1 inf 'to yield, give way, step aside' cf väistää
  väist=y-n   väist=y-i-n
  väist=y-y   väist=y-i-0
  väist=y-tä-   väist=y-tt-i-
    än   in

väistä-ä´   v-1 inf   'to yield'
  väistä-n   väist-i-n
  väistä-ä   väist-i-0
  väiste-tä-än   väiste-tt-i-in

väittä-e-n   =v-2 inf-Instr
  'insisting'   väittää

väittä-ä´   v-1 inf   'to insist'
  väitä-n   väit-i-n
  väittä-ä   väitt-i-0
  väite-tä-än   väite-tt-i-in

väke-hen   s-arch Il   stand
  väkeen

väke-ä   s-P   väki

väki   s   'power; people, folk,
  crowd'
  väke-ä   väk-i-ä
  väke-nä   väk-i-en
  väe-ksi   vä-i-ksi
  väke-en   väk-i-in

väli   s   'interval; space
  between, distance'
  väli-ä   väle-j-ä
  väli-nä   väli-0-en
  väli-ksi   väle-i-ksi
  väli-in   väle-i-hin

väli-llä   -adv [s-Al]   'in be-
  tween'   cf väli

väli-ssä   postp-In   with G
  'between'   cf väli
  aittojen välissä   'between
  the storehouses'
  käsiensä välissä   'between
  his [subject's] hands

välkk=y-ä´   =v refl-1 inf   'to
  flash, shine'   cf välkkää
  välk=y-n   välk=y-i-n
  välkk=y-y   välkk=y-i-0
  välk=y-tä-än   välk=y-tt-i-in

välkkä-ä´   v poet-1 inf   stand
  välkkyä   'to flash'
  välkä-n   välk-i-n
  välkkä-ä   välkk-i-0
  välke-tä-än   välke-tt-i-in

välkä-´   v-neg   välkkää
  ei välkä vävyn kypärä   'the
  son-in-law's helmet will
  not blister'

väri   s   'color'
  väri-ä   väre-j-ä
  väri-nä   väri-0-en
  väri-ksi   väre-i-ksi
  väri-in   väre-i-hin

väri=nen   =a   'of the color
  [of G]'
  väri=s-tä   väri=s-i-ä
  väri=se-nä   väri=s-t-en/
                   väri=s-i-en
  väri=se-ksi   väri=s-i-ksi
  väri=se-en   väri=s-i-in

värise-e-hän   v-sg3-hän   väristä

väris-tä´   v-1 inf   'to tremble'
  värise-n   väris-i-n
  värise-e   väris-i-0
  väris-tä-än   väris-t-i-in

värtä+vaimo   +s poet   'mis-
  tress; wife by common law'
  see vaimo for decl

värtä+vaimo-kse-nsa   +s-T-poss3
  värtävaimo

väsy-´   v-imper sg2/neg   väsyä

väsy=ttä-ä´   =v caus-1 inf   'to
  make tired'   cf väsyä
  väsy=tä-n   väsy=t-i-n
  väsy=ttä-ä   väsy=tt-i-0
  väsy=te-tä-   väsy=te-tt-i-
  än   in

väsy=tä-n   =v-sg1   väsyttää

väsy-y   v-sg3   väsyä

väs=y-ä´   =v refl-1 inf   'to
  become tired'
  väs=y-n   väs=y-i-n
  väs=y-y   väs=y-i-0
  väs=y-tä-än   väs=y-tt-i-in

vävy   s   'son-in-law'

yhde-ksi			yks-i-ksi
yhte-en			yks-i-in

yks-i-n	num-pl-Instr	yksi

yks-i-nä-nsä	num-pl-Es-poss3;
	-adv	'by herself'	yksi

yks-i-ssä	num-pl-In	yksi
	yksissä töissä	'doing the
		same work'

yksi=tellen	=adv	'one by one'
	cf yksi

yleensä	adv	'generally'

yle=ne-mä-hän	=v-3 inf-arch I1
	stand ylenemään	yletä

yle=n-i-0	=v-past-sg3	yletä

yle=t-ä´	=v poet-1 inf	'to rise;
	grow'	cf ylä+
	yle=ne-n		yle=n-i-n
	yle=ne-e		yle=n-i-0
	yle=t-ä-än	yle=t-t-i-in

yli+	'above, over'

yli´	postp with G/ prep with G/
	El/adv	'over'

Yli+jumala	+s	'supreme god'
	yli	see jumala for decl

yli=se-t-0	=s-pl-N	'upstairs,
		attic'		[pl only]
	------		yli=s-i-ä
	------		yli=s-ten
	------		yli=s-i-ksi
	------		yli=s-i-in

yli=s-i-lle´	=s-pl-Al	yliset

yl=itse´	=postpG/adv	["pro-
	lative"]	'over'	cf ylä+
	sen ylitse	'over it'
	pääsi ylitse	'succeeded in
		crossing'

yllä	adv	'on'	cf ylä+

ylpe-i-stä	a-pl-El	ylpeä

ylpe=ys	=s	'pride'	cf ylpeä
			[pl not used]
	ylpe=yt-tä	------
	ylpe=yte-nä	------
	ylpe=yde-ksi	------
	ylpe=yte-en	------

ylpeä	a	'proud'
	ylpeä-ä		ylpe-i-tä
	ylpeä-nä	ylpe-i-den/
			tten/
			ylpeä-0-in
	ylpeä-ksi	ylpe-i-ksi
	ylpeä-än	ylpe-i-hin

ylä+	'above, over; higher,
	upper'

ylä=inen	=a	'what is above,
	celestial'	cf ylä+
	ylä=is-tä	ylä=is-i-ä
	ylä=ise-nä	ylä=is-i-en/
			ylä=is-t-en
	ylä=ise-ksi	ylä=is-i-ksi
	ylä=ise-en	ylä=is-i-in

ylä=is-i-ksi	=a-pl-T	yläinen

ylä=is-tä	=a-P	yläinen

ylös	adv	'up'	cf ylä+

ylös+nouse=mus+virsi	+s	'song
	of resurrection'	cf ylös
	nousta	see virsi for decl

ymmär=r=el-lä´	=v-cont/freq-1
	inf [poet] 'understand'
	stand ymmärtää	cf ymmärtää

ymmär=t=ele-n	=v-sg1	ymmär-
	rellä

ymmär=tä-ä´	=v-1 inf	'to
	understand'	cf ympäri
	ymmär=rä-n	ymmär=s-i-n
	ymmär=tä-ä	ymmär=s-i-0
	ymmär=re-tä-	ymmär=re-tt-i-
	än		in

ympäri´	adv	'around'

yrittä-nyt-kään	v-2 partic-
	kään	yrittää
	ei yrittänytkään tehdä mitään

'did not even try to do
   anything'

yrittä-äˊ v-1 inf 'to try'
  yritä-n   yrit-i-n
  yrittä-ä   yritt-i-0
  yrite-tä-än   yrite-tt-i-in

yö s 'night'
  yö-tä   ö-i-tä
  yö-nä   ö-i-den/tten
  yö-ksi   ö-i-ksi
  yö-hön   ö-i-hin

yö-llä s-Ad 'by night' yö

yö-n s-Ac 'all night long'
   yö

yö-nä s-Es yö

yö+sydän +s 'the middle of
   the night' yö see sydän
   for decl

yö+sydän-nä +s-Es 'in the
   heart of the night' yösydän

yö-tä s-P yö
   oli ollut talossa yötä 'had
   spent the night in the house'

Ä

äidi-n s-G äiti

äijä s 'old man'
  äijä-ä   äij-i-ä
  äijä-nä   äij-i-en/
                  äijä-0-in
  äijä-ksi   äij-i-ksi
  äijä-än   äij-i-in

äijä-ksi s-T äijä

äijä-n s-Ac äijä

äiti s 'mother'
  äiti-ä   äite-j-ä
  äiti-nä   äiti-0-en
  äidi-ksi   äide-i-ksi
  äiti-in   äite-i-hin

äiti-0-nsä s-Ac/G-poss3 [äidi-
   n s-G/Ac] äiti

äkkiä adv 'suddenly'

äkä=inen =a 'ill-tempered'
  äkä=is-tä   äkä=is-i-ä
  äkä=ise-nä   äkä=is-i-en/
                  äkä=is-t-en
  äkä=ise-ksi   äkä=is-i-ksi
  äkä=ise-en   äkä=is-i-in

äkä+pussi +s 'shrew' see
   pussi for decl

äl-kä-te v neg -imper-poet pl2
   stand älkää

äly s 'intelligence'
  äly-ä   äly-j-ä
  äly-nä   äly-j-en
  äly-ksi   äly-i-ksi
  äly-yn   äly-i-hin

äly=t-äˊ =v inst-1 inf 'to
   understand, grasp; perceive'
   cf äly
  äly=ä-n   äly=s-i-n
  äly=ä-ä   äly=s-i-0
  äly=t-ä-än   äly=t-t-i-in

älä-ˊ v neg-imper sg2 'don't

ämm-i-ltä s-pl-Abl ämmä

ämmä s pejor 'old woman'
  ämmä-ä   ämm-i-ä
  ämmä-nä   ämm-i-en
  ämmä-ksi   ämm-i-ksi
  ämmä-än   ämm-i-in

änkän-nee-t v-2 partic-pl
   änkätä

änkätäˊ v-1 inf 'to stutter;
   repeat stubbornly'
  änkkää-n   änkkäs-i-n
  änkkää-0   änkkäs-i-0
  änkät-ä-än   änkät-t-i-in

äreä a 'cross, angry'   ääne=tön =a 'quiet, silent,
  äreä-ä   äre-i-tä   [lit:] soundless' cf ääni
  äreä-nä   äre-i-den/tten/   ääne=tön-tä   ääne=ttöm-i-ä
                 äreä-0-in   ääne=ttömä-   ääne=ttö-mä-0-in/
  äreä-ksi   äre-i-ksi   nä   ääne=ttöm-i-en/
  äreä-än   äre-i-hin   ääne=tön-t-en
                                    ääne=ttömä-   ääne=ttöm-i-ksi
ärj=y-ä´ =v-1 inf 'to roar'   ksi
  cf äreä   ääne=ttömä-   ääne=ttöm-i-in
  ärj=y-n   ärj=y-i-n   än
  ärj=y-y   ärj=y-i-0
  ärj=y-tä-än   ärj=y-tt-i-in   ääne=tön-nä   =a-Es stand
                                      äänettömänä äänetön
ärjä=is-i-0 =v-past-sg3 är-
  jäistä   ääni s 'voice, sound'
                                     ään-tä   ään-i-ä
ärj=äis-tä´ =v mom-l inf 'to   ääne-nä   ään-i-en/
  roar out, yell out' cf   ään-t-en
  ärjyä   ääne-ksi   ään-i-ksi
  ärj=äise-n   ärj=äis-i-n   ääne-en   ään-i-in
  ärj=äise-e   ärj=äis-i-0
  ärj=äis-tä-än ärj=äis-t-i-in   ään-tä-si s-P-poss2 ääni

Ö

ö=inen =a 'pertaining to night' cf yö   ö=ise-ksi   ö=is-i-ksi
  ö=is-tä   ö=is-i-ä   ö=ise-en   ö=is-i-in
  ö=ise-nä   ö=is-t-en/
                 ö=is-i-en   ö=isin =adv 'by night' cf yö

APPENDIX

Melodies of 150 - 163

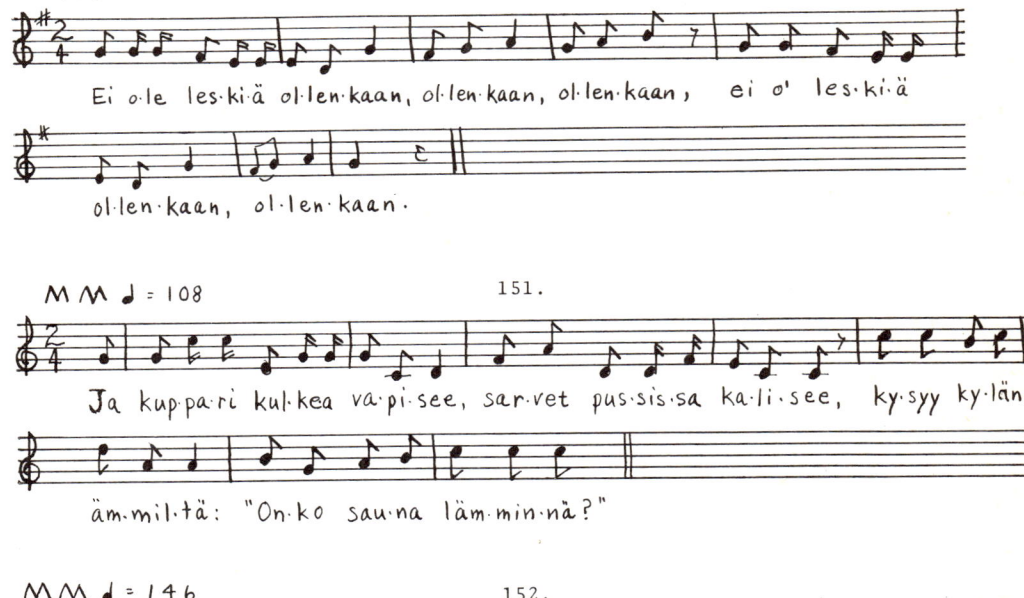

150. MM ♩ = 120

Ei ole leskiä ollenkaan, ollenkaan, ollenkaan, ei o' leskiä ollenkaan, ollenkaan.

151. MM ♩ = 108

Ja kuppari kulkea vapisee, sarvet pussissa kalisee, kysyy kylän ämmiltä: "Onko sauna lämminnä?"

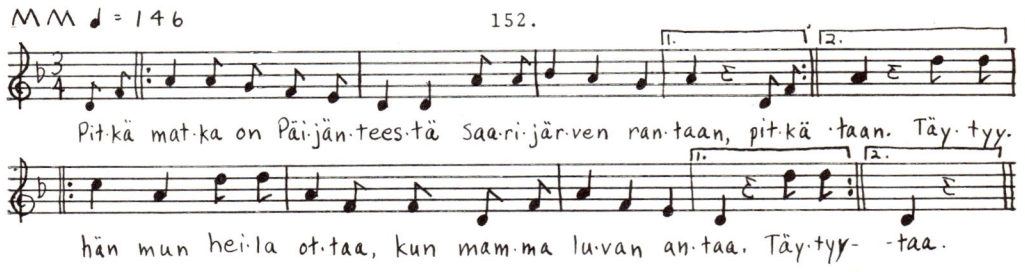

152. MM ♩ = 146

Pitkä matka on Päijänteestä Saarijärven rantaan, pitkä taan. Täytyy-hän mun heila ottaa, kun mamma luvan antaa. Täytyy- -taa.

330

153.
MM ♩=164

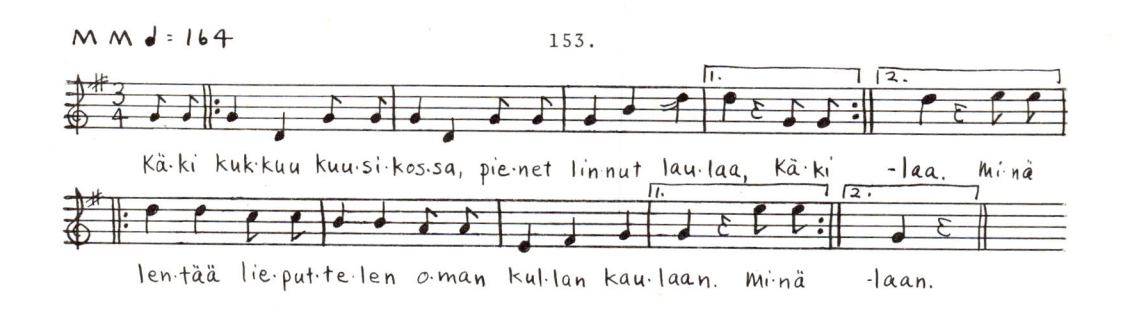

Kä-ki kuk-kuu kuu-si-kos-sa, pie-net lin-nut lau-laa, Kä-ki -laa. Mi-nä
len-tää lie-put-te-len o-man kul-lan kau-laan. Mi-nä -laan.

154.
MM ♩=164

Jär-ven ran-nal-la ruo-hi-kos-sa se lau-le-li sor-san poi-ka. Ja poi-ka.
Nä-tin ty-tön mie-len jäl-kiin mi-nä e-lää koi-tan. Ja koi-tan.

155.
MM ♩=176

Ke-säl-lä nii-tä kuk-ki-a kas-vaa, ei nii-tä kas-va tal-vel-la.
On-han meil-lä va-paa-ai-ka täl-lä lail-la lau-lel-la.

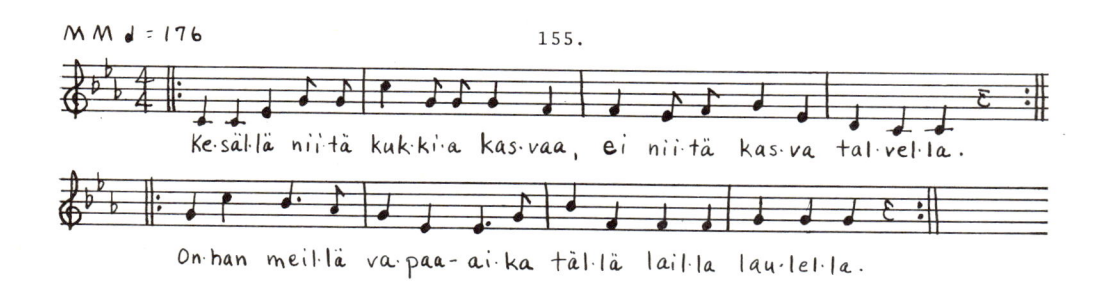

331

156.

Illalla ruusun istutin, ja aamulla aukes kukka. Kahden nuoren rakkautta ei saa tukahduttaa.

157.

Veiju veiju veikkoset ja veiju veiju venne, Missä on se rakkaus, joka oli meillä ennen?

158.

Ja tuoltapa näkyy punanen talo ja valkia ikkunalauta. Siell' on pojalla oma kulta, ja mamman kiukku ei auta.

332

MM ♩=144 159.

Ka-sar-mi on ko-ti-ni ja kei-sa-ri i-sän-tä-ni, ka-sar-mi on mi-nun ko-ti-ni ja kei-sa-ri i-sän-tä-ni.

MM ♩=176 160.

Voi nii-tä ai-ko-ja en-ti-si-ä, nii-tä su-run ai-ko-ja näi-tä ja näi-tä. Voi nii-tä ai-ko-ja en-ti-si-ä, voi su-run ai-ko-ja näi-tä.

MM ♩=148 161.

Kak-si hei-laa po-jal o-li: so-ria ja ko-ria. Kak-si -ria. So-ri-a o-li ta-lon-tyt-tö, ai ai ai ta-lon-tyt-tö, so-ri-a o-li ta-lon-tyt-tö ja ko-ria vie-raan o-ria.

162. MM ♩=164

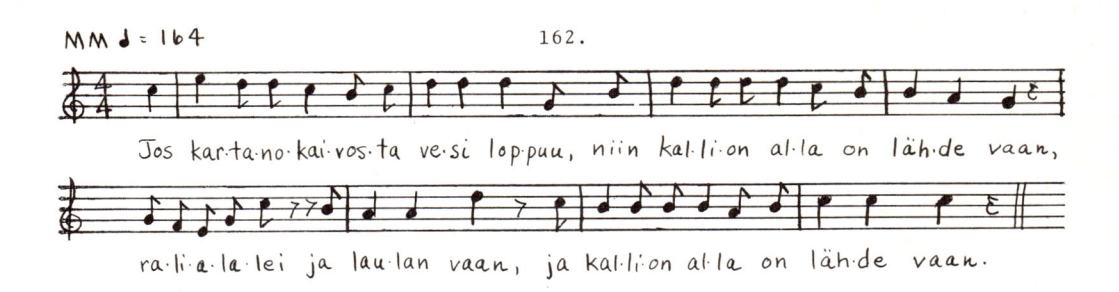

Jos kartanokaivosta vesi loppuu, niin kallion alla on lähde vaan, ralialalei ja laulan vaan, ja kallion alla on lähde vaan.

163. MM ♩=140

Vaasan rantaan ne laivat seilaa, sinne minä itseni lastaan. lastaan. Kun Suomi ei voi elättää näin köyhän mamman lasta. Kun lasta.

SOURCES OF TEXTS

1. Finnish Literature Society, Folklore Archives, J. Mustakallio collection No. 72. 1880. 2. Matti Kuusi, "Suomalaisen luomistarun jäänteitä," Kalevalaseuran Vuosikirja XXXIX (1959), 63. 3. Finnish Literature Society, Folklore Archives, H. Ollikainen collection No. 143. 1937. 4. Martti Haavio, ed., *Kirjokansi* (Helsinki, 1952), pp. 13-14. 5. Ibid., pp. 23-24. 6. Ibid., pp. 33-36. 7. Ibid., pp. 39-41. 8. Ibid., pp. 111-113. 9. Ibid., pp. 144-146. 10. Ibid., pp. 147-149. 11. Ibid., pp. 155-156. 12. Ibid., pp. 157-160. 13. Ibid., pp. 164-165. 14. Ibid., pp. 185-187. 15. Ibid., pp. 200-202. 16. Martti Haavio, ed., *Laulupuu* (Helsinki, 1952), p. 27. 17. Ibid., p. 49. 18. Ibid., p. 54. 19. Ibid., p. 61. 20. Ibid., p. 67. 21. Ibid., p. 69. 22. Ibid., p. 86. 23. Ibid., p. 88. 24. Ibid., p. 158. 25. Ibid., p. 158. 26. Ibid., p. 212. 27. Eero Salmelainen, *Suomen kansan satuja ja tarinoita* (Helsinki, 2nd printing, 1871), pp. 148-151. 28-39. Elli-Kaija Köngäs, ed., *Kiis kiis Kippurahäntä* (Hämeenlinna, 1959). 40-66. Matti Kuusi, *Sananlaskut ja puheenparret* (Helsinki, 1954). 67-101. Antti Aarne and Kaarle Krohn, eds., *Suomen kansan arvoituksia* (Helsinki, 1922). 102. Christfried Ganander, *Mythologia Fennica* (1879, 3rd ed., Helsinki, 1960), p. 57. 103. Matti Hako, ed., *Kansanomainen lääkintätietous* (Helsinki, 1957), p. 65. 104. Ibid., p. 123. 105. Ibid., p. 254. 106. Ibid., p. 224. 107. Ibid., pp. 224-225. 108. Ibid., p. 225. 109. Ibid., p. 19.

110. Ibid., p. 168. 111. Ibid., p. 156. 112. Lauri Simonsuuri, ed., *Myytillisiä tarinoita* (Helsinki, 1947), p. 43. 113. Ibid., p. 64. 114. Ibid., p. 53. 115. Ibid., p. 24. 116. Ibid., p. 26. 117. Ibid., p. 31. 118. Ibid., p. 33. 119. Ibid., pp. 37-38. 120. Ibid., p. 46. 121. Ibid., pp. 30-31. 122. Ibid., p. 51. 123. Lauri Simonsuuri, ed., *Suomen kansan kaskuja* (Helsinki, 1938), p. 10. 124. Ibid., p. 10. 125. Ibid., p. 16. 126. Ibid., pp. 17-18. 127. Ibid., p. 19. 128. Ibid., pp. 33-34. 129. Ibid., pp. 38-39. 130. Ibid., pp. 44-45. 131. Ibid., p. 46. 132. Ibid., p. 47. 133. Ibid., p. 49. 134. Ibid., p. 58. 135. Ibid., p. 80. 136. Ibid., pp. 80-81. 137. Ibid., p. 81. 138. Ibid., p. 102. 139. Ibid., pp. 103-104. 140. Ibid., p. 110. 141. Ibid., p. 111. 142. Ibid., pp. 111-112. 143. Ibid., p. 113. 144. Ibid., p. 183. 145. Ibid., p. 183. 146. Ibid., pp. 195-196. 147. Ibid., p. 217. 148. Ibid., p. 217. 149. Ibid., p. 225. 150-163. Elli-Kaija Köngäs collection. Singer: Frank Hietala, b. Alavieska, 1884. The collection is deposited in the Archives of Traditional Music, Indiana University, and the songs are under the following numbers: 150. 163.14. 151. 163.36. 152. 163.34. 153. 163.11. 154. 163.12. 155. 163.17. 156. 163.28. 157. 163.31. 158. 163.53. 159. 163.25. 160. 163.32. 161. 163.51. 162. 163.1. 163. 163.23.

ADDENDA and ERRATA

Location	Instruction	Correction
P.180, entry liike´: liike´ s 'movement'	Correct to	liike´ s 'movement; business firm'
P.181, entry likka: likka s coll 'girl'	Correct to	likka s coll 'girl' [stand tyttö]
P.189, entry mahta-a´: mahta-a´ v-1 inf 'may, might'	Correct to	mahta-a´ v-1 inf 'to be able to, may, might'
P.239, entry puut=e´: puut=e´ =s 'lack; want'	Correct to	puut=e´ =s 'lack; want' cf puuttua
P.242, between entries pää-lle and pää-lle-nsä	Add entry	pää-lle-en postp-A1-poss3 'on' cf pää
P.267, under entry sorja	Add	sorja-a sorj-i-a sorja-na sorj-i-en/ sorja-0-in sorja-ksi sorj-i-ksi sorja-an sorj-i-in

P.281, under entry te	Add	sg see te-i-tä
		sinä te-i-dän
		           te-i-ksi
		           te-i-hin

P.287, line 9 under entry tuhat+kahdeksan+sata-a+yhdeksän+kymmen-tä+yhdeksän: na+kymmene-nä+yhdeksä-nä	Correct to	na+yhdeksä-nä+kymmene-nä+yhdeksä-nä
P.304, entry vanh-in: vanh-in a-superl 'oldest'	Correct to	vanh-in a-superl 'oldest' vanha
P.313, entry viide=s; below viide=nne- viide=ns-i- ksi ksi	Add	viide=nte-en viide=ns-i-in